金融安全系列教材

金融安全概论

INTRODUCTION TO FINANCIAL SECURITY

主　编　张炳辉
副主编　耿传辉

中国金融出版社

责任编辑：张菊香
责任校对：李俊英
责任印制：陈晓川

图书在版编目（CIP）数据

金融安全概论/张炳辉主编 . —北京：中国金融出版社，2018. 10
金融安全系列教材
ISBN 978 - 7 - 5049 - 9839 - 2

Ⅰ. ①金… Ⅱ. ①张… Ⅲ. ①金融风险—风险管理—教材 Ⅳ. ①F830. 9

中国版本图书馆 CIP 数据核字（2018）第 247548 号

出版
发行   **中国金融出版社**

社址   北京市丰台区益泽路 2 号
市场开发部   （010）63266347，63805472，63439533（传真）
网 上 书 店   http：//www. chinafph. com
            （010）63286832，63365686（传真）
读者服务部   （010）66070833，62568380
邮编   100071
经销   新华书店
印刷   北京市松源印刷有限公司
尺寸   185 毫米×260 毫米
印张   17. 5
字数   383 千
版次   2018 年 10 月第 1 版
印次   2018 年 10 月第 1 次印刷
定价   55. 00 元
ISBN 978 - 7 - 5049 - 9839 - 2
如出现印装错误本社负责调换   联系电话（010）63263947

"金融安全系列教材" 编委会

主　任：张炳辉

副主任：高同彪　耿传辉　吕鹰飞　韩国薇　徐　丽
　　　　邢　敏　任春玲　张辛雨

编　委：（按姓氏笔画为序）

王　帅　王文昭　王文颖　冯相龙　关思齐　闫　洁

刘　静　刘　瑾　刘杰颖　邢　翀　宋　贺　李　特

李　婧　李　楠　李玉英　李牧航　李亚鹏　李斐斐

李琳娜　陈　曦　陈廷勇　陈佳音　张文娟　张亚辉

张亦潍　张秀云　张传娜　郑　屹　宗　楠　罗术通

赵　旭　赵　娜　赵科乐　赵燕梅　施晓春　徐　杨

徐伟川　黄星月　戚　爽　蒋晓云　蒋泽艳　韩胜男

廖银屏

总序言

金融是现代经济的核心，金融安全事关国家经济安全和社会稳定大局。进入经济新常态以来，我国面临着增长速度换挡期、结构调整阵痛期、前期刺激政策消化期"三期叠加"的严峻挑战，金融安全威胁和风险与日俱增，金融风险已成为当前最突出、最显著的重大风险。习近平总书记强调，金融安全是国家安全的重要组成部分，是经济平稳健康发展的重要基础。维护金融安全，是关系我国经济社会发展全局的一件带有战略性、根本性的大事。可见，维护金融安全已被提升到国家战略高度。

党的十九大报告进一步明确提出"要坚决打好防范化解重大风险、精准脱贫、污染防治的攻坚战"，2017 年中央经济工作会议要求打好防范化解重大风险攻坚战，重点是防控金融风险，体现了党中央维护金融安全的坚强决心。

如何全方位防范金融风险，守住金融安全底线引起了学术界和金融业界的广泛关注。长春金融高等专科学校作为一所具有 40 年建校历史和 22 年中国人民银行部属办学底蕴的金融高等院校，历来高度重视金融理论与实践问题的研究。2016 年 11 月，学校成立了吉林省社会科学重点领域研究基地——吉林省金融安全研究基地，2017 年 4 月，依托基地成立吉林省金融安全研究中心，张炳辉校长亲自担任研究中心主任，全面启动金融安全研究。

2017 年 10 月，吉林省金融安全研究中心组织学校科研处、高教研究所、金融学院、会计学院、经济管理学院及信息技术学院的教学科研团队，着手"金融安全系列教材"编写。

该丛书是国内第一套关于金融安全的系列教材，具有鲜明的独创性，体现了我们对于金融安全问题全面系统的理性思考，也是我校金融安全研究中心的重要研究成果。本丛书的内容植根于传统的金融安全理论，科学地吸收了金融脆弱性理论、系统性风险理论的精华，也加入了对于近年来金融业实践的反思，融合了当前经济金融态势对金融安全的新要求。在此基础上，丛书充分体现出教材的规范性，科学界定金融安全的内涵，对相关领域金融安全的重点问题、各类金融风险的本质和表现形式进行系统梳理，使读者了解金融安全的基本理论和防范金融风险的业务规范。丛书既可以作为高等职业院校金融安全教学的专业教材，也可以作为金融从业人员的岗位培训教材。

"金融安全系列教材"包括《金融安全概论》《金融行业安全》《金融市场安全》《金融信息安全》《互联网金融安全》《国际金融安全》《金融安全审计》和《金融法律法规》。张炳辉教授担任编委会主任，全面负责丛书的整体结构设计和各本教材的统稿工作。编委会副主任高同彪教授协助完成教材统稿及审稿工作。耿传辉教授、吕鹰飞教授、韩国薇教授、徐丽教授、邢敏教授、任春玲教授、张辛雨博士分别协助组织 8 本教材编写。丛书编写团队阵容强大，包括 11 位教授、13 位博士和 40 余位优秀中青年骨干教师。"金融安全系列教材"作为金融安全研究领域的一项重大成果，在改革开放40 周年和长春金融高等专科学校恢复建校 40 周年之际，献礼学界，以飨读者。

丛书编写过程中，我们参阅了大量国内外相关教材、著作和学术论文，参考了很多专家学者的观点，在此，对相关学者的研究成果深表敬意并由衷感谢！中国金融出版社的相关编审人员对本丛书提出了宝贵的修改完善意见，在此也对编审团队的辛勤工作表示衷心的感谢！

由于编者水平的限制，加之时间紧迫、相关参考资料难求，书中难免存在缺陷，恳请同行专家和读者不吝指正，以便再版时修改完善。

编　者
2018 年 10 月

前言

当前中国经济正处于转型升级的关键期，需要金融的有力支撑；同时一些国家货币和财政政策调整，可能会对中国金融稳定形成外部冲击，这就需要把金融安全的重要性提高到新高度。金融是现代经济的核心。金融安全是国家安全的重要组成部分，是经济平稳健康发展的重要基础。实现经济从高速增长向高质量发展的转变，需要金融提供良好的环境及有力支撑。因此，防范和化解各类金融风险、保障金融安全是保持经济平稳健康发展的根本举措。

国内目前鲜见有关于金融安全的教材，这是本教材写作的初衷。本书基于宏观的视角，内容包括金融安全的概念与基本理论，经济发展与金融安全，金融行业、金融市场、金融消费安全，金融风险、金融危机及金融监管，金融创新与金融安全监测预警等方面。本教材共分十章：第一章金融安全概述；第二章经济发展与金融安全；第三章金融行业安全；第四章金融市场安全；第五章国际金融安全；第六章金融创新与金融安全；第七章系统性金融风险与金融危机；第八章金融监管；第九章金融消费安全；第十章金融安全监测与预警。

本教材由张炳辉教授担任主编，负责全书的整体结构设计、统稿；耿传辉教授担任副主编，协助主编完成统稿和审稿。具体分工：第一章由耿传辉编写，第二章由王文颖编写，第三章由施晓春编写，第四章由郑屹编写，第五章由张辛雨编写，第六章由任春玲编写，第七章由赵燕梅编写，第八章由张亦潍编写，第九章由赵旭编写，第十章由张传娜编写。

在本书编写过程中，我们参阅了大量国内外的相关教材、著作和论文，参考了很多专家学者的观点，在此对相关作者深表感谢！由于编者的时间仓促和水平所限，加之直接相关的参考资料难求，书中难免存在错漏与不足之处，恳请同行专家和读者批评指正、提出宝贵意见，以便再版时修改，使教材日臻完善。最后衷心感谢中国金融出版社的王效端主任在本书出版过程中的辛勤工作和大力支持！

编者

2018 年 10 月

目录

第一章

金融安全概述

【教学目的和要求】

通过本章的学习，了解金融安全产生的背景、金融安全的概念，金融安全与金融风险、金融危机的关联性；理解金融安全的基本特征、影响因素；了解金融安全相关理论。能够了解金融安全的基本知识，理解分析我国金融安全的基本状态；能够正确认识金融安全在维护国家安全和经济稳定中的重要作用。

第一节　金融安全的概念

一、金融安全概念产生的背景

金融安全是国家安全的重要组成部分，是世界各国都关注的重要经济现象，是经济平稳健康发展的重要基础。我国经济正处在转变发展方式、优化经济结构、转换增长动力的攻关期，系统性金融风险较高。维护金融安全，是关系我国经济社会发展全局的一件战略性、根本性的大事。金融活，经济活；金融稳，经济稳。必须充分认识金融在经济发展和社会生活中的重要地位和作用，切实把维护金融安全作为治国理政的一件大事，扎扎实实把金融安全工作做好。

正如国家安全的含义随着时代的发展不断扩大一样，国家经济安全的含义也随着经济形势的变化不断延伸，当国家经济安全作为一个概念提出来的时候，并没有包括国家金融安全。应该说，金融安全是在特定的历史发展阶段才作为一个重要问题提出的。

由于"金融安全"与当前世界范围及一国国内经济金融发展的现状和实践都有着密切关系，因此我们从国际条件和国内条件两方面来看"金融安全"提出的历史发展阶段，我们可以发现该阶段具有这样的国际背景：国际资本流动日益自由，机构投资者的金融实力不断扩张，金融投机风潮不断发生，一个个国家接连爆发金融危机。如20世纪80年代初的拉美债务危机，英国英镑、意大利里拉危机（1992—1993年），墨西哥的比索危机（1994—1995年），巴林银行的倒闭（1995年），俄罗斯金融危机

（1998 年），巴西金融动荡（1999 年），危害性和波及范围超乎寻常的东南亚金融危机（1997 年由泰铢危机开始），以及阿根廷危机（2001 年）。

据国际货币基金组织统计，自 1980 年至 1995 年，该组织的 181 个成员国中就有 133 个国家发生过严重的金融风险和危机，而且一国金融危机的发生通过国际间的传递，常常蔓延成一场全球性的金融危机（王维安，1999），有些国家为解决金融问题直接耗费的资金高达 2500 亿美元，有些国家则在经济、政治上付出了更加惨重的代价（陈大明等，1999）。在这样一种国际经济和政治环境下，很多国家开始纷纷关注金融安全。

在东南亚金融危机中，尽管我国没有直接受到打击，但这并不代表我国体制比受到危机打击的国家更为健康或更为稳定，而是由于我国实行资本管制，金融体系的开放程度相当低，侥幸逃脱这场灾难。但是，随着全球经济、金融一体化及加入世界贸易组织，我国迟早要融入全球经济和金融体系中，将面临国际金融风险的侵扰。

同时，这个特定历史阶段具有这样的国内背景：我国正处在一个经济和社会的转型时期，在社会发展序列谱上我国正处在"非稳定状态"的频发阶段，即国家和地区的人均 GDP 处于 500 美元至 3000 美元的发展时期，这一时期各种社会矛盾的瓶颈制约最为严重。经济结构还不合理，存在许多内部缺陷，无论是金融市场、金融制度、金融机构，还是金融体系的其他组成部分，都处在重要的转折期，一旦失去政府的保护，将很难应对外部力量的冲击，需要进行深度的改革。

就是在这样一个特定的历史阶段，金融安全成为国家经济安全的重要内容。尤其在东南亚金融危机爆发之后，世界上几乎所有国家都开始把金融安全这一命题作为日前乃至今后一段时期的研究重点。

abc【知识链接】

金融活经济活金融稳经济稳　做好金融工作维护金融安全

新华社北京 2017 年 4 月 26 日电 中共中央政治局 4 月 25 日下午就维护国家金融安全进行第四十次集体学习。中共中央总书记习近平在主持学习时强调，金融安全是国家安全的重要组成部分，是经济平稳健康发展的重要基础。维护金融安全，是关系我国经济社会发展全局的一件带有战略性、根本性的大事。金融活，经济活；金融稳，经济稳。必须充分认识金融在经济发展和社会生活中的重要地位和作用，切实把维护金融安全作为治国理政的一件大事，扎扎实实把金融工作做好。

（扫一扫可在手机打开当前页并观看视频）

二、金融安全的概念

（一）金融安全定义

金融安全（financial security）是指国家享有金融主权，国内金融体系能安全运行和发展，并且能够经受住来自国内外的冲击，面对冲击，能够迅速调整到新的安全状态。金融安全是金融经济学研究的基本问题，在经济全球化加速发展的今天，金融安全在国家经济安全中的地位和作用日益加强。金融安全是和金融风险、金融危机紧密联系在一起的，既可用风险和危机状况来解释和衡量安全程度，同样也可以用安全来解释和衡量风险与危机状况。安全程度越高，风险就越小；反之，风险越大，安全程度就越低；危机是风险大规模积聚爆发的结果，危机就是严重的不安全，是金融安全的一种极端情况。

作为整个经济和社会的血液，金融的安全和稳定，直接影响到我国经济与社会的整体发展。一方面，如果失去了金融安全，极有可能引起社会动荡；另一方面，金融安全又必须建立在社会稳定的基础上，因为社会不稳定的某些突发性因素往往是引发金融危机的导火索。按照金融业务的性质划分，金融安全可分为银行安全、货币安全、股市安全等，其极端情况就是银行危机、货币危机、股市危机等。

（二）金融安全与金融风险、金融危机的关联性

金融安全是相对于金融不安全而言的，金融不安全的表现主要是指金融风险与金融危机。从理论上讲，金融风险是指金融机构在经营中由于经济、制度及其他各种不确定因素的存在而招致经济损失的可能性，并进而导致金融领域一系列矛盾激化，对整个金融体系的稳定造成潜在的破坏性威胁，包括支付性风险、市场风险、收益风险以及管理风险和内控风险等。金融风险可分为非系统性风险和系统性风险两种类型。非系统性风险是指由于内外部因素的一些影响，使个别金融机构遭受严重损失的可能性；而系统性风险则是指发生波及地区性和系统性的金融动荡或严重损失的可能性，涉及整个金融体系。非系统性的金融风险积累到一定程度，就有可能酿成系统性的宏观风险。

金融风险按照风险程度可划分为轻度风险、严重风险和金融危机，与之对应的金融安全则是金融基本安全、金融动荡和金融失控。毫无疑问，金融危机是危害金融安全最主要的途径，它可迅速导致经济体的"供血不足"，造成经济体"组织坏死"，同时还会引发政治的动荡，以及与国际社会的冲突等，如亚洲金融危机时印度尼西亚爆发的危机。

金融安全的特征可以从金融机构经营状况和金融运行态势上进行考察，其主要表现为金融机构经营的稳健性、金融运行的有序性、有效性和可持续性四个方面。金融机构经营的稳健性是金融安全的基础，理论上只有每一个金融机构都稳健经营，整个金融体系才会处于稳健的经营状态，才有稳健性；金融运行的有序性是就金融运行的状态而言的，它指的是在货币监管当局的监督管理之下，各级金融机构之间，各级金融机构与其客户之间，货币监管部门与金融市场之间按照市场经济的客观规律自我、

合法、互利地运转；金融运行的有序性要求有一个健全的金融体系，也要求有一个良好的金融法治环境；金融运行的有效性是从效果上讲的，它表现为金融运行对资源配置的有效性，只有资源得到了有效合理的配置，金融安全才有了进一步完善的基础；金融运行的可持续性是从发展的角度来界定金融安全的。

三、金融安全的基本特征

（一）金融安全具有公共产品性

从某种意义上说，金融安全是一种社会公共产品，即社会个体对其有共同的消费需求，而个体又无法排除他人的单独消费。这样，公共产品消费上存在的"搭便车行为"（free - rider）也同样存在于对金融安全公共产品的消费上。而金融的外溢性又加重了这种行为，使得金融企业广泛存在着过度经营甚至是违规经营行为，忽视对金融安全的维护甚至是危害金融安全（陈世渊等，2001）。

（二）金融安全具有相对性

金融安全具有相对性。具体为，金融安全对于金融风险是相对的，各个时期金融安全的要求和标准不一样，没有一个永恒的标准，而金融安全衡量标准的渐进性决定了实现金融安全是一个长期的不断发展的过程，金融安全的相对性具有外生关联性和内生关联性相统一的特征。外生关联性是指金融安全要以经济安全为基础，社会信用意识、信用环境以及金融系统内部的信用意识对金融安全有着至关重要的影响和作用，金融安全不能在静态中求得，必须要在金融与经济的健康持续发展中才能求得；内生关联性是指一方面要支持金融创新，另一方面又要加以监管，防范风险，维护金融安全（曾祥仁，2002）。

（三）金融安全具有高度综合性

金融安全具有高度综合性，高度综合性体现在金融安全不是一个独立的问题，也不是一门独立的学科，它与经济学、政治学、国际关系学等很多学科都有着千丝万缕的联系，金融安全问题要靠多门学科的理论知识来解释，并需要协调方方面面才能得到较好的解决，具有较强的"蝴蝶效应"。

"蝴蝶效应"是来自混沌学的一个概念，用来说明初始条件敏感性的一种依赖现象，即指输入端微小的差别可以迅速地放大到输出端产生压倒一切的差别，好像一只蝴蝶今天在泰国扇一扇翅膀可能引起大气中一系列变化事件，最终导致纽约一场暴风雨的发生。金融安全同样具有"蝴蝶效应"，在金融全球化、金融自由化的趋势下，在国际市场瞬间就可以实现金融活动的自由传递，投机活动更为猖獗，"蝴蝶效应"不断重现。一国金融安全问题可以迅速传染给与之有经济联系的国家或者周边国家和地区，使金融危机的后果成倍放大，造成更多国家和地区的巨大损失。

金融安全的高度综合性加大了我们研究的难度和复杂程度，而它固有的"蝴蝶效应"又使之成为关系到全球金融局势稳定发展的十分重要的问题。因为一旦发生金融危机，危害将不堪设想。这也正是很多国家都开始重视金融安全问题的原因所在。

（四）金融安全具有动态性

世界上并没有绝对的安全，安全与危险是相对而言的，金融安全具有明显的动态性特征。这是因为，经济运行的态势是一种连续不断的变化过程，而在这一过程中，金融运行往往处在一种连续的压迫力和惯性之中。在经济快速增长时期，银行会不断扩张信贷，其结果有可能导致不良资产增加；在经济衰退时期，经营环境的恶化迫使银行收缩信贷，从而又使经济进一步衰退。这种状况可用现代金融危机理论中的金融体系脆弱性的长波解释。因此，金融安全是基于信息完全和对称及其反馈机制良好的运行基础上的动态均衡，安全状态的获得是在不断调整中实现的。

例如，对于市场基础良好、金融体系制度化、法律环境规范化且监管有效的一些国际金融中心来说，没有人担心金融工具创新会使银行处于不安全状态；而对于不良资产比例过高、十分脆弱的商业银行来说，新的金融工具带来金融风险的可能性就比较大。因此，金融安全应当是面对不断变化的国际、国内金融环境所具备的应对能力的状态。

金融安全是特定意义上的金融稳定。由于金融安全是一种动态均衡的状态，这种状态往往表现为金融稳定发展。但金融稳定与金融安全在内容上仍有不同：金融稳定侧重于金融的稳定发展，不发生较大的金融动荡，强调的是静态概念；而金融安全侧重于强调一种动态的金融发展态势，包括对宏观经济体制、经济结构调整变化的动态适应。国外的学者在研究有关金融危机的问题时，更多地运用金融稳定的概念而较少使用金融安全概念。

第二节　金融安全的影响因素

金融安全的影响因素是多方面的。金融安全是一种动态均衡的状态，金融安全主要包括内在影响因素和外在影响因素。一国金融安全状况如何、其金融安全程度高低，主要取决于该国防范和控制金融风险的能力与对市场的感觉与态度。这种客观上的能力与主观上的感觉与态度是以用于减轻与处理危险的各种相关资源为后盾的。也就是说，金融安全问题的国别差异使各国维护金融安全的能力与信心有所不同，从而影响各国金融安全的因素也就有所不同。但是，从整体上来看，一国维护其金融安全的能力至少受制于内在因素和外在因素的影响。

一、内在因素

金融安全的内在因素是指引起金融安全形势恶化的一国内部因素，包括国家经济安全、金融行业安全、金融市场安全、金融创新安全等。

（一）国家经济安全

国家经济安全对金融安全具有基础性作用。如果一国发生金融危机，当局通常都是通过动用各种资源来控制局势、摆脱危机。可动用的资源有行政资源和经济资源。行政资源如动员社会力量、争取国际社会的支持等，但更重要的是经济资源，而且要动用大量的经济资源来进行救助。显然，救助能否顺利实施、信心缺失的弥补，都将取决于国家的经济安全状况与经济实力。

一国的宏观经济环境是否与金融体系相协调，即金融体系的运行是否有良好的宏观经济环境，如该国的产权制度状况、治理结构状况、内部控制制度状况等，都会影响经济安全进而影响金融安全。

（二）金融行业安全

金融行业安全是国家金融安全的基础，金融行业安全是指金融行业的生存和发展不受威胁，或虽受威胁但能化解的状态。金融业是国民经济发展的"晴雨表"，是巨额资金的集散中心，涉及国民经济各部门。其经营决策的失误可能导致"多米诺骨牌效应"。金融行业在国民经济中处于牵一发而动全身的地位，关系到经济发展和社会稳定，具有优化资金配置和调节，反映、影响经济运行的作用。金融行业的独特地位和固有特点，使得各国政府都非常重视本国金融行业的发展。

（三）金融市场安全

金融的本质是资金的交易，而金融市场是指以金融商品为交易对象所形成的供求关系及其机制的总和。讨论金融安全，同样离不开金融市场。从各国威胁金融安全的金融危机教训看，金融市场功能往往最容易受到冲击。

人类的金融行为经过数千年的发展，其金融资产交换的本质并没有改变。但是，随着科技的发展，金融行为所依赖的金融市场组织形式和交易手段却在不断地发生着巨大的变化。一般来说，一国金融市场运行的健康程度决定了一国经济的健康程度，金融市场的危机常常是一国金融安全的最直接威胁，是影响金融安全的直接因素。

（四）金融创新安全

金融创新与金融安全是紧密相关的。金融创新的进一步深化发展，成为了金融体系促进实体经济运行的"引擎"。美国成为全球的头号经济强国和金融行业发展的领头羊也很大程度上得益于此，但是，美国在本世纪初爆发了次贷危机，继而演化成大萧条以来最严重的国际金融危机。金融创新一方面带来经济的快速发展、金融的活跃繁荣，另一方面过度创新、脱离实体经济的创新也可能导致经济的停滞和衰退、金融的动荡和崩溃，无疑是一把威力强大的"双刃剑"。由此可见，深入了解金融创新和金融安全的辩证关系，有效发挥金融创新对金融发展的促进作用，防范金融创新对金融安全的冲击和危害，在确保金融安全的前提下进行金融创新，具有十分重要的意义。

此外，金融安全的内部影响因素还包括金融消费安全、金融监管、金融监测与预警等因素。

二、外在因素

金融安全既是一国政府经济发展的目标，同时也是政府的基本责任，因此，当国与国之间的竞争加剧时，国家金融安全就面临更多的威胁。为了对一国金融安全制造威胁，对手国不惜一切手段制造金融危机，这些手段甚至包括战争手段或者模拟战争的手段，形成"金融战"①来威胁对手国的金融安全。这些影响金融安全的因素主要来自一国的外部，主要是指一国外部的原因引起的金融安全形势的恶化，包括一国在国际金融体系中的地位、国际资本流动冲击、经济制裁、贸易壁垒、政治攻击甚至军事干预等。

（一）国际金融体系因素

一国在国际金融体系中的地位极大地影响着其维护金融安全的能力。如该国的货币是否为主要国际储备货币，该国是否拥有制定国际金融规则的主导权。从西方主要发达国家的情况来看，它们不仅拥有相当健全的金融体系，而且在国际金融体系中占据主导地位，从而对国内金融市场和国际金融市场都具有极强的控制操纵能力，维护金融安全的资源极为丰富。在这些发达国家，即使金融安全发生了问题，通常也不会扩展为全局性的金融危机，金融仍可以维持稳定发展。与发达国家的状况相反，发展中国家在国际金融领域处于劣势，无力改变甚至难以影响国际金融市场，而且其发育程度低的内部金融市场和脆弱的金融体系往往受到来自发达国家的金融资本的控制。因此，对大多数发展中国家来说，如果金融安全发生了问题，往往会危及金融体系和金融制度的稳定，甚至还会危及经济社会安全。

（二）国际资本流动因素

来自一国经济外部的冲击，特别是国际资本流动的冲击将有可能成为引发金融体系不安全的直接原因。从近年来爆发的金融危机来看，国际资本流动通常都是将已经出现明显内部缺陷的国家或地区作为冲击的首选目标，特别是那些短期外债过多、本币汇率严重偏离实际汇率的国家或地区。国际资本流动通常采用的手法是：同时冲击外汇市场和资本市场，造成市场短期内的剧烈波动，实现其投机盈利的目的。在国际资本流动的冲击下，市场的剧烈波动必然影响投资者的市场预期和投资信心，这样就有可能出现市场恐慌，出现资本大量外逃，其结果是导致汇率和股票价格的全面大幅度下跌。为了挽救局势、捍卫本币汇率，中央银行往往采用提高利率的方式吸引外资，从而进一步打击了国内投资、恶化经济形势，使本国经济陷入恶性循环。东南亚一些国家在亚洲金融危机中的情况基本上符合这一过程。

（三）经济制裁

经济制裁是对一些违反相关国际协议的国家采取的惩罚性措施，也存在于国与国之间。但是，在现实的联合国框架下，经济制裁往往被一些大国操纵，比如对伊拉克、朝鲜和叙利亚等国家所采取的经济制裁。通常经济制裁主要会采取中断经济交往的手段，所以，只有当制裁国与被制裁国之间处于完全不对等的经济发展水平时，经济制裁才会奏效，如发达国家与发展中国家、大国与小国、产业结构完整的国家与产业结构不完整的国家。通过经济制裁的手段，可以加剧经济体系的崩溃，增加金融体系的压力，诱发金融危机，从而达到威胁金融安全的目的。

---

① "金融战"一词指的是国与国之间金融竞争的极端手段。

（四）网络攻击

随着计算机和信息技术的飞速发展，网络技术在给人类提供生活便利的同时，也在为人类制造新的威胁。现如今，世界各国都面临金融网络化的发展趋势，一方面是由于客户对便捷需求的增加，另一方面是因为金融机构的节约成本趋势，因此，金融体系向网络信息化的过渡已经成为不可避免的事实。从最初的存取款、日常交易等金融业务，到现如今，整个金融体系均是建立在信息系统之上，如果没有网络技术的支撑将无法正常运转。

所以，金融体系倘若遭受网络攻击，势必会对金融安全带来威胁，也必将成为金融安全的主要威胁之一。近些年，世界各国已经陆续发生来自全世界的黑客攻击事件，各国的金融体系也存在各种各样的安全漏洞，大多数的金融机构的系统无法分辨出客户的指令与黑客的指令，这其中就隐藏了巨大的金融安全威胁。

（五）政治攻击

在现有的世界格局中，意识形态的差异已经成为某些国家政治攻击的借口。尤其是在当下的网络化时代，与传统媒体相比，自媒体对信息的传播速度已经远远胜出，即使是谣言，也可能影响普通民众的行为判断。一些媒体机构本身被政治利益集团所收买，对其他国家的文化及制度进行无端指责，这实际上是一种政治攻击行为。以美国为首的西方国家时常利用媒体推销其价值观，对其他国家进行政治攻击，从而动摇被攻击国家的投资者信心，推动资本外逃，制造金融危机，威胁金融安全。

（六）领土争端

从表面上看似乎两国之间的领土争端与金融安全并无关联，但是实际上，领土争端在一定程度上会影响国际的资本流动，从国际资本流动的目标看，除了考虑投机收益外，国际资本也会考虑自身的安全。因此，领土争端在一定程度上增加了国际资本的不安全感，领土争端会导致相关国家的投资环境风险加剧，从而构成金融威胁。以2016年我国的南海领土争端为例，原本美国与我国南海不存在任何领土问题，但是，美国打着所谓"亚太再平衡"的战略旗号，纠集了南海周边国家一起向我国施压，人为地制造领土争端。这件事从表面上看是政治危机，而实际上是美国想通过制造这种争端来给中国经济发展制造麻烦，企图动摇投资者的信心，加速中国资本外流。在美国自身经济不见好转的情况下，制造这种争端本质上是在制造金融安全威胁。

（七）恐怖袭击

恐怖袭击是恐怖组织人为制造的极端事件，但对金融安全也是重要的威胁因素。以2001年的美国"9·11"恐怖袭击事件为例，这次事件是世界公认的最严重的恐怖组织袭击事件，人们更多地从宗教和政治的角度去解读这次事件，但是，这次恐怖事件后美国和英国的金融市场同样受到重创，直接造成了巨大的金融财产损失。与此同时，恐怖事件带来的投机套利又诱发了短期的金融危机，成为金融安全的严重威胁。尽管近年来的恐怖袭击区域小规模化，但是，恐怖袭击仍是影响金融市场的非常重要的因素，也是金融安全的潜在威胁。

（八）军事干预

军事干预下的战争手段本身就是一国的系统性风险，因此，军事干预也是一国金融安全的极端威胁手段。一般来说，采用军事干预手段是在其他手段都无法奏效，或者说达不到干预国预期目标的时候，才会通过这种手段来实现目的。军事干预至少会造成局部战争，对被干预国的金融体系造成直接威胁。对于经济大国，干预国是不会采用这种极端方式的，因为其直接后果将会是战争。一旦军事干预手段演化为战争时，相关国家的金融安全就无法得到保障了。所以，军事干预手段是金融安全的极端威胁手段。

除了以上因素外，金融安全威胁可能会采用纯经济和外交等手段来进行，也可能采用综合使用的手段，从而达到"金融战"的目的，造成对一国的金融安全威胁。金融安全状态赖以存在的基础是经济主权独立。如果一国的经济发展已经受制于他国或其他经济主体，那么无论其如何快速发展，应当说金融安全隐患始终存在，金融安全的维护也就无从谈起。金融全球化加大了发达国家和发展中国家之间的差距。金融全球化的发展使国际社会日益重视统一标准的制定与实施，由于发达国家掌握了金融全球化的主导权，按发达国家水平制定的规则必然不能有效保护发展中国家的利益，使其难以获得所需的发展资金，从而进一步扩大了发展中国家与发达国家的差距。国际经济金融中存在着不平等的客观现实，促使一些国家开始关注金融安全。

第三节　金融安全相关理论

由于金融安全理论内在地体现了传统经济思想中的经济安全思想和金融危机理论，因此在对金融安全进行理论综述时，有必要从经济安全思想和金融危机理论两方面展开。

一、亚当·斯密的经济安全思想

相对于传统的金融理论研究，学术界对于金融安全的专门研究起步较晚，它是经济安全研究在新阶段的主要内容和重要任务。因此，对金融安全相关理论的探讨仍然必须以对经济安全研究的回顾为重要起点。

早在 1776 年，经济学之父亚当·斯密已在《国富论》中体现出了他对经济安全问题的关注。亚当·斯密出于国际分工利益的角度考虑主张自由放任、公平地进行贸易竞争。然而，在涉及国家安全时，亚当·斯密却一反其放任自由竞争的主张，提倡运用国家政权力量对国防所必需的制造业予以支持和扶植，认为"国防比国富重要得多"。亚当·斯密认为，"迫使大部分的英国资本违反自然趋势，流入这种贸易，这似乎就破坏了英国一切产业部门间的自然均衡。英国的产业，不和多数小的市场相适应，而主要和一个大市场相适应。英国的贸易不在多数小的商业系统进行，而却主要被吸引到一个大的商业系统上去。这样它的整个工商系统，也变得较为不安全了，其政治组织的全部状态，也变得比较不健康了。人为地造成了一个大血管过分膨胀，并迫使

9

大部分的产业与商业流入这个血管，这样血管要是略有阻滞，就会使全部政治组织陷入最危险的紊乱中。"亚当·斯密认为，由于贸易中获得的利润大于正常利润，从而导致过度贸易，结果可能就是商业金融危机。亚当·斯密在反对通过关税施加对国内制造业长久保护的同时，仍然注意到外国廉价产品对民族产业的冲击。实际上，产业和贸易的不均衡，尤其是对于某些关系到国计民生的重要产业，若过分依赖国外市场，将会导致国民经济发展的不安全后果。此时，具有国际竞争力的国防工业和其相关产业的发展，是稳固一国国际地位以及保障国家经济安全的重要后盾。

此外，进入 20 世纪 80 年代，随着经济全球化进程的推进，国家间的相互依赖、相互影响不断加强，经济安全问题由此显得更为突出，战略性贸易政策的理论应运而生。这些理论强调政府应该对那些具有显著外部经济因素的产业提供适当的保护和扶植，认为在一国不完全竞争特别是寡头竞争的市场上，国家应该采取措施实现将外国利润向本国的转移，在外部经济的作用下促进国际竞争力的形成，并进而带动与之相关的产业的发展。

二、传统的金融安全理论

由于金融危机是金融不安全状况积累后爆发的结果，可以说，金融危机是金融不安全的极端形式。从危机的历史表现看，金融危机不仅危及金融体系的稳定运行，而且威胁金融制度的安全，甚至对金融主权和国家安全造成实际损害。因此，金融危机的理论构成了金融安全理论的基础。

尽管金融安全问题的提出始于 20 世纪 80 年代，然而早在 18 世纪，西方学者就已经开始了对金融危机研究的尝试，并形成了一些零散的理论成果。穆勒指出，危机是一种商业投机导致的商业现象，并指出危机主要是由道德和心理因素造成的。西方学者对金融危机理论的系统研究始于 1929—1933 年的大危机，其后，20 世纪每一次金融危机的爆发都促使人们对金融危机理论进行反思，从而使金融危机理论在这种反思中不断发展和完善。

早在 1929—1933 年大危机后，西方学者开始对金融危机进行系统的理论研究。欧文·费雪（Irving Fisher）于 1933 年发表《大危机的债务——通货紧缩论》，认为同时出现负债过度和通货紧缩现象是引发金融危机的最根本原因。他从实体经济周期入手研究发现，当经济陷入衰退后，企业销售能力不断下降，清偿能力逐步丧失，银行债务难以收回出现流动性困难，致使银行收缩信贷，引起通货紧缩。与此同时，借款企业为了清偿债务被迫低价抛售，使整个社会物价水平下降，如此反复形成恶性循环，这一过程造成名义利率下降和实际利率上升，形成"债务—通货紧缩"的恶性循环，大量破产、失业和悲观情绪在所难免，金融危机就此爆发。

明斯基（Hyman P. Minsky）于 1974 年提出"金融不稳定假说"，在费雪理论的基础上提出金融脆弱、金融危机和经济周期发展具有内在联系，认为银行等信用创造机构和借款人的相对特征使得金融体系具有内在不稳定性特征，金融和经济运动的周期变化为市场经济的自发调整，认为政府干预不能从根本上消除金融危机，金融危机不可避免。

以弗里德曼（Milton Friedman）为代表的货币主义认为，美联储货币政策失误是造成金融体系的内在脆弱性并导致大危机的根本原因。一国货币政策会调节货币供给，失误的货币政策会使一些轻微的、小规模的金融问题演变为剧烈的、全局性的金融动荡。例如，中央银行推行不当的紧缩性货币政策，将会引起市场利率的上升，提高从银行筹资的成本，如果这种局面长期得不到改善，就可能造成银行的大量破产倒闭，引发大规模的金融危机。斯蒂格利茨也指出，"金融企业作为一个特殊行业，其本身蕴含着导致危机的因素就比一般的工商业多得多……尽管经济政策能够影响波动幅度和持续时间，经济波动却是资本主义经济制度的内在特征。"

查尔斯·金德尔伯格（Kindleberger Charles）在其《疯狂、惊恐及崩溃——金融危机史》中构建了一个包括投机、信用扩张、高峰时期产生金融困难、危机爆发，以及市场恐慌与崩溃而告终的模型，认为资产价格连续上升，使得投机者产生进一步价格上升的预期，然而这个价格上升往往会导致金融危机预期及价格的陡然下降，造成泡沫的破裂。

三、开放条件下的金融安全理论

西方工业化国家在二战之后进入经济增长和国际贸易发展的"黄金时期"。20世纪60年代，先后爆发两次美元危机，随后，西方各国纷纷摆脱与美元挂钩的固定汇率制，布雷顿森林体系彻底崩溃。然而，浮动汇率制度灵活多变的特点也给国际交易带来了巨大风险。为了避险产生的金融衍生工具得以迅速发展，但衍生工具并不能彻底消除金融风险，风险的高度集中更容易诱发金融安全事件，爆发金融危机。

对开放条件下金融安全理论研究较有代表性、解释力较强的是以克鲁格曼（P. Krugman）、弗拉德和加勃（Flood and Garber）为代表的第一代货币危机模型、奥伯斯特菲尔德（Obstfeld）的第二代模型和以道德风险等危机模型为主的第三代理论模型和第四代模型。他们以理性预期为基础，通过数理分析，建立了金融危机的模型。

1979年，美国经济学家克鲁格曼提出著名的国际收支危机模型，指出政府宏观经济政策与固定汇率制度之间的冲突是货币危机的根源。固定汇率制下，当政府推行扩张的财政和货币政策，特别是持续性的财政赤字货币化时，国内货币供给增加，本币利率下降，市场上产生本币贬值预期，投机者会因此抛售本币购买外币。政府为稳定汇率，利用外汇储备购买本币，外汇储备不断流失以至耗尽，固定汇率制度自然崩溃，货币危机发生。弗拉德和加勃在克鲁格曼的国际收支危机模型的基础上，引入经常账户失衡、盯住的汇率水平的偏差、产出影响估计的失误等一系列变量，认为外汇储备降低到某种程度时，金融危机几乎必然会发生。克鲁格曼倡导的第一代货币危机模型重视一国宏观经济政策在促成货币危机中的重要作用，认为货币危机是理性经济主体面对相互冲突的货币和汇率政策追求收益最大化行动的均衡结果。

20世纪80年代以来，国际资本大规模流动，金融动荡在世界范围内此起彼伏，对第一代危机模型提出了挑战。人们发现一些发生金融危机的国家在危机前经济基本面都保持了良好的状态，那些放弃固定汇率制的国家，外汇储备并没有像模型中描述的外汇储备全部耗尽，因此，第一代危机模型在解释所有金融危机时仍有局限。

以奥伯斯特菲尔德为代表提出的第二代危机模型从预期的角度分析了政府不执行扩张性财政、货币政策时固定汇率制度崩溃的可能性。政府维护汇率的过程是一个复杂的多重均衡的动态博弈过程，政府依据成本与收益进行的相机抉择，导致在长期中政策的不一致性，致使越来越多的投资者产生本币贬值的预期，形成了风险的根源。在这种情况下，投资者的情绪、预期的变化引来了投机资本的攻击，将经济从一个汇率的均衡点推向另一个货币贬值的均衡点，使政府由于维持成本太大而不得不放弃固定汇率制，从而引发理性预期导致的危机自我实现。

1997 年爆发的亚洲金融危机促使学术界在原有两代模型的基础上尝试提出更加具有解释力的理论，建立了第三代危机模型。与前两代模型着眼于汇率制度、宏观经济政策等分析范围不同，第三代模型强调金融中介、资产价格变化在金融危机发生过程中的作用，即认为金融体系本身是脆弱的，加上"道德风险""隐性赤字""负担过重"等因素，使一国金融体系更脆弱，遭受"自促成"式危机在所难免。戴蒙德和戴伯维格（W. D Diamond and P. H. Dybvig）提出的"D—D 模型"认为，金融危机来源于银行挤兑危机。他们进一步指出银行作为金融中介机构要承担巨大的资产损失风险，一旦资不抵债，存款人恐慌导致流动性要求提高，发生挤兑，当挤兑大范围发生时，整个银行体系危机将在所难免。对此，克鲁格曼等学者提出道德危害模型，认为政府为金融机构提供显性和隐性担保会助长金融机构的投机冒险心理，导致资产泡沫。当这些泡沫崩溃所形成的巨额呆账使政府担保难以为继时，资产价格会继续下跌，最终导致固定汇率制度失守。

瑞德里克和萨克斯（Steven Radeletand and Jeffrey Sachs）等经济学家则强调金融恐慌源于一国的基本面恶化，认为宏观基本面因素变化是决定危机、导致危机蔓延的根本原因，以及由此引发的一系列突发性金融和经济事件及各国政府和国际组织对危机的处理不当，导致大规模的资金外流，最终导致危机恶化。

随后，克鲁格曼（Krugman）等先后在第三代危机模型的基础上，研究资本账户的波动如何造成货币危机和金融危机，指出如果一国承担的外币偿还债务高，而该国本币又发生大幅贬值的情况下，一国的债务负担会大大增加，并引起该国产出减少和投资萎缩，资产负债表效应越大，经济出现危机的可能性就越大。

---

abc【知识链接】

金融安全的六个维度

关于金融安全的维度问题，来自中国人民大学重阳金融研究院的卞永祖、杨凡欣、张岩从六个方面作了概括，分别是货币维度、债务维度、信息维度、资产维度、市场维度和监管维度。2008 年国际金融危机之后，全球金融环境发生了深刻复杂的变化，中国面临的金融安全形势也处在巨大变化中。进入 2017 年以来，美联储加息牵动全球市场，一些国家的货币政策和财政政策调整形成的风险外溢效应导致的信贷风险、资产泡沫、房地产泡沫以及大宗商品市场泡沫等，都有可能对金融安全形成外部冲击，构成重大的不确定性。在这种形势下，如何衡量金融安全，控制金融风险？这需要新的视角和方法。货币、债务、信息、资产、市场和监管构成一个国家金融安全的六个维度，并且正好可以表述为一张"金融安全的蛛网图"。

货币维度

货币是金融安全的第一维度。国际货币政策的变化导致国际资本普遍由新兴经济体向发达经济体流动，加大了区域金融风险，加剧了国际资本市场的大幅波动，增加了其他地区维护金融安全的难度。

债务维度

债务是金融安全的第二维度。2008 年国际金融危机以来，以流动性不足为特征的银行体系危机正在逐步转变为以高债务率为特征的债务危机。无论是发达国家还是新兴市场国家，普遍面临着债务率不断累积、经济增长放缓的问题。

信息维度

信息是金融安全的第三维度。西方发达国家金融业发展历史久远，世界金融规则也以西方标准为主。近 20 年来，中国经济持续高速发展，国内资本市场不断扩大对外开放，但由于中国金融信息服务水平与国外金融信息服务寡头相比相差较大，国际金融信息服务市场还是由境外金融信息服务机构主导。从 2008 年国际金融危机到 2013 年彭博"偷窥门"，都反映出中国在经济全球化、金融信息化中话语权的缺失以及对国外金融信息的过分依赖，这也成为威胁中国金融安全的不稳定因素之一。

资产维度

资产是金融安全的第四维度。现今中国金融市场正在经历一个快速、剧烈的资产证券化过程。资产证券化的直接后果是改变了中国金融体系的格局。中国在国际金融界中被认为是属于德日式民法体系下的银行基础金融体系，社会对于金融方面的需求主要由各级银行组成的融资系统完成；但是随着资产证券化的速度急剧加快，社会融资体系开始向以金融市场为核心的英美式市场基础金融体系发生转变。

市场维度

市场是金融安全的第五维度。资产证券化的题中应有之义本该是服务实体经济、为实体经济提供运行的重要燃料，然而在这一轮资产证券化过程中，产生的资金并没有流向实体产业。尽管国家鼓励通过"互联网＋""金融创新"等方式引导资金回流向实体产业，但是成果并不明显。一方面这固然是由于实体产业本身相对于金融行业较低的盈利率、被市场自然淘汰所造成的结果；另一方面金融创新产品本身的不成熟、金融产品的良莠不齐也难辞其咎。

监管维度

监管是金融安全的第六维度。金融监管维度集中在磨合期的监管变化上，这一状态已经开始转变为中国金融市场转变时期的新常态。

传统上监管部门习惯于在平时对市场减少干预、在负面影响暴露后再介入监管，比如 2015 年股市下跌、2016 年险资举牌。虽然监管部门最终都稳定住了市场，但是这种事后介入的监管模式效率低下，难以从根本上防范新形势下系统性风险的爆发。

在以银行为基础的金融系统中，监管机构多采取停牌等直接干预政策，而在英美等金融市场发展成熟的国家，主要的监管方式是通过事前对金融机构进行立法来限制系统性金融风险的爆发。

中国应尽快实施监管体制改革，以便更好地统筹国际与国内、中央与地方系统性金融风险的监管。

资料来源：本文刊载于 2017 年 4 月 29 日《金融时报》。

【本章小结】

本章内容着重介绍了金融安全的产生背景及概念，阐述了金融安全的基本特征，重点分析了金融安全的影响因素，按照理论源流的次序，剖析了从经济安全理论、金融危机理论、金融安全理论的发展演变。

【复习思考题】

1. 简述金融安全的概念与特征。
2. 简述金融安全的影响因素。
3. 阐述金融危机的基本理论。
4. 阐述金融安全研究的理论进展。

第二章

经济发展与金融安全

📖 **【教学目的和要求】**

通过本章的学习，了解金融在经济发展中的地位和作用，掌握经济全球化与金融安全的正向、负向关系；了解现代经济发展中的相关经济制度、经济政策，掌握经济发展中影响金融安全的因素以及维护金融安全的策略。

第一节 经济发展与金融安全的关系

一、金融在经济发展中的作用

金融是适应经济发展而产生的，为经济服务，又反作用于经济，对经济的发展和运行发挥着举足轻重的作用。邓小平早在 1991 年 1 月 28 日至 2 月 18 日视察上海时就指出："金融很重要，是现代经济的核心。金融搞好了，一着棋活，全盘皆活。"这一观点深刻地揭示了金融在现代经济中的地位和作用。在这一重要思想的指导下，中国金融业发展迅速，金融体系不断完善，金融市场规模明显扩大，金融产值总量大幅增加，金融国际地位获得大幅提升。

（一）金融对经济发展的推动作用

在现代经济生活中，金融在经济发展中的作用日益加强，突出表现在它对经济发展的推动力日益加强。这种推动作用主要是通过以下四条途径实现的。

1. 通过金融的基本功能为经济发展提供资金支持。金融的基本功能是资金的融通，通过吸收存款、发行有价证券、向国外借款等多种形式为经济发展组织资金来源；通过发放贷款、贴现票据、购买有价证券等形式为经济发展提供资金投入。因此，金融对经济发展的推动作用与其筹集资金和运用资金的能力正相关。

2. 通过金融运作为经济发展提供条件。现代经济是高度发达的货币信用经济，一切经济活动都离不开货币信用因素，几乎所有的商品和劳务都以货币计价流通，各部门的余缺调剂都要借助各种信用形式，各种政策调节的实施也都与货币信用相关，而金融正是通过自身的运作特点为现代经济发展服务，如提供货币促使商品生产和流通、提供信用促进资金融通和利用、提供各种金融服务来便利经济运作，从而为现代经济发展提供必要的条件。

3. 通过金融机构的经营活动节约交易成本，提高经济发展效率。如通过金融市场的活动便利资本集中、转移和重组，促进资本通融，便利经济活动，优化社会资源的合理配置；通过对科技提供资金支持和金融服务，促进技术进步和科技成果的普及应用，从而大幅度提高社会生产率。

4. 通过金融业自身的产值增长直接为经济发展作出贡献。目前国际上衡量一国经济发展水平的一个重要指标就是国民生产总值或国内生产总值，其主要是由农业、工业和服务业的产值构成。随着现代市场经济的发展，金融业有了快速的发展，金融业的产值大幅度增加，占国民生产总值的比重也在不断提高。主要发达国家20世纪60年代时这个比值大约占10%，到90年代初已上升到15%～20%，是第三产业中增长最快的行业。金融业产值的快速增长，直接增加了国民生产总值，提高了经济发展的水平。

（二）金融对经济发展可能产生的不良影响

金融在随着经济发展的过程中，对经济发展的推动力日益增强，但是金融业的快速发展在推动经济发展的同时，显现出不良影响的可能性也随之加大，当这种不良影响显现时就会对经济发展造成阻碍甚至破坏经济发展。

1. 货币供应量过大危害经济发展。现代信用货币制度下，货币供给在技术上具有无限供应的可能性，货币当局出现认识偏差或操作不当就可能造成货币供大于求的状态，出现货通膨胀。信用出现过度膨胀，或者当经济已经处于总需求大于总供给时，信用扩张就会带来明显的负面影响：加剧供求矛盾，对生产、流通、分配、消费等经济各领域造成广泛的破坏性影响。另外，新型金融工具不断涌现加剧了信用膨胀，产生了金融泡沫，特别是衍生金融工具交易与真实信用和社会再生产无关，与市场流通货产业发展无关，通过在金融市场上反复积聚而自我膨胀，拉大有价证券与真实资本价格的距离，滋生金融泡沫，刺激过度投机，增大了投资风险，对经济发展产生很强的破坏性。金融泡沫有强大的资本吸附能力，使大量资本不能用于真实的经济发展；同时金融泡沫不具有持久性，虚拟资本在价格暴涨中的泡沫膨胀，只能通过价格暴跌来抵消。这种膨胀与抵消会直接造成金融市场的动荡和整体经济运转的失常，扩大经济波动的幅度并可能导致危机事件发生。

2. 金融业的金融风险直接引发金融危机。金融业是高风险行业，在经营过程中始终伴随着利率风险、流动性风险、信用风险、汇率风险、电子风险、国际风险等的系统性风险和非系统性风险。风险失控，就会出现金融机构支付困难；清偿力不足，公众会因此挤兑存款抛售有价证券抢购保值品，而这种金融恐慌现象又会进一步造成社会支付链条的中断和货币信用关系的混乱，大批金融机构破产倒闭，整个社会爆发金融危机。由于金融业是一种公众公共性行业，涉及经济中的方方面面，一旦出现金融危机，整体经济运作和社会经济秩序都会遭到破坏。因此，各国都十分重视金融宏观调控和金融监管，力图通过有效的宏观调控实现金融总量与经济总量的均衡，通过有效的外部监管、内部自律来控制金融业风险，防止金融泡沫，保持金融安全与健康，发挥其对经济的支持与促进作用。

二、经济发展与金融安全的历史渊源

近500年来，金融经历了从经济发展中逐渐形成、与经济融为一体、超越经济独自膨胀性发展的过程，与此同时，金融危机也经历了从由战争、灾荒、投机偶然性地引发—伴随着经济危机周期性地并发—因金融泡沫破灭或国际金融投机资本冲击频繁地爆发，相应地，金融风险从个别风险事件发展到某国货币信用领域整体出现风险乃至全球充满金融风险。

金融最初是由货币与信用这两个古老的经济范畴结合在一起而形成的。17世纪初，随着资本主义工场手工业的建立与发展，与小生产相适应的单个资本积累逐渐被强大的社会资本联合所代替，在此过程中产生的现代意义上的银行与证券开始将货币与信用紧密地结合，从而产生了现代金融。但是，金融先天基础脆弱，因为构成金融基础的两个支柱——货币与信用自身都夹带着商品经济固有的内在矛盾。金融的出现，由经济发展内在矛盾产生的经济风险与信用风险也就发生了转移和集中，金融成了风险的载体与集合。不过，由于金融还处在经济发展的初始阶段，所以，金融风险还处于开始的酝酿时期。

18—19世纪的工业革命和技术革命是经济发展史上的两次飞跃。伴随着工业经济的巨大发展，金融也突飞猛进地向前发展。这一时期，以经济发展为龙头，以股份银行与证券市场为两个飞速转动的伞轮，整体推进经济金融勇往直前。特别是在后期，工业资本与银行资本的融合形成了金融资本，产生了金融寡头，使银行从"简单的中介人"变为"万能的垄断者"，由此推进了金融与经济的高度融合。但是，经济的巨大发展，一方面加深了生产的社会性与生产资料私人占有这一资本主义经济的基本矛盾，另一方面随着经济货币化程度的加深，金属货币制度已经越来越成为阻碍经济发展的桎梏。许多国家虽然已经开始用信用货币代替部分金属货币流通，但这毕竟加大了货币的信用风险。因此，当资本主义经济基本矛盾激化导致周期性生产过剩从而周期性发生经济危机时，货币信用危机也必然会伴随着经济危机周期性地爆发。

进入20世纪以来，以重新瓜分世界为目的的两次世界大战使世界经济格局发生改变，以欧洲为中心的世界经济旧格局结束，以美、苏两大经济阵营对峙，亚、非、拉民族经济高涨的世界经济新格局出现。一场由50年代金融创新发动的，由70年代金融自由化、金融深化进一步推动的，以80年代衍生金融工具的大量涌现为标志的金融革命发生，不仅使金融业成为现代经济的一种重要产业，而且也使经济的金融化程度大大提高。金融在经济中的地位与作用开始发生质变，金融超越实物经济独自虚拟膨胀。世界经济的格局再一次出现了新的调整，形成了以经济一体化、经济区域化、经济多极化为特点的世界经济新格局。在这一格局中，发达国家之间的、发达国家与发展中国家之间的、经济的、经济与金融之间的、金融内部与外部之间的诸多矛盾共生于全球一体化的环境中，于是，金融风险超级膨胀、积聚。随之而来的，自然是泡沫金融的自我破灭，或在国际金融投机资本的冲击下被击破，灾难性的金融危机爆发。更糟糕的是，这种灾难性的金融危机到了这种时刻已经具有普遍性、频发性、世界性。尤为严重的是，一些发展中国家的金融危机，不仅破坏了一国的金融安全，而且损害了经济安全，甚至还危及国家安全。

我们通过对经济发展与金融安全的历史考察，发现二者的联系如表 2-1 所示。

表 2-1　　　　　　　　　　经济发展与金融安全关系

	17 世纪	18—19 世纪	20 世纪
经济发展阶段	农业经济	工业经济	金融经济
资本形态	农业资本	工业资本	金融资本
金融的地位和作用	简单中介	产融结合	金融产业化
金融危机爆发的形式	偶发性	周期性	金融产业化
金融危机的影响范围	局部性	全国性	全球性
金融在经济中扮演的角色	润滑剂	经济发展的助推器	经济安全的威胁弹

三、经济发展与金融安全的关系

（一）经济转型与金融安全

改革开放以来，我国经济经历了两个方面的重大转型，一是经济体制的转型，二是经济增长方式的转型。首先，经济体制改革是中国改革开放最重要的内容之一。新中国成立后前 30 年，中国政府一直推行计划经济体制，工厂按照国家计划生产产品，农村按照国家计划种植农作物，工商部门按照国家计划进货和销售，所有的品种、数量和价格都由计划部门统一制定。这种体制使中国经济能够有计划、有目标地稳定发展，但也严重地束缚了其本身的生机活力和发展的速度。1978 年，经济体制改革率先在农村展开，1984 年扩展到城市。1992 年，经过十几年改革开放的尝试，中国政府将建立社会主义市场经济体制确立为改革方向和转型的模式。我国改革开放 40 年来，取得了巨大成就，促进了生产力的飞跃发展。经济质量显著提高，社会全面发展，改进了社会主义经济运行方式和运行机制，确立了现阶段公有制为主体、多种所有制经济共同发展的基本经济制度，但在金融体制方面仍然存在着不少问题。一方面，国内的金融监管制度有待进一步完善，对金融风险的防范还有待加强，目前还没有建立起有效的金融安全网；另一方面，我国金融市场开放的时间比较晚，还处于初级发展阶段，总体水平还有待进一步提高，还需要遵循发达国家制定的一些游戏规则，这势必会对我国金融安全造成一定影响。

多年以来，我国实行粗放型的发展模式，高投入、高消耗、高污染、低产出、低质量、低效益。虽然增长速度高，但是付出的资源消耗和成本过大，没能带动社会的全面有效发展，导致社会矛盾凸显，这种经济增长和发展模式的负面效应和不可持续性已日益显现。收入差距的过分扩大抑制了国内消费市场的扩展，制造业产能的过度扩张遭遇了资源环境的瓶颈，外贸依存度过高面临着国内外供求失衡的矛盾。经济转型要求经济增长的动力更多地从出口需求转向国内消费需求。改革开放初期提出的社会主义初期阶段的主要矛盾与当前的实际情况已出现差异，短缺经济已成过去。当前我国面临的主要问题是结构性矛盾：一方面生产成本上升，人口红利逐渐消失，劳动力、土地、能源等要素价格上涨，生态资源和环境承载能力已经达到或接近上限；另一方面，产业升级缓慢，过剩产能累积，需求外溢严重。人民币升值的预期，又导致外资的进一步流入，国际收支顺差进一步扩大，人民币升值压力进一步增强。由于经济运行中一些深层次的问题还没有彻底解决，影响了我国经济的整体效率和长期发展，社会经济结构问题的持续恶化，又给我国金融体系的稳定运行带来系统性风险。可以说，在经济转型过程中，我国已出现严重的长期性内外失衡，这对金融体系的稳健运行造成重大隐患。随着经济全球化进程的加快，金融市场包括货币市场与资本市场将更大程度地向外资开放，资本的自由流动给我国经济、金融宏观调控和金融监管带来了更多的难题，金融安全问题在开放的国际环境下显得更加突出。

在我国经济转型过程中，如何维护中国的金融安全，防范金融风险，构建合理有效的金融安全管理框架，一直是被长期关注的重大理论和现实问题。为了防范金融风险，完善金融安全战略，从短期看，应把刺激经济发展、扩大内需与维护金融安全有机结合起来；从中期考虑，应继续推进金融业改革，控制国际资本流动的风险，进一步完善金融监管体系以及货币政策和汇率政策；从长期看，应把建设金融强国作为维护金融安全的根本之策。

（二）经济全球化与金融安全

1. 资本运动全球化与金融安全。由于金融资本跨越国界在国际金融市场中自由流动，其流动方向和规模是不确定的，这种不确定性就给一国的金融体系带来了金融隐患。首先，在经济全球化背景下，金融资本可不受限制地流入和流出，这使得货币替代和金融资产跨国转移变得更加快捷，再加上技术的进步和创新，使得这种资本流动速度更快；对于金融体系存在缺陷的发展中国家来说，国际游资的冲击很有可能会造成致命的打击。其次，在资本流入规模上，国际资本过度流入会打破一国原有的金融市场平衡，一旦资金供求关系被扰乱了，很容易造成繁荣假象，形成资产价格泡沫，扭曲金融经济结构。当资产泡沫膨胀，经济风向逆转时，大量的资本又将迅速撤回，泡沫破裂，资本外逃引发的市场恐慌使得金融市场一落千丈，立刻陷入流动性困境，严重者则将陷入金融危机的泥沼中，打破金融安全的局面，严重威胁一国金融体系的稳定运行。

2. 金融机构全球化与金融安全。金融机构的全球化对金融安全的影响主要是从两方面考虑，一个是外资金融机构的入驻，另一个就是内资金融机构的走出。外资金融机构的入驻对东道国金融安全的影响有如下几点：首先，外资金融机构的进入会使得一国金融市场与全球金融市场的关联度提高，增加了风险传染的概率，加剧了国内金融业的竞争。其次，货币政策的有效性可能会被削弱。随着外资银行对东道国金融市场控制的逐步加强，东道国央行对于货币政策的操作空间越来越小，而且外资银行在利润最大化目标下做出的决策也可能违背东道国货币政策的方向，从而削弱了东道国货币政策的有效性。最后，盲目地引入外资，在外资银行的引入方式上如果考虑欠佳，则可能最终导致外资银行控制大部分的金融市场，危及东道国的金融安全。而内资金融机构"走出去"对一国金融安全也可能产生负面影响，因为现在国际经济形势复杂，政治动荡，在国外的内资金融机构处在一个极其复杂和不确定的环境当中，受东道国经济和政治的影响较大，一旦发生外部环境动荡，国外的分支机构会将经营风险传染给母公司，母子公司需要共同面对可能造成的巨大损失。

3. 金融业务全球化与金融安全。金融业务全球化主要从三个方面影响一国的金融安全。首先，金融业务全球化会不断地引发金融工具的创新，而金融工具的创新会大大加剧金融体系的脆弱性。一方面金融工具的创新降低了金融市场的透明度，加大了市场信息的不对称；另一方面金融工具的创新为金融机构规避金融监管提供了有利条件，再加上金融衍生工具本身具有的高杠杆特性使得金融机构将要面临的风险加大。其次，金融业务的创新使得一国金融监管当局不得不面对更多种类的新型风险，这在一定程度上又加大了金融监管的难度。最后，随着金融国际业务的不断深化，一国金融业会不断接近混业经营模式，而在这种经营模式下，金融机构间的业务复杂程度加深，业务经营范围加大，为金融风险和金融危机的滋生提供了制度环境。因此，这种经营模式极易造成金融风险的累积，最终可能引致金融危机。

4. 金融市场全球化与金融安全。金融市场全球化主要从四个方面影响一国的金融安全。一是金融市场全球化造成的金融资本自由流动可能引发资产价格泡沫，进而对金融安全造成威胁。二是金融市场的全球化为国内优秀企业提供了海外融资的渠道，然而在便利筹资的同时也带来了风险。一方面，海外上市公司的股权会呈现多元化、国际化态势，可能会威胁一国的金融安全和国家利益；另一方面，海外上市公司筹集的外汇资金会增加国内货币供应，打破国内货币市场原有的平衡，影响金融系统正常运行。三是外债膨胀导致债务危机。金融市场的全球化使各国在国际市场举借外债的渠道增多，举借外债更加方便快捷。这促使了一国政府对外债的过度依赖，可能诱发债务危机。当然这也与借债国家经济结构不合理有很大关系。四是外部利空消息可能引起国内金融市场的震荡。因为各国金融市场联动效应不断加强，外部的利空消息会迅速传递到国内，并反映在金融产品的价格上，而在信息高度不对称的新兴市场国家，这种负面影响会加大，加剧了国内金融市场的震荡。

5. 金融监管全球化与金融安全。金融全球化会加剧金融监管的难度，这是毫无疑问的，主要体现在三个方面：一是金融业务的交叉化和金融工具的多样化，再加上混业经营趋势下，使得金融业务更加复杂，金融监管难度加大。二是金融全球化程度的加深提高了对一国金融监管水平的要求。一国金融监管体系必须与金融全球化的进程保持同步，及时实现监管方法、监管技术和监管制度的更新，否则难以对抗在全球化过程中出现的新型金融风险。三是各国金融监管的差异为一国金融安全埋下了隐患。在金融国际化浪潮中，因为各国金融监管制度存在差异，为国际游资提供了选择的空间，而监管制度比较薄弱的国家更容易受到国际游资的攻击。各国为了提升自身的国际竞争力，发展金融市场而过度放松金融管制来吸引资金，这就为金融风险提供了滋生的温床。

6. 货币国际化与金融安全。货币国际化是一国金融国际化的最高层次，一国实现货币国际化则可能要面临"特里芬难题"。首先，一国为了满足国际对货币的需求就会不可避免地遇到国际收支逆差的情形，而长期的逆差又难以维持币值的稳定，会动摇一国货币成为国际货币的基础。其次，在国际货币发行国的国际收支出现严重不平衡时就需要调整与贸易伙伴国的汇率，这样极易引起贸易摩擦和汇率争端。最后，货币国际化进程中，一旦本币国际化进程逆转，则境外本币会大规模地通过本币回流机制返回境内，造成国内货币流通量剧增，可能会引起通货膨胀的发生，从而损害一国金融安全的经济基础。

（三）金融健康发展与经济安全

金融发展是经济安全的原因之一，两者之间是"供给导向型"。"供给导向型"的金融发展先于对金融服务的要求，并能对经济安全起到促进作用，它能够调动在传统部门中冻结了的资源，将它们转向能够促进经济发展的现代部门，并使这些资源能够被应用到最好的项目中去。众多的研究表明，解除管制，实行金融自由化和金融深化，进行金融系统的革新，银行领域的进一步发展，金融中介提高物质资本积累率，促进区域的金融发展，对一国的经济安全能够起到积极的促进作用。具体内容如下。

1. 促进资本形成。金融发展促进资本形成进而推动经济安全的途径大体上有两个方面：一是推动储蓄总量和投资总量的增长，扩大资本形成的资金来源；二是通过资源配置提高投资边际收益率。长期来说，金融发展对资本形成提高的贡献在于四个方面：一是提高储蓄率相对增量，二是降低金融中介费用率，三是提高储蓄—投资转化系数，四是提高投资—资本形成率。

2. 促进就业。金融发展对劳动就业的长期增长也起着积极的作用，这种作用主要是通过促进劳动就业率增长体现出来。金融不能使人口增加，也不能使劳动力增加，但可以使总劳动力中的就业人数增加。一方面，金融通过促进产业部门资本投入量的增加以吸纳更多的就业人数；另一方面，金融领域直接吸纳了就业量，可以用金融业的就业人数占总就业人数的比重，以及由于产业部门的资本形成而引致的就业增长来衡量金融对就业增长量提高的贡献。长期而言，金融发展对就业增长的贡献主要体现在两个方面，一是提高金融部门的就业相对增量，二是通过加速产业部门资本形成间接提高产业部门的就业相对增量。

3. 推动技术进步。金融发展对技术开发以及技术转让起到了推动作用，尤其是高新科技产业。短期内，金融对高科技企业的支持通常体现在通过各种手段为高科技企业转化进行融资，这种融资安排大部分表现在风险资本市场、高科技资本市场的规模、结构及长期稳定性的制度安排上。长期而言，假定技术开发指数、技术转化指数为常数的情况下，长期金融发展在金融制度安排上对技术实现的贡献在于两个方面：一是提高了金融技术开发投入的相对增量，二是提高了金融技术转化投入的相对增量。

【知识链接】

维护中国金融安全 促进经济又好又快发展

2007 年美国次贷危机爆发后，国际金融市场发生剧烈动荡，危机的蔓延给全球金融体系带来了巨大的风险，严重威胁着各国的金融安全，在这种国际背景下，中国很难在这场殃及全球的金融海啸中置身事外。随着我国金融体制改革的加快、金融市场的建立与发展、金融业务的日益开放，金融资本的集中趋势明显，金融监管的水平有待提高。这样，我国经济发展内外条件的基本面发生了重大变化，将面临着更为严重的系统性的金融风险，金融安全问题的复杂性日益凸显。随着后危机时代的到来，中国如何构建国家金融安全体系，是一个关系到中国经济长远发展的迫切问题。

第一，金融安全是经济安全的屏障，应放在国家战略全局的重要位置来考虑。金融作为现代经济的血液循环系统，渗透于市场经济中的每个细胞和毛孔，直接关乎经济发展。一个健康的经济体离不开健康的金融发展，同样地，金融的健康发展也依赖于经济体的健康发展，可见，金融安全与经济安全是辩证统一的关系。在经济开放条件下保证国家金融安全，能够起到有效抵御外来冲击的"防火墙"作用，有了这面"防火墙"，金融与经济才能一方面受惠于全球化，做到快速发展，另一方面又能保证不被外来风险冲击，做到安全发展。

第二，维护国家金融主权，实现金融开放和金融安全的统一。金融主权是一国经济主权的核心，是一国在对内对外一切金融事务上享有独立自主的权利。目前，我国经济正处于发展转型时期，金融主权的安全，是保证我国经济可持续发展的基础性条件。金融业的逐步对外开放，给我国带来了先进的金融技术，优质的金融服务方式和前沿的金融产品设计理念，推动了我国的金融创新进程。但是，金融开放要坚持积极稳妥的方针，确保金融开放水平与我国经济发展阶段、金融市场发育程度以及金融监管能力相适应，首先，金融开放必须适时适度，要和改革的进程和要求相适应。应当采取循序渐进、逐步开放的政策，坚持积极稳妥的方针，把握好开放的步骤和程度，过早开放和过度开放必定会危及我国金融安全。其次，金融开放必须以我为主。开放必须为我国金融业的改革发展和提升我国金融机构自身的竞争力服务；否则，会给我国的金融安全带来威胁。最后，金融开放必须以我国的金融安全作为底线。一定要提高国家对金融的控制力，维护国家金融主权和国家利益。

第三，增强金融安全意识，谋求国际上的话语权。随着我国金融市场的全面对外开放，我们需要增强金融安全意识，尤其是金融主管部门，在信用评级方面、金融资源控制权方面、金融信息安全方面、金融技术的专利方面等，控制外国金融机构进入的领域和范围，制定相应的法规规范外国金融机构的运行，成立相应的金融安全管理机构以加强管理。我国在增强金融安全意识的同时，在国际上还要积极主动地谋求话语权。我们要在对现有国际政治经济新秩序准确把握的基础上，积极主动地谋求在国际货币体系中的话语权、国际货币机构中的表决权、金融规则的制定权，通过国际合作和交流，确保本国金融体系、金融制度、金融机构的正常运转。

资料来源：摘自《中国金融安全现实与求解》。

第二节 经济发展中影响金融安全的因素

当今世界已步入经济全球化和经济金融化的时代。各个主权国家围绕经济实力和综合国力展开日益激烈的竞争，经济摩擦和斗争，尤其是金融领域的斗争已成为国家政治斗争的主要形式。在这种背景下，金融安全上升为与军事安全、领土安全具有同等重要地位的领域。金融安全已是一国经济安全，乃至国家安全的关键。从这一意义上理解，当前的政治乃是经济，经济乃是金融。有哪些因素值得我们警惕呢？

一、经济制度因素

（一）制度安排与金融风险

所谓制度安排，是指支配经济单位之间可能合作与竞争方式的一种安排。它可能只包括个人，也可能是一批自愿合作者，或政府性安排。货币、信用、银行及保险、股份公司、证券、证券交易所等，都是与经济发展有关的金融制度安排。这些制度安排为经济发展所需要，能够提供某些经济功能，如货币能够节约交易成本，提高交易效率，信用能够促进经济效率；银行、股份公司、证券能够节约融资成本，分散融资风险，提高融资效率；保险能够分散风险；证券交易所能够降低交易成本，提高交易效率。问题在于，是否任何一项制度安排都是合理的。如果以是否推动经济发展为判断标准，那么上述各项制度安排都是无可非议的。但是如果以金融安全为标准，那么像银行、股份公司、证券以及证券交易所等的制度安排，均隐藏着巨大的系统性金融风险。

在金融机构经营管理制度上，业务综合经营制度、存款保险制度、合并收购制度都有其存在的制度动因，但是却给金融风险留下了制度空间。业务综合经营制度本是为了创造金融机构的一条龙金融服务，但被一些金融机构当成投机的绿色通道。存款保险制度旨在保障金融体系的稳健运行和保护存款人的利益，但由此引发了金融机构的道德风险。金融机构的合并收购制度本是控制当前的金融风险，提高金融机构竞争力的一项制度安排，但实际上进一步加剧了金融风险的转移和集中。在金融市场上，垃圾证券、资产证券化、金融期权期货交易等都是作为金融创新而成为满足经济发展需要的金融制度安排，但它们无一不是金融高风险的化身。

这些制度安排，虽然能够降低商品生产者的经营风险，但同时却把金融风险留给了自己；这种制度安排，虽然能够分散单个融资者与交易者的金融风险，但同时却把所有的金融风险集中于自身。换句话说，它们不仅充当了金融风险的载体，而且还构成了金融风险的集合。这样的制度安排，正是经济发展所需要的，但与此同时也埋下了金融风险的制度祸根。

（二）制度变迁与金融安全

我国在改进和完善现行金融制度的过程中也引入了制度变迁风险。它包括：制度变迁的内存风险、制度落后型金融风险以及制度失效风险。

1. 制度变迁的内在风险。制度变迁就是对旧体制、旧规则、旧标准的突破，削弱已存在的政策、体制和制度的作用和功能。而在此变迁过程中本身就隐含了新体制、新规则、新标准是否与新环境相适应，是否与其他未发生变化或已存在的体制与规则发生冲突的风险。

2. 制度落后型金融风险。金融推动经济发展正是通过金融制度的安排与变迁来实现的。每一轮新的经济发展，总是伴随着新一轮的金融制度创新。从制度创新的角度看，金融制度创新的收益在于推动经济发展，创新的成本在于使金融自身付出风险甚至是危机的代价。依据我国的情况来看，由于我国金融制度具有明显的政策导向型，无处不体现出以国家产权、国家金融控制为标志的"二重结构"金融制度的特征，制度创新总是落后于其他创新活动，从而导致其创新的制度供给不足，使系统性金融风险显著加大。

3. 制度失效风险。制度失效风险主要体现在金融监管制度的变迁。金融创新和金融监管是对立统一的关系，金融创新是推动金融监管制度创新的主要力量，金融监管制度的创新又会进一步保护金融创新的成果，形成相互促进的良性循环机制。然而，与其他金融制度变迁相比较，金融监管制度的收益对金融机构甚至整个社会而言，都具有公共产品的属性和特点，监管主体通常缺乏创新的自主性和自觉性，从而使监管制度的供给总是滞后于现实需求，形成监管真空或监管失效。

（三）制度缺陷与金融安全

1. 融资制度缺陷

（1）结构性缺陷。直接融资和间接融资比例不平衡。国家证券市场融资快速兴起并发展，直接融资的发展成绩尤为瞩目，但是在总融资量中所占据的比例偏小，而间接融资的比重则较高，这种情况必然造成两种后果：其一，融资制度转变无法适应国民收入配置的变化形势，居民投资渠道不充足，储蓄量上涨，因而社会应用过于集中，社会风险急剧增加，无法完成风险社会化；其二，企业对于银行贷款的依赖性过强，因而企业负债率上涨，资本结构缺乏合理性，由此企业经营风险以及银行不良资产金融风险显著增长。

（2）体制性缺陷。首先，国家信用过度倾斜和信用关系非市场化。虽然国家信用形式、工具以及方式更加多样化，但是国家管理金融制度依然更多地偏向于政府。其次，信贷市场依然有预算软约束。我国经济中存在的软预算更多是由于体制原因。而伴随体制改革的进行，国有企业融资基本是利用财政途径转变为银行途径，进而硬化银行贷款的约束。

2. 金融监管制度缺陷。我国的金融监管制度采用"分业经营、分业管理"的模式，以业务监管为主，这种监管方式只是过多地干预金融机构的日常经营活动，没有使金融机构建立起自我约束、自我管理的监督机制。并且在业务管理、业务创新上发生交叉矛盾的现象，大大增加了金融监管机构之间的协调成本，导致了监管真空的出现，在一定程度上降低了监管效率。

3. 信用制度缺陷。现代市场经济是信用经济，尤其对于金融业来说更是如此，信用是其生存与发展的基础和灵魂。通过制度安排来规范和约束信用活动是维护经济和金融秩序，防范信用风险的重要保证。但是我国目前关于信用制度建设方面严重滞后，具体表现为诚信原则的法律法规不严密，缺乏健全的信用登记制度、信用评估制度、信用风险的预警和管理制度、失信的制裁制度和公开制度等。信用制度的不健全，导致了金融机构在市场化经营中无法全面地了解失信人的资信状况，增加了授信风险。社会信用的堕落，信用观念的淡薄，严重侵蚀了金融业生存和发展的基础。

4. 金融法律制度缺陷。金融法律法规和金融风险控制之间有着密不可分的联系。制度缺失往往是风险失控的主要原因。改革发展至今，我国的金融法律建设取得了许多成果，但与金融发展状况相比，存在着明显的不足。对于金融市场各类违法者的法律责任界定不明确，特别是过于宽松的弹性惩治制度，致使利益受损者得不到合理的赔偿，违法者的违法成本降低，起不到应有的惩治、禁止或剥夺再犯罪能力的作用，不能有效控制交易禁止行为、道德风险和逆向选择所产生的金融风险。法律制度的确定性会给金融市场带来风险。

二、经济政策因素

政策因素是影响金融安全诸因素中最为直接的因素。自从 20 世纪 30 年代世界性经济金融危机发生以后，国家干预主义兴起，以财政政策和货币政策为代表的宏观经济政策在各国经济发展中起到越来越重要的作用。然而，任何政策都有它的局限性。特别是在全球开放经济背景下，政策目标的冲突与政策之间的不协调加剧了各国经济与金融的波动，从而成为影响经济与金融安全的突出因素。

（一）政策不协调与金融风险

为实现宏观经济目标的宏观经济政策不仅要求正确选择政策目标和有效使用各项经济政策，还要求政策与政策之间必须相互协调、相互配合。否则，即使单独运用都是正确有效的政策也会因为政策彼此间的不协调而互相抵消政策作用，结果仍然达不到预期的目标，甚至还会把情况弄得更糟。政策不协调有三个层面：一是封闭经济下财政政策与货币政策的失调；二是开放经济下财政政策、货币政策与汇率政策之间的失调；三是经济全球化下的国际间政策失调。

1. 封闭经济下财政政策与货币政策的失调。在非开放经济下，一国宏观经济政策主要就是两大需求管理政策，即财政政策与货币政策。由于两大政策的目标、手段、传导机制、效力均有差异，因此，两大政策在实施过程中多有摩擦和冲突。就财政政策来说，政府总是希望实施财政政策能够实现经济增长和充分就业；就货币政策而言，中央银行倾向于通过货币政策实现币值稳定。这就容易产生政策矛盾，彼此抵消政策效果，造成宏观经济的不稳定。这种不稳定，增大了经济运行的不确定性，加大了金融体系的风险。

2. 开放经济下财政政策、货币政策与汇率政策间的失调。开放经济下，宏观经济政策面临内外均衡的目标冲突，于是政策间的不协调就更为多见了。在开放经济下，各国均致力于对外保持国际收支平衡，以实现本国货币币值的稳定，但这样做的结果会使国内政策失去独立性。蒙代尔在研究浮动汇率制下的资本流动与政策调节时指出：完全的资本流动性、货币政策独立性和汇率稳定这三项中，一国政府最多只能同时实现其中两项。这一结论被称为"蒙代尔三角"，也被称为"永恒的三角形"。因为，在资本自由流动的条件下，要想有效协调货币政策独立性与汇率稳定之间的冲突是很困难的。中央银行为了阻止资本的大量流入而导致的本国汇率升值，就必须牺牲货币政策的独立性，放弃对国内货币供应量的控制，通过买卖外汇对外汇市场进行干预以达到汇率稳定之目的；但如果中央银行要维持国内货币政策的独立性，当资本大量流入时，只能听任汇率上升；如果不想让汇率上升，那么只有实施资本的流动管制。正是这种开放经济下稳定汇率与控制国内货币供给量之间的矛盾，才使得稳定汇率的政策与国内的财政政策、货币政策发生矛盾。

3. 宏观经济政策的国际间不协调。在开放性的世界经济中，国际间的经济相互依存性日益增加，各国国内经济政策的"溢出效应"会对其他国家产生影响。同样，国外的经济政策也会影响到国内经济。而且，国内经济政策对外国的影响还会进一步产生"反馈效应"，转过来又影响国内经济。溢出效应与反馈效应的存在，使得一国某一特定的经济政策能否达到预期的结果，不仅取决于其政策在国内的执行，而且取决于其他国家的相关经济政策。在这种情况下，如果没有国际经济政策的协调机构和协调机制，那么势必会造成不同国家从各自的利益出发制定不同的经济政策，由此进一步造成国际经济与金融秩序的混乱。

（二）政策有效性与金融风险

对宏观经济调控的成功与否取决于宏观经济政策的有效实施。政策目标冲突、政策效力盲区、政策不协调都是影响宏观经济政策失效或失灵的最根本原因。根据"蒙代尔法则"，每一种政策工具都应该指向它有着相对最大影响力的目标。这一法则的另一个含义是：每一目标应指向对它最有影响力的政策工具。指向的依据是政策的效力。例如，在固定汇率制下，财政政策影响产出有效，货币政策稳定汇率有效，这样，政策目标的指向应是财政政策实行内部均衡目标，货币政策实现外部均衡目标。但是，由于政策目标即内部均衡目标和外部均衡目标本身存在着冲突，所以即使根据政策效力能正确指向相应的政策，那么政策实施的效果也会更差。所以说，政策目标、政策效力、政策协调这三者间是互相关联的，任何一个环节出现差错，都将导致政策失效。如果宏观经济政策未能正确地调控经济，未能有效地解决好开放进程中内部均衡与外部均衡的矛盾，这种状况一旦持续，必将形成巨大的宏观金融风险。

（三）政策失误与金融安全

通观各国的政策实践，致使政策失误的最主要原因是政策制定者指导思想的失误，头脑发热，盲目追求不切实际的经济增长速度，一味推行扩张性的财政、货币政策和对外开放政策，最终形成泡沫经济或泡沫金融，危及经济安全和金融安全。我们这里将政策失误造成的不良后果归纳为：（1）财政或货币政策失误引起的通货膨胀型；（2）汇率政策失误引起的汇率高估型；（3）债务政策失误引起的过度负债型；（4）由以上众多政策失误合力引起的泡沫经济型。

（四）宏观调控政策对金融安全的传导

影响金融安全的宏观经济政策主要包括货币政策、财政政策、汇率政策等，政策通过直接和间接两方面共同影响金融体系的稳定运行，一方面，通过制定实施经济政策影响宏观经济形势，间接影响金融体系的稳健；另一方面国家宏观经济政策调整会对金融市场主体损益状况产生影响，直接影响金融体系的稳健，即货币政策、财政政策、汇率政策等政策工具的使用会引发金融市场的各种资产价格波动，从而影响金融体系的稳健性。

1. 货币政策对金融安全的传导。有效的货币政策能促进金融市场均衡，其作用机制在于可以灵活地调整金融资产的价格，克服"价格的粘滞性"效应，使金融市场在外部条件变化下能迅速地重获平衡。由于政府的有限理性和技术限制，政策可能出现失误，该失误无法消除现有制度的非均衡，或以错误的价格信号引导资源配置，甚至产生新的制度不均衡或者抑制金融市场机制的均衡效应，造成金融资源误配，甚至为金融动荡留下诱因。

2. 财政政策对金融安全的传导。财政政策会影响金融媒介体的盈利状况和调整信贷规模的积极性。例如，专门对银行提供的金融工具和交易征税，将给中介活动增加负担，既削弱了银行的实力，也削弱了它们在经济中的作用。不仅如此，财政赤字和财政债务的扩张也会威胁金融稳定。对财政赤字与货币危机的经典解释是克鲁格曼于1979年提出的国际收支危机模型，他认为一国赤字过多会使货币当局不顾外汇储备无限制地发行纸币，为维持固定汇率制度货币，当局又会无限制地抛出外汇直至外汇储备消耗殆尽，投资者在获取充分的市场信息进行理性决策后会使货币制度崩溃，引发货币危机。尽管从金融风险的原因来看，财政政策可能会对一国金融体系的稳定产生影响。然而，一旦出现金融风险甚至金融危机，国家财政本身就成为化解金融风险和金融危机的有效手段，如为银行体系注入资本，或者给存款人以补偿。

3. 汇率政策对金融安全的传导。固定汇率制度下，一国金融安全的威胁主要来自商品市场和货币市场。具体说来，固定汇率制度下，当商品市场投资扩张或消费扩大时，会引起收入增加，利率上升，而增加进口，引起经常项目出现逆差，资本项目顺差，资本的流入使外汇储备增加，掩盖了经常项目的逆差。一旦经济增长速度放缓或外汇市场预期发生变化，资本会迅速流出，外汇储备急剧减少，市场信心受到打击，引发资本外逃，银行体系会出现动荡；当一国实行扩张的货币政策时，引起利率下降，投资扩大，进而收入增加，利率降低导致资本外流，本币有贬值压力。为维持固定汇率，央行运用外汇储备收购本币，货币供应量减少，扩张的货币政策则无效。如果当局必须达到刺激经济的目的，则只能选择使本币贬值。但由于"J曲线效应"，本币贬值只能在一定时间后才能使经常项目得以改善；而如果公众形成贬值预期，则加剧资本流出量，银行会出现国际流动性不足局面，引起存款挤兑和银行动荡。

在浮动汇率制度下，汇率波动影响企业的还款能力，从而影响到银行体系的安全。在一些新兴市场国家和发展中国家，积极实行对外开放，外国资本的大量流入，引起本币升值，本币的升值会恶化本国的贸易条件，使作为银行客户的本国企业在国际竞争中处于不利地位，其偿还银行贷款的能力急剧下降，影响到银行的资产质量。当债务支付负担加重、资本流入减少时，会出现大规模资本外逃，导致本币迅速贬值，本币的贬值会恶化银行和企业资产负债表，使得银行和企业面临破产困境。可见，一国汇率政策无论是选择固定汇率制度还是浮动汇率制度，当受到来自不同市场的冲击时，尽管影响机制不同，最终都可能影响到金融体系的安全与稳定。

---

abc 【知识链接】

1. 财政或货币政策失误引起的通货膨胀型案例：1929—1933年的西方世界经济大危机之后，许多资本主义国家为了解决生产过剩、有效需求不足的问题，相继施行赤字财政，扩大政府开支，人为地刺激社会需求，结果造成了严重的货币贬值，物价上涨，产生通货膨胀，许多资本主义国家的经济陷入了严重"滞胀"的泥潭。我国通货膨胀的根本原因在于财政货币政策的失误。具体来说，我国的通货膨胀就是由于长时期推行赤字财政政策，为了弥补财政赤字，大搞货币超量发行所造成的。1979—1987年持续9年的财政赤字，累计高达1400多亿元。财政出现赤字，必然要向银行透支。1979—1988年，10年间共增发货币近2000亿元，超量发行400多亿元，到1988年末市场零售货源与有支付能力的购买力差额将扩大为1000亿元左右。大量的没有物质保证的纸币涌向市场，充斥于流通领域，引起物价暴涨，造成了严重的通货膨胀。

资料来源：潘石：《财政货币政策失误是我国通货膨胀的根本原因》。

2. 汇率政策失误引起的汇率高估型案例：1986年，人民币汇率高估，我国的出口商品换汇成本高于官方汇率。1986年全国平均出口换汇成本为4.20元人民币换1美元，此后换汇成本节节上升，可是银行牌价仍然保持在1美元兑3.7元人民币的水平上。有的学者把低于出口换汇成本的汇率称为负汇率，如同低于物价上涨指数的利率一样，负汇率是违反价值规律的。其次，我国的物价上涨指数已达到两位数，根据国家统计局公布的数据，1988年1月至9月全社会零售物价总指数比1987年同期上升16%，32个大中城市职工生活费用价格指数上升18.3%，物价的迅速上涨意味着人民币对内实际价值贬值较快，而作为人民币对外价值的人民币汇率并没有作相应调整。第三，外汇黑市越来越严重，外汇的黑市汇率上涨速度相当快，1980 年 100 港元仅兑 45 元人民币，到 1988 年上半年已经可兑 80 元人民币，大大超出银行牌价。第四，一些保值商品价格上涨幅度较大。以黄金饰品为例，1985 年 3 月每克为 54.4 元，1986 年 9 月每克为 73.6 元，到 1989 年已经达到每克 100 元。

资料来源：庞学良：《人民币汇率改革中亟待解决的两个问题——汇率高估及汇率制度缺乏弹性》。

3. 债务政策失误引起的过度负债型案例：美国的过度负债消费酿成国际金融危机。从 2007 年开始的美国次贷危机愈演愈烈一发不可收拾，形成国际金融危机。这场危机已从房地产市场和金融市场扩散到制造业、服务业等各行各业，而且蔓延到了欧洲、日本，也包括中国。这种种令人触目惊心的事件，表明美国乃至全世界正在经历着上世纪 30 年代大萧条以来最大范围影响的金融危机。追究此次金融危机的根源，与美国社会的过度负债消费脱不了干系。一直以来，上至美国政府，下至企业和普通民众，都在以这样或那样的借贷方式度日。美国政府主要靠财政赤字来运行，美国的民众也是靠借债来支持消费。目前美国的家庭债务已经超过 15 万亿美元，截至 2007 年底，家庭的负债率飞涨至可支配个人收入的 133%。

资料来源：陈慧：《金融危机下的消费思考》。

4. 由以上众多政策失误合力引起的泡沫经济型案例：20 世纪 80 年代后期日本的泡沫经济形成以及 90 年代初的崩溃对世界经济的影响力使得世界第二经济大国日本的经济疲弱不堪，直至今日，日本经济也并没有彻底从泡沫经济的后遗症中摆脱出来。1985 年 9 月 22 日，以美国为首的西方先进五国召开会议，通过了著名的"广场协议"。"广场协议"的本质就是调整强势美元。根据"广场协议"，日本经济金融当局实施了日元升值诱导。之前缓慢上升的日本股价指数在"广场协议"之后急速上升，1986 年 3 月，东京证券交易所日经平均股价越过 15000 日元的心理价位，到 1989 年末，股价指数竟然挑战 4 万点大关，达到历史高值 38915 点。与此相应，日本房地产价格也实现了大幅度升值。在地价达到最高值的 1990 年，日本全国商业用地价格约为 5 年前的 4 倍。1991 年，日本房地产价格暴跌，而且几乎是一发而不可收拾。日本股市在 21 世纪初曾经下滑到该高值的五分之一左右，房地产价格也连续下滑，直到 2004 年前后，大城市圈的地价下滑才出现了减缓的趋势。与资产价格的大幅度波动相呼应，日本的经济增长率也产生了同方向波动。泡沫经济时期，经济增长率高涨，名义增长率大于实质增长率；泡沫经济崩溃之后，经济增长率下滑，由于物价的持续性下滑，名义增长率还会小于实质增长率。

资料来源：杜军：《日本泡沫经济形成机理研究》。

第三节 经济发展中维护金融安全的策略

一、维护金融安全的制度性对策

制度既是影响金融安全的重要因素，又是维护金融安全的重要保证。如果说政策主要是侧重于对经济金融的调控，那么，制度则主要是侧重于对经济金融的管理。

（一）加强金融安全网的构建

1. 构建新监管模式。在金融创新日益活跃、金融产品日益复杂的今天，传统金融子市场之间的界限已经淡化，跨市场金融产品日益普遍。一个个创新产品涉及的金融机构、数量也在不断增加。因此，在我国"一行两会"之间，加强跨部门的信息沟通、监管协调极为重要。总体而言，我们应采用类似的以风险和原则为导向的、有中国特色的监管体系，并保持对新技术和新挑战的机动灵活性；同时，利用现有的监管框架，通过设计更好的协调机制来实现对日益增长的金融体系的监管。

2. 合理实施存款保险制度。一是限额偿付，为了维护中小储户的利益，将偿付限额标准定为50万元，可以使99%的存款人都能获得全额补偿，从而降低道德风险的产生。二是强制保险，不以金融机构本身意愿为基准，将设立于我国境内、符合我国法规的所有存款类金融机构，包括国有商业银行、股份制商业银行、农村信用合作社以及外资银行等，都强制纳入存款保险制度管理的对象范围。实施强制性存款保险制度，不仅能确保制度的合理性和公平性，而且能保证参保银行数量和相应的保险基金规模。三是结合基准费率和风险差别费率，为确保公平竞争和维持银行的稳健经营，基准费率开始逐步过渡到风险差别费率，但费率水平相比大多数国家来说偏低。四是"源于市场，用于市场"的存款保险基金。存款保险基金包括保费收入和政府注资两部分，存款类机构需要缴纳保费，而存款人则不需要。五是降低金融风险，将收集和核查、风险处置和早期纠正等重要职责赋予存款保险机制，充分发挥金融风险的防范和化解作用。

3. 完善最后贷款人制度。建立存款保险制度可以让问题银行有序平稳地退出市场，激发存款人金融风险意识，同时缓解央行资金不足的问题。可以结合使用存款保险制度，弥补最后贷款人制度存在的不足，达到巩固金融安全网稳定性的目的。此外，也可以实现从根本上消除中国特有的"隐性担保制度"目的。为了与该原则配套使用，最后贷款人制度运作法规的制定，不能过于明确和细化，使最后存款人制度处于似乎确定但不完全确定的模糊境地，使银行机构预期具有不确定性，进而达到消除银行机构道德风险的目的。另需建立信息交流机制，"一行两会"信息互通，扩展最后贷款人制度的适用对象。

（二）推行金融体制改革

为了充分发挥金融在现代经济中的核心作用，我国已经进行了一系列的金融改革，提高金融服务实体经济的功效，更好地支持供给侧结构性改革，有效防控金融风险，也需要积极稳妥地推进金融体制改革。十八大以来，党中央和中国政府推进和深化金融体制改革的举措主要表现在以下方面。

1. 完善金融企业公司治理。现代公司治理理念和模式被广泛用于金融机构公司治理，是我国金融体系市场化改革发展的必然要求。近几年来，中央反复强调"推进金融业公司治理改革""完善现代金融企业制度，完善公司法人治理机构"，也就是要强化公司主要股东资质管理，规范股东行为，保障董事会依法行使决策、用人、分配等重大事权，承担主体责任和最终责任。提高监事会的独立性和权威性，确保其充分行使职权。推进职业经理人制度建设，把选人用人、薪酬分配和业绩考核、风险管理责任统一起来。国有金融企业要坚持党中央集中统一领导，完善党领导金融工作的体制机制，把加强党的领导与完善公司治理有机结合起来，完善定期研究金融发展战略、分析金融形势、决定金融方针政策的工作机制，提高依据金融市场化发展要求科学决策的能力和水平。

2. 优化金融机构布局。在市场经济条件下，经济社会发展是多元化、多层次的，相应地，也需要建立多样化、多层次的金融服务体系，中央采取各种措施，健全商业性金融、开发性金融、政策性金融、合作性金融，分工合理、相互补充的金融机构体系，正是为了适应经济社会发展对金融服务的多样化、多层次需求的。截至 2018 年上半年，我国民营银行和消费金融公司的设立已经实现常态化，并且累计批复设立民营银行 17 家、金融消费公司 26 家。目前，我国金融管理等有关部门正在根据中央要求，积极拓宽民间资本进入银行业的渠道，支持民间资本规范有序参与城商行、农村中小金融机构重组改制，落实民营银行监管指导意见；支持符合条件的民间资本发起设立消费金融公司、金融租赁公司、汽车金融公司、企业财团财务公司，以及参与发起设立村镇银行。

3. 扩大资本市场有序开放。开放资本市场是我国金融改革的重要内容，党的十八大以来，我国资本市场开放呈持续发展扩大之势。进一步扩大对外开放，放宽银行类金融机构、证券公司、证券投资基金管理公司、期货公司、保险机构、保险中介机构外资准入服务业的限制，同时，还放开会计审计、建筑设计、评级服务等领域外资准入限制，有序推进电信、互联网、文化、教育、交通运输等领域的开放。外商投资企业可以依法依规在主板、中小企业板、创业板上市，在新三板挂牌以及发行企业债券、公司债券、可转换债券与运用非金融企业债务融资工具进行融资。创造公平的市场竞争环境，支持外商投资企业拓宽融资渠道。这表明，国内资本市场对国际资本更加开放了，沪港通、深港通等措施不断出台，进一步推动了中国资本市场更高程度的开放。

4. 大力发展普惠金融和绿色金融。普惠金融和绿色金融是金融服务实体经济的短板，发展普惠金融和绿色金融直接关系国计民生，是党的新发展理念在金融领域的具体体现，也是近年来党中央深化金融改革、完善金融体系的重要发力点。

（1）改革普惠金融机制。近年来，党中央和国务院高度重视发展普惠金融。党的十八届三中全会明确提出发展普惠金融。2015 年《政府工作报告》提出，要大力发展普惠金融，让所有市场主体都能分享金融服务的雨露甘霖。

为了推进普惠金融发展，增强所有市场主体和广大人民群众对金融服务的获得感，就要"健全机制、持续发展，机会平等、惠及民生，市场主导、政府引导，防范风险、推进创新，统筹规划、因地制宜"；坚持借鉴国际经验与体现中国特色相结合、市场主导与政府引导相结合、完善基础金融服务与改进重点领域金融服务相结合，不断提高金融服务的覆盖率、可得性和满意度，使最广大人民群众公平分享金融改革发展的成果。到2020年，建立与全面建成小康社会相适应的普惠金融服务和保障体系。该体系包括：①健全多元化广覆盖的机构体系。发挥现有银行机构功能，规范新型机构运作，发扬保险公司保障优势。②创新金融产品和服务手段。提倡金融机构产品和服务方式创新，提升金融机构运用科技的能力和水平，促进普惠金融发展。③推进金融基础设施建设。改善农村支付环境，加强普惠金融信用信息体系建设，加快建立健全普惠金融统计体系。④完善法律法规体系。解决普惠金融法律制度不健全问题，制定普惠金融服务主体法律规范，完善普惠金融消费者权益保护法，促进普惠金融有序健康发展。⑤发挥政策引导和激励功能。解决货币信贷政策不完善问题，建立差异化的金融监管激励机制，落实国家财税政策，强化地方相关职能。⑥加强教育、保护消费者权益。有组织、系统地宣传金融知识，在公众中树立金融风险意识，依法保护金融消费者权益。⑦组织保障和推进实施。加强组织保障，开展试点示范，加强国际交流，实施专项工程，健全监测评估。

（2）大力发展绿色金融。重视发展绿色金融是党中央绿色发展理念的具体体现，国家"十三五"规划纲要明确提出"构建绿色金融体系"的宏伟目标。国务院总理李克强在2016年、2017年《政府工作报告》中接连强调"大力发展绿色金融"。大力发展绿色金融，就要构建绿色金融体系，推动金融服务向环保、节能、清洁能源、绿色交通、绿色建筑等领域倾斜，加快我国经济向绿色化转型，以便促进环保、新能源、节能等领域的技术进步，培育新的经济增长点，提升经济增长潜力。推动建立健全上市公司和发债企业强制性环境信息披露制度；要求发展绿色保险和环境权益交易市场，提出按程序推动制定和修订相关法律或行政法规，推动在环境高风险领域建立环境污染强制责任保险制度，鼓励和支持保险机构创新绿色保险产品和服务，参与环境风险治理体系建设，推动建立排污权、用能权、用水权等各类环境权益交易市场，发展各类环境权益融资工具。同时，支持地方发展绿色金融，要求有条件的地方政府通过放宽市场准入、完善公共服务定价、实施特许经营、落实财税和土地政策、建立专业化绿色担保机制、设立绿色发展基金等途径和手段，撬动更多社会资本投资绿色产业。

二、维护金融安全的政策性措施

政策是影响国家经济安全和金融安全的重要因素。所以，预防金融危机，维护经济安全必须从政策上加以保证。从政策层面来看，特别要把握好以下几项政策要点。

（一）加强对外商直接投资的宏观调控

为了维护金融安全，必须加强对外商直接投资的宏观调控，应特别注意以下几个方面：

1. 保持适度规模。外商直接投资规模，即外商直接投资总量是否合理或适度，对整个社会总供给与总需求的平衡，对国民经济持续、快速、健康发展具有重要影响。外商直接投资是一把"双刃剑"，如果规模合理、利用得当，它可以促进经济增长；如果规模失控、利用不当，它不仅不能促进经济增长，还有可能造成经济紊乱或经济衰退。

2. 优化投资结构。所谓投资结构，是指外商直接投资的内部构造和投向。内部构造是指外商直接投资的来源结构、方式结构以及投资项目的规模结构等；投向则是指外商直接投资用于不同的方向及其投资量相互间的关系，主要包括外商直接投资的产业结构、区域结构等。外商投资结构不合理，特别是外商直接投资的产业结构和区域结构不合理，直接影响中国吸收外商直接投资预期总体社会经济效益的取得，影响中国整个产业结构的调整，甚至加剧中国产业结构的矛盾，从而影响国民经济的持续、快速、健康发展。

3. 遏制负效应。吸收外商直接投资必然产生负效应，这是不以人们的意志为转移的。如前所述，外商直接投资的负效应对中国经济造成的消极和不良影响不可低估，从而理所当然应将遏制负效应作为中国对外商直接投资宏观调控的目标。需要指出的是，通过对外商直接投资进行宏观调控，可以消除由内生因素产生的负效应；但对于由外生因素产生的负效应，宏观调控只能对其加以限制或起到缩小的调控效应，绝不可能完全消除，对此，在引进外商直接投资过程中应尽可能地将负效应减小到最低。

4. 强化宏观调控手段。中国对外商直接投资宏观调控的手段主要包括：国家计划、经济政策、法律手段和行政手段。

5. 建立健全宏观调控体系。需要解决的问题很多，但首要问题是建立和健全宏观调控组织体系，宏观调控组织体系可包括决策系统、实施系统和监测系统。

（二）采取审慎的外债政策

在亚洲金融危机中，受到冲击较大的大多是一些外债严重，特别是短期外债较多而到期无法偿还的国家，货币管理当局对外债尤其是对隐性外债管理失控。这一教训值得吸取，中国要继续采取审慎的外债政策，必须注意以下几个方面：

1. 外债政策应将安全性放在首位。一是注意把握时机，在市场条件不利的情况下，绝不可贸然进入国际资本市场，对外债发行的市场、金融条件等要权衡利弊；二是跟踪监测外债风险指标，密切注意外债依存度、偿债率以及长短期外债结构的变化。

2. 提高外债使用的经济效益。

3. 严格确认境外发债主体的资格，加强对境内机构借用中长期外国贷款的管理，实行全口径计划管理，根据不同的筹资方式和偿还责任分别实行指令性计划管理和指导性计划管理。

4. 实现发债主体多元化，债券结构多元化，减少市场变化带来的汇率风险和利率风险，降低筹资成本，以增强外债的偿还能力。

5. 加强对隐性外债的监控。

6. 建立国家偿债基金。

（三）采取稳定性与灵活性相结合的汇率政策

在人民币汇率政策上应当把握以下几个方面：

1. 运用多样化的货币政策工具，着力调节好流动性闸门，促进和保持流动性基本稳定，维持货币政策稳健中性运行目标。

2. 根据"收盘汇率 + 一篮子货币汇率变化"的指标体系，确定人民币兑美元汇率中间价形成机制，增强人民币兑美元汇率的弹性和双向浮动。

3. 完善宏观审慎政策框架体系，把引导和促进金融机构审慎经营作为发力点。实行稳健的货币政策，发挥其在优化信贷结构的功能，鼓励各级各类金融机构将工作重心向重点领域和薄弱环节转移。

4. 制定与供给侧结构性改革相一致、相匹配的金融服务措施，支持钢铁煤炭去产能，为国家确定的重点行业产业结构转型升级提供金融支持，为国家发展布局调整和精准扶贫等提供金融服务，强化对"双创"、高科技、战略性新兴产业、保障性住房、健康养老、小微企业、创业就业和少数民族地区经济社会发展的金融支持。

5. 针对金融风险发展现状，采取相应对策，把中央防范和化解金融风险、守住不发生系统性金融风险底线的要求落到实处。

6. 稳妥、有序地推进金融改革，盯紧重点领域关键环节问题，综合运用增加交易主体、丰富交易工具、加大市场决定汇率力度等措施，保持人民币汇率基本稳定。

7. 严格按照中央要求，落实自由贸易试验区金融开放创新试点、绿色金融体系建设等项工作部署，不断加强金融基础设施建设和管理，有序推进金融市场稳健发展。

（四）保持一定的外汇储备规模

外汇储备是平衡国际收支和稳定汇率的重要政策工具，也是偿还对外债务的最后保障。中国已经积累起较大的外汇储备，足以承受较大的偿债压力，对避免亚洲金融危机的冲击、增强应付突发事件的能力、维护中国金融安全发挥了重要的作用。但是，外汇储备并非多多益善，随着中国经济对外开放程度的不断提高和外汇储备的持续增加，必须加强和完善对外汇储备的管理，对外汇储备结构进行经常性的调整，以提高外汇储备的使用效益。

📖【本章小结】

在现代经济生活中，金融安全在经济发展中的作用日益加强，突出表现为它对经济发展的推动力日益加强。具体表现在四个方面：通过金融的基本功能为经济发展提供资金支持；通过金融运作为经济发展提供条件；通过金融机构的经营活动节约交易成本，提高经济发展效率；通过金融业自身的产值增长直接为经济发展作出贡献。但是，在经济发展过程中，仍然有不少经济制度、经济政策等方面的因素影响着金融安全的稳定运行。这与我国现实的经济发展情况十分吻合。因此，亟须在经济全球化发展浪潮中维护我国金融安全。本章从构建金融安全网、推行金融体制改革、加强对外商投资的宏观调控、采取稳健的汇率政策等方面着手，建立起维护金融安全的防护措施。

【复习思考题】

1. 简述金融在经济发展中的双重作用。
2. 简述经济发展与金融安全的关系。
3. 简述经济发展中影响金融安全的制度性因素。
4. 简述宏观调控政策对金融安全的影响。
5. 简述在维护金融安全的制度性对策中，如何推进金融体制改革。
6. 简述维护金融安全的政策性措施。

第三章

金融行业安全

【教学目的和要求】

通过本章的学习，了解金融行业安全的概念及分类，理解金融行业风险的状况，掌握金融安全调控的措施。并能够运用相关知识防范金融行业风险，提高金融行业安全。

金融行业是指经营金融商品的特殊行业，它包括银行业、保险业、信托业、证券业和租赁业。金融行业安全在国家经济安全中的地位和作用日益显著。

第一节　银行业安全

一、银行业安全概述

（一）概念

银行业安全是指我国的银行在生存和发展中不受威胁的状态。具体包括两层含义：第一，安全的主体是我国的银行业；第二，银行业安全包括生存安全和发展安全两个方面。前者包括银行业产品结构安全、银行业制度安全和银行业运营安全，后者包括银行业安全和银行业产业政策安全。银行业安全是金融安全的核心，也是金融监管的核心。

（二）特点

1. 操作风险频发。1998年巴塞尔银行监管委员会发布了名为《操作风险管理》的咨询文件，之后操作风险作为一个单独的风险范畴引起了人们的重视。2004年巴塞尔委员会发布了《统一资本计量和资本标准的国际协议：修订框架》，将操作风险纳入风险监管范围，并为其设定最低资本要求。操作风险成为与信用风险、市场风险并列的银行业三大风险。

近年来，随着我国银行业务的快速发展，商业银行面临的运营风险不断增加，操作风险更是频频凸显。据统计，仅2003—2010年，通过媒体公开报道可以搜集到的操作风险案件就达200余件。齐鲁银行数十亿元的票据诈骗案件等多数案件发生在基层网点和所谓低风险业务领域，且多为内部人员作案，这反映出部分银行内在风险管理机制存在缺陷。

2. 信用风险不断积聚。随着信贷的膨胀，中国银行业信用风险将不断积聚，信贷结构失衡问题、房地产与地方政府融资平台信贷风险隐患将逐步显现。随着央行货币政策的趋紧，银行业信用风险暴露程度会趋于上升。从短期来看，在政府一系列宏观调控政策下，中国银行业的信用风险相对可控；但从长期看，银行业所面临的信用风险将面临上升压力。随着中国经济转型步伐的加快，经济转型期所面临的不稳定因素增多，会加大银行业应对政策性风险的难度。另外，资本监管的强化将使银行业运营成本面临长期的上升压力。因此银行业需要主动调整和适应宏观经济与监管环境的变化，借助国家政策和经济结构调整的机会，不断调整经营策略，加快经营方式的转型，通过优化资产结构、加强主动负债管理、拓展中间业务渠道，寻求资本节约型发展模式。

3. 公司治理风险。与一般工商企业相比，商业银行具有许多特殊性，如较高的资产负债率、利益相关者涉及面较广、对国民经济发展具有重要意义等。这些特殊性也决定着商业银行的公司治理与一般工商企业的公司治理有差异。这种差异和特殊性主要表现在两个方面：一是商业银行经营目标的特殊性决定着其公司治理的目标不应仅仅是公司价值的最大化，还应包括银行的安全与稳定。二是商业银行比一般公司更接近社会机构而不是私人合约的产物，决定着其公司治理应更多关注全体利益相关者的利益，而不能仅仅局限于股东本身。

20 世纪 90 年代中期以前，针对金融机构自身的治理问题，仍旧是采用一般公司治理的理论研究方法进行。英国巴林银行、公平人寿保险等金融机构的经营失败甚至破产倒闭，以及 1997 年亚洲金融危机则使人们深刻意识到完善金融机构公司治理的重要性，并直接引发了全球范围内金融机构公司治理的兴起。正是从这个意义上讲，防范和抵御金融风险的根本性举措是完善金融机构的治理结构。

经过十多年的专项治理，我国银行业的公司治理有了较大的发展，尤其是上市银行的公司治理越来越规范，但是在银行公司治理中还存在着以下问题，严重影响着银行业的发展，这些问题集中表现为：银行股权集中问题较为严重，国有股比例较高，民营控股的上市银行数量较少；尽管大部分银行都按照规定建立了董事会和监事会，任命了独立董事、监事，但独立董事、监事等尚未真正履行其监督职责；受计划经济体制的影响，我国银行机构的激励机制大多以短期激励，并且以简单的物质激励手段为主，缺乏可行的多样化的激励措施；信息披露制度不完善，大部分银行披露的都是正面信息，信息的完整性、可靠性、权威性无法得到保障，而且银行向社会披露信息的范围也较窄。

4. 地下金融迅速发展。据统计，近年来在广东、福建和浙江这些私营经济比较发达的地区，通过地下金融的间接融资规模大约相当于国有银行系统融资规模的三分之一。2017 年全国公安机关立案侦办非法集资案件 8600 余起，发案数呈现高位运行态势。虽然全国非法集资新发案件几乎遍布所有行业，呈现"遍地开花"的特点，但投融资类中介机构、互联网金融平台、房地产、农业等重点行业案件持续高发。大量民间投融资机构、互联网平台等非持牌机构违法违规从事集资融资活动，发案数占总量的 30% 以上。在互联网金融涉及非法集资案件类型上，公安部披露，网络借贷、投资理财、私募股权、虚拟货币、电子商务、消费返利、慈善互助、养老等领域成为"重灾区"，涉及人员多、地区广，蕴含巨大经济金融风险。此外，以假币、假银行卡、骗取贷款、金融诈骗、洗钱等为主要形式的金融犯罪高位运行，新类型新手法犯罪多发，损害了广大群众利益，破坏了金融市场秩序。

二、银行业安全影响因素

（一）内部因素

内部因素主要包括银行业融资结构、银行业内外部治理及金融体系中的其他机构与银行业的竞合关系。

1. 银行业融资结构。银行业融资结构会直接影响银行业面临的风险水平。从金融体系的构成来看，现代金融制度包括以银行为主的间接融资体系和以证券市场为主的直接融资体系。直接和间接融资比例对银行业安全状况有着直接的影响，如果直接融资发展比较缓慢，直接融资与间接融资之间比例失调，那么资本市场的功能缺陷会削弱其帮助转移银行体系经营风险的能力。尤其在信用体制不完善的情况下，企业融资高度依赖于银行体系会加剧其风险承受的压力，降低其安全保障系数。间接融资比例过高也会引发贷款规模扩张过快和贷款的需求刚性，造成贷款风险的粗放型管理，提高出现不良贷款的可能性，恶化银行资产质量。另外，贷款扩张会使货币流动性增大，最终将导致央行实施紧缩政策如提高利率，提高贷款成本，从而造成银行贷款违约风险的上升，影响银行业整体的竞争力和成长性。

2. 银行业内外部治理。银行的内外部治理具有一定的特殊性。银行业所具有的较强的外部性意味着银行业的安全发展对整个国民经济的安全发展意义重大。在银行业中，由于其高负债的资金结构，使债权人提供的资金面临风险。存款人是资金的重要提供者，但在公司治理中处于弱势地位，为了实现治理中的利益平衡，需要银行业监督管理机构介入商业银行的公司治理，实现保护存款人的治理目标。同时，由于银行业在金融体系中的重要地位，决定了银行业要担负更多的社会责任，这就要求银行业内外部治理要对所有的利益相关者负责。银行业在一国国民经济中的重要地位，决定了银行业内外部治理的目标不再仅仅是追求股东权益的最大化，而是要在追求股东利益的同时兼顾相关利益者的利益。

3. 其他金融机构与银行业的竞合关系。银行业是金融体系的重要组成部分，其他金融机构还有证券公司、保险公司、信托公司、租赁公司、财务公司等，其中银证保是金融机构的三大主体。金融机构都是通过吸收和运用资金获取收益的企业，它们之间既存在合作，又存在竞争。

从资金来源角度看，虽然不同金融机构的职能各不相同，但由于一段时期的资金存量是一定的，因此必然存在此消彼长、相互竞争的局面。如当实际利率不高的情况下，资本市场的繁荣就会分流银行的存款，便利的直接融资会部分挤占银行的贷款业务份额。另外，随着银行的综合性经营发展，金融机构间的业务交叉会增加，从而形成同类业务竞争，如银行推出的基金等理财产品会分流基金和证券公司的业务份额。从这个角度来看，其他金融机构与银行业之间的竞争会使银行资金的来源和运用发生变化，从而导致银行的业务和盈利情况的变化，对银行业安全状况产生影响。与此同时，金融机构业务之间的互补效应也会促使其紧密合作。银行利用其业务网点和支付结算优势，可以获得其他金融机构业务的营销、托管、转账结算等业务，如银行与证券、基金公司合作出现的银证转账、代理开户、买卖基金等业务；与保险公司合作出现的按揭贷款保险、保单质押贷款、代收保费、代付保险金、代销保险产品等业务。从合作的角度来看，金融机构之间的互补效应可以拓展银行的业务种类，有利于金融产品创新和资产结构优化，从而改善银行业的安全状况。由此可见，其他金融机构与银行业之间的竞争与互补关系也是影响银行业安全的重要因素，而影响的结果则要进行宏观经济环境、银行自身的风险控制能力、金融创新能力的综合权衡。

此外，需要特别注意的是信用评级机构在很大程度上也会影响银行业的安全状况。信用评级机构的特殊作用能够增加市场的透明度，提高金融交易效率，并为政府监管部门提供管理依据和参考资料，但这些都需要建立在信用评级机构"公平、独立"的运作基础之上。在市场繁荣时期，信用评级机构为了承揽更多的业务，会通过提高信用评级的方式来招揽客户，这意味着信用评级机构主观上降低了信用评级的标准，增大了金融业的风险。美国次级债危机的爆发，在一定程度上也要归咎于信用评级机构自身职能的偏离，不实的信用评级掩盖了次级债资产的信用风险，为危机的最终爆发埋下了祸根。因此，信用评级机构的中立性对银行业安全也至关重要。

（二）外部因素

1. 金融自由化。放松管制和金融自由化要求的是利率自由化、国内金融市场的开放和金融机构业务的开放，利率市场化、汇率市场化和资本账户开放均为金融自由化的重要内容。

（1）利率市场化。利率市场化给了商业银行利率自主权，使其可以通过利率差别来甄别风险不同的贷款者，从而加剧了同业竞争，有利于提高经营效率。然而，利率市场化也带来了利率风险。在利率市场化的初期，由于商业银行不能适应市场化利率环境所产生的金融风险，面临着四个方面的冲击效应：①利率风险增大。当商业银行的利率敏感性资产与利率敏感性负债不匹配时，利率市场化后利率波动幅度的加大将对银行的净利差收入产生影响。②利率市场化降低了银行特许权价值，加重了银行的道德风险。银行特许权价值就是利率上限和进入限制为银行所创造的租金，取消利率限制会削弱银行部门的垄断性地位，激化银行间的竞争并降低其利润，这些结果会导致银行特许权价值降低，扭曲银行部门的风险管理行为，从而带来金融体系的内在不稳定性。③利率市场化会加剧借款者的"逆向选择"和"道德风险"，导致资产平均质量下降。由于长期的利率压抑，市场化改革后利率水平必然升高。随着实际利率的升高，只有风险较高的项目投资者才会继续申请贷款，从而导致银行资产平均质量下降。而且当一般生产性投资项目不能产生足够多的利润来支付贷款的高利息时，大量的借贷资金便会通过多种渠道流入投机性极强的房地产业或股票市场以便牟取资本利得。④利率市场化会加剧银行对资金来源的争夺，导致其利润下降。利率市场化导致的利率水平的提高会使贷款需求下降，存款需求上升，从而使银行的利差收入减少；另外，利率市场化带来的竞争效应会使银行利差缩小和垄断利润减少，影响银行的盈利能力。

（2）汇率市场化。汇率市场化改革意味着汇率的波动幅度扩大，并且变动频率加快，商业银行的外汇风险将更加显性化、日常化。汇率市场化改革使商业银行面临的挑战主要表现在：①银行账户和交易账户面临的外汇风险同时加大。汇率市场化改革下，商业银行因交易目的而持有的以外币计价、结算的金融工具的（人民币）市值，会随着人民币对主要外币汇率的波动而发生变动。同时，银行账户中的外汇资产和负债，例如外汇存款、外汇贷款、同业外币拆借、投资性外币债券等，也会随着汇率的升值和贬值而产生盈亏。此外，如果不做相对特殊的安排，我国部分商业银行持有的外汇资产会因人民币升值而缩水。②银行客户的外汇风险上升会增加银行受损的可能性，对银行的资产质量和盈利能力带来影响。汇率波动的频率加大后，银行客户面临的外汇风险会增加，直接从事国际贸易的企业会因汇率波动而导致盈亏起伏。另外，人民币升值会导致其出口企业竞争力下降以及盈利减少，影响企业的偿贷能力，使银行贷款的风险增加。从各国经验看，在本外币利差较大的情况下，内向型企业倾向于通过向银行借用外汇贷款来满足本币融资需求。

（3）资本账户开放。积极影响方面：①提高国内经济效率，促进经济发展。②完善国内金融市场，促进金融效率的提高。③有助于我国银行进入国际金融市场，降低借款成本和融资成本。④产生积极的财富效应。消极影响方面：①引发逆向选择，增加道德风险。②丧失货币政策的独立性。③可能导致银行不良资产的增加。④资本有可能大量外流。

2. 宏观经济环境。稳定的宏观经济是保障银行业安全的基础。银行业作为经营货币资金的企业，其资金来源和运用均离不开宏观经济运行，这一特殊经营模式决定了该行业对宏观经济具有很强的依赖性，影响银行业安全的主要宏观经济因素如下。

（1）经济衰退与通货膨胀。宏观经济不稳定，常常导致不动产、股票等资产价格的剧烈波动，并对金融配置产生不利影响，从而决定了金融系统的脆弱性。说明这一风险传导机制的理论包括"金融不稳定性假说"和乐观情绪论。明斯基（Minsky）提出的"金融不稳定性假说"认为：正是经济繁荣时期埋下了金融动荡的种子。在经济出现繁荣形势的诱导和追求更高利润的驱动下，银行等金融机构放松了贷款条件，而借款企业受宽松信贷环境的鼓励，倾向于采取更高的负债比率，借款企业中的投机性及"蓬齐"借款企业的比重越来越大，而抵补性企业的比重越来越小。为了追求更高的利润，金融机构支持贷款企业从事那些规模更大、风险更高的项目，于是，生产企业和个人的债务相对其收入比例越来越高，股票和不动产的价格也随着急剧上涨。经历了一个长波经济周期的持续繁荣阶段后，经济形势开始走向反面。此时，任何打断信贷资金流入生产企业的事件都会引起连锁的违约和破产风潮，于是，银行等金融机构不可避免地受到冲击。乐观情绪论的基本观点是：在经济繁荣时期，利润的增长刺激了投资需求的增长，投资者在乐观情绪的鼓舞下疯狂进行投资或投机，并逐渐丧失理性，甚至监管者也受到了蒙蔽。一旦这种情绪完结，危机也就降临了。由此可见，宏观经济由繁荣转入低迷会给银行带来两种压力：第一，对银行投资而言，新的盈利性资本投资项目会更少；第二，在经济萧条时期，财产代理人的收入流减弱，现有的银行借款（债务）人在筹集资金偿还贷款时会遇到更大的困难。

（2）信用环境。一个国家的微观信用环境和金融体系本身的信用与银行安全有着密切的联系。信息不对称论者认为，银行信贷市场最突出的问题是金融交易双方对金融风险的信息掌握不对称，这会导致"逆向选择"和"道德风险"，恶化银行的资产负债状况。这种情况如果得不到遏制而循环往复，最终将导致金融危机的发生。而从政府信用对银行安全的影响来看，以克鲁格曼（Krugman）为代表的一批经济学家将亚洲金融危机归结为金融机构的道德风险。银行为防范破产风险，从政府机构或保险机构那里购买保险，称为显性保险；而存款者断定政府会防止银行破产，或在破产情况下政府会介入并补偿储户的损失，称为隐性保险。显性保险和隐性保险会激励金融机构去承担超额风险。这是一个两难问题：若不提供保险，就无法避免金融体系的崩溃；而存在保护，又会因金融机构铤而走险而引致风险。

（3）对外贸易状况。在开放的经济条件下，对外贸易状况也是影响银行业安全的重要因素之一，而且会通过如下两个途径影响银行业安全。

首先，如果一国经济高度依赖对外贸易，即存在较高的外贸依存度，则经济增长会面临较高的风险。如果主要出口产品因为技术进步、成本提高、贸易摩擦、比较优势丧失等原因出现滞销，则会给出口企业带来较大的经营风险，从而使其资金来源的上游企业——银行出现贷款违约风险，恶化其资产质量，从而影响其竞争力和成长性，加大安全隐患。

其次，在内需不足且很难在短期内得以改善的情况下，如果经济增长过于依赖外需，即存在较高的外贸依存度，就会产生经常项目顺差和资本与金融项目顺差并存的"双顺差"局面。为保持本币汇率稳定，政府会使外汇占款下的本币投放量被动增加，市场潜在通胀压力趋大，给经济持续稳定增长带来隐患。在流动性充裕的环境下，高储蓄率会使银行产生信贷扩张的冲动，降低贷款质量和评级，恶化其资产状况。另外，为缓解基础货币的过快增长，央行主要通过发行中央银行票据来对冲银行体系的过度流动性，而政府强制商业银行以低于市场利率的利率购买央行票据，则会导致商业银行财务平衡表和资产负债表的恶化。央行将部分对冲财务风险转嫁给了商业银行，从而制约了商业银行的盈利能力，加大了商业银行的运营风险。

（4）对外债务状况。一国的外债规模与结构等也会对其经济和金融安全产生影响。从国际经验来看，20世纪90年代韩国等国家金融危机的教训就是，国内企业通过金融机构大量举借外币债务，一旦汇率急剧下跌，负债企业的外汇风险和损失就会直接转变为银行的信用风险和损失。在汇率波动度提高的情况下，如果再盲目开放资本项目，银行所面临的风险将会更大。

（5）货币因素。弗里德曼（Friedman）、布鲁纳（Brunner）等认为，货币存量增长及其变化是引起危机的主要原因，危机并不一定发生在商业周期的特定阶段，而是发生在央行控制的货币供给不稳定并引起过度的货币收缩阶段。银行为了获得必要的储备而被迫出售资产，迅速出售降低了资产价格，提高了利率，同时也威胁到银行的偿付力，降低了公众的信心。因此，银行危机是经济政策出现问题和银行结构内生事件，不是独立的外部性冲击所致。

（6）宏观经济政策。一国的宏观经济政策主要包括财政政策和货币政策，它们的实施影响着该国货币存量、投资、消费等各个层面。在政策调控效果符合预期的情况下，扩张性的财政政策和货币政策会刺激社会总支出，引发金融机构信贷扩张的冲动。一旦经济出现逆转或银行风险管理能力差，就会恶化银行资产质量，影响银行业的安全；相反，紧缩的财政政策和货币政策会抑制社会总支出，过度紧缩则会制约银行的盈利渠道和流动性，亦会影响银行的安全状况。因此，采取适度的宏观经济政策并加强政策协调会有利于银行业安全状况的改善。

3. 监管体制。银行具有先天的脆弱性和高风险特征，因此加强行业外部监管对银行业安全稳健运行具有非常重要的作用。金融约束论认为，政府对金融部门选择性地干预有助于而不是阻碍了金融深化，在一定的前提下，通过对存贷款利率加以控制、对市场准入及竞争加以限制以及对资产替代加以限制等措施，可以为金融部门和生产部门创造租金，并提高金融体系运行的效率。

（1）监管不足容易引发金融危机。银行所有者、高层经营者、存款人和监管机构动力机制受到严重扭曲是许多国家发生金融危机的重要原因。美国的次级债危机可以说是市场失灵的表现，但美国金融体系中存在的监管缺失或监管漏洞也是不容忽视的。美国银行业因信贷资产证券化等原因导致流动性过剩和信贷泛滥，促使了信贷市场的泡沫化，最终引发危机，这是我们应该引以为戒的。监管部门应该提高信息透明度，规范商业银行的金融创新行为。从根本上讲，金融创新只能将风险在不同的投资者之间进行分散和转移，而不能从根本上消灭风险，金融创新并没有降低整个金融市场的系统性风险。

（2）在外资银行监管方面，由于外资银行具有灵活性经营、受母国经济和母公司经营决策影响较大的特点，存在较强的信息不对称风险以及较大的不稳定性，因此，对其进行审慎监管和跨国协同监管，促进其风险管理，并对其在华业务扩张实施渐进的、适度的法律约束是非常必要的。

（3）会计、信息披露和法律框架也与银行业安全密切相关。一般来看，发展中国家金融机构的会计、信息披露和立法制度大都存在较大缺陷，妨碍了市场约束机制的运转和有银行监管的实施，并最终削弱了银行的盈利能力。许多发展中国家的会计制度在划分银行的不良资产方面不够透明，通过为陷入困境的借款人提供更多贷款（所谓的"永久坏账"）能够很容易地使不良贷款表面看起来没有问题。立法框架和银行监管机构的法律地位对银行安全也有重大影响。如果借款者提供抵押品、银行处理抵押品、公司破产等程序既复杂又耗时，那么银行的信贷损失和借款者的借款成本通常都会很高。同样，如果银行监管机构不能阻止妨碍有效监管的公司联营、无权关闭破产银行、无权制定会计准则，那么其防止银行过分冒险的能力就会受到限制。此外，在破产时，债权人法律地位不明确是许多发展中国家银行存款替代品（如货币市场共同基金）不发达的主要原因。

三、加强银行业安全措施

（一）提高银行业自身竞争力

1. 鼓励金融创新。20 世纪 90 年代以来，特别是 21 世纪初中国加入世界贸易组织，使国民经济各领域逐步实现了对外开放，整个金融行业进入了全面竞争的状态，金融服务和金融产品的创新日益成为重要的竞争手段。在银行业不断对外开放的过程中，中间业务也成为银行间竞争，以及外资银行同国内银行之间竞争的一个主要领域，各大银行日益重视对中间业务的开展。随着金融行业开放的进一步加深，拓展新的中间业务领域，寻求新的金融创新产品，鼓励金融创新，不仅会带动中间业务收入的增长，同时也会间接地促进国民经济的健康发展。

2. 加强银行品牌建设。除了对金融创新产品和创新服务的竞争之外，银行业竞争更多的是体现在品牌的竞争方面。长期以来大型商业银行由于品牌深入人心，在银行业的竞争中占据了很多优势，而中小银行更应该注重品牌建设，加强顾客对银行的归属感。在发达国家，优质的服务已成为银行之间竞争的重要手段，很多银行都在标准化服务、多样化的理财产品方面着力打造品牌，并把提高服务质量以及以客户为中心作为长期发展的战略。美国著名的花旗银行就是银行品牌建设方面的典范。进入 21 世纪以来，我国商业银行也在建设品牌方面进行了大量的投入，部分银行还获得了一些国际奖项，促进了银行业品牌形象的建设。

（二）完善银行业公司治理结构

我国商业银行公司治理需要进行改进的地方主要包括三个方面，即完善公司治理制度、提升公司治理管理能力、加强公司治理的文化建设。

1. 完善公司治理制度。从我国目前的情况看，引进更多的机构投资者，增加机构投资者的持股占比将是一条有效的途径。近年来，随着证券投资基金的发展和扩大，机构投资者在资本市场上有所增加，合格境外机构投资者也积极参与国内资本市场的运作。他们逐步参与银行公司治理，逐步改变了被动减持的局面，进一步完善了内部法人治理结构的监督和管理的决策作用。对股份制商业银行来说，要适度培育多种形式的持股主体，在一定程度上实现股权多元化；对于城市商业银行来说，要引进优秀的机构投资者和民营资本。

在完善董事会制度方面，首先要建立健全董事会的组织架构，设立不少于三分之一的独立董事，并且允许根据公司的具体情况，适当扩大独立董事的占比；同时，进一步细化董事会职能，使董事会在银行的经营管理中有决策权；提高董事会的独立性，真正发挥董事会在银行治理结构中的核心作用，解决我国商业银行董事会的独立性问题是关键。

在完善监事会制度方面，首先要保证监事会监督作用的独立性；严格执行《中华人民共和国商业银行法》和《股份制商业银行公司治理指引》对监事任职资格的规定和要求；同时，虽然银行监事并不直接参与银行的实际经营活动，但也要保证监事对银行信息的知情权。

在管理层方面，商业银行要对管理层实行有效的约束，一方面，完善中小商业银行的内部制衡机制，充分发挥董事会、监事会、股东大会的作用，通过股东大会监控董事会和监事会，通过董事会作用对管理层任免进行监督，通过监事会对管理层的经营活动进行监督；另一方面，强化外部制约机制，发挥证券市场的功能，建立中小商业银行外部约束机制。我国中小商业银行已经陆续上市，更要充分发挥资本市场的外部约束作用，保证银行的健康稳定发展，同时，要大力培育经理人市场，健全的经理人市场，可以有效解决商业银行的外部约束问题。

2. 提升公司治理管理能力。在提升公司治理的管理能力上，一方面要完善各种公司治理的运作机制，另一方面要提高商业银行的风险管理能力和公司治理结构的效率。

首先，要完善经营决策机制，提高决策的规范性和独立性，强化董事会的集体决策。董事会成员因专业背景和工作经历方面的原因，有着各自不同的优势，对不同事项进行集体决策，有利于提升决策的质量。同时，针对董事会指定的集体决策，要制定更为清晰缜密的监管规则和条例。还要构建相关利益者参与决策的机制，随着机构投资者的兴起，股东参与决策与管理的意识有所增强，而我国商业银行相关利益主体参与公司决策的体系还很不完善。

其次，要完善监督机制，提高监督效果。独立董事作为商业银行的监督力量，其独立性有待增强，而监事会的功能也需要强化，一方面需要协调好独立董事与监事会的监督关系，另一方面是提高审计的独立性。从外部监管的角度，强调问责制度和执行有效性，未来应在继续完善公司治理评价制度的基础上，加大对包括董事在内的各公司治理主体的问责，并提高制度执行的有效性。

再次，完善信息披露机制。国外银行已经在信息披露方面积累了丰富的经验，我国中小商业银行可以进行借鉴，完善我国的信息披露机制；商业银行的经营管理需要科学的风险评价体系进行风险评估，还需要合理的会计标准反映经营业绩；同时，为了加强信息披露的真实性，我国中小商业银行的监督体系应该同时包括独立审计和内部审计。

最后，我国中小商业银行的公司治理还应该在提高效率、提高竞争力方面下功夫。一是要加强董事会的决策能力，以提高公司治理效率；二是董事会会议要充分准备、提高效率；三是建立创新监督体制，提高公司治理的监督效率；四是中小商业银行在加强公司治理时，不能只考虑总行，而应该将公司治理的理念贯穿整个银行体系，不能放过每一个分支行或营业部。

3. 加强公司治理文化建设。首先，健康的风险管理依赖于健康的风险管理文化。对商业银行来说，需要全行树立全面风险管理的理念，强化合规意识，创建公司健康的风险管理文化。风险管理的文化要求从细节入手，不仅要求全行有注重细节的文化，而且要求其董事会成员和高管层都要身体力行，甚至要比其他人员对风险更要"锱铢必较"，将风险管理细节化。

其次，要培养承担合理社会责任的文化。银行是服务于公众的企业，既是以盈利为目的的商业机构，也是社会公共基础设施的一部分，这就决定了银行必须要承担一定的社会责任，必须以较高的道德标准要求和规范其行为。

最后，中国商业银行在进行公司治理改革时，引进的治理模式一方面应该与中华文化相适应，另一方面也要将文化置于开放的系统之中，对传统文化进行引导。

（三）健全银行管理体系

商业银行之间的竞争，归根结底是对"人"的竞争，从银行业内部角度看，是对银行人力资源的竞争，人力资源的强弱从根本上决定了银行竞争力的强弱；从银行业外部角度看，是对客户的竞争，一套健全的客户价值管理体系将有助于银行整合外部资源，不断开发出适合客户的产品。

1. 建立健全人力资源管理体系。我国商业银行人力资源体系存在两方面的主要问题，一个是高层次人才欠缺，中高级专业技术人员比例很低；另一个则是在面对外资银行竞争时，人才大量外流。从这两个角度出发，银行业在建立健全人力资源管理体系时，应当同时兼顾解决以上两个问题，即一方面实施人力资源战略，另一方面牢固树立以人为本的经营理念。实施人力资源战略的核心是建立健全以绩效考核为主的激励约束机制。为了使商业银行的员工及管理者能够与银行的经济效益紧密结合在一起，银行通过建立科学合理的绩效考核和奖惩制度，来确保银行经营目标的实现。通过人力资源战略的实施，可以使银行员工的工作目标趋向于实现银行经营利益的最大化，同时在建立以绩效考核为主的激励约束机制时，还应考虑确定合理的考核标准，即对员工业绩的统计，确定全面、准确、科学的计量标准，并且以实现银行利益最大化为前提，兼顾效率与公平。树立以人为本的经营理念，注重人性化管理。

商业银行的发展依赖于员工的能力和业务水平，在竞争激烈的市场中，不仅要依靠制度的刚性约束，更要注重激发员工的潜能，发挥员工的创造力。

2. 建立健全客户价值管理体系。客户价值管理体系的建立是对客户资源的一种争夺。通过了解客户需求和市场情况，建立适应商业银行发展的客户价值管理体系，不仅能够开发出满足不同客户需求的产品，同时也有利于培养银行固定的客户群，使商业银行能在激烈的国际国内竞争中占据优势。

客户价值管理体系一般包括五个方面的内容：建立完善的客户信息中心、客户需求分析、银行产品创新、构建以客户为中心的金融营销体系以及建立一个不断循环的客户价值管理过程。建立健全客户价值管理体系，首先是要建立完善的客户信息中心。商业银行的客户类型是多样的，不同客户的潜在金融需求、投资偏好和消费倾向是不同的。因此，通过建立客户信息系统，了解客户的性质、年龄结构、文化层次，从而开发出最受欢迎的金融产品。其次，在建立完善的客户信息中心基础上，要对客户需求进行进一步的分析。随着市场经济的发展和人民生活水平的提高，客户对金融产品的需求越来越高，不同层次的消费者对于金融产品的需求也体现出了差异化的需求，如何根据需求来确定产品创新的方向，是整个管理体系的重要节点。再次，对商业银行来说，无论是产品创新还是产品改良，都必须考虑竞争对手、技术和客户要求等诸多外在因素，同时商业银行内部各部门之间的协调也是不可忽略的重要因素之一。复次，金融营销是客户价值管理体系的又一个关键环节，新的金融产品开发出来后，需要通过营销的手段，将产品介绍给客户，使产品进入到金融市场中，加强宣传、把握时机，建立产品与营销之间的互动机制。最后，在一段时间之后，通过从市场收集回来的反馈信息，了解客户在产品和服务方面的不同要求，对产品的性能进行改良，调整营销策略，以更大程度地扩大市场份额。

（四）完善银行业监管体制

1. 改进银行业监管方式。银行业乃至整个金融行业现有的监管理念是被动的、事后补救式的合规监管，未来应转变为主动的、预防式的风险监管理念，并将这一理念逐步渗透到日常的监管实践中，合理分配监管资源，以避免重复检查，充分运用非现场检查的成果，把非现场检查和现场检查紧密结合起来。

在新的监管理念下，我国的银行监管必须尽快实现由传统的合规监管为主转向风险监管为主。监管重点应放在金融机构运营全过程的风险评估、风险控制和风险处置上，并随着经济环境的改变，给予最有可能出现风险的业务领域和环节以特别关注。尽快构建包括风险评估及预警系统在内的全面风险监管机制以准确评估和预警银行风险，尽早发现问题并及时采取有效措施。依照新巴塞尔协议要求和国际通行的做法，有选择地借鉴国外监管当局的评级办法，建立与我国国情相适应的内部评级体系，对我国银行机构的经营管理和内控制度状况进行评级，并建立规范的现场监管制度，实施分类监管。

2. 加强对创新性金融工具的监管。金融创新属于高风险高收益的领域，次贷危机的发生也反射出金融衍生系列工具的高风险性，使人们明白银行监管不应只停留在业务的某一层次或者某一阶段，不应只是对资本充足率加以控制，更重要的是对整个银行体系衍生出来的各种产品风险进行再评估和监控。我国金融衍生品市场还处于起步阶段，相应的监管制度还不完善，在金融衍生工具的开发中务必要加强监管的力度，防范过度投机的市场风险。金融衍生品市场应逐步放开，对为了谋取个体利益把风险后移或者隐藏风险推出的金融创新保持警惕。监管部门应该对自身的监管行为进行细化分类，在避免重复监管的同时，努力弥补创新和混业经营带来的监管空白。

具体来说，为了使银行能够自觉地形成内部控制制度，监管当局可以对银行资本监管采取预先承诺的方法，在设定的测试期内，银行向监管当局承诺其资本金水平，为该期间内可能出现的损失做准备；在整个期间内，只要积累损失超过承诺水平，监管当局就对其进行惩罚；当内部控制的效果不理想时，监管当局应采取有效的措施进行外在监管。不仅要建立健全当前对于金融衍生品的监管立法，并与其他监管机构相协调，同时还要提高监管当局对于创新型业务的研究，以便在危机发生时能及时做出反应。

3. 加强对外资银行的监管。对外资银行市场准入的限制是监管的第一步，而有些准入规则已经成为国际惯例，所以在这一方面也可以适当借鉴国外的宝贵经验，做到两个区分。一是要区分外资银行的母国是发达国家还是发展中国家，不同的国家在监管理念和监管水平上存在着一定的差距，产生风险的概率也不同；二是要区分外资银行在我国设立的形式，是附属机构还是银行分行。若属于附属机构，其资本额比母行少得多，母行对它的注资非常严格，从监管的角度来看，比较便于所在国对其进行资产规模、业务活动、风险利润等方面的监管；若属于分行形式，由于银行的制度各不相同，且它同时也是外资银行母行的资金出口，母行可以依靠自身的资本灵活地对其进行调整，所以较之附属机构监管而言比较困难。同时还要加强对市场运作的审慎监管。我国应该以巴塞尔新资本协议为蓝本，在准确评估外资银行的资本范围、合理计算风险资产的基础上，对其资本充足率进行监管，内容应当包括银行资本界定和风险资产的计算。同时还要注意贷款损失情况和坏账准备金的使用和银行的发展计划、前景。此外，对于银行的流动性监管要注意从母行获得流动性资金支持的情况、获得资金的途径、到期资产的负债情况等。

4. 建立金融安全预警指标体系和应急预案。建立金融安全预警指标体系，包括宏观经济运行安全、货币安全、银行安全、国际收支安全、股市和房地产安全等指标，并根据我国经济金融开放进程，动态调整各类指标的权重和统计区间，预警金融风险。建立资本流动风险监控体系，包括资本流动风险控制的政策体系和资本流动风险监测体系，在各监控部门间建立制度化的沟通和协调监管机制，实现信息共享，形成监控"热钱"和跨境资本流动的联动机制；建立外资进入房地产市场、证券市场以及外汇市场的统计监测分析机制，加强国际合作，降低或消除国际短期资本流动对我国金融安全的威胁。探索建立金融危机应急处理预案，通过模拟各种危机发生路径、覆盖范围和危害程度，制定合理的应急措施、恢复方案和发展规划，预设不同的政策措施组合以合理应对金融危机，保障我国金融体系的长期发展。

abc【知识链接】

（一）银行操作风险

案例：银行员工董某利用在银行工作接触客户资料的便利，伪造了大量信用卡，深夜蒙头异地取款时，被人赃俱获。此案是该市首例通过采取伪造信用卡手段，以伪造金融票证罪提起公诉的案件。董某是银行的信息技术骨干，在升级银行业务系统时，他利用能够接触银行数据库客户资料的便利，趁加班时偷偷将客户信息录入自己事先购买的磁卡中，伪造了187张信用卡。为了不被别人察觉，2010年12月28日，董某利用出差机会，携带伪造的信用卡至厦门，深夜在厦门某银行ATM前异地提取现金3万余元。因形迹可疑，被例行巡查的银行安保人员控制并报警。截至案发，董某利用伪造的信用卡提取现金人民币4万余元。案发后，董某对犯罪事实供认不讳。

启示：该案例的重要特点是犯案人员董某具有银行内部信息系统技术骨干的

特殊身份，该身份不仅使董某掌握了银行核心的信息技术，而且掌握了大量的客户资料等银行数据。银行内部员工能够如此轻而易举地掌握并复制众多银行客户信息资料，暴露了当事银行在管理上存在的问题。信息技术部门一直是银行风险的高发区，涵盖了人员因素、内部流程、系统、外部事件等操作风险，因此银行要不断加强信息科技部门、数据中心的内控管理。一是要加强银行内部人员的素质教育和法制教育，尤其是加强易于接触客户信息等敏感岗位人员的管理和监督。二是加强银行的内部监督管理。信息技术部门应当设立专门的监督管理岗位，监督、检查部门各项规范、制度、标准和流程的执行情况以及风险管理状况；建立健全信息技术部门各项管理与内控制度，从技术和管理等方面实施风险控制措施。三是加强银行数据库的保密规范管理和技术维护管理，建立数据安全管理制度，规范数据的产生、获取、存储、传输、分发、备份、恢复和清理的管理，以及存储介质的台账、转储、抽检、报废和销毁的管理，保证数据的保密、真实、完整和可用。

资料来源：http://finance.sina.com.cn/money/bank/guangjiao/20111024/094510674959.shtml。

（二）银行治理风险

案例：1994年5月至12月时任某行韶关分行储蓄科科长的林伟雄，曾授意科员孔素贞从科里的"专柜吸存款"——账外存款中，累计提取300多万元现金到证券公司开户，并调用其中的280万元炒股，结果造成损失。为填平炒股损失后留下的债务，林伟雄又授意其弟林伟中，将炒股户头接过去，以其公司"贷款280万元"的假象来掩盖其用公款炒股的事实。此后，至1998年案发，曾先后10次将数额由几十万至500万元的巨款由储蓄科的"账外存款"中借给其弟作法人代表的韶关爱婴公司、富婴公司等单位。这些贷款都由储蓄科的"小金库"即专柜吸存款中贷出，在签订借贷合同时往往没有实物抵押，结果没有一笔收回本金，给某行造成2500多万元损失，因此已构成"挪用公款"罪。

启示：银行应采取积极措施防范内部人犯案。为了防止类似案件的发生，避免银行贷款或财产遭受损失，银行应从以下几方面加强制度建设和管理。一是彻底清理金融机构下属公司和"小金库"。私密公司、小钱柜、账外吸存是金融企业领导人犯罪的温床，为其谋取私利甚至贪污挪用提供了方便之门。因此，彻底清理金融机构下属公司和"小金库"是防止金融企业领导人犯案的一个有效措施。二是进一步改革金融企业的治理结构。我国现有金融企业基本上是采用一级法人和逐级委任制，各级的"一把手"拥有主要的决策权，这种领导体制对明确责任确有好处，但由于缺乏内部制衡和监督，也为"一把手"金融犯罪提供了便利。因此，顺应世界金融行业发展潮流，逐步改革产权制度，建立现代公司治理结构，应是改革的方向。三是针对金融工作的特点，加强对金融行业职工的政治思想教育和定期进行思想道德考核，做好思想防范工作，仍然是防止金融行业职工金融犯罪的重要措施。

资料来源：http://news.sina.com.cn/society/2000-06-20/98902.html。

第二节 保险业安全

一、保险业安全概述

（一）概念

保险业安全是指我国的保险业在生存和发展中不受威胁的状态。具体可包括流动性安全、转型安全、经营安全、利率安全、信用安全、公司治理及合规安全、声誉安全等。

（二）特点

1. 从总体上看，中国保险业风险管理水平较低，风险管理理念不强

（1）风险管理作为一种管理职能没有被融入保险企业管理中，保险经营基本上是财务型控制被动经营。（2）保险业发展总体决策和保险公司决策上缺乏风险管理理念，保险的粗放型经营、以保费收入作为经营业绩的硬招标的决策思路对目前的保险发展仍起着决定性作用。（3）保险风险管理技术水平低，风险评估、保险信用等级评定缺乏有效的评定标准，风险控制和风险融资的方式有限。许多保险公司没有防灾防损部门，即使在有防灾防损部门的保险公司中，其人力与财力的配备也不足。（4）保险风险控制以事后控制为主要控制方法，对风险的事前控制重视不够。（5）在保险监管方面，处于事后监管阶段，监管工作缺乏主动性和前瞻性，监管重点仍停留在费率等问题上，对关系到保险公司偿付能力、风险资本比率、再保险安排、资产配置等内容的监管力度不够。

2. 较为注重显性风险管理，对隐性风险管理重视不够

（1）在业务发展导向上，注重规模和速度，强调业务增长量，忽视保险发展的质量。由于我国保险公司分支机构的设立主要是以保费收入增加额为依据的，保险法规和保险监管部门对保险费地位的过分强调在一定程度上导致商业保险公司把保费的追逐作为主要经营目标。保险公司在实际展业中，重保费，轻理赔；在保险市场竞争中，以保险价格进行恶性竞争，盲目承保、劣质承保并存；在保险险种开发上，以占取市场份额作为主要手段，对保险产品风险的管理控制重视不足。

（2）在保险发展导向上，某些方面还存在着保险决策和保险经营中的短期行为，对保险业发展及保险公司发展战略长远性研究不够；在公众对保险的信任度方面，保险业未能充分重视恶性竞争、保险中介制度混乱、保险欺骗对社会公众产生的不良影响；在制度法律建设方面，对保险发展的制度环境和法律基础建设重视不够，一方面表现在保险法在某些方面存在着缺陷与不足，另一方面保险法已不能完全适应开放条件下保险业的发展，一个有效的保险法律体系还未形成；在保险文化建设方面，保险公司文化建设滞后，保险文化传播缺乏创新，保险公司的形象度和美誉度构建亟须加强。

3. 较为注重内生风险管理，忽视外生风险管理

（1）部分保险公司不重视对公众信任风险的管理。

（2）对保险开放、民族保险安全的风险重视不够。在加入世界贸易组织的背景下，如何有效地对中国保险市场进一步开放中的各种风险进行管理研究不足，忽视中国保险业发展过程中的内在的根本制约。

（3）部分保险公司较为重视公司内部的风险管理，而对保险同业的规范竞争、有序竞业的风险管理重视不够，保险同业组织的作用还比较有限。

（4）对保险中介组织的风险管理力度不够。部分保险公司无视保险中介的有关法律规定，不顾中介机构经营资格、业务水平、职业道德状况等条件进行中介展业，表明保险公司对中介组织风险管理与保险公司自身的规范经营都应加强。

（5）缺乏对保险欺骗进行风险管理的有效手段，保险欺骗给保险公司造成的损失日趋加大，在保险理念不强、法律意识淡薄的国度里，对保险欺骗的风险管理需在制度完善和技术创新上加大力度。

4. 未能建立起有效的风险管理信息系统，风险管理决策缺乏依据。保险经营是在大量可保风险的前提下运用大数法则对可保风险进行分散，各类风险数据、损失数据是保险经营的数理基础，可以说，风险数据、损失数据是保险经营的保险资源。保险经营依据这些保险资源从事保险展业，通过展业扩充丰富这类资源提高保险经营水平和展业范围。因此，在理论和实践中都要求保险公司（包括社会）建立一个完整的信息系统对这类保险资源进行保护、开发和利用。我国有许多保险公司未能建立有效的风险信息系统，从而导致保险经营决策缺乏合理依据，使保险经营缺乏合理的数理基础。从某种程度上，这可能导致道德风险和逆向选择的增加。

5. 风险管理理论滞后，风险管理人才不足。在我国，风险管理理论发展滞后，风险管理人才不足已是一个不争的事实。保险风险管理既包括风险投资、保险购买和管理、安全、赔偿金管理、索赔管理，又包括公共关系、市场服务、员工培训、提供法律咨询等内容；既包括对保险公司的硬件失误风险和软件失误风险的管理，又包括组织性失误风险和人为失误风险的管理；既包括保险公司内部的风险管理，又包括保险业的风险管理；既包括保险经营显性风险的管理，又包括保险经营隐性风险的管理。只有建立起全面的风险管理观，才能推动和实现保险业有效的风险管理。

二、保险业安全影响因素

保险业是金融体系的重要组成部分，维护保险业安全对于维护金融体系稳定运行具有重要意义。保险业的安全状况受多种风险影响，当前我国保险业面临的主要风险有以下几种。

（一）产品定价因素

保险产品定价是建立在对过去精算评估和未来预期基础上的，涉及多个方面、多种因素，既有对宏观因素的判断，如利率、通货膨胀率、汇率等，又有对公司微观经营的评估，如公司的利润率、投资水平等。任何一项评估的失误，都可能造成风险。

（二）准备金评估因素

准备金评估影响保险公司的利润、税负及其偿付能力。准备金不足会导致当期利润被高估，保险公司可能会出现未来现金流不足的风险，进而影响其他业务准备金评估的准确性。

（三）巨灾因素

我国是一个巨灾多发的国家，巨灾难以防范，对于保险经营形成了很大的风险。由于巨灾是小概率、大损失的风险，一旦发生可能远远大于保险公司预计的损失，仅仅依靠保险公司的力量无法弥补其所造成的损失，有可能影响保险公司的财务稳定。

（四）资产负债不匹配因素

第一种形式是资产负债类别错配，这其中隐含着权益类资产价格波动风险。类别错配是指用权益类资产去匹配负债，典型做法是安邦保险、前海人寿等在二级市场上以保险负债资金增持股票，以实现权益法入账甚至控制上市公司。就中国保险业整体而言，也存在较大程度的类别错配，2015 年 11 月末股票基金投资比例达到 14.1%。权益类资产价格波动对保险公司损益表和资产负债表都有较大影响。

第二种形式是资产负债信用错配，这其中隐含着信用违约风险。保险资金大多来源于寿险一般账户下的准备金，具有保底利率。而债权类资产则有一定信用违约风险。2015 年 11 月末，中国保险业债权投资计划占比达 13%，3.78 万亿元债券资产中信用债的比例也在提升。在当前债务违约风险不断增加、银行不良贷款率连续 9 个季度上升、债券市场信用评级下调超过 100 次的背景下，保险业需要充分重视信用违约风险。

第三种形式是资产负债期限错配，这其中隐含着长债短配的再投资风险和短债长配的再融资风险。一方面，许多保险公司负债久期长达十几年甚至几十年，在利率下行周期中面临到期资产再投资风险。2013 年底至 2015 年底，十年期国债收益率从 4.61% 下降至 2.82%，十年期 AAA 级企业债收益率从 6.31% 下降到 3.82%，低于保险公司精算假设中 5%～5.5% 的投资收益率。另一方面，一些保险公司利用短期负债滚动的方式进行长期投资，在利率上行周期可能出现流动性紧张和成本上升的再融资风险。

第四种形式是资产负债流动性错配，这其中隐含着流动性风险。流动性风险经常出现在短债长配的情况下。

第五种形式是资产负债币种错配，这其中隐含着汇率风险。币种错配主要是指用国内资金配置海外资产。到目前为止，中国保险资金海外投资以欧美核心城市房地产为主，一旦汇率发生较大变动，上述海外投资可能出现汇兑损失。

三、加强保险业安全措施

（一）进一步完善防范、化解保险风险的机制和制度

保险业是经营和管理风险的行业，要始终高度重视并切实抓好防范、化解保险风险工作。一是加强保险业宏观审慎监管研究，建立保险业风险预警和控制制度，科学设定风险监测指标，完善风险应急管理处置机制。二是完善保险资产监管制度，制定新投资渠道和新投资工具的监管政策，切实防范与化解保险投资风险。三是建立健全科学的保险产业定价机制和监管制度，防范产品定价风险。四是强化偿付能力监管的刚性约束，提高偿付能力监管的科学性、有效性。

（二）进一步完善保护被保险人利益的机制和制度

保护被保险人的利益，是保险监管的根本出发点和落脚点。要继续加大规范保险市场秩序的力度，着力解决市场反映强烈的理赔难、销售误导等突出问题。依法处罚各种侵害保险消费者利益的行为，建立并实施责任追究制度，强化保险法人机构和高管人员的责任意识。完善保险消费者教育工作机制，倡导科学理性的保险消费观念，提高公众风险意识和维护自身权利的能力。

（三）进一步完善促进可持续发展的政策措施

促进保险行业可持续发展，既是经济社会发展的客观需要，也是维护保险产业安全的迫切任务。要坚持以结构调整为主线，带动行业可持续发展，提升产业竞争力。围绕"保增长、保民生、保稳定"，不断拓宽保险服务领域，加快发展"三农"保险、责任保险、出口信用保险等非车险业务，大力发展风险保障型与长期储蓄型业务，进一步发挥保险保障功能和风险管理功能。

（四）进一步提高保险监管水平

要及时跟踪国际金融保险监管制度变革的趋势，研究和借鉴有益的做法，不断完善我国保险监管制度；进一步提高监管制度的执行力，扎实推进分类监管、偿付能力监管、法人机构和高管人员监管等；进一步修改和完善新《保险法》的配套规章制度，加强保险监管的信息化建设，不断夯实保险监管的基础，提高监管的效率。

（五）大力推动业务结构调整

现有的国际经验表明，保障型保险产品受经济周期的影响相对较小，在经济周期调整时期，保险公司大都顺势调整结构，大力发展保障型业务，这也是保险公司相对于其他金融机构的一个比较优势。大力推动业务结构调整，积极发展风险保障和长期的储蓄型保险业务，有利于突出保险行业优势，增强业务发展的稳定性，巩固行业发展的基础。

（六）加强资产负债匹配管理

强化资产负债匹配意识。从保险业务研发一直到应用的各个环节，加强资产负债匹配管理，确保资产与负债之间的久期、收益率等特性的合理匹配。健全资产负债管理的架构体系。进一步明确董事会及风险控制、精算、研发、投资等有关部门在资产负债匹配管理中的职责。引进先进的分析方法和技术手段，为开展资产负债匹配工作提供有力的保障。

（七）完善保险公司法人治理结构

进一步理顺委托代理关系，真正实行民主决策，防止能人治理，即所谓的"精英治理"或"权威治理"，避免法人治理和民主决策流于形式，从制度层面上规范内部人控制和侵害股东利益的行为。

（八）加强监管合作

随着金融行业的不断发展，银行、证券、保险之间的联系越来越紧密，监管部门之间交流、合作的重要性和紧迫性也日益突出，因此，要逐步搭建长期的交流沟通平台，完善磋商机制，在完善技术培训等方面开展广泛的交流与合作。

【知识链接】

（一）案例

自 2007 年以来，以次级房贷违约率上升为导火索，美国爆发了次贷危机。随着危机的不断蔓延，金融业及实体经济受到强烈冲击。作为金融服务业的重要组成部分之一，保险业在本次金融危机中也难以独善其身。有着长达 89 年经营历史、总资产规模超过 1 万亿美元的美国国际集团（AIG）在此次金融危机中受到重创并濒临破产。

1987 年，AIG 在伦敦设立了一家子公司，名为"美国国际集团金融产品公司"（英文简称 AIGFP），其很早就进入刚刚兴起的金融衍生市场，成为美国最早投资金融衍生产品的公司之一。AIGFP 的主营业务是从事金融衍生产品交易，最初的衍生产品交易业务大多是利率互换之类的产品，从 20 世纪 90 年代后期开始大量介入为担保债务权证（CDO）提供担保的 CDS 业务。当时由于其母公司 AIG 自身是 AAA 级的公司，不必提供任何抵押，便可以担保，再加上当时美国经济蓬勃向上，违约率相当有限，这些 CDS 交易对 AIGFP 来讲极为盈利，每年净收保费，这也给 AIG 带来了丰厚的回报。AIGFP 在 1999 年的营业额是 7.37 亿美元，到 2005 年达到 32.6 亿美元，营业收入在 AIG 所占比例由 4.2% 升至 17.5%。

高风险与高收益并存。次贷危机爆发后，AIG 开展的 CDS 业务损失惨重，受其拖累，自 2007 年第四季度开始 AIG 连续五个季度巨额亏损。2007 年第四季度净亏损为 52.9 亿美元，2008 年全年净亏损累计达 993 亿美元，而 2007 年净盈利 62 亿美元。2008 年 9 月 15 日，雷曼宣告破产保护当天，AIG 的股价暴跌 61%，跌至 4.76 美元，成交量剧增至 7.38 亿手，相当于平日的 15 倍以上。虽然在 2008 年早些时候，AIG 筹资 200 亿美元，但不断增加的需求令 AIG 的资源捉襟见肘。资金方面的压力导致三大信用评级机构均下调了对其的评级。而信用评级下调又反过来致使 AIG 财务状况短期内出现急速恶化，AIG 不得不迅速拿出更多的抵押品，以提振其信用评级。同时在债券市场上，AIG 还必须向与之交易的投资银行等追加抵押品。总之，股价暴跌、信用评级下调、交易对手追索抵押品，这些危机环环相扣，仅用三天时间就使 AIG 陷入绝境。

（二）启示

安全机制构建主要在于投资渠道适度放开、健全信用评级机构和优化金融监管机制三方面。

首先，保险行业投资渠道放开应该在注重风险控制的前提下推进。AIG 投资领域比我国同行更广泛，包括房产抵押贷款、金融租赁、衍生品以及融资融券业务等。放开投资渠道有利于提高投资收益，如金融租赁利润丰厚，同时投资风险也相应提高。因此必须在强调风险控制的前提下放开投资渠道。

其次，有必要培育真正对投资者负责的、能够预警系统性风险的信用评级机构。信用评级机构的失职是次贷危机爆发的重要原因。由于次贷衍生品的复杂设计，投资者只能依靠评级机构来衡量相关风险。令人失望的是，评级机构的后知后觉及迟缓而猛烈的评级调整反而加剧了危机。实际上，评级机构的收入来源于投行，却要求它们对投资者负责，本身就是制度的错位。随着无担保公司债和各类金融衍生品的发展，信用评级机构在我国资本市场的地位将日益显著，应设立对投资者负责的信用评级机构。

最后，从总体上认识风险管理，树立全面风险管理意识。要求不仅是对单个因素进行分析，还要从整体把握这些风险，分析研究各因素间的联系，从系统的角度优化全面风险管理系统。综合考虑安全性、盈利性、流动性、匹配性四个目标，运用资产组合做好投资决策管理，是控制保险投资风险的核心。保险业务和投资业务相匹配融合才能对内外部的风险做到更好的防范。

资料来源：《金融发展评论》2010 年第 4 期：《AIG 风险案例及启示》。

第三节　证券业安全

一、证券业安全概述

（一）概念

证券业安全是指我国的证券业在生存和发展中不受威胁的状态。具体包含两层含义：第一，安全的主体是我国的证券业：第二，证券业安全包括生存安全和发展安全两个方面，前者包括证券业产品结构安全、证券业制度安全和证券业运营安全，后者包括证券业安全和证券业产业政策安全。

（二）影响证券业安全的因素

1. 股权结构过于集中。股权结构是影响公司治理的重要因素之一，不仅是决定公司控制权的基础，也是公司管理中的核心要素。由于我国证券公司的起步发展较晚，并且我国的特殊国情决定了多数证券公司的股权结构较为集中，比如我国相当大比例的证券公司其第一大股东属国有性质并且处于绝对控股的地位。而相较于金融市场更为成熟的美国，证券公司的股权分布较为分散，个人投资者所拥有的股权居重要地位。

2. 公司监督独立性较弱。一方面，证券公司独立董事独立性不够。公司内部董事在董事会中占主导地位，来自外部的监督机制还存在问题。主要表现为：一方面，董事会中独立董事比例仍偏低。证监会规定，上市公司董事会成员中应当至少包括1/3独立董事。国内上市公司的独立董事比例基本刚好为1/3，部分证券公司设置独立董事主要是为了满足监管要求，没有真正意识到独立董事在公司治理中的作用。二是独立董事履职效果有待提高。从披露的数据看，几乎每个独立董事都身兼多职，这也成为我国独立董事的一大特点，这种情况带来的后果是独立董事对于所任职公司的精力投入有限，大部分只限于在召开董事会的时候对议案进行审议和表决，对公司的日常经营情况了解甚少，而且在经营信息获取上完全依赖公司经营管理层，无法发挥独立董事的独立性。

另一方面，证券公司风险管控执行部门独立性不强。虽然国内的证券公司在董事会层面建立了风险管理和审计的委员会，并设立风险管理和合规稽核部门为其工作机构。但实际执行中，大部分的证券公司风险管理部门和合规稽核部门由管理层领导，大大削弱了风险管理和合规稽核部门的独立性。

3. 风险管理组织体系有待完善。鉴于我国证券行业发展的现状，国家在净资本和相关风险控制指标方面的规定较保守，这在某种程度上限制了证券公司风险管理的发挥空间，使其发展风险管理能力的内生性需求不强。证券公司对于风控管理部门资源和人员投入普遍相对缺乏，使得公司的风险控制制度实施不到位、监督存在盲区，从而阻碍了我国证券公司风险管理能力的提升。

4. 风险信息系统建设不足。《证券公司全面风险管理规范》要求我国证券公司建立与业务复杂程度和风险指标体系相适应的风险管理信息技术管理系统。而我国证券公司在风险管理的过程中，风险信息系统建设还普遍存在着以下两个方面的不足：一是信息技术资源投入不足。无论资金的投入还是人员的配置仍有待进一步提高。二是信息系统对新项目的风险评估不充分。导致光大证券"8·16乌龙指"事件的一个重要原因，就是对于新上线的策略交易系统，无论是在新旧系统切换的准备时间上，还是信息系统新项目在风险控制上的论证都存在明显不足。

二、证券业风险控制

（一）风险分类

1. 从风险来源看，证券公司所面临的风险包括市场风险、信用风险、操作风险、流动性风险、财务风险、法律政策风险、道德风险和信誉风险。

2. 从业务角度看，证券公司所面临的风险包括：证券经纪业务风险、证券承销业务风险、自营业务风险以及其他业务风险。

（二）风险管理原则

1. 全面性原则。要求风险管理制度和风险管理措施必须涵盖投资活动的各个环节、各个岗位，没有制度上的空白或者管理上盲区。

2. 审慎性原则。要求一切投资活动必须以风险可控为前提，禁止盲目投资操作。

3. 适时性原则。要求公司内设的风险管理机构必须对风险识别及时、反应迅速、决策果断，能够根据市场的变化及时调整投资操作策略，及时防范、规避市场风险。

4. 独立性原则。要求证券投资研究部门、贷款/自主业务投资管理部门、风险管理部门、审计监督部门、投资决策部门必须保持相互独立、相互制约；贷款/自主业务投资管理部门不同岗位也应保持适当的隔离，并保持业务的相互监督和制约。

（三）证券公司风险控制指标标准

为加强对证券公司的风险监管，督促证券公司加强内部控制、提升风险管理水平、防范风险，2016 年中国证券监督管理委员会修订《证券公司风险控制指标管理办法》，建立了以净资本和流动性为核心的风险控制指标体系：

1. 净资本与各项风险资本准备之和的比例不得低于 100%；
2. 净资本与净资产的比例不得低于 40%；
3. 净资本与负债的比例不得低于 8%；
4. 净资产与负债的比例不得低于 20%。

三、加强证券业安全措施

（一）树立科学的风险管理理念

从国外证券公司的实践来看，建立科学的风险管理理念比风险识别和风险评估更重要。其认为业务的主要风险不是业务本身，而是业务管理方式，违反纪律或在监管方式上出现失误最有可能引发风险。因此我们应不断地在整个证券公司内部强化纪律和风险意识，一方面自上而下地推动风险的警示教育；另一方面在对经营管理中的风险进行深入研究的基础上，形成系统的风险控制制度，让每一位员工都认识到自己的工作岗位上可能存在的风险，时刻警觉，形成防范风险的第一道屏障。同时使风险管理策略具备灵活性，以适应市场不断变化的需要。

（二）建立合理的组织架构

证券公司必须建立独立的风险管理委员会，确保公司对各种风险能够识别、监管和综合管理。为此，风险管理委员会需建立严密的风险管理流程，一般包括：（1）成立正式的风险管理组织，此组织能确定风险监管流程；（2）审计委员会（向风险管理委员会负责）对公司整体风险监管流程进行定期的审核；（3）确定明确的风险管理政策和程序，并由定量分析工具来支持；（4）公司最高管理决策层明确规定风险容忍程度，并且定期进行检讨以确保公司的风险承受与公司的各项业务发展战略、资本结构以及现在和预期的市场条件相一致；（5）在职责和分工明确的情况下，保持业务、行政管理和风险管理之间的良好沟通和协调。

（三）提高风险管理的技术水平

证券公司应当运用现代化的风险管理技术，形成组织严密并能适时对风险进行监控的综合风险管理和控制模型。可以借鉴证监会国际组织"资本充足率"的框架和计量与管理风险的 VaR（Value at Risk）模型，提高风险管理技术水平。VaR 是指在正常的市场条件和给定的置信度内，用于评估和计量任何一种金融资产或证券投资组合在既定时期内所面临的市场风险大小和可能遭受的潜在最大价值损失。其风险管理技术是对市场风险的总括性评估，它考虑了金融资产对某种风险来源（例如利率、汇率、商品价格、股票价格等基础性金融变量）的敞口和市场逆向变化的可能性。VaR 风险管理技术（或模型）是近年来在金融市场发达国家（主要在欧美）兴起的一种金融风险评估和计量模型，目前已被全球各主要银行、非银行金融机构（包括证券公司、保险公司、基金管理公司、信托公司等）、公司和金融监管机构广泛采用。

（四）建立健全风险管理的内控体系

证券公司的风险防范和管理的内控体系一般由三部分构成，即风险评估、风险控制和风险管理。

1. 风险评估。首先是各业务岗位或工作流程中的风险评估，其次是整体的风险评估。资产风险评估的主要指标有：（1）安全性指标：对外担保比例占资本总额的比例不得超过 100%；自营股票余额占资本总额的比例不得超过 30%，自营债券余额占资本的比例不得超过 50% 等。（2）流动性指标：流动资产余额占资本总额的比例不得低于 25%；长期投资余额占资本的比例不得超过 30%。（3）盈利性指标：包括资产收益率、资本收益率等。通过对以上指标的分析，确定公司风险的发生概率，进而采取相应的防范应对措施。

2. 风险控制：完善以一级法人制度为核心的授权分责制度，加强决策的集中性、统一性和权威性。实行与个人责任密切联系的集体决策制度，防止个人独断专行。建立高级管理人员岗位定期轮换和重点岗位定期轮换的制度，保持决策体系的新鲜和活力。包括经纪业务风险控制、承销业务风险控制、自营业务风险控制以及信息网络系统风险控制。

3. 信息管理风险。在公司内部建立一个高效的信息管理系统，一是用于信息资源共享，二是便于管理层集中各个基层部门的风险信息，便于信息传递与反馈。

---

abc【知识链接】

（一）案例

2010 年 4 月 16 日，美国证券交易委员会（SEC）宣布，华尔街著名投行高盛公司在设计和销售与次级抵押贷款相关的担保债务凭证（CDO）产品时涉嫌欺诈。据披露，高盛公司曾为满足对冲基金公司 Paulson & Co. 希望做空次贷抵押证券的交易要求，设计了与次级债表现挂钩的组合 CDO 产品 Abacus2007 - AC1，并通过不实陈述、隐瞒风险等欺骗其他投资者，导致投资者因此损失超过 10 亿美元。

（二）启示

1. 金融监管部门应当指引证券中介机构设计合理的金融产品投资压力测试。投资者进行金融产品选择的过程中应当寻求与自身风险抵抗能力匹配的项目。规范的金融理财产品应当包含对投资者的风险测试，即通过分类标准判断投资者应当对应于何种档次的理财产品，从而保证投资者购买的风险产品与其自身所具备的风险适应性相匹配。

2. 积极发挥独立研究人员的市场监督作用。资本市场上的独立研究人员以及分析人员能够起到头脑发昏时泼泼冷水的效果，投资者以及相关金融证券监管部门有必要予以充分关注。

3. 完善救济制度。在个别投资者发现受托人具有诈骗嫌疑但无力对抗时，可以联合聘请律师提起集体诉讼，在引起市场与监管部门关注的同时，及时通过合法途径弥补损失，揭穿骗局。

资料来源：http：//www.ebusinessreview.cn。

第四节　互联网金融安全

一、互联网金融安全概述

（一）概念

互联网金融是指传统金融机构与互联网企业利用互联网技术和信息通信技术实现资金融通、支付、投资和信息中介服务的新型金融业务模式。互联网金融作为传统金融的重要补充，与金融安全、金融稳定密切相关。互联网金融安全是指金融科技有序、可持续发展，金融科技在改造金融体系的同时促进金融平稳过渡与发展，依托科技手段开展金融业务时不发生风险的状态。

（二）特点

1. 高回报低门槛。互联网金融公司大多仅在互联网上开展业务，无须设立实体机构，这便大大降低了公司运营中的边际成本，减少的成本支出部分转化为投资者回报，部分用于继续拓展公司业务，因此公司可以投入较多的资源用于市场营销，以及提高投资回报率上。

2. 传播快范围广。由于无须通过实体机构拓展业务，再加上微信、微博等自媒体服务的流行，有别于传统金融业务的开展模式，互联网金融业务可不受地域限制开展，互联网金融产品也可以通过互联网跨区域快速传播。

3. 业务主体多样化、复杂化。主要的互联网金融公司都属于非金融机构，后通过对各类金融机构进行股权投资、形成实际控制，以此涉足金融领域，并将传统金融业务与自身业务相结合，包装成互联网金融产品对外发售。支付宝发行的"余额宝"互联网金融理财产品便是一个典型例子，其原型为支付宝公司收购的天弘基金旗下的一只货币基金，通过与支付宝虚拟账户体系相结合，推出后不到一年的时间，便成为中国基金市场上投资额最多的货币基金产品。混业、交融是目前中国互联网金融最突出的特点之一。

二、互联网业安全分类

（一）信用安全

信用安全指防范交易对象没有能力继续履约而给其他交易方带来风险的安全举措。互联网金融的交易都是通过网络进行，交易双方不需直接见面，虚拟性较高，所以投融资双方了解度不够，而大部分互联网金融机构又对投融资双方的资质审查不严格，准入门槛要求低。加上我国征信机制不够完善，网络数据的数量不够、质量不高，监管部门对于互联网金融机构的信息披露要求也还不明晰，互联网金融机构不仅没有足够动力主动披露信息，而且还会存在故意隐瞒和误导现象。因此互联网不仅没有很好地起到减少信息不对称的作用，反而使得交易双方的地域分布更为分散，信息不对称问题愈加严重。另外，互联网金融机构经常在高杠杆比率下经营，有些机构还会引入不具充足担保实力的第三方金融机构，甚至无抵押、无担保状态下的贷款也并不在少数。互联网金融机构为了盈利也存在向消费者销售与其风险承受能力不一致的产品的行为。另一方面，从投资者角度说，大部分互联网金融投资者对金融行业的专业知识不足，也使得非理性投资行为增加，加剧了信用风险。

（二）流动性安全

为了吸引更多的投资者，互联网金融机构纷纷推出高收益、高流动性的产品，看似诱人的回报背后实际隐藏着时间错配问题，从而导致流动性风险。以互联网货币基金为例，互联网货币基金一般承诺 T＋0 实时到账，然而基金公司与银行签订的协议存款却是有期限的。一旦消费者发生大规模的赎回行为，互联网基金平台便很难应对。此外，很多互联网金融机构由于刚起步，也缺乏监管，所以缺少对短期负债和未预期到的资金外流的应对经验和举措；行业的一些特征也是互联网金融行业流动性风险较高的原因，首先因为互联网技术的操作便捷性使得同步集中变现现象增多，其次由于很多互联网平台市场信誉度不佳，投资者对其信心不足，"挤兑"现象更容易出现。最后，投融资者数量庞大，且其中大部分投资者金融专业知识不足，风险承受能力较差，也容易给互联网金融机构带来流动性风险。

（三）法律合规安全

互联网金融起步不久，相关法律还在完善过程中，目前的法律并没有对互联网金融所有模式的准入门槛和经营准则进行明确规定。不够完善的法律不仅没有将所有的风险进行有效遏制，同时也使得互联网金融机构的创新行为不得不时常在法律的边界游走。

（四）操作安全

从业人员或者交易双方的误操作可能会导致严重的后果。这些错误行为可能会导致错误的交易行为的产生，甚至导致整个交易系统的瘫痪，严重影响到正常交易和资金安全。操作风险的产生原因主要有系统设计缺陷，应用于互联网金融行业的一些新设备、新技术很多都不完善，存在设计缺陷，容易导致工作人员和消费者误操作的行为；工作人员操作知识的缺乏，不遵守相关操作规定导致的操作失误也是操作风险的一大祸因；互联网的实时性特点减少了失误挽回的时间。操作风险的典型例子是 2005 年 12 月 8 日，日本瑞穗证券公司发生的"乌龙指"事件，一位交易员将客户"以 61 万日元卖出 1 股 J－COM 公司股票"的指令，错误地输入为"以每股 1 日元卖出 61 万股 J－COM 公司股票"，此次误操作事件使瑞穗蒙受了惨重的损失。

（五）技术安全

金融与互联网技术结合后，一些带有互联网特色的技术安全也随之而来。比如终端安全、平台安全、网络安全。终端安全主要指防范互联网金融交易的一些电脑、移动设备等由于存在漏洞而带来的风险；平台安全则是指防范互联网金融机构存在的安全威胁；网络安全指防范互联网金融交易凭借的数据传输网络带来的隐患。

技术风险带来的最大的问题是信息安全问题。技术的不成熟，会导致信息泄露、丢失、被截取、被篡改，影响到信息的保密性、完整性、可用性。这些信息安全问题进而又会造成泄露用户隐私、威胁用户资金安全等问题。

除了以上安全，互联网金融的市场安全、利率安全、声誉安全也与传统金融一样存在。以上微观风险一旦积累到一定程度，必然会影响到更为宏观的经济环境。如果"平台跑路""自融"、信息泄露等问题长期没有得到有效遏制，必然会影响到民众对整个金融市场的信心，降低人们的投资意愿，从而波及实体经济，导致生产下降、失业率激增，甚至引发经济危机。

三、加强互联网金融安全措施

面对互联网金融风险并不是无计可施，可以从政府、机构和用户三方面着手做好防范。

（一）政府层面

1. 尽快解决对于互联网金融是应该"事前监管"还是应该"事后监管"的问题。设立严格的准入门槛，在监管上侧重交易秩序。在加强准入的同时对当下的互联网金融企业进行清理整顿和登记管理，对于那些没有经过有关主管部门批准私自设立的互联网金融机构一概给予取缔，并设立相应的惩罚机制，给予失范金融机构相应的惩罚。

2. 加快推动行业自律意识和道德意识的深入普及。互联网金融在目前的状况下，稍有不慎就可能走上非法集资的道路，而我国尚未建立完善的社会诚信体系，在监管及法规缺位的状况下通过行业自律和道德约束可在一定程度上促进互联网金融的健康发展。

3. 应设立专门的机构进行立法并不断促进立法符合我国互联网金融发展实际，在现阶段法律至少应该关注和重视互联网金融用户权益的保护。对于因互联网金融管理问题或技术原因等导致的用户的损失，应进行追回或全数赔偿。

（二）互联网金融机构层面

对于互联网金融的各种风险，机构自身首先要善于进行风险识别和风险评估。针对不同的风险要做好前期的应急准备，这样才能在一定程度上保证在风险发生时能够争取到应对风险的时间，从而将损失降到最低。其次，畅通互联网金融用户的投诉处理渠道，并设立专门的平台供用户沟通交流。

成立之初的互联网金融机构，需要立足在足够的行业知识和经验之上，审慎选择适合自己的运行模式，以用户的利益为着力点，并放长眼光开发出更多惠及用户的服务。

（三）用户层面

1. 参加政府开展的针对互联网金融用户的教育活动，提升自身风险防范的能力，用自己的力量减少风险。

2. 要求互联网金融机构强化信息披露意识以及进行必要的风险明示，购买互联网金融服务之前进行反复比较考察，详细了解可能存在的风险。

3. 分散投资。具体来说，在投资对象上，可以一部分用于 P2P 小额信贷，另一部分用于阿里小贷。在行业对象上，应避免将资金集中投放在一个行业上，而应分散投资在各种行业上。

4. 重视互联网金融用户权益的维护，在购买互联网金融机构服务的同时注重自身利益的保护，以防风险发生时遭受重大损失。

【知识链接】

（一）网络信用卡 NextCard 破产

NextCard 是一家通过互联网发放信用卡的公司。公司提供 VISA 卡网上信用审批系统。信用资料较少的申请人，只需在这里存有一定额度的存款，就可申请到信用卡。从 1996 年推出到 2001 年第三季度，NextCard 积累了 120 万个信用卡账户，由于恶意拖欠，未偿余额达 20 亿美元，2002 年该公司宣告破产。

启示：审核不严，坏账激增是该公司破产的最大原因。由于该公司的客户主要都是一些被其他信贷机构拒绝的消费者，这必然导致欺诈和坏账的激增。公司把许多属于客户故意拖欠不还的普通信用坏账归为"欺诈"损失（"欺诈"损失被归纳于一次性损失，财务上不需要相应的储备金），它需要大量增加储备金来预备将来的信用损失，这最终导致其丧失流动资金，不得不宣布破产。

（二）众贷网满月即夭折

近年来，由于门槛低，民间融资需求大，P2P 网贷公司像雨后春笋一样发展起来，但陆续也有多家网贷公司倒下，如 2011 年哈哈贷宣布倒闭，2012 年 6 月淘金贷诈骗跑路，12 月优易贷携款跑路，给众多投资者带来损失。2013 年 4 月 2 日，上线仅一个月的众贷网宣布破产，成为史上最短命的 P2P 网贷公司。众贷网注册资金 1000 万元，定位为中小微企业融资平台，同时也自称是 P2P 网络金融服务平台，提供多种贷款中介服务。据第三方网贷平台统计，众贷网运营期间共计融资交易近 400 万元。由于整个管理团队经验的缺乏，在开展业务时没有把控好风险，给投资者造成了无法挽回的损失。

启示：政策监管及信用体系缺失是众贷网满月即夭折的主要原因。目前虽然 P2P 网络借贷平台从事的是金融行业业务，但这些平台并不具备金融许可证，多数网贷平台注册的是"网络信息服务公司"或"咨询类公司"。从民间借贷角度看，网贷平台应属于银保监会监管，而从金融创新角度看，则应属于央行监管。但对于此类公司从事金融行业业务，则尚存监管空白。对网络借贷平台返利还没给出明确定义，在没有相关部门的监管且信用体系缺失情况下，网贷平台经营风险巨大。

【本章小结】

金融行业是国民经济发展的"晴雨表"，在国民经济中处于牵一发而动全身的地位，关系到经济发展和社会稳定，具有优化资金配置和调节、反映、监督经济的作用。金融行业作为经营金融商品的特殊行业在国家经济安全中的地位和作用日益显著。可以说，没有金融行业安全，就没有经济安全；没有经济安全，也就没有国家安全。本章阐明金融行业安全是指金融行业的生存和发展不受威胁，或虽受威胁但能化解的状态，并从行业角度将金融行业安全划分为银行业安全、证券业安全、保险业安全、互联网金融安全等。银行业呈现操作风险频发、信用风险不断积聚、公司治理机制不健全、地下金融迅速发展等安全现状，而保险业从总体上看，存在风险管理水平较低、风险管理理念不强、注重显性风险管理；忽视隐性风险管理、注重内生风险管理；忽视外生风险管理等安全问题。证券业则存在股权结构过于集中、公司监督独立性较弱、风险管理组织体系有待完善、风险信息系统建设不足等安全问题。互联网金融在中国处于起步阶段，由于未接入人民银行征信系统，也不存在信用信息共享机制，没有监管和法律约束，缺乏准入门槛和行业规范，整个行业面临诸多政策和法律风险。

【复习思考题】

1. 从政府角度阐述如何加强互联网金融安全。
2. 简述银行业安全的影响因素。
3. 简述如何建立和完善证券公司风险防范和管理的内控体系。
4. 阐述资产负债不匹配对保险业安全的影响。
5. 简述互联网金融安全的分类。

第四章

金融市场安全

【教学目的和要求】

通过本章学习，重点掌握货币市场、资本市场、外汇市场及金融衍生品市场面临的风险和防范对策，理解金融市场与金融安全的关系，金融市场其本质产生不确定性的原因。通过了解金融市场可能存在和面临的风险，找出对应的防范的对策；能够正确认识金融市场安全的重要作用。

第一节 金融市场安全概述

一、金融市场的概念

（一）金融市场的定义

金融市场是指以金融商品为交易对象而形成的供求关系及其机制的总和。金融市场是资金融通的市场。

（二）金融市场的分类

金融市场的构成十分复杂，它是由许多不同的市场组成的一个庞大体系。但是，一般根据金融市场上交易工具的期限，把金融市场分为货币市场和资本市场两大类。货币市场是融通短期（一年以内）资金的市场，资本市场是融通长期（一年以上）资金的市场。货币市场和资本市场又可以进一步分为若干不同的子市场。货币市场包括金融同业拆借市场、回购协议市场、商业票据市场、银行承兑汇票市场、短期政府债券市场、大面额可转让存单市场等；资本市场包括中长期信贷市场和证券市场。中长期信贷市场是金融机构与工商企业之间的贷款市场；证券市场是通过证券的发行与交易进行融资的市场，包括债券市场、股票市场、基金市场、保险市场、融资租赁市场等。

金融市场还有其他许多划分方法。比如，按照金融资产进入市场的时间划分，发行金融资产的市场称为一级市场，在投资者之间进行交易的市场称为二级市场；按有无固定的交易场地划分，金融市场可分为有形市场和无形市场；按交易方式的不同，金融市场可以划分为场内交易市场和场外交易市场。

（三）金融市场的参与者

金融市场无论是有形市场还是无形市场，必须有供给和需求的参与者才能使金融市场正常运转并发挥其市场的功能。

1. 个人与家庭。个人与家庭是一切经济活动的基石，是金融市场的重要参加者。一方面，个人与家庭持有银行存款、股票、债券、基金等；另一方面，个人与家庭通过住房抵押贷款、消费信贷等方式获得资金融通。

2. 非金融企业。它们是股票与债券市场的重要发行者，为了维系生产与扩大生产规模，增加固定资产，或缓解流通资金的周转不畅，企业需及时补充资金，从而成为金融市场上的资金需求者。同时，由于企业的资金收入和资金支出在时间上往往并不对称，在再生产过程中有时会游离出部分闲置资金，为使之得到充分的利用，企业会以资金供给者的身份将这部分资金暂时让渡给金融市场上的需求者以获得投资收益。

3. 政府部门。在各国的金融市场上，中央政府和各级地方政府通常是金融市场上的资金需求者。它们主要通过发行财政部债券或地方政府债券来筹集资金，用于基础设施建设，弥补财政预算赤字，进行宏观经济调控，履行公共经济职能等。

4. 金融机构。在金融市场上，金融机构主要提供以下服务：一是将最终借款者的债务转换成更容易被投资者接受的资产，形成自己的负债。二是代理业务，代客户买卖金融资产。三是自营业务，为自己的账户买卖金融资产。四是发行业务，协助发行人创造金融资产，并将这些金融资产销售出去。五是为客户提供投资咨询。六是管理其他市场参与者的投资。

5. 中央银行。中央银行在金融市场上的地位极为重要与特殊。中央银行既是金融市场的主要参与者，又是金融市场的监管者。

6. 国际机构。它们是国际金融市场上重要的证券发行者，如世界银行、亚洲开发银行等。

（四）金融市场的投资工具

金融市场的投资工具对于购买者即投资人而言，就是金融资产。金融资产主要包括三类：一是债务性证券，如个人和机构在银行的存款、银行拥有的对个人及企业和政府机构的各种债权以及投资者拥有的公司债券、回购协议、商业票据等；二是权益性证券，如公司股票等；三是衍生性证券，如期货合约、期权合约、互换合约等。

除上述金融市场投资工具外，还有银行信贷市场、保险市场、外汇市场、黄金市场、房地产市场、股权交易市场以及艺术品产权交易市场等金融市场提供的各种投资工具。

金融市场早期的投资工具主要是股票与债券，随着金融市场的发展以及融资者和投资者需求的变化，股票和债券两种投资工具本身也在不断地发展。投资者对股票和债券的相关条款需要做相应的修改，股票就出现了优先股和普通股之分，优先股又发展成累计优先股等，普通股则发展成为流通股和非流通股；债券就出现了固定利率和浮动利率计算的区分，根据债券发行的市场和主体又可以分为很多种类。本来金融市场有股票和债券这两种基本的投资工具基本就可以满足融资者和投资者的需求了，但金融市场的发展推动了金融市场投资工具的不断增加和演化。20 世纪 70 年代，受期货市场发展的影响，衍生金融技术开始出现，股票和债券的金融衍生品也开始出现了迅猛发展。场外的金融机构和其他企业组织进入市场的内在动力推动了金融市场投资工具的进一步创新，这种创新包括证券化、信用衍生品和互联网金融三个主要的方向。

金融市场上的投资工具不断创新，形成了丰富多样的投资工具。金融市场投资工具的数量和质量是决定金融市场效率和活力的关键因素。首先，从数量上看，金融市场主体之间的交易必须借助以货币表示的各种投资工具来实现，否则，资金的融通就无法进行。因此金融市场上投资工具的种类、数量越多，就越能向不同偏好的投资人和筹资人提供选择的机会，满足他们的不同需求，从而充分发挥金融市场的资金融通功能，对活跃经济、优化资金配置起到积极促进作用。其次，从质量上看，一种类型的金融市场投资工具必须既满足资金供给者的需要，又满足资金需求者的需要，同时还必须符合中央银行金融监管的要求。

通常衡量一种金融工具质量高低的标准主要从流动性、收益性和风险性三个方面进行考量。流动性是指一种金融工具变现的时间长短、成本高低和便利程度，收益性是指因持有某种金融工具所能获得的货币收益的高低，风险性是指由于某些不确定因素导致的金融工具价值损失的可能性。每一种金融工具，都是流动性、收益性和风险性三者的有机统一。同时，这三者又是相互矛盾、不可兼得的。流动性较高的金融工具，收益性一般较低，如银行存款、国债；收益性较高的金融工具，风险性通常也较高，如美国的"垃圾债券"。

二、金融市场与金融安全的关系

从各国威胁金融安全的金融危机的教训看，往往是金融市场功能最容易受到冲击。一国金融市场运行的健康程度往往决定了一国经济的健康程度，一国金融安全的直接威胁往往来自金融市场的风险和危机。所以，有必要将对金融安全的思考与金融市场的运行联系在一起。

从第一章金融安全的概念可以看出，金融安全的核心在于保持金融体系稳定、持续、健康、规范运行，在为国家经济提供充足的经济支持的同时，能够承受境内和境外的冲击而不会爆发金融危机。

金融本质是资金的交易，而资金交易离不开金融市场。从金融市场的概念不难看出金融市场是由不同市场组成的庞大体系，是一国金融体系的核心。其中涉及个人、家庭、金融与非金融机构以及政府部门等众多的参与者，他们每天通过不同的金融工具在金融市场进行资金交易。一方面，这些金融、非金融机构以及投资者通过在金融市场寻找交易对手进行资金交易，从而满足获得合理风险收益的需求；另一方面，政府监管部门通过对金融市场主体和客体进行监督管理来维持金融体系的稳定运行。

金融市场不仅为交易主体降低了交易成本，促进了资源的配置效率，同时使市场上的金融资产持有者可以通过金融市场来转让风险，满足风险管理的需求。金融市场一旦爆发危机，将会对一国经济和金融体系造成巨大伤害，并且这种危机具有传导性，可以从一个市场波及另一个市场，从而扩大影响范围。所以在讨论金融安全的时候，也同样离不开金融市场。

三、导致金融市场波动的因素[①]

（一）金融市场的不确定性

在金融市场领域中，不确定性是市场的本质，也是市场利润的来源。从英国著名科学家牛顿投资南海公司股票的失败经历到英国经济学家凯恩斯的"选美"理论，这些科学家和经济学家的经验结论可以证明金融市场的不确定性与人的行为有关，而人的行为本身由于认知、心理和直觉及经验的差异，对金融市场的投资决策具有较大的不确定性。

面对金融市场的不确定性，金融市场的参与者或相关者都可能面临较大的风险。尽管学者和科学家投入了大量的研究，研究金融风险的方法越来越科学化，但遗憾的是，仍然无法解决金融市场的不确定性。

因此，金融市场的不确定性成为参与者的决策扰动因素。对投资者来说，由于这种不确定性的客观存在，如果发生金融市场波动风险，投资者一般只能自我承担，或者采取套期保值的方式来对冲风险。对于投机者来说，他们通常会通过交易技术的改进来应对这种不确定性带来的波动风险，比如通过高频交易和程序化交易，或者通过影响市场价格方向来规避风险，但是，这些技术一旦失败，投机者也只能自我承担波动风险。

对政府来说，即便是在宏观经济没有恶化的情况下，金融市场的不确定性还是金融危机爆发的基础因素，并可能威胁一国的金融安全。由于金融市场不确定性的客观存在，它会纵容参与者的投机行为，助长市场价格的泡沫和加剧市场价格的误判，因为金融市场不确定性也支持了价格测不准的判断。因此，在市场参与者非理性行为的推动下，这种不确定性推动的金融市场异常波动就可能成为金融危机的诱发因素。

（二）金融市场信息的不确定性

金融市场信息是金融市场决策的主要依据，因此，金融市场价格的变化也就与信息有着高度的相关性。融资者想要进入市场就需要提供其项目信息，投资者进入市场必须依靠这些信息和市场其他相关信息进行决策。即便是这些项目信息已经完全披露，投资者本身的认知水平、技术水平、行为控制能力、投资资金的规模以及运气都决定了他的投资决策依然存在不确定性。

除了投资者自身的原因对信息处理的差异可能导致不确定性外，还有融资者与投资者之间存在信息不对称的自然环境。在融资者卖出证券过程中，融资者为了获得有利价格，存在故意隐瞒真实不利信息的动机，而投资者处于不利的信息接收者地位，为了保证公平，各国政府都制定了相关的法规。但是，由于信息不对称导致的道德风

---

① 张维. 金融安全论［M］. 北京：中国金融出版社，2016：20－63.

险会产生超额利润，因此，金融市场信息存在不确定的自然条件。直到今天，金融市场的内幕交易仍是屡禁不止。

金融市场信息只是判断依据，而金融市场价格的波动最终取决于资金的推动，这种推动最终是参与者的行为。也就是说投资者需要有资金去支持这种信息所做的决策。因此，金融市场信息的收集和处理结果并不一定与市场价格相关，比如很多股票的理论价值被严重低估，但它仍没有上涨。所以市场参与者收集和处理信息不仅是以自己掌握的信息作为决策依据，同时还需对其他参与者的反应程度进行分析，这往往是最难的。因为，为了金融市场的流动性，每个国家都不允许公开所有的信息。

20 世纪 90 年代，我们进入了互联网时代，互联网改变了金融市场的各种特征。尽管金融市场基本实现了网络化，但是金融市场信息的本质并没有发生变化。在互联网时代，金融市场的流动性功能仍是基本功能，大数据的应用会受到政府的管制，互联网时代的金融市场也不可能达到完全信息的目标。并且，互联网技术并没有增加信息的透明度。

综上所述，在互联网时代，由于金融市场信息的本质没有改变，金融市场参与者的本性没有改变，金融市场流动性需求没有改变，这些都将进一步增加金融市场信息的不确定性，金融市场信息将是金融市场异常波动的主要诱导因素，从而增加金融市场危机的可能性，成为一国金融安全的严重威胁，这是在互联网时代人类可能意想不到的一种结局。

（三）投资者行为的不确定性

在现实生活中，投资者智力的差异是客观存在的，尽管每个投资者都不愿意承认。因此，金融市场上除了理性的投资者外还有部分非理性的投资者，所有的投资者不能被全部看作是经济人，整个市场上的投资决策不能达到一致。这也就是为什么股票在金融市场上跌得那么多，按说应该不会有人买，但事实上还是有人买的原因。这就是人与人之间的决策差异，这种决策差异导致了金融市场波动的客观存在。如果假定市场上的投资人都是经济人，都追逐利益最大化，都做出相同的决策，那么这个"一致性市场"的波动就会消除，不会波动的市场结果就是这个市场不会存在了。

在金融市场上，由于其运行的相关因素较为复杂，投资者没有办法对股票或者其他金融资产所谓的"价值"进行准确度量，因此在决策的过程中，他们的很多决策是由他们的心理因素决定的，这就导致投资者的行为在金融市场决策上很难达成一致，这就是金融市场波动的真正原因。

正是由于投资者行为直接导致了金融市场的波动，因此，控制投资者行为就能影响金融市场的趋势。在金融市场的运行过程中，我们可以发现价格操纵等影响投资者决策的行为也常常发生。在资金和信息方面拥有优势的投资者，可以利用信息传递手段甚至欺诈等方式来引导投资者决策，从而影响金融市场的波动方向。

（四）金融市场价格的不确定性

每一天金融市场上都在产生数以万亿的交易量，金融市场上的金融资产价格时时都在发生变化。作为金融市场的参与者，金融资产的价值是他们最为关心的内容。主流的确定金融资产价值的理论主要有三种，即资产定价理论、金融市场价格确定模型和金融市场价格分析方法。

1. 资产定价理论。不管是最早由本杰明·格雷厄姆提出的价值投资理论，还是经过后期发展的 Modigliani & Miller 价值投资理论，作为市场交易者的价值参照基准，都有它的局限性。资产定价理论本身具有内在不确定性，从折现定价模型公式就可以看出其相关变量的不确定性决定了最终结果的不确定性。

$$P_0 = \sum_{t=1}^{n} \frac{CF_t}{(1+r)^t}$$

现有学术界和实务界公认度较高的资本资产定价模型（CAPM），是在假定完美金融市场无套利的前提下，推导出来的理论定价模型。由于现实金融市场无法满足其假定前提，因此，计算出来的价格只是理论参考指标，有其局限性。

2. 金融市场价格确定模型。金融市场基于交易规则的运行模式决定了资产财务因素之外的交易者行为，也是价格的重要决定因素，金融市场价格确定的模型应当是

$$P_0 = \frac{E}{k} + \Delta$$

上述模型实际上是零增长折现定价模型加上一个增加值 Δ，其中零增长的折现定价部分是基于财务数据的理论定价，问题是 Δ 这个增加值找不到确定的答案。

3. 金融市场价格分析方法。无论金融资产是否存在内在价值，但金融市场价格是长期存在的。无论是个人、家庭还是国家财富的统计都离不开金融市场价格这一重要的指标，金融市场价格对资源配置的作用更是金融市场存在的基础，因此，分析这一价格就成了必要的工作。金融市场价格分析本身就是一门复杂的学问，影响因素有很多。

基本分析是历史最悠久的金融市场价格分析方法，其分析包括决定内在价值的宏观经济、行业趋势、公司治理、国际经济环境等因素的分析。但基本分析不能完全解释公司的内在价值，因此又形成了全球公认的技术分析方法。通过技术分析，在一定程度上弥补了基本分析的不确定性偏差。但技术分析也有它的弊端，就是由于它是采取历史数据进行分析，其对市场本身力量的揭示具有滞后性。

（五）金融风险管理手段的不确定性

金融风险管理主要有三种：第一是风险自留，第二是保险，第三是金融市场。风险自留就是自己承担损失，比如车被撞了，没有买保险，就只能自己承担。但从过去的两百多年来看，已经产生了比较先进的风险管理技术，其中之一就是保险。保险是一种合同，一旦出了事就按合同规定给你保障。还有一个方法就是通过金融市场进行风险转移。但是无论从宏观上还是微观上，人们通常认定金融市场最主要的功能是筹资，而忽视金融市场的风险交易是金融市场存在的根本原因。如果投资一家公司能保证盈利不赔，也能保证债券不会有风险，那就不需要金融市场，一直持有就可以实现有效的投资，但事实是投资者的最初决策有可能是错的，这时投资者从逐利的本性出发也需要一个退出机制，而金融市场就提供这种机制。

在长期的金融风险管理探索中，人类创造出了一系列金融衍生产品，为金融风险管理提供了理论和方法支持。但金融衍生品的定价以及交易比一般金融资产更加复杂。人们发现金融衍生品除了可以进行套期保值还可以对冲套利，而对冲套利的成功也需要建立在其他参与者承担风险的基础上。也就是说金融市场的风险没有得到根本解决。

金融风险管理技术也存在着一定缺陷。在经验管理模式中，金融机构更多的是通过管理者过去的经验或者别人的经验来实现风险管理，这种模式的缺陷本质上在于人的行为具有不确定性。随着金融市场运行复杂性的不断提高，经验管理无法满足风险管理的需要。除了经验管理，还有更为精准的技术来实现金融风险管理。但这些技术在风险管理中的作用依赖于相关变量的假定和数据的完整性，而这些在现实中难以实现。能够引起金融市场波动的因素往往来源于多个方面，既有可能是金融市场决策本质的不确定引起的，也有可能是市场参与者的行为与监管机构的管理所引起的。

第二节　货币市场安全

一、货币市场概述

货币市场是短期资金市场，特指存续期在一年以下的金融资产组成的金融市场，是金融市场的重要组成部分。货币市场就其结构而言，包括同业拆借市场、票据贴现市场、短期政府债券市场、证券回购市场、大额可转让定期存单市场等。货币市场产生和发展的初始动力是为了保持资金的流动性，它借助于各种短期资金融通工具将资金需求者和资金供应者联系起来，既满足了资金需求者的短期资金需要，又为资金有余者的暂时闲置资金提供了获取盈利的机会。但这只是货币市场的表面功能，将货币市场置于金融市场以致市场经济的大环境中可以发现，货币市场的功能远不止于此。货币市场既从微观上为银行、企业提供灵活的管理手段，使它们在对资金的安全性、流动性、盈利性相统一的管理上更方便灵活，又为中央银行实施货币政策以调控宏观经济提供手段，为保证金融市场的发展发挥巨大作用。因此，货币市场的安全显得尤为重要。这里，我们重点介绍同业拆借市场和票据市场。

（一）同业拆借市场

同业拆借是具有法人资格的金融机构及经法人授权的非法人金融机构、分支机构之间的短期资金融通，目的在于调剂头寸和临时性资金余缺。这种金融机构之间进行短期资金融通、临时性头寸调剂等资金拆借活动所形成的市场就被称为同业拆借市场。

相对而言，同业拆借市场是市场化程度很高、自我调控能力最强的市场，中央银行或金融管理部门对它的干预也相对较少。从世界范围来看，各国对同业拆借市场的管理基本上是放开的。但是，也并不是说各国对同业拆借市场不加任何管理。各国对同业拆借市场都采取了不同程度的管理和监督，尤其是在市场发展的初期。

（二）票据市场

票据市场是指在商品交易和资金往来过程中产生的以汇票、本票和支票的发行、担保、承兑、贴现、转贴现、再贴现来实现短期资金融通的市场。在票据市场中，资金融通具有期限短、数额小、交易灵活、参与者众多、风险易于控制的特点，是各国货币市场的重要组成部分。

当今世界发达国家的票据市场，都经历了一个长期的不断完善的过程。目前国外票据市场主要形成了三种模式，即以美国为代表的放任经营模式、以英国为代表的引导专营模式和以日本为代表的强管制模式。

二、货币市场风险

（一）同业拆借市场风险

同业拆借市场主要存在信用风险、清算风险、价格风险、法律风险、操作风险和流动性风险等诸多风险。

1. 信用风险。信用风险主要指由于交易对手不履行契约、合同而造成的风险。对于拆借市场来说，面临此种风险的主要是资金的拆出方。出现违约有可能是对方有能力履约却故意不履约，也有可能是对方的确没有能力履约。一方面，参差不齐的市场参与者信用程度有着较大差距，信用风险也随之加大。另一方面，随着同业市场的发展，各家机构关系越来越紧密，个别参与者的信用违约可能导致连环违约，为整个市场带来巨大风险。

2. 清算风险。清算风险是指在资金清算过程中，由于种种原因，未能及时收到资金而给银行带来的损失。比如当由于电子联行系统出现问题时，可能会出现资金延迟收到的问题，这会对交易双方计算利息造成麻烦。

3. 价格风险。价格风险是指由于资产价格的波动超过所预计的范围，而给金融机构造成损失的可能。对于拆借市场来说主要是利率风险，同业业务的利率价格变动对市场供求敏感性较高，而各家机构的定价策略相对于市场价格变动较为滞后，因此可能会发生与最初投融资目标不一致或偏离的情况。另外，利率、汇率等资金价格受多方复杂因素的影响，难以通过这些因素影响掌握资金价格变动的规律，而国家又把利率调整作为宏观经济调控的基本货币政策工具，在一定程度上也容易形成价格风险。

4. 法律风险。法律风险主要指因政策性因素，政府行为、法律因素和司法行为等因素的变化而可能直接给银行带来损失的风险。在我国，法律因素风险主要表现为法律的不健全，法律之间、法律与政策之间出现不一致使银行权益得不到保护。这主要是由于市场的发展尚不完善，目前经济仍处于转型阶段所造成的。

5. 操作风险。操作风险主要是指银行的内部控制制度不健全而引起的风险。具体指在银行运作的过程中因账务设置得不合理，组织分工不当，制度和操作规程不严谨及操作手段落后等内部控制和管理不严而可能给银行带来的损失。在拆借交易中，可能因交易员的操作失误引起的损失，或者从事了没有得到授权以及超出授信范围拆借交易。

6. 流动性风险。流动性风险主要指市场交易不活跃，当金融机构的流动资金匮乏需要将资产变现时，不能以合理价格进行交易而造成损失的可能。

其中，法律风险、流动性风险和清算风险属于同业拆借的系统性风险，而信用风险、价格风险和操作风险属于非系统性风险。非系统性风险是金融机构防范和管理的重点，对于交易成员而言，防范风险的重点在于信用拆借。

（二）票据市场风险

一般来说，票据市场上的风险有票据本身所带来的风险，票据行为主体的不规范所造成的风险，也有市场上各种不确定性因素变化所带来的风险。

1. 信用风险。主要表现在：（1）部分企业在签发、承兑商业票据时，本身没有足够的资金实力，而是通过各种手段骗取承兑人的信任和资金。（2）部分企业和承兑银行无故毁约、有意拖欠票据款项或拒绝偿还票据款项。（3）部分商业银行在办理银行承兑汇票时，没有坚持足额保证金制度，甚至有的银行让企业贷款做承兑保证金，致使一些企业通过贴现套取银行资金。（4）票据在背书转让的过程中由于债务人资金周转困难而给持票人带来的风险。（5）一些银行超过自身的支付能力而进行承兑，一旦票据申请人无力还款，银行也就面临还款不足的资金缺口。（6）在票据转贴现过程中，由于中央银行货币政策变动引起社会资金紧张而使企业和银行出现的支付风险。

2. 诈骗风险。目前我国相当多的票据风险都集中在诈骗风险方面，这给商业银行带来了巨大损失，也极大地扰乱了我国票据市场的正常交易活动和市场的发展。如2003年涉及农行、建行和工行的1.3亿元票据诈骗案就曾引起了我国票据市场的震动。

3. 操作风险。由于内部控制不严，管理漏洞较大，为一些不法分子诈骗银行资金提供了方便。致使票据在贴现、再贴现等交易过程中出现错误操作。

4. 利率风险。各国的票据市场利率基本放开。票据市场上的利率风险有所显现。中央银行提高了法定存款准备金率，票据市场利率急速上升，银行承兑汇票利率上升，商业承兑汇票甚至接近同期贷款利率。由于其他可替代的金融工具较少，从而给从事票据业务的商业银行带来了很大损失。

5. 竞争风险。竞争风险是由于商业银行盲目扩张票源，扩大市场份额而产生，具体表现为：（1）有些商业银行为了争取票源，扩大市场份额，放松了对票据资料的审查或降低标准办理票据业务。（2）一些银行未审查票据的真实性，就办理承兑和贴现，而不论票据的贸易背景。（3）有些银行甚至对明显的虚假增值税票也视而不见，增大了票据业务风险。（4）有些商业银行以降低贴现利率作为增加贴现业务的主要手段，将票据贴现率压得很低，甚至低于人民银行的再贴现利率，几乎无利可图，严重违反了国家的利率政策。这种竞争是一种不正常的非理性竞争，不仅加大了银行的经营成本，减少了银行收益，更重要的是扰乱了票据市场秩序，加大了市场的潜在风险。

6. 道德风险。票据市场上的道德风险有两层意思，一是票据债务人利用信息不对称骗取债权人的信任，到期不履行支付款项的承诺而给持票人带来的风险。二是从事票据业务经营的个人或小团体违背职业道德，利用职务之便从事犯罪活动，给所服务的单位如企业或商业银行造成的风险损失。实际上，目前票据市场上存在的各种风险都与道德风险有密切关系。

三、货币市场的风险防范

（一）同业拆借市场的风险防范

1. 完善监管政策，防范系统性风险。同业拆借市场覆盖众多金融领域参与者，在此背景下要求实施分业管理的监管机构应当统筹协调，根据同业市场特点建立共同的规范化监管机制，既要避免重复监管又要防止监管空白，让科学合理的监管机制贯穿整个同业市场，有效提高监管效率。根据同业业务实际发展情况，积极引导金融资本的流向，引导更多的资金流入实体经济与国家基础设施建设中。加强对金融创新的准确引导，使银行间市场健康稳定地运行。

2. 健全内部制度，合理授信评级。各家机构应当建立健全统一的同业业务授信管理制度，并将同业授信类业务纳入全行统一授信体系，不得办理无授信额度或超授信额度的同业授信业务。根据同业业务的类型及其品种、定价、额度等项目指标并结合自身风控能力进行区别授权，至少每年度对授权进行一次重新评估与核定。建立健全对交易对手机构的信用等级评定制度及条件选择机制，实行交易对手名单制管理，并定期评估和动态调整。科学运用评价等级，依等级设置交易范围、授信额度、风险暴露程度等有区别的交易策略。

3. 做好结构设计，力控流动性风险。市场的流动性风险在不断地积聚，若处理不当随时都有爆发危机的可能性，短期内保持较高资金头寸或是当下应对流动性变化的有效策略。提高流动性风险管理的前瞻性，合理匹配同业资产负债的期限结构，保持一定量的双向余额以增强流动性管理的弹性空间。不断提升识别和防控潜在流动性风险隐患的能力，探索同业业务运行的规律，完善同业业务的风险管理机制，实时监测、及时预警资金运用中的流动性风险，力争弱化自身与市场流动性的正相关程度。做好同业业务期限与结构错配的流动性风险压力测试，使同业业务负债筹措与资产运用高效匹配稳健运行。

4. 加强行业自律，准确把握市场风险。对定价策略进行深入研究，紧跟市场变化，不断完善内外部资金定价机制，做好资金的横纵结合。通过对经济基本面、流动性、信用利差等要素的分析，灵活调整资金配置，科学设计业务的结构、期限，确定合理的交易策略。统筹布局同业业务，提高资金运行的灵活性与效率性。针对不同交易产品制定相应的限额预审批流程，根据业务类型、限额、期限、收益和风险偏好分类或单笔设定市场风险限额，将价格风险可能带来的损失降到最低。

5. 规范业务流程，完善操作风险管控。设置同业业务操作风险管控防线，从授权流程、额度、业务范围、权限等方面，构建一套合规、完整的审批流程，保证任何条线的风险防范都不流于形式。加强同业部门资源倾斜和人员配备，加强专业知识及政策法规的学习，提升从业人员专业水平。建立专业化研究团队，提高资金运用效率，合理制定发展战略、业务目标、风险容忍度以及风险监测体系。

回放：2013 年两度"钱荒"

2013 年 6 月和 12 月市场两度经历"钱荒"，银行业流动性不足，引发市场震动，引起各方关注。

2013 年 6 月的第一周，一些金融机构由于贷款增长较快，尤其是票据业务增长过快，导致了头寸紧张。在 24 家主要银行中，有半数银行的新增贷款甚至超过此前一个月的新增贷款，当月前 10 天的信贷投放就近 1 万亿元。

6 月 7 日，市场传闻光大银行（4.200，−0.01，−0.24%）对兴业银行（17.380，−0.18，−1.03%）同业拆借到期资金因头寸紧张毁约，导致兴业银行千亿元到期资金未收回，两家银行资金面齐告急。光大、兴业虽双双辟谣，但包括隔夜、7 天期、14 天期、1 月和 3 月在内的上海银行间同业拆放利率（Shibor）全线飙升，其中，隔夜拆放利率大涨 135.9 个基点至 5.98%。资金交易系统出现历史最长延时，市场出现大面积违约。

6 月 19 日，由于流动性紧张，大型商业银行加入借钱大军，导致部分银行机构发生资金违约，银行间市场被迫延迟半小时收市，震动了整个金融市场。6 月 20 日，资金市场几乎失控而停盘，Shibor 全线上涨，隔夜拆放利率更是飙升 578 个基点，达到 13.44%，比 6% 左右的商业贷款利率高出一倍，创下历史新高；银行间隔夜回购利率最高达到史无前例的 30%；与此同时，各期限资金利率全线大涨，"钱荒"进一步升级。

按照以往的惯例，每当市场资金面紧张时，央行总会及时"出手"，通过降准、降息或定向逆回购等方式释放流动性，平抑市场，商业银行也已经习惯于央行在市场资金紧缺时的出手相助。然而这次央行一反常态，不但没有启动逆回购、短期流动性调节工具（SLO）等，反而在 6 月 20 日继续发行 20 亿元央票回笼资金，使得本来就非常紧张的资金面加剧收缩，也让市场担忧情绪瞬间达到顶点。

6 月 25 日，Shibor 涨跌互现，但波动幅度明显缩小。同日，央行发表声明，称近日已向一些符合要求的金融机构提供流动性支持，并称将适时调节银行体系流动性，平抑短期异常波动，稳定市场预期，保持货币市场稳定。同时表示目前银行间市场利率进一步回落，商业银行备付金充裕，股市暂时见底反弹，流动性危机暂时告一段落。

2013 年临近年末，市场资金紧张再度加剧。12 月 19 日，银行间市场利率全线上涨，Shibor 7 天回购加权平均利率上涨至 6.472%，再创 6 月底以来新高，市场对新一轮"钱荒"的担忧情绪再度袭来。

19 日下午 4 时 55 分，央行通过官方微博向市场表示："已据市场流动性状况通过公开市场短期流动性调节工具（SLO）向市场适度注入流动性。如必要，将根据财政支出进度情况，继续向符合条件金融机构通过 SLO 提供流动性支持。未来，将视流动性余缺情况灵活运用 SLO 调节市场流动性。"而按央行过往惯例，实施 SLO 操作后一个月才会予以宣布。

与此同时，此次央行也并没有采用逆回购工具，而是使用了公开市场常规操作的补充工具 SLO。由此可以看出央行对银行系统流动性出现波动时调控态度的改变，央行不再做兜底式保证，而是相机灵活而动，从引导市场预期角度施以援手。

资料来源：李洁如，胡德佳. 回放：2013 年两度"钱荒"［EB/OL］. ［2014 - 2 - 12］. http：//finance. sina. com. cn/money/bank/bank_ hydt/20140212/143118187297. shtml.

（二）票据市场的风险防范

1. 正确认识票据市场风险，建立健全票据市场风险防控体系、制度。票据业务一直被认为是低风险业务，风险防控意识相应有所弱化。随着经济下行和各类风险因素交织，资产质量出现一定程度下滑，票据风险逐步暴露，因此银行需要高度重视票据业务风险，坚持审慎经营理念，增强全面风险意识。建立健全适应票交所时代特点的票据风险防控体系和制度。

2. 防范票据信用风险，搭建信息共享平台。经济增速放缓和结构调整加快，使票据业务的信用风险加大，因此要加强对交易对手的尽职调查和准入管理，确保保证金来源合规和票据的真实贸易背景，避免票据风险通过交易渗透扩散。信息不对称是票据风险频发的主要成因，建立公开、透明、可信度高的统一票据信息平台，实现票据信息共享、透明，有效消除交易风险、降低交易成本，提高交易效率，全面提升票据市场信用环境和经营环境。

3. 加强市场分析和研判能力，防范利率风险。随着经济资本约束、流动性管理、跨市场波动传导影响增强，票据利率波动频率和幅度必将增强，只有通过提升对于宏观经济金融政策效果、票据利率运行研判以及票据资产和资金掌控的能力，做好波段操作，才能赚取额外收益。另外，要保持流动性警惕。随着金融去杠杆政策的不断推进，银行业机构同周期性比较严重，票据流动性受到较大影响，期限错配和杠杆经营的市场风险有所上升，须对资产负债结构和期限匹配进行合理安排。同时，建立相关应急处置机制和业务应变措施，积极应对因市场资金面异常变化等非预期因素，导致票据市场利率短期大幅波动而带来的阶段性票据利率风险。

4. 强化流程管理，防范操作风险。随着大量票据电子化交易，承兑贴现时首先要加强对企业发展前景、资信状况、盈利能力等的调查和分析，进行有效的风险预控，建立完善的业务操作流程，认真审查票据业务是否对应真实的贸易背景，对于增值税发票、合同内容以及票据的合法合规性要密切关注。随着票交所功能的不断完善，要加大对内部管理系统的升级改造，不断优化内部票据操作流程，通过完善的内部系统和 IT 刚性控制来防范人员操作风险，通过优良的流程设计防控系统操作风险。

5. 加快制定经纪管理办法，促进票据市场稳健发展。票据经纪是票据市场重要参与者，也是一些风险事件的始作俑者，制定经纪管理办法、规范票据经纪监管制度以及加强对票据经纪的管理和引导，既可降低票据投资者的风险，又有利于维护票据经纪机构的自身权益，同时保障票据市场的稳定。

6. 加强交易员培训，防范道德风险。票据业务的风险复杂多样，但归根结底还是人的风险。加强票据风险教育和相关培训，提高交易员的风险意识。建立合理的人员管理制度，建立健全员工奖惩制度来激励和约束员工的行为。

【知识链接】

天津银行曝 7.86 亿元票据大案

天津银行 2016 年 4 月 8 日公告称，天津银行上海分行票据买入返售业务发生一起风险事件，涉及风险金额为 7.86 亿元。目前，公安机关已立案侦查。

根据业内有关方面的说法，该案可能是票据逆回购方在交易中被取走担保物"票据"，而回购款未能到账所引发的。该消息进一步指称，天津银行与中介汇涛金融控制的某银行西安分行同业户达成票据回购交易，交易金额为 9 亿元，天津银行作为票据的逆回购方出资金，汇涛金融控制的同业户作为正回购方借钱；据悉，该 9 亿元回购到期后，中介控制的中小金融机构取走票据后，只付了 2 亿元，尚有 7 亿元及利息未支付。

近期银行票据风险性事件接连曝光。4 月 6 日，银监会通报了一起不法分子冒用龙江银行名义办理商业承兑汇票贴现、转贴现的风险事件。目前已知涉及商业承兑汇票 9 张，金额合计 6 亿元。

此前 1 月，还有两家银行票据买入返售业务发生的重大风险事件，共涉金额近 50 亿元。目前这两起案件都已由公安机关立案侦查。

资料来源：佚名. 天津银行曝 7.86 亿票据大案［EB/OL］.［2016 - 04 - 09］. http://bond. hexun. com/2016 - 04 - 09/183208265. html.

第三节　资本市场安全

一、资本市场概述

资本市场是指投资期限在一年以上各种资金借贷和证券交易的场所。资本市场上的交易对象是一年以上的长期证券。因为长期金融活动中，涉及资金期限长、风险大，具有长期较稳定收入，类似于资本投入，故称为资本市场。

资本市场是政府、企业、个人筹措长期资金的市场，其包括两大部分，即银行中长期借贷市场和长期有价证券市场。由于世界各主要国家的长期资本市场中，证券市场最为重要，加之长期融资证券化已成为一种潮流，故现在一般可将资本市场视同或侧重于证券市场。下面，我们主要介绍长期证券市场，也就是长期债券市场和股票市场。长期证券市场是企业获得直接投资的市场，证券市场的安全直接影响到实体经济的发展。

（一）股票市场

股票市场是股票发行和交易的场所，包括发行市场（一级市场）和流通市场（二级市场）两部分。股份公司通过面向社会发行股票，迅速集中大量资金，实现生产的规模经营；而社会上分散的资金盈余者本着"利益共享、风险共担"的原则投资股份公司，谋求财富的增值。

一方面，通过股票的发行，大量的资金流入股市，又流入了发行股票的企业，促进了资本的集中，提高了企业资本的有机构成，大大加快了商品经济的发展；另一方面，通过股票的流通，使小额的资金汇集了起来，又加快了资本的集中与积累。所以股市一方面为股票的流通转让提供了基本的场所，另一方面也可以刺激人们购买股票的欲望，为一级股票市场的发行提供保证。同时由于股市的交易价格能比较客观地反映出股票市场的供求关系，股市也能为一级市场股票的发行提供价格及数量等方面的参考依据。

（二）债券市场

债券市场是发行和买卖债券的场所，是金融市场的一个重要组成部分。债券市场是一国金融体系中不可或缺的部分。一个统一、成熟的债券市场可以为全社会的投资者和筹资者提供低风险的投融资工具；债券的收益率曲线是社会经济中一切金融商品收益水平的基准，因此债券市场也是传导中央银行货币政策的重要载体。可以说，统一、成熟的债券市场构成了一个国家金融市场的基础。

债券市场分为发行市场和流通市场。债券发行市场（一级市场），是发行单位初次出售新债券的市场。债券发行市场的作用是将政府、金融机构以及工商企业等为筹集资金向社会发行的债券，分散发行到投资者手中。债券流通市场（二级市场），指已发行债券买卖转让的市场。债券一经认购，即确立了一定期限的债权债务关系，但通过债券流通市场，投资者可以转让债权，把债券变现。债券发行市场和流通市场相辅相成，是互相依存的整体。发行市场是整个债券市场的源头，是债券流通市场的前提和基础。发达的流通市场是发行市场的重要支撑，流通市场的发达是发行市场扩大的必要条件。

二、资本市场风险

（一）股票市场风险

1. 系统性风险。系统性风险又称市场风险，也称不可分散风险，是指由于某种因素的影响和变化，导致股市上所有股票价格的下跌，从而给股票持有人带来损失的可能性。系统性风险主要是由政治、经济及社会环境等宏观因素造成的，投资人无法通过多样化的投资组合来化解的风险。系统性风险主要有以下几类。

（1）政策风险。经济政策和管理措施可能会造成股票收益的损失，这在新兴股市中表现得尤为突出。如财税政策的变化可以影响到公司的利润，股市的交易政策变化也可以直接影响到股票的价格。此外还有一些看似无关的政策，如房改政策，也可能会影响到股票市场的资金供求关系。

（2）利率风险。在股票市场上，股票的交易价格是按市场价格进行的，而不是按其票面价值进行交易的。市场价格的变化也随时受市场利率水平的影响。当利率向上调整时，股票的相对投资价值将会下降，从而导致整个股价下滑。

（3）购买力风险。由物价的变化导致资金实际购买力的不确定性，称为购买力风险，或通货膨胀风险。一般理论认为，轻微通货膨胀会刺激投资需求的增长，从而带动股市的活跃；当通货膨胀超过一定比例时，由于未来的投资回报将大幅贬值，货币的购买力下降，也就是投资的实际收益下降，将给投资人带来损失的可能。

（4）市场风险。市场风险是股票投资活动中最普通、最常见的风险，是由股票价格的涨落直接引起的。尤其在新兴市场上，造成股市波动的因素更为复杂，价格波动大，市场风险也大。

2. 非系统性风险。非系统性风险一般是指对某一只个股或某一类股票发生影响的不确定因素。如上市公司的经营管理、财务状况、市场销售、重大投资等因素，它们的变化都会对公司的股价产生影响。此类风险主要影响某一种股票，与市场的其他股票没有直接联系。非系统性风险主要有以下几类。

（1）经营风险。经营风险主要指上市公司经营不景气，甚至破产、倒闭而给投资者带来的损失。上市公司经营、生产和投资活动的变化，导致公司盈利的变动，从而造成投资者本金收益的减少或损失。例如，经济周期或商业营业周期的变化对上市公司收益的影响，竞争对手的变化对上市公司经营的影响，上市公司自身的管理和决策水平等都可能会导致经营风险，如投资者购买垃圾股或低价股（＊ST）就可能承担上市公司的退市风险。

（2）财务风险。财务风险是指公司因筹措资金而产生的风险，即公司可能丧失偿债能力的风险。公司财务结构的不合理，往往会给公司造成财务风险。公司的财务风险主要表现为：无力偿还到期的债务，利率变动风险，再筹资风险。影响财务风险的主要因素有资本负债比率、资产与负债的期限、债务结构等。一般来说，公司的资本负债比率越高、债务结构越不合理，其财务风险越大。

（3）信用风险。信用风险也称违约风险，指不能按时向股票持有人支付本息而给投资者造成损失的可能性。此类风险主要针对债券投资品种，对于股票只有在公司破产的情况下才会出现。造成违约风险的直接原因是公司财务状况不好，最严重的是公司破产。国内股票市场的信用风险还表现在上市公司信用危机和投资者信心危机两个方面，信用危机和投资者信心危机分别是由上市公司股权结构不合理和股票市场自身结构的不健全所造成的。

（4）道德风险。道德风险主要指上市公司管理者的不道德行为给公司股东带来损失的可能性。上市公司的股东与管理者之间是一种委托代理关系，由于管理者与股东追求的目标不一定相同，尤其在双方信息不对称的情况下，管理者的行为可能会造成对股东利益的损害。

（二）债券市场风险

尽管债券比股票要安全，但债券投资仍然是有风险的。债券的风险主要有利率风险、通货膨胀风险、信用风险、提前偿还风险、流动性风险、汇率风险等，其中最主要的是前三种风险。

1. 利率风险。利率风险是指市场利率的变化导致债券价格和投资收益率发生不确定性变化的风险，是债券的最主要风险。由于大多数债券的票面利率是固定不变的，因此债券市场价格与市场利率是反向变动的：当市场利率上升时，债券的市场价格和实际投资回报率都会下降。在实际投资中，通常使用久期来衡量债券的利率风险。久期是以未来时间发生的现金流，按照目前的收益率折现成现值，再用每笔现值乘以其距离债券到期日的年限总和，然后以这个总和除以债券目前的价格得到的数值。投资者可以不通过久期，而是通过债券期限的长短粗略地判断债券利率风险的大小。在利率变动幅度相同的情况下，长期债券受到的影响一般要比短期债券受到的影响大得多，即长期债券的利率风险要大于短期债券的利率风险。故当预计到利率可能上升时，投资者应避免投资于长期债券，而应当不购买债券或购买短期债券；当预计到利率可能下降时，投资者应当购买长期债券。

2. 通货膨胀风险。通货膨胀风险又叫购买力风险，指由于通货膨胀、货币贬值的发生而使债券持有人投资收益的实际购买力下降的风险。通货膨胀期间，投资者实际投资收益率是债券票面利率扣除通货膨胀率。如投资者购买了票面利率为10%的债券，而当年的通货膨胀率为5%，则该债券的实际收益率只有5%。类似的债券中，长期债券要比短期债券的通货膨胀风险大很多。

3. 信用风险。信用风险是指债券发行人由于各种原因，无法按时支付债券利息或偿还本金，从而给债券投资者带来损失的风险。信用风险主要与发行人有关，不同发行人发行的债券信用风险不同。国债没有信用风险，地方政府债券、金融债券和企业债券风险较小，公司债券的信用风险最大。一般来讲，公开发行的债券都要进行信用评级。一些国际知名的评级公司如标准普尔、穆迪的评级结果，都是投资者在选择债券时值得参考的。

4. 提前偿还风险。一些债券在发行时规定了发行人可提前收回债券的条款，这就有可能发生债券在一个不利于债权人的时刻被债务人收回的风险。市场利率一旦低于债券利率时，收回债券对发行公司有利，这种状况使债券持有人面临着不对称风险，也即在债券价格下降时承担了利率升高的所有负担，但在利率降低，债券价格升高时却没能享受到价格升高的好处。

5. 流动性风险。债券的流动性是指其变现能力。当投资者需要货币，需将手中持有的债券转让出去时，其可能面临流动性风险。

6. 汇率风险。当债券的本金或利息的支付币种是外国货币时，投资者就会面临汇率变动的风险。这种由于汇率变动引起的风险称为汇率风险。上述这些风险中，一些属于系统性风险，如利率风险、通货膨胀风险等，一些属于非系统性风险，如违约风险、流动性风险。所谓系统性风险，是指由于全局性的共同因素引起的投资收益的可能变动，这种因素以同样的方式对所有证券收益产生影响；非系统性风险则是指由某一特殊因素引起，只对个别或少数证券的收益产生影响。在进行证券投资时，对系统风险的防范，就要针对不同的风险类别采取相应的防范措施，最大限度地避免风险对债券产生的不利影响；对非系统性风险的防范，最主要的是通过投资分散化来降低风险。

三、资本市场的风险防范

（一）股票市场的风险防范

面对这些风险，不同的市场主体投资者、证券公司和市场监管者从各自的角度提出相应的风险防范措施。

1. 投资者的风险防范。投资者的风险防范的重要措施就是分散投资。股市操作有句谚语："不要把鸡蛋都放在一个篮子里。"这话道出了分散风险的哲理。办法之一是"分散投资资金单位"。通过选出几种股票进行组合投资，在一段时期内组合的股票有涨有跌，可以有效降低风险，防止只投一只股票所承受的巨大风险。办法之二是"行业选择分散"。证券投资，尤其是股票投资不仅要对不同的公司分散投资，而且这些不同的公司也不宜都是同行业的或相邻行业的，最好是有一部分或都是不同行业的，因为共同的经济环境会对同行业的企业和相邻行业的企业带来相同的影响，如果投资选择的是同行业或相邻行业的不同企业，也达不到分散风险的目的。只有不同行业、不相关的企业才有可能此损彼益，从而能有效地分散风险。办法之三是"时间分散"。就股票而言，只要股份公司盈利，股票持有人就会定期收到公司发放的股息与红利，一般临近发息前夕，股市得知公司的派息数后，相应的股票价格会有明显的变动。短期投资宜在发息日之前大批购入该股票，在获得股息和其他好处后，再将所持股票转手；而长期投资者则不宜在这期间购买该股票。因而，证券投资者应根据投资的不同目的而分散自己的投资时间，以将风险分散在不同阶段上。

2. 证券公司的风险防范。从世界范围内来看，证券公司的主要风险防范措施如下。

（1）规模经营。规模经营是防范风险的一个有效途径。著名的山一、野村、美林、摩根士丹利等券商的资本额都在100亿美元以上，经营规模较大。

（2）保证资产的流动性。一般大型证券公司的资产主要有现金、等价现金、证券、抵押性短期融资协议、应收项目和监管储备现金等，具有良好的流动性。投资高度的流动性为公司融资及资产管理提供了很大的便利和灵活性。因为证券经营机构的主要业务是客户的流动交易性强，资产周转率较高。美林、摩根士丹利等公司流动性资产占资产的比重分别保持在93%、97%左右。

（3）用衍生产品规避风险。证券经营机构积极利用自身优势对商品、利率、期货、股票、指数、合约规定等进行各种组织、分解、开发和使用各种非常复杂的衍生产品满足客户的不同需求。证券经营机构同时还利用这些衍生产品进行套期保值、规避风险、优化资产负债管理。买空、卖空股指期货进行对冲套期保值是股票市场控制系统性风险最常用的一种方式。随着股指期货交易规模迅速扩大，交易品种不断增加，目前股指期货已成为所有金融期货中的第二大品种。

（4）资产结构控制措施。证券经营机构的资产结构主要由资产构成中各要素的比例，如资产与负债结构和股本结构、流动资产与固定资产结构、长期负债与短期负债结构等构成。投资银行根据公司各业务和产品的市场机会、自收益率、市场风险、资产流动性、评级机构的评级标准及公司的长远战略配置资产，形成合理的资产结构。

（5）券商保险制度。券商保险制度是指通过建立全国性券商保险机构及保险基金，防止由于缺少经营竞争或利益之间的相互兼并而对客户造成损害，从而保障整个证券市场健康发展。世界许多国家或地区都建立了券商保险制度，并取得了良好效果。

3. 市场监管者的风险防范。市场监管者可以采取法律、经济、行政、自律管理四种风险防范手段。

（1）法律手段。市场监管者运用经济立法和司法来管理股票市场，即通过法律规范来约束股票市场行为，以法律形式维护股票市场良好的运行秩序。法律手段约束力强，是股票市场监管的基础手段。各国的法律对股票市场的各个方面均有详尽的规定以使市场各方以法律为准绳，规范自身行为。

（2）经济手段。政府以管理和调控股票市场为主要目的，采用利率政策、公开市场业务、税收政策等经济手段间接调控股票市场运行和参与主体的行为。如中央银行通过调节存款准备金率、再贴现率、公开市场业务等手段调节和稳定股票市场价格，政府通过财政政策和外贸政策影响汇率等。这种手段相对比较灵活，但调节过程可能较慢，存在时滞。

（3）行政手段。依靠国家行政机关系统，通过命令、指令、规定、条例等对证券市场进行直接的干预和管理。与经济手段相比，运用行政手段对股票市场的监管具有强制性和直接性的特点。行政手段存在于任何国家的股票市场的监管历史之中，一般地，在市场发育的早期使用行政方法管理较多，而在成熟阶段用得较少。这是由于股票市场发展的早期往往法律手段不健全而经济手段效率低下造成监管不足的局面，故需要行政手段作为补充。

（4）自律管理。自律管理即自我约束、自我管理，通过自愿方式以行业协会的形式组成管理机构，制定共同遵守的行为规则和管理规章，以约束会员的经营行为。股票市场交易的高度专业化、从业人员之间的利益相关性与股票市场运作本身的庞杂性决定了对自律监管的客观需要。但政府监管与自律监管之间存在主从关系，自律监管是政府监管的有效补充，自律管理机构本身也是政府监管框架中的一个监管对象。

---

abc【知识链接】

从疯牛到股灾 2015 年注定是中国股市难忘的一年

2015 年注定是中国股市难忘的一年。从牛市起步到疯牛的形成，再到股灾爆发流动性完全丧失，监管当局出手救市后又遭人民币贬值预期打压，政府不得不全球安抚，这一切仅仅在半年多的时间内完成，如梦亦如幻。

在 2014 年的年末，由于券商股的疯狂上涨，市场结构变得非常不稳定。整个 2014 年 12 月和 2015 年 1 月，市场几乎是在剧烈的震荡中度过的。券商股的大幅上涨引发了市场狂热，伴随着杠杆资金的运用，券商股股价和指数的波动率急剧扩大。这本就是一个警示信号，但整个市场包括各类媒体都没有对此引起足够的重视，甚至还有官方媒体鼓吹大牛市的起点。

由于传统经济的不景气，银行收缩信贷，无风险收益率持续下滑，央行主动或被动降息，但无益于信贷等传统方式融资规模的提升。似乎中国经济陷入了一个恶性循环。间接融资难以发力，直接融资就成为了新的期盼。

金融监管在金融创新的名义下完全丧失。在证券这个利益链上所有人都摩拳擦掌跃跃欲试，监管的放松令大家愿意承担更多的风险，以获取更多的利益，不仅从股价的上涨中，还从市场的功能上。券商融资补充资本金投向创新业务，业务线各种积极推进，甚至银行也通过各种方式绕开各种限制，以看似合规的方式参与到了股市之中，民间资金更是肆无忌惮地直接或间接入市。一时间，中国股市的杠杆率急升，推动了 1 月份剧烈震荡后急不可耐的疯牛形成。

在狂热情绪中，许许多多的风险信号被人有意无意地忽视。

有些投资者在狂热的情绪中对流动性风险置若罔闻，认为以当时指数顶峰时的成交额并不会出现流动性问题，且相信有股指期货的做空就不怕现货兑现不了。

最先意识到风险的可能就是银行。在上证综指接近 5000 点时，已经开始有银行控制向股市投入的杠杆资金。随后，监管层于是着手风险控制。当这些市场参与者渐渐清醒时，却发现稍有退却就会引发杠杆疯牛像多米诺骨牌一样排山倒海式的倾覆。

股灾结束了，然而市场余震还没消散。因中国股市崩溃引发的全球投资者对中国经济、金融市场的不信任逐渐形成，当资金离开股市时，还有大量资金开始逃离中国，这造成了人民币兑美元的贬值压力释放。当中国央行迫于全球渐起的货币竞争性贬值形势，不得已一次性大幅下调人民币兑美元中间价后，8 月下旬开始，中国股市经历了又一波大幅下挫。

资料来源：傅峙峰. 从疯牛到股灾 2015 年注定是中国股市难忘的一年［EB/OL］.［2015 – 11 – 27］. http：//finance. ifeng. com/a/20151127/14095937_ 0. shtml.

（二）债券市场的风险防范

从国际市场来看，一系列信用危机的发生为全球金融市场的参与者提出了巨大的挑战，如何管理信用风险，完善风险分担机制，降低系统性风险，提高金融市场效率，促进多层次金融市场稳定协调发展，创新信用风险管理工具等问题，重新得到重视。应该说，近年来债券市场作为国内金融市场的主要组成部分以及直接融资的重要渠道，对金融稳定与经济发展发挥了重要作用。这轮债市违约风险的集中爆发，给市场发展和监管方面提出了诸多挑战，今后有必要从以下层面不断完善，以促进多层次资本市场体系及金融稳步发展的进程。

1. 进一步完善风险管理制度框架和市场基础设施建设。要在包括市场化的发行定价机制、信用风险管理、投资者保护机制、偿债风险准备金、信用评级及信用增信、估值、做市商制度、第三方担保、信息披露等不同层面进行完善。一个合理有效的发行价格应反映真实的市场资金供求关系，也会对二级市场起到一个信号作用，避免因为明显偏离市场收益率水平而造成市场的大幅度波动。国际金融危机由房地产市场波及信贷市场和债券市场，进而席卷全球金融市场，充分说明完善的定价机制对整个金融市场稳定发展的作用。如何平衡筹资人和投资人的利益目标，是债券能否成功发行的关键，因此，要结合债券具体的风险程度、收益大小，通过市场决定一个使筹资者和投资者都能接受的条件，充分体现信用风险、流动性风险和利率风险。监管层面、投资层面、市场层面、法律等层面还需在实践中不断探索，着力推进信用债定价的市场化改革，加快利率市场化进程，完善信息披露，以增加市场透明度并降低市场风险。

2. 通过债券条款设计及偿债基金完善投资者保护机制。在美国，在债券条款设计方面，为保护债券持有人的权利，债券契约对发行人规定了一些限制措施，如抵押品、偿债基金、股息政策和继续借贷等。债权人可在债券条款中约定，债务人在从事高风险业务时必须征得债权人同意，以避免偿债风险的增加。从国际金融市场来看，私募债券一般含有保护条款，借鉴国际经验，偿债保障条款作为事前防范机制，主要目的在于维持发行人的风险水平，并给予投资人在发行人信用状况发生重大改变时以退出选择权。

3. 完善市场约束和信息披露机制。随着信用债市场的发展，应逐步建立信用产品的市场约束机制，发行人、投资者、承销商、中介机构等各方利益互相制约，形成合力，充分发挥信息披露和信用评级等市场化的约束激励机制。承销商和投资人需要对发行人进行定期与不定期的跟踪、检查，及时了解发行人的经营状况、资金使用情况、反担保情况、是否有重大变动事项等，保证发行人按时还本付息。同时，完善信息披露制度，建立对发行人的经营状况、财务状况、偿债能力的反馈跟进机制。在风险控制措施方面，建议债券承销商在承销过程中严格业务核查，发行人按照发行契约进行信息披露，承担相应的信息披露责任。

4. 信用增进是信用风险管理市场基础设施的重要层面。国际经验表明，信用增进作为债券市场不可或缺的制度安排，在分散、分担市场风险的同时，还为信用等级较低的企业进入债券市场提供了可能，有利于支持中小企业通过债券市场融资，推动多层次金融市场体系的建立。

5. 提升机构投资者的风险管理能力。国际经验表明，机构投资者的发展有利于多层次金融市场的建立，活跃市场的交易，并且有助于金融资产的准确定价及风险对冲。近年来债券市场的机构投资者在不断丰富和完善。央行于2016年5月6日发布的8号文件，宣布放宽境内合格机构投资者进入银行间债券市场的限制。应该说放宽资金入市，有助于提振债市。而简化机构入市程序，或可减少一些资管产品借通道进入的情况，便于系统监管和防范风险。随着近年来债券市场投资者层次的不断丰富，城商行、农商行等中小金融机构也逐渐成为信用债市场的重要力量，在信用风险事件多发的背景下无疑对这些机构投资者风险管理水平提出了更高的要求。可考虑充分发挥相关专业机构的作用，面向债券市场投资者提供一揽子金融服务，通过不同的风险管理工具满足投资者的需求，促进债券市场的稳步发展。

6. 完善监管的部际协调机制。从监管协调机制来看，经过多年的发展，目前我国信用债市场形成了非金融企业债务融资工具、企业债、公司债等品种，分别由人民银行、国家发展改革委、证监会监管。由于多头监管与交易场所的分割，债券发行审核、信用评级及上市流通，相应的监管标准不尽相同，也容易产生监管的漏洞和盲区。特别是在大资产管理的背景下，金融机构的综合化经营成为主流，交叉监管也面临很多挑战。穆迪公司在 2016 年 4 月底发布的一份报告中称，中国整体杠杆率上升，影子银行扩张速度快。影子银行游离于银行监管体系之外，很可能会引发诸如期限错配、流动性转换、信用转换和高杠杆等方面的系统性风险以及监管套利等问题。应推动统一协调的债券监管体系，增强监管效能，不断完善企业债券市场的监管机制。

7. 完善信用衍生品的工具组合和风险对冲机制。未来应考虑推出信用衍生品以对冲相应风险。信用衍生品的重要性在 1997—1998 年的危机期间得到验证。危机证实了它能够在金融危机期间满足债券市场的需求，并使银行等金融机构在危机中得到保护。其后，信用衍生品得到了迅猛发展。而 2007 年次贷危机中信用衍生品定价机制的缺失被认为是信用危机的主要诱因。随着信用产品市场的不断发展，信用衍生品在投资人债券组合中的占比不断提高，应逐步推出标准化的信用衍生工具及相关的交易指引，包括平抑对冲信用风险的工具——信用违约互换（CDS）和信用联结票据（CLN），建设相应的报价系统、清算系统和信用衍生工具信息平台，逐步完善定价机制和风险披露制度，逐步建立从交易到组合的信用风险管理体系至关重要。

8. 完善债券市场风险预警机制。后金融危机时代，合理的政府债务规模和风险管理策略对于政府积极面对经济和金融危机的冲击，促进金融市场及汇率的稳定乃至经济的快速复苏至关重要。美国次贷危机、爱尔兰政府债务危机、欧债危机都充分说明，完善债券市场风险管理，增加市场稳健性的政策措施十分重要。包括建立债务风险预警机制；完善发行定价机制，建立信用风险、流动性风险、利率风险的定价机制与风险控制机制，推进利率市场化的进程；不断培育机构投资者，完善做市商制度，提高市场的流动性，以有效降低筹资成本，缓冲全球经济冲击的影响。这些措施都将有助于增强市场的稳定性，而适当的法规框架和市场设施是前提条件。

9. 逐步发挥中介机构的独立性和客观性，包括信用评级机构、审计机构、会计师事务所、律师事务所、第三方评估机构等，对信用风险和法律风险进行深度分析。建议逐步完善债券市场的评级制度，信用评级机构须对发行人进行跟踪评级，对其最新经营发展状况给予关注并及时披露，为市场提供有效的信息工具、定价基准和风险的及时披露等。

【知识链接】

世界石油"首富"发生债务危机，国际油价将发生大变动

位于拉丁美洲的委内瑞拉，是世界上石油储量最多的国家。目前，委内瑞拉已探明的石油储量达到2980亿桶，位居全球第一。但这个石油丰富的国家，正面临着"幸福的烦恼"。

自2014年国际油价从阶段性高位开始下挫以来，原油出口创汇锐减导致委内瑞拉财政失衡，经济陷入困境，造成通货膨胀、食物短缺、货币贬值以及大规模失业等。

2017年11月14日，由于未能及时在30天宽限期内支付一笔2亿美元的利息，国际评级机构标准普尔正式宣布委内瑞拉出现债务违约。随后，另一家评级机构惠誉也宣布委内瑞拉主权债务违约。据估算，委内瑞拉的债务高达1500亿～1800亿美元。根据一份路透社的报道，委内瑞拉国有石油公司PDVSA目前有外部公共债务450亿美元，约占委内瑞拉全部外债的三分之一。英国石油公司首席执行官Bob Dudley表示，委内瑞拉是2018年石油行业面临的最大风险。

拥有丰富石油资源的委内瑞拉，将石油产业作为经济的核心。据了解，石油收入对委内瑞拉财政收入的贡献率高达50%以上。委内瑞拉的财政靠石油，福利靠石油，经济靠石油，石油就是一切。但是，石油价格存在着明显的波动，而福利支出却是刚性的，当石油经济陷入外部冲击之时，二者之间的冲突将带来巨大的风险。

就在2014年，国际石油价格从111美元/桶暴跌至27美元/桶，委内瑞拉陷入经济崩溃的状态。据统计，2012—2016年，委内瑞拉人均石油出口下降2200美元，其中1500美元是油价下跌导致的。委内瑞拉的经济可持续性已经受到严重的损害，一方面是因为石油价格低迷，另一方面是因为其经济管理存在很大的问题。内外部因素导致委内瑞拉的经济增长近几年停滞甚至出现负增长，还款能力受到严重的损害，出现债务违约是意料之中的事情。

资料来源：佚名.世界石油"首富"发生债务危机，国际油价将发生大变动？[EB/OL].[2017－12－13].http：//www.chinanews.com/ny/2017/12－13/8399667.shtml.

第四节　外汇市场安全

一、外汇市场概述

外汇市场是兑换和交易各国货币的场所，是指在国际间从事外汇买卖，调剂外汇

供求的交易场所。它的职能是经营货币商品，即不同国家的货币。外汇市场不像商品市场和其他的金融市场那样，一定要设有具体的交易场所，它主要是指外汇供求双方在特定的地区内，通过现代化的通信设备及计算机网络系统从事外汇买卖的交易活动。外汇市场是国际金融市场的重要组成部分，国际市场上的所有多边资金借贷关系和融通关系，无论是国际货币市场、资本市场，还是黄金市场，都要进行资金的转移，都要借助外汇市场这个平台进行外汇交易。

目前，外汇市场是全球最大的金融市场，据国际清算银行（BIS）统计，2016年4月，全球外汇市场日均成交量为5.1万亿美元，其中外汇掉期交易在外汇交易市场中最为活跃，日均交易量达到2.4万亿美元，其次是外汇现货交易，日均交易达到1.7万亿美元，低于2013年4月的2万亿美元，这是现货外汇自2001年以来首次出现下跌。美元仍是全球交易中最为活跃的货币，交易量最大，近88%的外汇交易都包含美元。欧元、日元和澳元交易量出现下滑，新兴市场货币的交易量持续增长。人民币交易量翻倍，占全球外汇交易量的4%，在最活跃的交易货币中排名第8位。

二、外汇市场风险

自1973年世界各国实行浮动汇率制度以来，货币汇率波动频繁，不仅幅度大，而且各种主要货币之间经常出现强弱、地位互相转换的局面。不论是参加外汇交易的个人还是银行、企业，只要有外汇，就有外汇风险。国际经济交易中外汇有买有卖，只有买卖金额不等时才承受着汇率变动所产生的风险。一般地说，人们将因汇率变动而蒙受的损失以及将丧失所期待利益的可能性称为外汇风险。通常还将承受外汇风险的外币金额称为"受险部分"或者"外汇敞口"。外汇市场风险的表现为以下几个方面。

（一）外汇交易的风险

外汇交易风险是以外币计值进行金融资产交易，是本国货币与外币交换过程中或不同外币之间兑换过程中产生的外汇风险。比如，以外汇买卖为主营业务的外汇银行，所负担的风险主要是外汇交易的风险；企业在以外币进行贷款或借款，以及伴随外币贷款、借款而进行的外汇交易，也要承担外汇交易的风险；个人买卖外汇同样也存在外汇交易的风险。假如银行买入100万美元又卖出80万美元，这时买入额大于卖出额，就会形成美元的多头寸即20万美元的外汇敞口。若此时美元汇率下降，银行将受损失。如果形成美元的缺头寸外汇敞口，当美元汇率上升，银行将受到损失。

（二）交易结算的风险

交易结算风险是指以外币计价进行贸易及非贸易业务时，由于结算时的汇率不确定而使企业所面临的风险。这种风险不是因外汇的买卖而发生的风险，而是伴随商品劳务的进出口所发生的外汇交易而产生的风险。由于将来的汇率不可预测，因而在将来进行外币结算时必然存在着兑换的风险。这一般是企业以外币计价进行贸易交易及非贸易交易时所面临的风险。该风险在外汇交易进行实际交割时即刻消失。假如中国进口商从美国进口商品，则中国进口商需要在未来贸易合同约定日支付美国出口商美元，因此中国进口商将面临外汇风险。

（三）外汇折算的风险

外汇折算风险也称会计风险、转换风险或评价风险，主要是指企业进行会计处理和进行外币债权、债务决算时，对于必须换算成本币的各种外币计价项目进行折算时所产生的风险。比如在评价债权、债务时，因所适用的汇率不同，就会产生账面上的损益差异，而差异就有可能是风险。

（四）经济风险

外汇经济风险是企业面临的外汇风险的一种类型。它是指意料之外的汇率变动引起企业未来一定期间内企业资产、收益或现金流量变化的一种潜在风险。汇率的变动通过对企业生产成本、销售价格，以及产销数量等的影响，使企业的最后收益发生变化。经济风险不包括预期的汇率变动，因为公司管理当局在评价预期收益或市场价值时，已把预测汇率变动因素考虑进去了。外汇经济风险对企业影响很大，其影响比交易风险和折算风险大。

（五）储备风险

外汇业务活动交易者不论是国家政府、外汇银行还是企业，为弥补国际收支逆差和应付国际支付的需要，都需要有一定的储备，其中相当大的比例是外汇储备。在外汇储备持有期间，若储备货币汇率变动引起外汇储备价值发生损益就称为储备风险。

（六）国家风险

国家风险又叫政治风险，它是指企业或个人的外汇交易因国家强制终止所造成损失的可能性。如一国在政权变更后，突然宣布废除当前货币，就会带来巨大的资产风险。这种风险发生的概率相对低一些。

以上几种外汇风险主要是对企业造成的影响。然而汇率的不稳定，会造成整个国家外汇市场的不稳定。对金融市场的影响是具有传导性的，一个市场的不稳定会导致本国其他市场受到冲击，这使得整个国家的金融市场处于不稳定的状态。随着人民币不断迈向国际化以及汇率机制逐渐改革，中国的外汇市场一直处于不稳定的状态，不利因素增加。最近几年，人民币一直处于贬值的状态，中国的外汇市场必须解决市场信心不足及汇率不稳定等诸多困难。2017 年上半年经过中国政府的努力，人民币汇率基本处于稳定，然而难以长久保持这样的状态，在未来的发展中我国的外汇市场仍将面对多种不确定的因素。受当前国内经济发展受限、美元走强趋势、人民币国际化能力的限制等诸多因素的影响，中国的外汇汇率风险难以消除，必须积极制定应对措施。

三、外汇市场的风险防范

（一）做好事前的防范措施和事后的转嫁措施

外汇市场的参与者首先应做好事前的防范措施，包括采取多样化的国际经营和分散化的筹资方式增加外币种类的多样化，防止单一货币的汇率变化所带来的冲击。综合考虑汇率变动趋势和利率变动趋势，在有条件的情况下，争取多使用本国货币计价结算，在使用外币计价支付时，遵循"收硬付软"的原则。多利用对销贸易一出一进减少外汇敞口。

当出现外汇敞口时，经营者可根据具体情况采取相应的风险转嫁措施。比如，改变外汇收付时间，采取保值措施，利用各种外汇交易如外汇期货、期权交易、远期外汇交易、掉期交易、互换协议等避险，利用平衡抵销法，国际信贷，汇率变动保险规避风险，对于折算风险还可采取资产负债表保值的措施减小风险敞口。

（二）积极推出外汇交易新品种

发达国家在外汇风险管理上已经形成了一个由保险市场和金融衍生品市场构成的风险管理市场，并基本上实现了电子化、信息化。而在包括中国在内的广大发展中国家，由于对资本流动实行较严格的管制，风险管理市场发育非常不成熟。虽然已推出的金融衍生工具为企业规避外汇风险开辟了新的渠道，但目前的交易币种和交易规模尚不能充分满足企业有效规避外汇风险的要求。随着国际贸易的持续增长，增加交易所的交易币种有利于涉外企业的外汇风险管理。

（三）改善宏观经济环境

企业要成功降低外汇风险，还依赖国内宏观经济环境的改善，这其中包括：更好地发挥政府部门的监管作用；经济法律、法规的完善及执行；银行系统金融风险防范能力的增强及与企业的相互联系、制约机制的形成；专业队伍的形成及汇率信息网络资源的共享等。

（四）完善外汇市场自律机制

完善汇率机制的实质是提高汇率形成的市场化程度，而不是简单调整汇率水平，其核心内容至少应包括五个方面，即完善汇率的决定基础、矫正扭曲的汇率形成机制、健全和完善外汇市场、增加汇率的灵活性以及改进汇率调节机制。汇率市场化意味着汇率双向性波动增强，过强的波动也会引发系统性风险。

（五）从国际国内两个层面逐步推进本国货币国际化

以中国为例，在进行"一带一路"的贸易往来中，由于沿线国家大多属于欠发达国家，因汇率不稳定而给"走出去"企业带来很大的汇率风险。鉴于此，如果能够增加人民币在"一带一路"沿线各国的使用，使人民币作为贸易、投资的主要计价、结算货币将有效解决汇率风险问题。

从国内角度来说，还应通过制度设计加强外汇市场建设，增加交易主体，开发各类汇率衍生品以增大企业避险选择的空间。对于国家来说，汇率衍生品越丰富，越有利于境内资金以更方便和快捷的路径打入并良好适应国际金融市场，更有利于抢占投资和金融交易活动，拓宽国际金融市场，提高本国货币资产在国际金融领域的配置水平。

USGFX：深化外汇管理改革开放　坚持对外开放新格局

改革和开放一直是促进国家经济发展重要的两个车轮。不管是实体经济，还是金融业，改革才能更好地进步。外汇管理的改革一直在不断深入，截至 2017 年 11 月末，中国外汇储备规模为 31193 亿美元，较 10 月末增加 101 亿美元，增幅为 0.3%，为连续第 10 个月出现回升。

USGFX 联准国际分享外汇局最新消息：2017 年 12 月 11 日，国家外汇管理局召开"外汇管理改革开放与防范跨境资金流动风险"专家座谈会。座谈会由中国人民银行副行长、国家外汇管理局局长潘功胜主持，并邀请经济金融领域专家学者参会，中国人民银行、国家外汇管理局有关司局负责同志参加。

与会专家就国际国内经济金融形势，跨境资本流动和外汇管理政策，深化人民币汇率形成机制改革，加强市场预期引导，扩大金融对外开放等问题进行了深入讨论，并对外汇管理工作提出了很好的建议。党的十九大要求，推动形成全面开放新格局，实行高水平的贸易和投资自由化便利化政策，健全金融监管体制，守住不发生系统性金融风险的底线。2017 年以来，我国跨境资金流动趋向基本平衡，为进一步深化外汇管理改革开放创造了良好的外汇市场环境。下一步，外汇管理工作要坚持服务于国家对外开放新格局，服务实体经济，推动金融市场的双向开放；同时防范跨境资本流动风险，维护国家经济金融安全。

资料来源：佚名. USGFX：深化外汇管理改革开放　坚持对外开放新格局［EB/OL］. ［2017－12－13］. http://forex. jrj. com. cn/2017/12/13153823786203. shtml.

第五节　金融衍生品市场安全

一、金融衍生品市场概述

20 世纪 70 年代，伴随着布雷顿森林体系的崩溃和石油危机，资本主义世界出现了严重的通货膨胀、经济衰退，主要资本主义国家的汇率波动频繁，利率上升。在这种动荡不定的环境下，银行和其他金融机构为了在竞争中保持不败之势，进行了很多金融创新。20 世纪 80 年代以来，西方国家的政府纷纷放松金融管制，出现了金融体系自由化的趋势，加之近年来计算机和电信技术的发展，金融衍生品市场迅速发展起来。金融衍生品市场是指以各种金融合约为交易对象的交易场所。金融衍生品是指以杠杆或信用交易为特征，以在传统的金融产品如货币、债券、股票等的基础上派生出来的具有新的价值的金融产品，金融衍生品市场包括金融期货市场、金融期权市场、金融互换市场及金融远期市场。

一个完整的金融市场体系主要包括货币市场、资本市场、外汇市场和金融衍生品市场。金融衍生品市场能够有效地规避风险、促进市场价格发现、优化资源配置。因此发展金融衍生品市场，有利于扩大金融市场规模、提高金融市场效率、完善金融市场功能。在我国，金融衍生品市场起步较晚，品种比较单一，市场规模较小，专业人员素质差。这些在一定程度上都制约了市场的发展。

二、金融衍生品市场风险

金融衍生品是在国际金融市场动荡不安的环境下为投资者交易保值和防范风险的一种金融创新。从微观角度来看，金融衍生品具有规避风险、发现价格、风险转移等功能。金融衍生品的出现虽然减少了某部分经济行为的风险，但经济体系的总风险并未因此而降低。从宏观角度来看，金融衍生品具有资源配置、降低国家风险、吸纳社会闲置资金的功能。尽管金融衍生品的快速发展不仅可以促进金融工具的不断创新，推动金融市场的蓬勃发展，而且还可以增强整个金融体系的灵活性与稳定性，更对社会资源提供了一定的配置功能，在微观和宏观方面都有着不可替代的作用。但由于其内在的高杠杆性和工具组合的高复杂性、高技术性、虚拟性与敏感性决定了金融衍生品的高风险性，这使得金融衍生品市场的广大参与者、决策者，乃至监管者都面临新的挑战。金融衍生品市场的风险主要包括以下几个。

（一）市场风险

金融衍生品的杠杆效用加大了市场风险。市场风险是指因标的资产价格出现与预期的逆向变动，而导致衍生品价格出现损失的可能性。在利率市场化，汇率完全放开的金融体制下，金融衍生品交易的波动本身就很大，加上衍生品具有较高的杠杆效用，在保证金的基础上交易量被成倍放大。交易方一旦对市场的估计出现较大偏差，带来的损失往往是巨大的。举例来说，一个持有国债的投资者，如果利率上升，他持有的国债价值就会下降，这种风险就是市场风险；对于金融衍生品，一个看淡股票市场的投资者卖出股指期货后，如果股票市场并未如他预测的那样下跌而是继续上涨，他所要承担的风险就是市场风险。

（二）信用风险

金融衍生品市场信用风险是指交易对手无法履行合约的风险。这种风险主要表现在场外交易中，包括交易对方违约可能性的大小和由于违约造成损失的多少两个方面内容。前者取决于交易对方的资信和履约能力，后者取决于衍生产品的价值变动。中航油（新加坡）公司面对到期的期货期权合约而无力平仓，这对于其交易对手来说，就是遇到了信用风险。

（三）流动性风险

金融衍生品市场流动性风险是指某些金融衍生品难以在二级市场流通转让的风险。这种风险的大小取决于合约标准化程度、市场交易规模和市场环境的变化。例如，国债持有者担心利率会继续上涨而要卖出国债，尽管报出了基本合理的价格却卖不出去，那么此时他所面临的这种风险就是流动性风险。

（四）操作风险

金融衍生品市场操作风险由于金融衍生品均采用先进的通信技术和计算机网络交易，因此存在着电子转账系统故障，以及计算机犯罪或人为失误等操作风险。这种风险对于金融衍生品交易来说与一般金融工具交易并没有本质区别，属于普遍存在的一种风险。

（五）法律风险

金融衍生品市场法律风险是指由于金融衍生品创新速度比较快，可能游离于法律监管之外，从而存在某些金融合约得不到法律保障和承认的风险。我国在金融衍生品市场的发展起步比较晚，相关的法律还不健全，因此在市场发展中容易发生这一风险。

（六）管理风险

金融衍生品市场管理风险是指金融衍生工具的复杂化可能给交易主体内部管理带来困难和失误以及监管机构难以实施统一监管的风险。由于金融衍生品本身具有创新性、复杂性以及专业性等特点，金融监管当局想要对其交易过程全面掌握难度很大。加之金融全球化、金融工程技术的发展、金融创新的层出不穷，管理当局难免会照顾不周，对某些突发事件预计不够，处理不及时，而这些都有可能造成金融市场较大的波动。

（七）投机风险

金融衍生品的出现助长了投机行为。随着金融产品的不断创新，金融全球化程度的加深，金融机构受到了来自国内和国际双重的竞争压力。在激烈的市场竞争中，传统金融业务增长有限且不断受到其他交易的冲击，这使得一些金融企业铤而走险，对金融产品进行"过度"创新，以弥补传统业务增长的不足，并通过从事高风险的衍生品交易已获得更高的利润和抢占更大的市场份额，这无疑给企业经营埋下了风险隐患。

三、金融衍生品市场的风险防范

对于金融衍生品交易的风险，在宏观上只能进行因势利导，通过建立健全有关法规加以约束，在微观上应加强管理，趋利避害，把风险控制在一定的范围内。

（1）加强法制建设，为衍生品发展创造良好的制度环境。加强法制建设，完善涉及金融衍生品交易的法律法规，制定相应的衍生品交易程序和规则，强化各类规范的协调性和可操作性，为金融衍生品的发展创造良好的外部制度环境。

（2）完善风险管理制度，加强监管力度。交易所作为金融衍生品交易的平台，应该完善交易制度，监督交易资金的每日动向，随时监控风险，降低交易过程中的市场风险。金融衍生品市场的多起风险事件说明该市场必须有一套完整有效的风险管理制度才能抑制过度投机，保障金融衍生品市场的平稳运行。监管方面，首先要充分发挥衍生品市场的非官方监管和行业自律，其次要加强金融当局对衍生品交易的监管。过度的投机行为会导致风险的上升，进而导致整个金融市场的不稳定，所以对杠杆交易量过大，蕴藏大量风险的投机行为要加以严格的管制。

（3）形成有序的市场机制。发展金融衍生品市场，首先必须深刻认识风险管理的重要性，欲求市场健康发展，根本大计是形成一个有序的市场机制，这是金融衍生品市场从失败到成功的基本经验，也是各国衍生品市场发展实践的共同经验。

（4）完善结算制度。金融衍生品市场风险管理的基本条件是建立完善的结算制度，金融衍生品交易是以少量保证金为保证的信用交易，其本身潜藏着高倍数风险。金融衍生品交易的开始，就意味着风险的发生，首先是通过结算反映出来的，而且规避风险也是通过结算进行的。因此，实行风险管理应主要依靠结算运作系统进行。

（5）明确风险控制职能，建立专门的风险控制部门。衍生品市场要建立完善的风险控制体系，最基本的就是要建立一个分工合理、严密的风险监控组织机构。专门设置一个风险监控预警部门，综合分析并评估预测市场整体风险状况。

（6）计算机风险预警指标体系的运用。在有了风险控制部门这样一个平台后，运用科学有效的工作方法和工具是保证风险预警部门充分发挥其风险控制职能的关键。因此，有必要借鉴国外成熟市场的风险管理量化评估制度，通过对历史风险的总结分析，建立起一套科学的风险指标体系，利用计算机网络对交易数据进行实时反映以及对市场风险程度进行快速评估。

---

abc【知识链接】

透视中航油事件

在新加坡上市的航空燃料供应商中国航油（新加坡）股份有限公司（以下简称中航油新加坡公司），因场外石油衍生品交易（OTC）出现巨亏，账面实际损失和潜在损失总计约5.54亿美元，2004年11月30日向新加坡高等法院申请破产保护。原总裁陈久霖被新加坡警方拘捕，接受管理部门的调查。

经国家有关部门批准，中航油新加坡公司在取得中国航油集团公司授权后，自2003年开始做油品套期保值业务。在此期间，陈久霖擅自扩大业务范围，从事我国政府明令禁止的场外石油衍生品期权交易。这是一种像"押大押小"一样的金融赌注行为，与交易所内的石油期货交易相比，是一对一的私下交易，国际上几乎不受政府监管，风险相当大。陈久霖和日本三井银行、法国兴业银行、英国巴克莱银行、新加坡发展银行和新加坡麦戈利银行等在期货交易场外签订了合同，买了"看跌"期权，赌注每桶38美元。没想到国际油价一路攀升，陈久霖"押了小点开盘后却是大点"。2004年10月以来，中航油新加坡公司所持石油衍生品盘位已远远超过预期价格。根据签订的合同，需向交易对方支付保证金。每桶油价每上涨1美元，中航油新加坡公司要向银行支付5000万美元的保证金。被迫关闭的仓位累计损失已达3.94亿美元，正在关闭的剩余仓位预计损失1.6亿美元。账面实际损失和潜在损失总计约5.54亿美元。

中航油事件表明，对于中国这样的石油消费大国来说，建立属于自己的石油期货市场体系并借此融入国际石油定价体系，已经迫在眉睫。中航油事件存在国外金融炒家联手对付中航油的"逼仓"行为，交易的核心机密被外籍人士掌握。第一，中航油新加坡公司此次卖出看涨期权的对手是高盛、巴克莱、三井住友、标准银行等一些长期浸淫于衍生品市场的老牌金融机构。从油价后期没有理由的狂涨，及行权后油价迅速下走等情况分析，不能不让人怀疑这里有很大可能存在国外金融炒家联手对付中航油的"逼仓"行为。第二，中航油新加坡公司参与此次交易、掌握交易核心机密的交易员均是外籍人，分别来自澳大利亚、日本、韩国等国。像这种核心机密被外籍人士掌握和运作的情况，即使在美国也是很少出现的。在美国的高盛、摩根士丹利等公司，掌握最核心机密的关键位置交易员一般都是美国人。

资料来源：林红梅，杜宇. 透视中航油事件［EB/OL］.［2005］. http：//www. people. com. cn/GB/paper2086/13958/1245860. html.

【本章小结】

1. 金融市场是指以金融商品为交易对象而形成的供求关系及其机制的总和。其参与者包括个人与家庭、非金融企业、政府部门、金融机构、中央银行、国际机构。

2. 金融本质是资金的交易，离不开金融市场。金融安全，同样离不开金融市场。从各国威胁金融安全的金融危机教训看，往往是金融市场功能最容易受到冲击。

3. 以同业拆借市场、票据市场为代表的货币市场和以债券市场、股票市场、外汇市场、金融衍生品市场为代表的资本市场主要存在信用风险、利率风险、清算风险、法律风险、操作风险和流动性风险等诸多风险。

4. 金融市场的风险具有传导性，一个市场的不稳定将波及其他市场，造成整个市场的不稳定。针对金融市场的诸多风险，需要采取积极的措施防范，尽量减少风险对市场的冲击。

【复习思考题】

1. 金融市场与金融安全的联系是什么？
2. 货币市场流动性风险会带来什么样的影响？
3. 如何分散股票市场系统性风险？
4. 如何理解债券市场的汇率风险？
5. 发展多品种的外汇衍生品的作用是什么？

第五章

国际金融安全

【教学目的和要求】

通过本章学习，了解国际金融安全的内涵与影响国际金融安全的因素；掌握国际金融风险类型及其防范措施，掌握外汇风险和企业风险管理策略；了解国际资本流动内在机理与影响金融安全的传导机制，能够运用国际资本流动风险防范措施解决现实问题；掌握外债的含义及其衡量指标，了解分析债务危机的方法并能够应用解决现实领域的金融安全问题。

从全球视角来看，国际金融研究国际货币金融的运行；从一国视角来看，国际金融研究开放经济中对外货币金融的运行。国际金融研究的主要问题有国际收支、外汇与汇率、国际储备、国际金融市场、国际资本流动、国际货币体系、国际金融机构及金融全球化等。随着全球经济一体化的高速发展，各国参与国际金融活动的广度与深度日益加大，在平衡国际收支、改革汇率制度、调整国际储备结构、开展国际货币合作、稳定国际货币体系等方面都出现了许多新问题和新动向。尤其是国际资本快速流动，国际金融市场的理念创新、制度创新、工具创新增加了全球性的金融风险，把握当代国际金融发展的脉搏、防范国际金融风险、维护国际金融安全日趋重要。

第一节　国际金融安全概述

一、国际金融与金融安全

国际金融集中体现了一国对外经济活动的能力，随着全球化趋势的加强，国际资本流动对全球经济影响的增强以及金融市场的创新加剧了国际金融风险，尤其是随着美国次贷危机、欧洲债务危机的爆发，理论界开始探索新形势、新趋势下如何实现金融稳定与金融安全。本节内容首先从国际金融的内涵探索影响国际金融安全的因素，在此基础上提出国际金融安全的内涵。

（一）国际金融的含义

国际金融（International Finance）是指国家和地区之间由于经济、政治、文化等联系而产生的货币资金的周转和运动。国际金融以国际间的货币金融关系为研究对象，既探索国际间货币和资本运动规律及影响其变化的因素等基本理论问题，又探索政府、金融机构、企业等部门或经济主体管理国际间货币和资本运动的具体方法和手段。

国际金融与一国的国内金融既有密切联系，又有很大区别。国内金融主要受一国金融法令、条例和规章制度的约束，而国际金融则受到各个国家互不相同的法令、条例以及国际通用的惯例和通过各国协商制定的各种条约或协定的约束。由于各国的历史、社会制度、经济发展水平各不相同，在对外经济、金融领域采取的方针政策上存在很大差异，由此会引发矛盾和冲突，造成国际金融安全隐患。

（二）影响国际金融安全的因素

国际金融由国际收支、国际汇兑、国际结算、国际信用、国际储备、国际资本流动、国际投资和国际货币体系等内容构成，它们之间相互影响、相互制约。国际收支必然产生国际汇兑和国际结算；国际汇兑中的货币汇率对国际收支又有重大影响；国际收支的许多重要项目同国际信用和国际投资直接相关，这使得国际金融安全的影响因素错综复杂。

1. 国际收支与金融安全。国际收支（Balance of Payments）反映一国的国际经济关系、经济结构和经济发展水平，是一国在一定时期内本国居民和非本国居民之间产生的全部国际经济交易价值的系统记录。按照国际货币基金组织的定义（《国际收支手册》第六版），国际收支是指"某个时期内居民和非居民之间的交易汇总统计表，组成部分为货物和服务账户、初次收入账户、二次收入账户、资本账户和金融账户"。国际收支一般按一年、半年或一个季度计算。

一国国际收支中一般存在以下问题，并逐渐演变为影响金融安全的因素：

（1）国际收支失衡对金融安全的影响。由于大多数国家国际收支不平衡，各国为调节、改善国际收支状况常常产生许多矛盾和斗争，而且无论是逆差还是顺差，如果数额巨大且又长期持续存在，都会引起一系列不良后果。

国际收支逆差的影响具体表现在：本国向外大举借债，加重本国对外债务负担；黄金外汇储备大量外流，削弱本国对外金融实力；本币对外贬值，引起进口商品价格和国内物价上涨；资本外逃，影响国内投资建设和金融市场的稳定；压缩必需的进口，影响国内经济建设和消费利益。

国际收支顺差的影响具体表现在：外汇储备大量增加，使该国面临通货膨胀的压力和资产泡沫隐患；本国货币汇率上升，会使出口处于不利的竞争地位，打击本国的就业；本国汇率上升，会使外汇储备资产的实际价值受到外币贬值的影响而减少；本国汇率上升，本币成为硬货币，易受外汇市场抢购的冲击，破坏外汇市场的稳定，加剧国际间摩擦。

（2）政府调节国际收支对金融安全的影响。首先，尽管各国之间的经济协调不断增加，但这种经济协调仅仅局限于不削弱国家主权的经济合作。当出现全球经济失衡尤其是相关国家发生国际收支结构性不平衡、国际债务增加、汇率大幅度震荡时，多数国家往往把自己的偏好以及自己的国家利益放在首位，不愿进行相应的经济调整的国际责任，有的国家甚至采取加剧矛盾的敌对政策，如实行贸易保护、外汇管制，这些行为很容易产生无序的全球经济失衡调节机制，进而引发全球金融危机并加剧经济风险。其次，各国政府力求改善国际收支平衡会采取各种干预措施，本国的干预措施常常引起其他有关国家相应的对抗和报复行动，从而减弱或抵消该国调节措施的作用。再次，调节国际收支的措施常存在同发展国内经济发展背离的现象，譬如提高利率调节国际收支，往往会在经济复苏期间阻碍本国国内经济发展，从而影响国际贸易的增长。

2. 国际汇兑与金融安全。国际汇兑是指因办理国际支付而产生的外汇汇率、外汇市场、外汇管制等安排和活动的总和。

（1）外汇是国际汇兑（Foreign Exchange）的简称，一般指充当国际支付手段、国际流通手段和购买手段的外国货币以及外币支付凭证。外汇的概念具有动态和静态双重含义：

①动态外汇，是指货币在国际上的自由流动，以及人们把一个国家的货币兑换成另一个国家的货币，借以清偿国际间债权、债务关系的一种专门性的经营活动。这种不同国家货币相互兑换的金融活动就是外汇的动态含义，亦即国际汇兑。

②外汇的静态概念有狭义和广义之分，是从动态的国际汇兑行为中衍生出来的，是外汇的物质存在形态。狭义的外汇指的是以外国货币表示的，为各国普遍接受的，可用于国际间债权债务结算的各种支付手段。它必须具备三个特点：可支付性（必须以外国货币表示的资产）、可获得性（必须是在国外能够得到补偿的债权）和可换性（必须是可以自由兑换为其他支付手段的外币资产）。广义的外汇指的是一国拥有的一切以外币表示的资产。国际货币基金组织（IMF）对此的定义是："外汇是货币行政当局（中央银行、货币管理机构、外汇平准基金及财政部）以银行存款、国库券、长短期政府证券等形式保有的在国际收支逆差时可以使用的债权。"

中国于 2008 年修正颁布的《外汇管理条例》规定："外汇，是指下列以外币表示的可以用作国际清偿的支付手段和资产：①外币现钞，包括纸币、铸币；②外币支付凭证或者支付工具，包括票据、银行存款凭证、银行卡等；③外币有价证券，包括债券、股票等；④特别提款权；⑤其他外汇资产。"

（2）外汇市场是一个分散于全球各地用于交易货币和有价证券的金融市场。从外汇交易的区域范围和周围速度来看，外汇市场具有空间统一性和时间连续性两个基本特点。空间统一性是指由于各国外汇市场都用现代化的通讯技术进行外汇交易，因而使它们之间的联系非常紧密，整个世界越来越联成一片，形成一个统一的世界外汇市场；时间连续性是指世界上的各个外汇市场在营业时间上相互交替，形成一种前后继起的循环作业格局。

（3）外汇管制是一个国家为维护本国经济权益和改善国际收支，对本国与外国的国际汇兑、国际结算等实施的限制和管理。

国际汇兑中对金融安全的影响因素主要是由于汇率变动影响投资收益增减变化，由此容易产生汇兑风险，汇率风险是外汇业务主要风险，此外外汇业务中的利率、信用和政策风险也是引发金融安全的主要因素，我们在下面的内容中还要继续阐述。

3. 国际结算与金融安全。国际结算（International Settlement）是指国际间办理货币收支调拨，以结清不同国家中两个当事人之间的交易活动的行为。它主要包括支付方式、支付条件和结算方法等。国际结算所采用的方式方法是在各国经济交往中自发产生的，汇款、托收、信用证等主要国际结算方式都是历史的产物。

国际结算是一项技术性很强的国际金融业务，且涉及许多复杂的社会、经济问题。社会制度不同、经济发展水平相异的国家或国家集团，对国际结算方式的要求和选择，经常发生各种矛盾和冲突，各国都力争采用对本国最为有利的结算方式，容易引发金融风险。国际结算风险是指在国际结算过程中，由于多种因素的影响而使国际结算过程中的有关当事人蒙受损失的不确定性，我们在下面内容中还要详细阐述。

4. 国际信用与金融安全。国际信用（International Credit）是国际货币资金的借贷行为，没有国际借贷资金不息的周转运动，国际经济、贸易往来就无法顺利进行。国际信用主要有：国际贸易信用、政府信贷、国际金融机构贷款、银行信用、发行债券、补偿贸易、租赁信贷等。

国际信用同国际金融市场关系密切，国际金融市场是国际信用赖以发展的重要条件，国际信用的扩大反过来又推动国际金融市场的发展。作为借贷行为的信用，包含守信与失信两个侧面：借贷双方彼此遵守信用行为依以建立的契约，是守信；借贷双方或任何一方不遵守信用行为依以建立的契约，是失信。当然会有完全守信、完全失信，基本守信、基本失信，部分守信、部分失信等程度上的差别。失信并不等于蓄意赖账，蓄意赖账只是失信行为中的一种。今天的经济生活中失信这种矛盾发生的主要方面在于借款方不能按时履行还本付息的约定，但贷款方也有失信的问题，如不按约定提供贷款等。

国际信用风险也是影响国际金融安全的主要因素，现代的市场经济可以称为"信用经济"，信用行为贯穿于经济运行的各个环节，债权债务关系无所不在，相互交织，形成网络。这时，在越来越复杂的经济联系中，有可能造成失信行为的因素增多；而任何一个环节出现失信现象，都会造成交易链条中断，极易引起连锁反应，严重时会导致经济危机。

5. 国际投资与金融安全。国际投资（International Investment）是指跨国公司等国际投资主体，将其拥有的货币资本或产业资本，通过跨国界流动和营运，以实现价值增值的经济行为。国际投资是货币资本从一国转移到另一国，以获取更多利润为目的的活动。参与国际投资活动的资本形式是多样化的，既有以实物资本形式表现的资本，也有以无形资产形式表现的资本；参与国际投资活动的主体是多元化的，投资主体是指独立行使对外投资活动决策权力并承担相应责任的法人或自然人，包括官方和非官方机构、跨国公司、跨国金融机构及居民个人投资者，而跨国公司和跨国银行是其中的主体；国际投资活动是对资本的跨国经营运活动。

国际投资中存在许多影响金融安全的因素，在确定海外投资策略前，投资人必须首先了解海外投资的风险，包括投资国货币和人民币兑换的汇率风险；投资国法律和法规的健全性；此外投资国制度的透明度、投资国的信用风险、投资国的政策风险以及和投资国的外交和经济关系的变化也一样会影响投资的风险。

6. 国际货币体系与金融安全。国际货币体系（International Monetary System）也称作国际货币制度，一般指自发或协商形成的有关国际交往中所使用的货币以及各国货币之间汇率安排的国际制度，即各国政府为适应国际贸易与国际支付的需要，对货币在国际范围内发挥世界货币职能所确定的原则、采取的措施和建立的组织形式的总称。

国际货币体系是国际金融领域的重要组成部分。它包括以下几方面内容：一是各国货币比价即汇率的确定；二是各国货币的兑换性和对国际支付所采取的措施，包括对经常项目、资本金融项目管制与否的规定，国际结算原则的规定；三是国际收支的调节；四是国际储备资产的确定；五是确定国际货币发行国的国际收支及履约束机制。

确定一种货币体系的类型主要依据三条标准：第一，货币体系的基础即本位币是什么；第二，参与国际流通、支付和交换媒介的主要货币是什么；第三，主要流通、支付和充当交换媒介的货币与本位币的关系是什么，包括双方之间的比价如何确定，价格是否在法律上固定以及相互之间在多大程度上可以自由兑换。

综合以上标准，国际货币体系可划分为三种类型：国际金本位制度、布雷顿森林体系和牙买加体系，如表 5-1 所示。

表 5-1　　　　　　　　　　　　　　国际货币体系的划分

类型	产生背景	主要内容
国际金本位制度	1816 年，英国制定了《金本位制度法案》，率先采用金本位制度；鉴于当时英国在国际上的地位和影响，英国的做法被欧洲各国及美国纷纷效仿；到 19 世纪 80 年代，金本位制度发展成为世界性的货币制度。	一是黄金充当国际货币；二是各国货币之间的汇率由它们各自的含金量对比所决定，金本位制度下的汇率是非常稳定的；三是国际收支可以实现自动调节。
布雷顿森林体系	1944 年 7 月，二战 44 个同盟国的 300 多位代表出席在美国新罕布什尔州布雷顿森林市召开的"联合国货币金融会议"，商讨重建国际货币制度，在这次会议上产生的国际货币体系因此被称为布雷顿森林体系。	一是美元与黄金挂钩；二是其他国家货币与美元挂钩，其他国家政府规定各自货币的含金量，通过含金量的比例确定同美元的汇率；三是实行可调整的固定汇率；四是确定国际储备资产，使美元成为各国外汇储备中最主要的国际储备货币；五是国际收支的调节，即短期的失衡由 IMF 提供信贷来解决，长期的失衡则通过调整汇率评价来调节。
牙买加体系	国际货币基金组织（IMF）于 1972 年 7 月成立一个专门委员会研究国际货币制度的改革问题，1974 的 6 月提出"国际货币体系改革纲要"；对黄金、汇率、储备资产、国际收支调节等问题提出了一些原则性的建议；1976 年 1 月，国际货币基金组织（IMF）理事会"国际货币制度临时委员会"在牙买加首都金斯敦举行会议，讨论国际货币基金协定的条款，签定达成了"牙买加协议"，同年 4 月，国际货币基金组织理事会通过了《IMF 协定第二修正案》，从而形成了新的国际货币体系。	一是多元化的国际储备体系，包括美元、英镑、日元等在内的自有外汇占主要地位；二是多元化的汇率制度，IMF 成员国可以自行安排汇率制度，具体划分为完全的固定汇率制、货币局制度、传统的钉住汇率制、钉住水平带的汇率制、爬行钉住、爬行的带状汇率制、没有事先宣传路径的管理浮动制以及独立的浮动制共八类；三是多种国际收支的调节手段，允许会员国通过汇率、利率、国际金融市场以及 IMF 的协调作用等多种手段来调节国际收支。

国际货币体系是综合研究国际收支调节、储备资产管理、汇兑安排及调整的国际金融领域核心问题，国际货币体系的作用是建立有效的汇率机制，防止恶性贬值；为国际收支不平衡的调节提供有利手段和解决途径；促进各国的经济政策协调。具体包括：首先，确定国际清算和支付手段的来源、形式和数量，为世界经济的发展提供必要的国际货币，并规定国际货币及其同各国货币的相互关系的准则。其次，确定国际收支的调节机制，以确保世界经济的稳定和各国经济的平衡发展。最后，确立有关国际货币金融事务的协商机制建立有关的协调和监督机构，以监督各国的行为、提供磋商的场所、制定各国必须共同遵守的基本行为准则，并在必要时提供帮助。

鉴于此，国际货币体系对于国际金融安全起到至关重要的平衡作用。然而，20 世纪 90 年代后，随着金融危机频频爆发，尤其是美国次贷危机蔓延以及欧洲各国深陷主权危机，全球经济失衡加剧，各国对危机爆发的深层次原因进行分析，现行国际货币体系的合理性遭到质疑，如何在推动国际金融秩序不断朝着公平、公正、包容、有序方向发展过程中变革现行的国际货币体系，是防范国际金融风险的关键所在。理论界普遍认为，国际货币体系的缺陷是近三十年来世界金融危机频发的制度性根源，美国前财政部长 Lawrence H. Summers 甚至把这种国际货币体系格局下的世界经济称为"金融恐怖平衡"。具体而言，关于国际货币体系改革的方案主要有以下五种：重回金本位制、重新构建布雷顿森林体系、建立以汇率完全浮动为特征的国际货币体系、实行多元货币本位、设立超主权货币本位。

综上所述，国际金融安全的影响因素错综复杂，除了上述影响因素，国际资本流动、国际债务危机等因素也加剧了国际金融风险，影响金融稳定与金融安全，在本章后面内容中还要详细阐述。

二、国际金融安全的内涵

（一）狭义的内涵

关于国际金融安全的含义，目前学术界没有统一的界定，我们先通过金融安全的概念来对于国际金融安全内涵进行深入理解。前面内容已经对于金融安全的含义进行界定，金融安全是金融经济学研究的基本问题，通常是指货币资金融通的安全和整个金融体系的稳定。金融安全与金融风险、金融危机紧密联系，金融风险主要从金融结果的不确定性的角度来探讨风险产生和防范问题，金融安全则主要从保持金融体系正常运行与发展的角度来探讨威胁与侵袭来自何方及如何消除。金融风险的产生构成对金融安全的威胁，金融风险的积累和爆发造成对金融安全的损害，对金融风险的防范就是对金融安全的维护。然而，金融风险不一定会导致金融的不安全，如果对金融风险控制得好、运筹得好，在广泛金融风险中也有金融安全的态势，因此，金融风险的大小、金融安全程度的高低取决于该国防范和控制风险的能力，即防范和控制风险的能力越强，则该国面临的风险就越小、金融安全程度就高。但是，金融不安全决不是金融危机的爆发，金融不安全的表现主要是金融风险与金融危机，然而金融危机是金融不安全状况积累的爆发结果，是金融风险的结果。

　　由此可见，金融安全是动态发展的安全，是面对不断变化的国际、国内金融环境所具备的应对能力的状态，是基于信息完全和对称及其反馈机制良好的运行基础上的动态均衡。学者普遍认为金融安全是应对金融全球化负面影响的产物，在金融全球化的发展过程中，与其相伴的蔓延效应使金融危机迅速扩散，产生巨大的波及效应和放大效应，国际金融动荡已成为一种常态。因此，金融安全问题被作为应对金融全球化的一个重要战略而提出，它已成为国家安全战略的一个重要组成部分。

　　基于金融安全的涵义，我们对于国际金融安全可以狭义理解为防范一国国际金融风险，维护国际金融体系稳定。

　　（二）广义的内涵

　　广义上有学者从金融国际化视角来看待国际金融安全，代表性的是刘锡良（2012）在《中国金融国际化中的风险防范与金融安全研究》一书中，立足全球金融体系发展新格局，依托中国新金融安全观，基于全球视角的金融国际化进程，分别从货币国际化、资本流动国际化、金融机构国际化、金融业务国际化、金融市场国际化以及金融监管国际化六个维度对一国国际金融安全面临的威胁进行深入分析，也为本书从金融国际化视角界定国际金融安全的含义带来了启示。

　　从广义而言，金融全球化与金融自由化的新格局中，金融国际化在提升一国金融体系运行与全球资源配置效率的同时，也给各国带来了巨大的风险。所谓金融国际化就是指一个国家的货币或金融活动主体跨越国界参与到另一国的金融活动中，即从局部地区性的传统业务活动发展为全球性的创新性的业务活动。因此，随着国际范围内的金融一体化与金融合作空前发展，国际金融联系日益密切而引发的金融风险与防范成为广义上的国际金融安全的内涵。

　　从拉美国家债务危机、墨西哥金融危机，到东南亚金融危机，再到俄罗斯金融危机以及美国次级贷危机，说明金融国际化面临着巨大的风险，甚至可能需要付出巨大代价才能完成这种过程。因此，如何安排本国金融开放的步骤与顺序，以最大限度收获国际金融合作的利益，防范和化解金融风险，确保本国金融安全，这已经成为国际金融理论界的重大课题之一。

　　本书借鉴已有学者的研究成果，综合狭义与广义国际金融安全的内涵，选取国际金融风险与防范、国际资本流动安全与国际债务安全三个维度介绍金融国际化与金融安全问题。

第二节　国际金融风险

一、国际金融风险的内涵

　　（一）含义

　　国际金融风险（International Financial Risk），是指在国际贸易和国际投融资过程中，由于各种事先无法预料的不确定因素带来的影响，使参与主体的实际收益与预期收益发生一定的偏差，从而产生蒙受损失和获得额外收益的机会或可能性。目前理论界对于国际金融风险的界定主要集中在以下几点：

第一，对国际金融风险的研究主要集中在国际贸易和国际投融资过程中存在或发生的风险，并分析此类风险对贸易行为、投资行为和资金运用的影响。国际金融风险的承担者主要是从事国际贸易、跨国资金筹集和经营活动的经济实体，包括居民个人、企业、银行、非银行金融机构甚至政府等。

第二，将国际金融风险作为在开放经济条件下，社会经济运行的一种宏观经济机制来看待，即国际金融风险由开放经济过程中的许多复杂因素交互作用而产生，国际金融风险管理的目的是使一国宏微观经济在开放经济系统中形成一套自我调节和自我平衡的机制。

第三，对国际金融风险的研究把国际金融对资金筹集者和资金经营者的影响看成是双重的，在指出其积极因素的同时，更要注意采取相应措施，防范其消极影响的破坏作用。

（二）特征

1. 破坏性强。国际金融风险一旦发生，其波及范围就会覆盖一国甚至多国社会再生产的所有环节，从而影响整个地区抑或全球社会再生产的顺利进行和经济的持续增长，造成局部的或全局性的剧烈震荡和破坏。

2. 扩张性。国际金融风险在时间和空间上具有强大的扩展能力。从时间上看，国际金融风险一旦出现，短者可以持续数个月，长者数年才能平复；从区域上看，经济一体化和金融全球化的发展，使得世界各国金融机构紧密相连，互为依存，一国金融机构发生问题，就会产生"多米诺骨牌效应"。

3. 敏感性。凡是能影响多国甚至一国金融市场变动的因素都可能产生国际金融风险，包括各国的宏观经济状况、经济政策与法律法规的出台及资金使用者的经营状况、政权的交替、首脑人物的变动、国际争端与战争的爆发、资金经营者的心理预期等，也包括因自然灾害或宏观经济政策失误而导致的整个国民经济状况恶化等。其中，心理预期在国际金融风险形成过程中有着非常重要的影响。

4. 不规则性。心理预期在国际金融风险形成中的重要影响，使得金融运营主体在金融运营中的心理和行为具有极大的异变性，彼此间难以协调，易导致极度的差异和难以遏制的混乱，使得国际金融风险从孕育到爆发、从波动到延展、从规模到后果，常常表现得极为突然和意外，具有明显的不规则性。

5. 可控性。国际金融风险也是可控的，市场各参与主体可依一定方法、制度对风险实施事前预测、识别，事中防范和事后化解。金融机构可以采取增加资本金调整风险性资产来增强抵御风险的能力，并及时以转移补偿等方式将风险控制在一定的范围和区间内；监管机构可加强监管协调、合作，减少风险损失。

二、国际金融风险类型

按照金融风险的对象划分，可分为外汇风险、国际融资利率风险、国际投融资中的国家风险和政治风险以及国际金融衍生产品风险等。本章重点介绍外汇风险、利率风险、信用风险与政策风险。

（一）外汇风险

汇率的波动，使得从事国际经济活动的主体面临外汇风险，外汇风险成为各国政府、银行、企业和居民在外汇经营和管理中的重要任务，认识、管理和防范风险至关重要。

1. 含义。外汇风险（Foreign Exchange Exposure），又称汇率风险，是指在不同货币的相互兑换或折算中，因汇率在一定时间内发生始料未及的变动，致使有关国家金融主体实际收益与预明收益或实际成本与预期成本发生背离，从而蒙受经济损失的可能性。

2. 风险构成要素。外汇风险由风险头寸、货币兑换或折算、受险时间、风险事故（指汇率变动）和风险结果（指经济损失）等要素构成。当汇率发生变化时，一定数量某种外汇兑换成本国货币的数量就会发生变化，从而为外汇债权债务人带来风险；在浮动汇率制度下，这种风险更加突出。上述要素也可归结为两个前提条件，即地点差和时间差。外币与本币之间存在汇率折算是因为地点差的存在；如果没有时间差，同一个时点上不存在外汇风险，外汇风险的防范就是要消除地点差和时间差。

---

abc【知识链接】

风险寸头

并不是企业或者个人持有的、所有的外币资产和负债都要承担外汇风险，只有其中部分承担外汇风险，这部分承担外汇风险的外币资金通常称为"受险部分""敞口"（Exposure）或"风险头寸"（Exposure Position）。具体地讲，在外汇买卖中，风险头寸表现为外汇持有额中"超买"（Overbought）或者"超卖"（Oversold）的部分。在企业经营中则表现为其外币资产与外币负债不相匹配的部分，如外币资产大于或小于外币负债，或者外币资产与外币负债在金额上相等，但是期限长短不一致。

资料来源：https：//baike.baidu.com。

---

3. 风险种类。外汇风险的种类可按照不同的标准划分，为便于不同的经济主体采用不同的措施来防范外汇风险，可以从风险承受主体的角度来分析外汇风险的种类，如图5-1所示。本书着重介绍企业外汇风险。

（1）企业外汇风险。企业面临的外汇风险主要包括交易风险、会计风险和经济风险。

①交易风险（Transaction Risk），是指企业或个人在交割、清算对外债权债务时因汇率变动而导致经济损失的可能性。交易风险是一种常见的外汇风险，存在于应收款

项和所有货币负债项目中。由于进行本国货币
与外币，或者不同外币的交换才会产生外汇风
险，开办外汇买卖业务的商业银行因此面临大
量的外汇交易风险；工商企业在以外币进行贸
易结算、贷款或借款以及伴随外币贷款、借款
而进行外汇交易时，也要发生同样的交易风险，
个人买卖外汇也不例外。此外，一些表外业务
中也包含着外汇交易风险，如买入和卖出外汇
远期合约、期货合约、期权合约及互换合约等
外汇工具，还有购买尚未清算的、客户的价格
早已确定的涉外商业合同等。

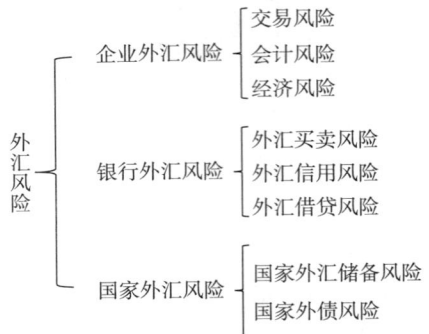

		交易风险
企业外汇风险		会计风险
		经济风险
外汇风险	银行外汇风险	外汇买卖风险
		外汇信用风险
		外汇借贷风险
	国家外汇风险	国家外汇储备风险
		国家外债风险

图 5-1　外汇风险分类体系图

②会计风险（Accounting Risk），也称折算风险（Translation Risk），是指跨国公司
的母公司与海外子公司合并财务报表时，由于汇率变化引起的资产负债表中某些以外
币计量的资产、负债、收入、费用等项目在折算为本币时产生的金额变动风险，是一
种账面损失的可能性，所以是一种存量风险。企业在一国注册，根据主权原则，会计
报表应该使用注册国货币作为记账货币，这就要求本国企业将实际发生的外汇收支项
目按某一汇率折算为本国货币。此外，本国企业设在国外的分公司，按合并报表原则，
也应该折算为本国货币。由于汇率在不断变动，按不同汇率折算的财务状况也大不相
同，企业的折算风险在会计上暴露无遗，因而外汇折算风险是涉外企业最明显的一种
外汇风险。

③经济风险（Economic Risk），是指由于外汇汇率变动使企业在将来特定时期的收
益发生变化的可能性，即企业未来现金流量折现值的损失程度。收益变化幅度的大小，
主要取决于汇率变动对企业产品数量、价格成本可能产生影响的程度。

企业所面临的三种外汇风险，会计风险表现出的是账面损失，并非实际损失；而
交易风险和经济风险涉及的是汇率已经或即将发生的变动对企业实际现金产生的影响。
交易风险和经济风险属于同一种类型，但风险程度不同，由于交易风险和会计风险的
影响是一次性的，而经济风险的影响较大，并带有主观性、不包括可预期的汇率变动，
因此对经济风险的防范要给予足够的重视。经济风险在主观上取决于在人为的一段期
限内人们所估计的企业未来的现金流；而交易风险在客观上取决于那些在汇率变动之
前未结清的债务大小，而这些债务将在汇率变动之后进行结算。

此外，企业面临的风险，还有税收风险（Tax Risk），是指因汇率的变动而引起的
应税收益或应税损失。它是一种范围较小的风险，因国家不同而存在差异，但也不可
忽视。

（2）银行外汇风险。对于银行而言，外汇风险主要来自外汇买卖业务中所面临的
汇率变动风险，具体包含外汇买卖风险、外汇信用风险和外汇借贷风险。

①外汇买卖风险。外汇买卖风险是指银行在经营外汇买卖业务中所面临的汇率变
动风险。银行对客户的外汇交易在实务中表现为银行向客户提供的各种金融服务，如

远期外汇交易、即期外汇交易等，银行属于被动交易。由于客户买卖外汇金额与交割日期不完全一致，在某一时点上会产生外汇敞口寸头。银行外汇敞口头寸极易受到汇率波动的影响：当外汇汇率上升时，银行持外汇多头可获利而持外汇空头则会受损，因为银行的外汇多头要抛出而空头要补进，在外汇汇率上升的情况下，抛多头可增加营业收入，而补空头则会增加营业支出。反之，外汇汇率下跌时，银行持外汇空头可获益而持外汇多头会受损。

例如，某银行原有 1.3 亿日元多头，现以 USD/JPY130 的汇价买进 300 万美元、卖出 1.3 亿日元，由此，银行在美元上是多头、在日元上是空头，这种多头和空头就是受险部分。如果市场汇率变为 USD/JPY128，银行抛多头补空头就会遭受损失，银行抛出 300 万美元将损失 600 万日元；如果市场汇率变为 USD/JPY132，银行平盘就可获益，抛出 300 万美元可多收 600 万日元。

银行的外汇敞口头寸不完全是由外汇买卖金额的不相称所致，也可能是因外汇交易期限不相称所致。银行无论是在与客户进行被动交易，还是主动进入市场进行外汇头寸调整交易，经常会发生资金期限结构不平衡的情形。有时，虽然外汇买卖的金额相等，外汇头寸持平，避免了汇率变动风险，但其买卖外汇的交割日期未必也能做到相等，因而在某一个时点仍难免发生外汇资金和本币资金的余缺。由此可见，银行在外汇交易中，只要交易金额不相称或交易期限不相称，就会存在外汇敞口头寸，从而面临外汇买卖风险。

②外汇信用风险。外汇信用风险是因交易对方违约而给银行外汇资产和负债带来的风险，这也是银行在外汇业务经营过程中经常面临的一种外汇风险。外汇信用风险比外汇买卖风险造成的后果更严重，因此，详细考察对方资信，加强风险防范十分重要。

银行的外汇信用风险具体表现为以下三方面：一是在同业交易中，由于交易对方违约而使银行平盘时遭受的损失。例如甲银行与乙银行达成一笔 1 个月的远期外汇交易，甲银行以 USD/JPY130 的汇率买入 300 万美元、卖出 1.3 亿日元。当 1 个月到期时，乙银行违约不履行该笔远期交易的交割责任，导致甲银行只能以即期汇率平盘。如果 1 个月后市场即期汇率变为 USD/JPY132，那么甲银行买入 300 万美元，与原来的交易相比损失 600 万日元。二是代客买卖中，客户不能或不愿履行外汇合约的交割而造成的风险。三是外汇贷款中，客户不能如期还本付息而带来的风险。

此外，银行面临的信用风险还有交割风险与国家风险两种特殊的形式。交割风险即在交割日或到期日当天，银行根据交易合约已作出支付，而交易对方因突发原因（如倒闭）未能按期履行合约交割责任，从而使银行蒙受损失；国家风险或主权风险，即指由交易对方所在国政府用法令形式强迫交易对方停止付款而造成的违约风险，这种风险一般存在于严格外汇管制的情况下或战争时期。

③外汇借贷风险。外汇借贷风险是指银行在经营国际信贷业务中所面临的汇率变动风险。它包括对外负债风险和对外贷款风险。在以本币计值的业务中，如果外汇汇率出现上升，则会加大银行的负债成本，从而使银行蒙受损失。在银行的对外贷款业

务中，如果贷款货币的汇率出现下跌，则会使银行收回的贷款本息遭受风险。

（3）国家外汇风险。主要包括国家外汇储备风险和国家外债风险。

①国家外汇储备风险。国家外汇储备风险是指一国所有的外汇储备因储备货币汇率的变动而带来的风险，主要包括国家外汇库存风险和国家外汇储备投资风险。自1973年布雷顿森林体系瓦解多数国家实行浮动汇率制以来，世界各国外汇储备货币多元化，储备货币以美元为主，包括美元在内的储备货币汇率波动使各国的外汇储备面临汇率变动的风险。外汇储备是国际清偿力的最主要构成，因此，外汇储备面临的风险一旦变为现实，其造成的后果十分严重。

②国家外债风险。国家外债风险指债务国因缺乏偿还能力，无法如期偿还已经到期的外债本息，从而直接影响到债务国及相关地区的金融市场波动所发生的风险。20世纪70年代后，由债务危机引起的震惊全世界的国际金融危机不断发生，使国际债务成了全球关注的命题，本书后面内容会详细阐述。

（二）利率风险

1. 含义。利率风险（Interest Rate Risk）指拥有外汇债权者因利率下降而减少预期收益，或负有外汇债务者因利率上升而增加负担，造成意外损失。当然，利率上升给有外汇债权者带来意外收益，利率下降则减轻负有外汇债务者偿还的负担。本书主要研究因利率变动造成的收益减少或负担增加。

2. 风险种类

（1）重新定价风险。这是指在企业的资产、负债及资产负债表外业务中，由于期限（对固定利率而言）、重新定价（对于浮动利率而言）而产生的收入、支出或内在价值的意外波动。这种变动可能是收入或资产的内在价值减少，或支出或债务的内在价值增加；或正好相反。

（2）收益曲线风险。这是指因重新定价造成收益曲线意外位移，对收入或内在价值产生不利影响，如以5年期政府债券空头为10年期政府债券多头作为保值措施，则若收益曲线变陡，即使对收益曲线上正常变动做了保值，其10年期债券内在经济价值也会骤然下降。

（3）基准性风险。这是指在利率发生变动时，若其变动依据不完全一致，金融机构会面临不同基准利率差异发生意外变化的风险。如一些发展中国家实行盯住汇率制度，尽管这些国家采取较严格管制措施防止资本外逃，但其存款利率水平不宜长时间地背离被盯住国家的基准利率；因其本国经济发展状况与发达国家有较大差别，不能使贷款利率水平如同其货币汇率所盯住的发达国家的贷款利率那样调整，造成金融机构面临基准性风险。

（4）期权性风险。这是指给期权交易所依托的传统金融工具定值的利率变化影响期权交易，从而给从事期权交易业务的金融企业带来的风险。因为无论哪种期权交易，总是在对买方有利而对从事期权交易业务的金融企业不利的情况下才得以执行。在越来越多的期权交易品种带有极高杠杆效应的情况下，期权性风险日益凸显。

3. 利率风险的成因

（1）对利率走势判断失误。如 20 世纪 60 年代国际金融市场利率水平较低，拉美国家大量向外举债，却未能预计到 70 年代中后期，在石油危机等冲击下，欧美国家经济陷入滞胀，相继大幅度提高其基准利率，这是拉美国家债务危机的重要诱因。

（2）利率结构不得当。大宗较长期国际借贷常使用浮动利率，其走势并非债务人所能控制。浮动利率债务在总债务中所占比重过大，会使债务人对偿债负担失控，这也是 20 世纪 80 年代拉美国家债务危机的重要成因之一。

（3）未能采取适当措施规避利率风险。在市场利率变动时，若在借贷合同中未订有允许提前偿还条款，则市场利率下降，债务方无法通过借新债、还旧债来降低偿债负担。在拥有对外债权时，遇上市场利率水平上扬，若未能及时适当调整债权结构，也可能失去本可增加的收益。

（4）选择基准利率不当，是指同一当事人根据不同业务（如资产和负债）定值所依据的不同的基准利率发生变动所遭受的风险。例如，一家银行每月分别按照 1 个月期美国国库券利率和 1 个月期伦敦同业拆借市场利率对 1 年期贷款和 1 年期存款重新定价。于是，它就面临两种基准利率的利差发生意外变化的基准风险。

（5）未能规避期权交易风险。金融机构不断推出金融创新品种以展业，其中部分是期权性交易。其特征之一是支付不对称——期权一般都在对客户（买主）有利而对卖方不利时才得以执行，且都带有极高的杠杆效应。这就会进一步扩大期权头寸对金融机构的影响。在设计期权交易时，未充分预计其所依托的传统交易的非常态变化及应对措施，以规避其风险。

（三）信用风险

1. 含义。信用风险（Credit Risk）是指具有信用关系的一方因故未能履行其在该信用关系中所承担的责任，造成该关系中的对方损失，而其原因并非不可抗力，这种可能性对受损失一方来说，就是信用风险。不可抗力是指当事人不能预见和预防及一旦发生无法克服的客观情况，如由自然灾害（地震、水灾、暴风雪、飓风、海啸等）以及由社会原因引起的意外事故（战争、国家禁令等）。汇率、利率、价格等波动属于正常的市场情况，不属于不可抗力。发生不可抗力情况时，当事人应根据不可抗力影响其履约能力的程度，提供相应证据与交往对方协商，或解约，或推迟履约。

信用的授、受双方都可能面临信用风险。商品或服务贸易的卖方可能在赊销中遇上买方借故不付款、迟付款或要求价格折扣、减让；买方则可能遭遇卖方不如约按期保质足量交货或提供服务。在借贷中，既可能出现借款方借故不偿还其到期债务本息，也可能出现贷款方未能如约提供贷款资金，致使借款方运用资金计划落空，而影响其生产经营。

2. 信用风险的成因。本书以商业信用和银行信用为例，分析信用风险的主要成因。概括地说，产生信用风险的主要原因是未能充分掌握交往对象的资信情况，因而未能采取必要的防范措施。主要有以下具体情况：

一是对方经营作风不正派，通过制作假单据、票据、凭证、账本进行诈骗，或在开立的信用证中预设"软条款"或自相矛盾条款的陷阱，或惯于钻法律、惯例的空子，以逃避其合同责任，或在信用证业务中经常吹毛求疵，借口单据"不符点"拒不付款。

二是对方所承诺的责任超过其履约能力。如客户在洽商或合同草案中所宣称的业务范围和规模超过其实际情况，开证行在信用证中所承诺的金额大于我方对其授信额度等。

三是对方对客观情况应变能力弱，或展业能力不足，致使在激烈竞争、情况多变的大环境中，容易处于风雨飘摇的境地。

四是对方经营作风欠稳健，风险内控机制较弱，潜在风险很大。

五是所在国的经济金融政策欠稳定和金融监管未到位，酿成金融与经济危机，极大地削弱了对方履约的能力。

（四）政策风险

1. 含义。政策风险（Political Risk）是指在任何国家，银行开展业务都必须符合当地的法律和政策，由于不同国家的法律和政策有较大不同，而且随着形势的发展，各国都会根据本国利益需要，不时修改或调整其法律和政策。假如银行对这些法律和政策没有足够了解，或对其修改或调整没有一定的预测及准备，就可能使其业务开展受到影响而蒙受损失，这就是政策风险的最基本含义。

导致政策风险的也可能是本国法律或政策变化，但更多的是有业务往来的国家及储备货币发行国法律或政策变动。常见的政策风险主要包括以下几类：

一是银行对有关法律或政策缺乏应有了解，开办某些当地法律或政策所不允许或限制的业务，或者业务的办理程序等不符合当地法律要求，而受到处罚。这种情况特别容易出现在银行新设的海外分支机构身上。

二是对于对法律或政策的可能变动缺乏应有的预测及准备，在有关法律或政策发生较大变动时，已开展的业务受阻或被迫调整，从而蒙受损失。

三是由于对法律或政策的放宽缺乏应有的预测及准备，当有关法律或政策有较大的放宽时，可能贻误机遇，失去竞争的主动权，从而蒙受损失。

四是由于两国关系急剧恶化，一国银行在对方银行的存款被对方国家（主要是储备货币发行国）下令冻结，使有关国家和银行在资金被冻结期间失去营运这部分资金的权利，从而蒙受损失。

此外，政策风险还来自国际金融机构方面。例如，当某些发展中国家陷入金融经济危机或面临国际收支严重失衡时，向国际货币基金组织申请援助。国际货币基金组织提供援助的前提条件往往是要求受援国大幅度压缩投资规模、减缓经济发展速度、严格控制进口等，这必然严重影响受援国国内财政货币政策以致影响其银行业务。

2. 政策风险的主要成因。导致银行政策风险的政策和法律主要是对方国家及储备货币发行国的外交、外贸、外资、产业和财政货币政策与相关法律。有关国家变动其政策和法律的主要原因包含以下几点：

一是西方发达国家某些势力竭力维护世界政治经济旧秩序和顽固坚持冷战思维，不愿给发展中国家以平等交往的地位，经常专门制定一些对其他国家施加压力的法律。

二是国际政治、经济形势的重大发展变化。如 1982 年爆发的拉美国家外债危机、1999 年欧洲货币危机、1997 年亚洲金融危机以及 2007 年的美国次贷危机，一系列重大危机都迫使各国纷纷调整其政策，以致修改法律。

三是国内经济发展的需要。如 20 世纪 90 年代，美国经济持续较快增长，为防止出现经济过热，美国联邦储备银行多次提高基准利率水平，加强了资金从世界各国流向美国的势头，强化了美元汇率的地位。这从两方面加重了负有大量美元债务的发展中国家的偿债负担，从而加大了银行政策风险。

四是突发事件。某些重大突发事件会促使有关国家政府相应变动其政策。如 1992 年在索罗斯等国际炒家大肆抛售英镑、意大利里拉、西班牙比塞塔等货币，欧共体各成员国中央银行动用巨额外汇储备联合干预汇市而未能平息风波的情况下，英国和意大利政府分别宣布放弃继续干预，而听任其货币汇率自由浮动；欧共体则宣布对欧洲货币汇率机制做重大调整。

三、国际金融风险防范

在金融市场化、全球化的迅猛发展下，我们不难看到国际金融领域所蕴含的金融风险也正以几何倍数的形式在不断增长，并成为影响金融安全的重要因素，因此，采取有效措施防范金融风险，维护金融安全上升为国家安全战略。本书主要探讨企业外汇风险、银行外汇风险、利率风险、信用风险与政策风险的防范与管理。

（一）企业外汇风险防范

1. 外汇交易风险防范与管理。外汇交易风险的防范管理方法有多种，主要集中为两类：一类是利用金融衍生工具来规避交易风险；另一类是利用贸易谈判中的经营策略来规避交易风险。

（1）利用金融衍生工具规避交易风险。对于一般企业而言，交易风险是其涉外经营中面临的最主要的外汇风险，利用金融衍生工具规避交易风险是常见的风险防范措施，具体方法包括以下几种：

①远期外汇交易、外汇择期交易和外汇掉期交易。远期外汇交易是国际上最常用的规避外汇风险、固定进出口外汇成本的工具，利用远期外汇交易避险不受任何条件限制，可以广泛应用于所有交易风险的管理。例如：某公司于 2017 年 3 月 14 日与进口商签订了一份进口日本机器的合同，按照合同规定，该公司将于 2017 年 6 月 14 日向日商支付 1.17 亿日元；该公司希望将一笔 100 万美元的三个月后的外汇收入用于支付这笔日元款项。该公司可以与银行叙做一笔期限为三个月的远期外汇买卖，汇率为 USD1 = JPY117。到 2017 年 6 月 14 日这一天，无论汇率发生怎样的变化，银行都保证按照 USD1 = JPY117 的汇率将日元卖给该公司。由此可见，通过与银行做远期外汇买卖，企业可以事先将某项外汇成本固定，有利于经济核算的进行，同时更能使企业集中时间与精力进行本业经营。

外汇择期交易是远期交易的变形形式，指的是在成交后客户可在将来的某一选择时期（而非日期）内的任何一天均可按预定的汇率和金额交割远期外汇交易，它是一种可选择交割日的远期外汇买卖。对于那些不知道具体的支付日期，如不知道进口的货物哪一天交货、哪一天需要实际支付的客户，择期合同交易可以方便外贸企业，增加企业的灵活性，企业可以根据自己的情况选择办理交割的日期。

外汇掉期交易是指买进卖出即期外汇的同时，再卖出或买进远期外汇合同的一种交易方法。实质上是利用时间差，做两笔外汇数额相同、方向相反的买卖，也是即期交易与远期交易或者是远期交易与远期交易的综合，通过外汇掉期交易可以消除外汇的全部风险。

②外汇期权和期货交易。外汇期权，是指按合同规定在一定的日期或期限内以一定的价格买卖一定数额货币的权利。例如：某家合资公司手中持有美元，并需要在一个月后用欧元支付进口货款，为防止汇率风险，该公司从银行购买一份美元兑欧元的期限为一个月的欧式期权。假设，约定的汇率为 EUR1 = USD1.1，那么该公司则有权在将来期权到期时，以 EUR 1 = USD1.1 的汇率从银行购买约定的欧元。如果在期权到期时，市场即期汇率为 EUR1 < USD1.1，那么该公司可以不执行期权，因为此时在市场上以即期汇率购买欧元更加有利。相反，如果在期权到期时 EUR1 = USD1.2，则该公司可以行使期权，要求银行以 EUR1 = USD1.1 的汇率将欧元卖给它们。由此可见，外汇期权业务的优点在于客户的选择灵活性，对于那些合同尚未最后确定的进出口业务具有很好的保值作用。

③BSI 法和 LSI 法。BSI（Borrow – Spot – Invest）法，即借款—即期外汇交易—投资法，是指有关的企业通过借款、即期外汇交易和投资的程序，争取消除外汇风险的风险管理办法。企业在有应收外汇账款的情况下，为防止应收外币的汇价波动，首先借入与应收外汇相同数额的外币，将未来的外汇风险的时间结构转变为即期。借款后时间风险消除，但货币风险仍然存在，此风险则可通过即期合同法予以消除。也就是将借入的外币卖给银行换回本币，外币与本币价值波动风险不复存在。利用这种方法消除风险虽有一定的费用支出，但可将卖得的本币进行投资，获取本币投资收益。

LSI（Lead – Spot – Invest）法，即提前结汇—即期外汇交易—投资法，是指有关的企业通过提前结汇、即期外汇交易、投资或借款消除外汇风险暴露的风险管理办法。LSI 法与 BSI 法的全过程基本相似，只不过将第一步从银行借款对其支付利息，改变为请债务方提前支付，给其一定折扣而已。

无论外币债权人还是债务人使用 LSI 法与 BSI 法，作为外汇风险管理工具，都没有改变经济主体的资金流动计划。LSI 法因为提前收到的账款转化为投资，提前付出的账款通过借款解决，这种外汇风险管理的代价取决于折扣率与借款利率或投资收益率之间是否存在差异；BSI 法不要求公司提前付出资金或收到货款，从而也不会给公司带来相应的利息收入或支出，只是如果两国存在利率差异，企业就可能承担一定的外汇风险管理代价。

（2）利用贸易合同策略法规避交易风险。成功地利用贸易经营策略也能够起到很好的规避交易风险的作用。具体方法包括以下几种：

①正确选择合同计价货币。一般来说，在出口时选用硬币、在进口时选用软币对

出口商、进口商是比较有利的；国际借贷市场上债权选择硬币、债务选择软币，规避汇率风险更有利些。所谓硬币就是指可以自由兑换的、币值稳定或具有上浮趋势的货币；软币是指币值不稳定或具有下浮趋势的可自由兑换货币。

②提前收付汇与延迟收付汇。提前收付或延期收付法，是通过预测收付货币汇率的变动趋势，提前或延迟收付外汇款项，防止外汇风险的方法，也就是用更改外汇资金的收付日期来抵补外汇风险造成的损失或得到汇价变动获得的收益。

提前收付汇包括提前付汇与提前收汇两种。所谓提前付汇是指如果企业本身持有以软货币计价的资产，而将来要支付的债务却是以硬货币计价的，就应该尽早支付；所谓提前收汇是指如果将来要收回的债券以软货币计价，则应尽早收汇，免得汇率损失抵消应得利润。例如，美国进口商与日本出口商订立了一个以日元计价、3个月后付款的贸易合同。假设在合同订立后，美元对日元大幅贬值，而且这种局面在半年之内不会得到改观。此时，美国进口商就可以适当地提前用美元兑换成日元付给日本商人，因为这样做，它虽然会蒙受点利息损失，但与因美元大幅度贬值将要遭受的汇率损失相比，还是合算的。相反，美国出口商若向日本出口货物，它会尽可能地、合理地推迟收进日元的时间。

延迟收付汇也是资金转移时间的再选择，与提前收付汇相反。持有硬货币资产和软货币负债的企业可尽量延迟支付以软货币计价的债务；若将来要收回的债权是硬货币时，可以延迟收回以硬货币计价的债权。提前或延迟收付汇将会改变一家企业的现金与应付款地位，对另一家企业会产生相反的影响。

【知识链接】

提前或者延后结汇作为外汇风险对策中弥补风险的一种办法，并不能使风险完全消失。提前结汇使外汇风险在结算阶段提前消失，而延期结汇则是将外汇风险保留下来，具有投机性，采取的是不弥补风险的投机态度。那么，对汇率变动的准确预测就显得相当重要，如果汇率的实际变动与预测正好相反，那么延期结汇将会蒙受损失。而且，在实际进行的提前或者延后结汇中各国的外汇管理与信用限制往往会成为其障碍，有的国家规定了出口贷款的回收期和进口贷款的支付期。如日本规定进口贷款最早不得超过进口申报的前一年，最迟不得超过货物验关后一年；澳大利亚规定进口支付期一般不得早于装运期或者货物抵澳前一个月，也不得晚于货物抵澳后六个月。

资料来源：https://baike.baidu.com。

③加列保值条款。这是进出口商经常使用的避免或减少汇率风险的方法。其具体做法是：进出口商在交易时首先确定合同计价货币，然后选择另一种货币或一组货币作为保值货币，把签订合同时或双方自由约定的保值货币与合同计价货币的汇价明确规定在合同之内。在进口方支付货款时，如果合同计价货币和保值货币的现行汇率与

合同规定的不同，则合同总金额应据此作适当调整。

④价格调整条款。在签订合同时先制定一个基础汇率，并规定一个汇率变动中立区，若交易日的汇率变动处于中立区内，则不对基础价格进行调整；如果汇率变动超过中立区，则在交易日对基本汇率进行相应的调整。

⑤利用转售中心规避风险。转售中心又称为再结算中心，它是管理跨国公司总公司交易风险的单位，该单位集中了多家分公司各种货币的债权债务关系，由该中心冲销掉这些债权债务，并对冲销后仍存在的货币头寸的受险部分采取措施。首先，它把公司内部交易的一切外汇交易风险管理集中在一个地区内，配备具有外汇管理才能的人员来选取最佳的套期保值方法；其次，由于通过套期保值可以固定远期订货的汇率，明确生产成本和预期收益，可以使销售子公司能专心于营销活动，不再因汇率的变动而影响正常的生产与经营；最后，它具有管理子公司内部现金流的能力，包括提前和推迟付款。所以，转售中心不仅规避和减少了外汇风险，还减少了由各分公司单独避险的交易成本。

2. 外汇会计风险防范与管理。会计风险也称折算风险，其主要影响资产的负债表，与现金流没有关系，造成的损失也只是存在账面上，它的风险防范方法包括以下几点：

（1）集中套期保值。集中套期保值是指集中管理与控制折算风险的主要手段，它要求国外分支机构将其多种货币的风险暴露程度报告持续地送到母公司总部。只要把风险暴露程度按货币与国家汇总后，集中协调的套期保值政策就可以抵消潜在的损失，从而防止子公司一级进行反复的套期保值，造成不必要的浪费。例如，一家美国公司在中国有一子公司，该公司的净资产是 10 万元人民币，为了规避汇率变动带来的风险和损失，美国公司可以签订一份远期合同，到期向外汇交易者支付人民币以接受美元，用产生的人民币负债抵消人民币资产。

（2）调整暴露在外汇风险下的资产与负债结构。通过调整暴露在外汇风险下的资产与负债的水平及货币计价，使公司的外汇风险暴露程度尽可能接近于零。当功能货币为软货币时，应减少软货币资产（购买软货币远期，减少软货币现金、短期债权，收紧软货币信用，提前收回软货币应收款等）以及增加软货币负债（增加软货币借款，进口用软货币计价，延迟支付软货币应付款）；相反，当功能货币是硬货币时，就应该增加硬货币资产（购买硬货币远期，增强硬货币现金与短期债权，出口用硬货币计价，放松硬货币的信用，延迟收回硬货币应收款，增加硬货币证券投资等）以及减少硬货币负债（减少硬货币借款，提前支付硬货币应付款）。

（3）远期合同套期保值。远期合同可以通过创造一笔具有抵消效应的外币资产或者负债降低会计风险。例如，美国某跨国公司的英国子公司有一笔 5000 万英镑的会计风险（即英镑资产超过英镑负债的部分），该英国子公司可以将这 5000 万英镑在远期外汇市场上全部售出，以完全消除会计风险。其会计受险部分的任何损失（收益）都将被远期合同相应的收益（损失）所抵消。虽然交易风险也可以利用远期合同来进行套期保值，但是会计风险的远期套期保值与其有所不同，它是利用远期合同进行投机，以获取与账面会计损失相等的收益。当然远期合同的损失（收益）会对现金流产生影响，属于应税收入，而会计收益（损失）却是未实现的损益，不必纳税（或者减免税收）。但是公司是获得收益还是遭受损失，取决于预测的汇率与实际汇率的偏差，所以说这一远期合同套期保值实际上是对未来即期汇率的投机，企业不存在会计风险时也可以这样做。

3. 外汇经济风险防范与管理。经济风险是衡量实际汇率发生变化时，一家企业在现金流与价值上可能产生的损失。经济风险的影响因素可以归纳为两大类：该企业的销售市场的结构；该企业购买生产要素的要素市场结构。经济风险防范管理的关键是在做出长期性国际经济业务的决定之前就能预测和防止非预期汇率变动对海外企业未来净现金流的影响。主要通过多元化经营、多元化融资来分散或降低经营风险，运用市场营销、生产经营等策略的组合来制定管理经济风险的策略。针对以上影响经济风险的要素，企业可以采取如下策略：

（1）市场营销策略。选择产品的销售市场是出口商主要的战略考虑，它可以随着汇率的变动及时地调整销售数量与销售价格。此外，加强企业的品牌价值也是一个非常重要但是常常容易被忽略的策略。如果企业或者企业产品有着一定的知名度，那么只要存在汇率风险，承担风险的一方就可以尽可能地将汇率风险转嫁到产品价格里面。当然还有其他的一些策略可以考虑，比如定价策略、促销策略以及产品策略等。

（2）生产经营策略。生产来源和工厂地理位置是企业不能通过改变营销策略进行风险管理的竞争性风险的两个主要变量。随着汇率的变动应该及时调整原材料、零部件来源等。一是采用混合投入的策略，采取积极的措施可以增加投入品的替代性，有利于最小化经济风险暴露，当然也可能会增加生产成本；二是采取转移生产的策略，跨国公司可以根据本币生产成本的变化，在各个分厂之间分配和调整生产配置，以便在货币贬值国增加生产，在货币升值国减少生产。此外，还可以根据实际情况采取选择工厂的地理位置、提高生产能力等策略。

（3）经营多样化策略。所谓经营多样化是指在国际范围内公司多渠道地进行生产、销售、分散取得资金来源。经济风险管理的目的在于预测和引导意外外汇汇率波动对公司未来现金流量的影响。为此，公司管理者不仅要能迅速判断外汇汇率与所涉及国家的通货膨胀率、利率之间的有效均衡关系是否存在，而且要在意外汇率波动发生前事先准备好最佳对策。因此，有效防范和控制经济风险的最好方法，是在全球范围内将公司的经营和融资多元化。经营多元化意味着分散销售市场、生产地点和原材料来源，融资多元化则意味着在多个金融市场上进行多种货币的融资，经营和融资的多元化可以使得经济风险因相互抵消而趋于中和。

（4）筹资分散化策略。筹资分散化是指在几个资本市场上选择多种可自由兑换货币中的某些货币，这样在汇率发生变化时就有利于根据需要进行兑换或转移，从而减少或规避汇率风险，它是外汇风险管理中的一个重要的策略。可以降低因国内经济周期变动引起资金流的易变性，稳定对资金的需求；还可以降低资本成本、分散因时局动荡带来的政治风险以及减少证券风险等。

（二）银行外汇风险防范

外汇银行是外汇市场的主要参与者，它不但可为客户买卖充当经纪人，还可自营买卖，赚取差价利润，对其进行外汇风险管理主要从以下三个方面分析。

1. 外汇买卖风险防范与管理。外汇银行在从事外汇业务过程中所遇到的外汇风险主要是外汇买卖风险。当银行在代理客户买卖中形成外汇头寸时，风险也随之降临。因此，外汇银行管理买卖风险的关键是要制定适度的外汇头寸，加强自营买卖的风险管理。为了控制好外汇头寸，就要确定好外汇交易的额度。

首先要考虑以下几点因素：一是外汇交易的损益期望。在外汇交易中，风险与收益成正比。银行最高领导层对外汇的收益的期望越大，对外汇风险的允许程度就越强，其外汇交易限额度也就越大。二是银行的资本规模。银行的资本规模决定了其亏损承受能力，资本规模越大，风险的承受能力越强，则交易额就可以定得越大。三是银行在外汇市场上扮演的角色。银行参与外汇市场活动，可以是一般参与者，也可以是市场活跃者，银行在市场扮演的角色不同，限额大小也不同。四是外汇交易的币种。在国际外汇市场上，交易最频繁的货币主要有十几种可兑换货币，交易的币种越多，交易量也越大，允许的交易额度也大一些。五是交易人员的状况。交易人员的水平越高、经验越丰富，容许的交易额也应越大。

银行在充分考虑上述前提下，根据自身的条件制定适合自己的外汇交易限额，控制好外汇头寸，规避外汇风险。

2. 外汇信用风险防范与管理。银行为了防范信用风险，应根据客户的资本实力、经营作风、财务状况等因素，制定能够给予的限额，并根据情况变化对该限额进行周期性调整。另外对于同业银行，应根据其资产和负债状况、经营状况和财务状况，确定拆放额度。对于不同的同业银行，拆放的额度不同，拆放额度应根据情况的变化进行调整，可以一年调整一次，对风险投资加以控制，而且交易员必须根据规定的额度进行拆放，超额拆放则视为越权。

3. 外汇借贷风险防范与管理。外汇借贷风险的管理，应采用分散筹资或投资。这种分散化策略可以减轻某一外币汇率下跌所带来的影响程度，可以使借款货币或投资货币结构与经营中预期收入货币结构相适应，可以分散由政治因素而引起的风险。另外，银行本身要设立专门的机构，对外汇借贷活动进行统一的管理、监督和运用。尤其是在借贷货币种类的选择与借贷的期限上，以及利率、汇率和费用上，要有一套完善的管理措施和规定。同时内部审计部门应该全面审计对外汇风险的管理，制定合理有效的审计方法。

---

abc 【知识链接】

中信泰富的外汇风险

中信泰富是大型国企中信集团在香港的 6 家上市公司之一。中信泰富在澳大利亚有一个名为 SINO - IRON 的铁矿项目，项目中需要的设备和大量成本支出都必须以澳元来支付。为了降低澳元升值带来的外汇风险，锁定公司成本开支，中信泰富签订了若干累计期权的杠杆式外汇买卖合约。

中信泰富与汇丰、花旗和法国百富勤等 13 家外资银行签约承诺（据推测签约时点应锁定在 2007 年 12 月前后，合约到期日为 2010 年 10 月），每月（部分是每日）以 0.87 美元/澳元的平均兑换汇率向交易对手支付美元接受澳元。每份澳元合约都有最高利润上限，当达到这一利润水平时，合约自动中止。所以在澳元兑美元汇率高于 0.87 时，中信泰富可以赚取差价。但如果该汇率低于 0.87 却没有自动中止协议，中信泰富必须不断以 0.87 的价格购入双份澳元，理论上亏损可以无限大。据报道，中信泰富的真实需求只有 30 亿澳元，而当价格大幅下跌时则需购入最多 90 亿澳元，巨大的风险敞口为日后澳元贬值造成巨额损失埋下了祸根。

2008 年 7 月以来美元对主要货币开始持续升值。2008 年 10 月美元兑澳元汇率已从 0.9523 升值到 0.6066，升值幅度已超过 30%。10 月 20 日中信泰富公告因澳元贬值跌破锁定汇价，仍在生效的杠杆式外汇合约按公允价值损失约 147 亿港元。2008 年末巨额亏损已扩大到 186 亿港元。几个月之内，公司股价暴跌，因中信泰富涉嫌延迟披露、非法陈述，香港证监会确认对其展开调查。

资料来源：http://www.sohu.com.

（三）利率风险防范

国际金融往来的利率由双方根据国际金融市场供求情况而定，可以固定也可以浮动。前面讲到利率风险包括重新定价风险、收益曲线风险、基准性风险与期权性风险，作为外汇业务中的主要风险，如何及早发现利率的潜在风险，及时防范，以最小的代价趋利避害至关重要。理论界对于利率风险的防范措施概括为以下几点。

1. 尽可能准确地判断主要发达国家的利率走势。利率是货币借贷价格，主要发达国家是资金国际借贷的最主要供应者和需求者，关注国际金融市场上利率的走势，就必须密切注视主要发达国家的利率走势。尽管各国中央银行政策目标可能有若干不同，但使用其利率工具进行宏观调控的原理基本相同。此外，在允许资金自由跨境流动条件下，若中央银行认为本币即期汇率过高，也可选择下调利率水平；反之则可能上调其利率水平。

在关注主要发达国家利率水平动向时，应关注其经济发展状况，尤其是各国中央银行执行政策的"偏好"及其执行利率政策的制约因素。这里也存在对内对外的矛盾：国内利率水平低有利于鼓励投资、消费，表明要增加本币投放量，但此时却是不鼓励境外资金流入；反之，国内利率水平提高，表明要相应减少本币供应量的增长，但此时却是鼓励境外资金流入。境外资金流入量若增加，则本币供应量也相应增加。对此，中央银行要以有利于国内经济发展为基点，综合权衡，确定适当的利率水平。

2. 严格控制浮动利率债务所占比重。举借外债要严格控制浮动利率债务所占比重，一般认为，浮动利率债务最多不能超过总体债务的 50%，能降低则更好。因为以国家身份举借外债者多为发展中国家，而确定浮动利率水平者却是发达国家，双方各方面差距很大，发达国家依其国内情况所确定的利率水平未必对发展中国家有利。

3. 适当采用基准利率多元化分散利率风险。在只能采用浮动利率借助时，如中长期借贷业务，债权方多要求用浮动利率来计息，债务方应考虑采用基准利率多元化。由于世界各国经济发展往往不同步，发达国家的基准利率水平往往有一定差别，且走势也可能不一致，适当实行浮动利率基准多元化可以较好地降低和分散利率风险。

4. 通过利率互换交易和货币互换交易降低风险。恰当利用利率和货币互换交易，可在一定程度上规避利率和汇率风险，降低各自债务偿还负担。典型的利率互换交易是两个筹资者在各自筹借同样金额资金时，利用各自所长，分别以固定和浮动利率发行债券，然后按协议约定比率，双方互换应付利息，从而减轻各自利息负担。若出现两筹资者所筹资金涉及不同货币，则需要同时进行利率和货币的互换，这是以一种标价的浮动利率债券与以另一种货币标价的固定利率债券的互换。

5. 借助利率期货交易防范利率变动。这是以金融证券为交易对象，由交易双方在有组织的固定交易场所，就将来某时交易价格，通过公开喊价方式，买卖由标准化期货合约体现的交易。投资者可利用这一交易防范利率变动带来的损失。若预测利率下跌，则可进行多头套期保值交易即买入相关的利率期货以求确保其收益；若预测利率上升，则可进行空头套期保值交易，即卖出利率期货以减少或避免损失。

6. 订立远期利率协议规避风险。在浮动利率的国际债务市场上可采取订立远期利率协议方法，协议当事双方（客户对银行，或两个银行同业间）先确定远期利率协议交易的清算日（远期利率协议的交割日和远期利率协议的开始日），并商定协议利率的一个参照利率（一般选择伦敦银行间同业拆借利率）。到协议规定的清算日时，若参照利率高于协议利率，就由协议的卖方（商业银行）向协议的买方（企业或另一商业银行）支付由此而增加的利息负担；反之，若参照利率低于协议利率，则由买方向卖方支付相应的金额。通过远期利率协议，买方可以将其原来浮动利率的债务利息负担的不确定性，变成由远期利率协议中协议利率所固定的债息负担。

以年为期限单位的计算公式为

$$M = \frac{(B - A) \times D \times P}{1 + B \times D} \tag{5.1}$$

式中，M 为利息差额；B 为交割日的参照利率；A 为远期利率协议中的协议利率；D 为远期利率协议中的名义本金；P 为远期利率协议期限。

以天为期限单位的计算公式为

$$M = \frac{(B - A) \times D \times P}{360 + B \times D} \tag{5.2}$$

除上述防范措施，金融机构也应该加强对利率的风险管理，规避金融风险，维护国际金融安全。1997 年，巴塞尔银行监管委员会公布了《利率风险监管原则》，根据银行所面临的利率风险，提出了相应的管理原则。

（四）信用风险防范

信用风险管理的目标是，将信用风险保持在可接受的指标范围内，使风险调整后的收益最大化，它必须贯穿在整个资产组合及单授信或交易中，并作为综合风险管理的重要组成部分。

具体的信用风险防范措施包括：一是多渠道加强对客户、对方银行的资信调查及跟踪，建立其资信档案；二是在加强对客户、对方银行资信调查的基础上，定期对客户、对方银行评级分类，作为开展业务的依据；三是密切总行与分支行、联行信息的及时互通，及时采取有针对性措施，规避风险或防止风险扩大；四是有针对性地采取适当的安全措施，谨慎地选择代理行和账户行，审慎地选择债券发行的牵头银行、代理人和中介机构，同时积极发展壮大自己的评级业，加强对信用评级业的监管。

（五）政策风险防范

在任何国家，外汇业务都包含政策风险，即银行开展业务都必须符合当地的法律和政策，如何防范政策风险成为理论界关注的焦点。具体的防范措施包括：

一是加强国际合作，坚决反对世界政治中的旧秩序，努力建立世界政治经济新秩序，为企业和银行开展对外经营创造良好的国际环境。尤其是发展中国家要利用双边、多边谈判以至于各种国际组织，既要与维护世界政治经济旧秩序的言行作斗争，更要努力增强自身力量，并探讨共同防范和抵御政策风险的对策。

二是了解外国有关法律，聘请法律顾问。由于各国情况差别较大，为了防范政策风险并及时采取有效的应对措施，既要加强研究国际惯例，还应了解外国有关法律，特别是主要业务往来对象所在国的法律。同时与国际金融机构和经济组织有所往来者，还要了解这些组织、机构的业务规则，有必要聘请法律顾问，以提供日常法律咨询和发生司法交涉时的法律援助。

三是关注有关国家的政治经济发展形势。各国法律和政策都是随其政治经济形势发展而不时地有所调整和修改，为了能对法律或政策可能的调整或修改及早有所准备，就必须关注有关国家的政治经济形势和发展趋势。

第三节　国际资本流动安全

国际资本流动作为当今世界经济金融自由化的一项重要内容，是资本要素在全球范围进行有效配置的必然要求，它在促进国际贸易发展、提高全球经济效益的同时，对世界经济金融安全的威胁也伴随着自由化浪潮的推进越来越明显。20世纪90年代国际金融市场持续动荡不安、频繁发生的金融危机在不同程度上反映出国际资本流动的不确定性及破坏性，由此，国际资本流动的金融安全问题日渐成为理论界研究的焦点。如何有效管理建立防范国际资本流动冲击的机制，如何趋利避害、因势利导利用国际资本流动，使其成为推动技术进步和经济增长的重要动力，成为政策制定者和学术界亟待解决的课题。

本节内容首先从宏观上阐述国际资本流动的内在机理，进一步分析国际资本流动对于金融安全的影响与传导机制，在此基础上探讨有效控制国际资本流动负效应的措施，最后介绍短期与中长期国际资本流动风险防范。

一、国际资本流动的内在机理

（一）含义

国际资本流动（International Capital Flows）是指一个国家（或地区）的政府、企业或个人与另外一个国家（或地区）的政府、企业或个人之间，以及国际金融组织之间资本的流入和流出。国际资本流动是资本跨越国界的运动转移过程，是资本要素在不同主权国家和法律体系管辖范围之间的输出与输入，因此包括资本外流和资本内流两个方面。

国际资本流动的种类很多，根据不同的标准，可以做出不同的划分。根据流向可以分为资本流入与资本流出；根据资本流动的期限可以分为短期资本流动与长期资本流动；根据资本属性可以分为官方资本和私人资本；根据资本流动的目的不同可以分为借贷资本流动和生产资本流动。以上分类又是相互交叉的，通常我们将资本流动按回流期限划分为短期资本流动与长期资本流动。长期资本流动是指使用期限在1年以上，或者规定使用期限的资本流动。它主要包括三种类型：国际直接投资、国际证券投资和国际贷款。短期资本流动是指期限在1年或1年以内即期支付的资本流动。它主要包括贸易资本流动、银行资本流动、保值性资本流动（资本外逃）与投机性资本流动。

（二）国际资本流动经济效应模型

国际资本流动模型也称麦克杜加尔（G. D. A. Macdougall）模型，是一种用于解释国际资本流动的动机及其效果的理论模型。该理论认为，国际资本流动的原因是各国利率和预期利润率存在差异，认为各国的产品和生产要素市场是一个完全竞争的市场，资本可以自由地从资本充裕国向资本稀缺国流动。

如图5-2所示，模型的假定条件是：整个世界由两个国家组成，一个资本充裕，一个资本短缺。世界资本总量为横轴 OO'，其中资本充裕国资本量为 OC，资本短缺国

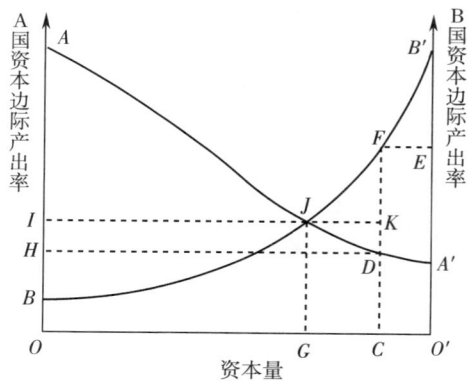

图5-2 国际资本流动模型

资本量为 $O'C$。曲线 AA' 和 BB' 分别表示两个国家在不同投资水平下的资本边际产出率。它意味着，投资水平越高，每增加单位资本投入的产出就越低，亦即两国投资效益分别遵循边际收益递减规律。

1. 国际资本流动对经济系统的影响分析

（1）对于封闭经济系统：如果资本充裕国把其全部资本 OC 投入国内生产，则资本的边际收益率为 OH，总产出为曲边梯形 $OADC$ 的面积，其中资本使用者的收益是曲边三角形 HAD 的面积，资本所有者的收益是矩形 $OHDC$ 的面积。如果短缺国也将全部

资本 $O'C$ 投入国内生产，则其资本的边际收益率为 $O'E$，总产出为曲边梯形 $O'B'FC$ 的面积。其中，资本使用者的收益是曲边三角形 $EB'F$ 的面积，资本所有者的收益是矩形 $O'EFC$ 的面积。

（2）对于开放经济系统：如果资本充裕国把总资本量中的 OG 部分投入本国，而将剩余部分 GC 投入资本短缺国，并假定后者接受这部分投资，则两国的效益会增大，并且达到资本的最优配置。

就资本输出国而言，输出资本后的国内资本边际收益率由 OH 升高为 OI，国内总产出变为曲边梯形 $OAJG$，其中资本使用者的国内收益为曲边三角形 IAJ 的面积，资本所有者的国内收益是矩形 $OIJG$ 的面积。

就资本输入国而言，输入资本后的国内资本总额增为 $O'G$，总产出为曲边梯形 $O'B'JG$ 的面积，其中总产出增加量为曲边梯形 $CFJG$ 的面积。这部分增加量，又被分为两部分，矩形 $CKJG$ 是资本输出国所有的收益，曲边三角形 JFK 则是资本输入国的所得。

这样，由于资本的输出与输入，资本输出国增加了曲边三角形 JKD 面积的收益，而资本输入国也增加了曲边三角形 JFK 面积的收益。资本流动增加的总收益就为这两个分收益之和。

2. 国际资本流动的经济效应分析。从上面的模型分析，可得出下面三个结论：

（1）在各国资本的边际生产率相同的条件下，开放经济系统里的资本利用效益远比封闭经济系统里的高，并且总资本能得到最佳的利用。

（2）在开放经济系统里，资本流动可为资本充裕国带来最高收益；同时，资本短缺国也因输入资本使总产出增加而获得新增收益。

（3）由于上述两个原因，最后也因为资本可自由流动，结果在世界范围内可重新进行资本资源配置，使世界总产值增加并达到最大化，促进全球经济发展。

（三）国际资本流动的动因

1. 根本动因。通过上述分析，可见国际资本流动的根本动因不外乎两个：一是追求利润；二是规避风险。国际资本的流入和流出，主要是追求利润与规避风险的权衡。国际资本流动的形成，是供给与需求关系产生的结果，正因为存在这样的一种供求关系，才从根本上导致了国际资本流动。

（1）资本供给。二战后，由于世界经济发展的不平衡，各国资本的预期收益率必然地会形成差异。资本追求利润最大化的本性驱使它从一国流向另一国。若一国资本的预期收益率高于他国，在其他因素相同的情况下，他国资本便会流入该国；反之，若一国资本的预期收益率低于他国，或者在相同收益率下风险高于他国，不仅外国资本会从该国抽走，而且本国资本也会存在外逃现象。

除此之外，投资者还要考虑资本的相对安全性。在某国或地区风险因素超过投资者所能承受的范围时，资本外流也就产生了。因此，任何国际资本的流入流出，都是追求利润和规避风险的权衡结果。而也正是因为这两个原因的存在，使谋求流动的国际资本始终存在，产生资本供给。

（2）资本需求。资本需求是多方面的，发展中国家最为明显。在发展中国家，由于国内储蓄不足以支持经济发展或起飞阶段所需要的投资需求，收入不足以支付进出口所需要的资金，为了开发本国资源、本国新产品、扩大生产能力以及引进先进技术和管理经验，需要利用外资弥补经济发展的资金缺口，从而形成了对国际资本持续的需求。同时，以对冲基金为代表的机构投机者，在进行投机交易时，需要动用巨额资金，对国际资本的投机性需求也是非常大的。

2. 其他原因。国际资本流动还会受到诸多因素的影响，具体而言国际资本流动的原因包含以下几方面：

（1）利率因素。利率水平的高低不仅制约着资本的收益率，而且也直接影响着资本流动的方向。由于世界各国之间的利率水平不同，因而存在利差。这样资本会从利率较低的国家或地区流向利率较高的国家或地区，直到利差消失为止，投资的利润在这个过程中达到最大化。

（2）汇率的变化。汇率的变化也会引起国际资本流动，随着浮动汇率制度的普遍建立，主要国家货币汇率经常大幅度波动。在一般情况下，利率与汇率呈正相关关系，即一国利率提高，其汇率也会上浮；反之，一国利率降低，其汇率则会下浮。如果一国货币汇率持续上升，则会产生兑换需求，导致国际资本流入；反之如果一国货币汇率不稳定或下降，资本持有者预期到所持的资本实际价值会降低，进而将手中的资本或货币资产转换成他国资产，从而导致资本向汇率稳定或升高的国家或地区流动。

（3）财政赤字与通货膨胀。如果一个国家出现了财政赤字，该赤字又是以发行纸币来弥补，必然会增加对通货膨胀的压力，一旦发生了严重的通货膨胀，为减少损失，投资者会把国内资产转换成外国债权，从而导致国际资本流动。

（4）政府的经济政策。一国的国际资本流动与该国家的宏观经济政策有着很大的关系。例如，当一国采取金融市场化政策时，国际资本对该国的流出与流入往往比较频繁，规模也较大。在世界经济处于萧条或国际经济关系不稳定的时期，国家经济政策对国际资本流动的影响作用更加明显。除此之外，外资实施策略也会直接影响国际资本流动。

（5）政治、经济及战争风险的存在。政治风险是指由于一国的投资环境恶化而可能使资本持有者所持有的资本遭受损失；经济风险是指由于一国投资条件发生变化而可能给资本持有者带来的损失；战争风险，是指可能爆发或已经爆发的战争对资本流动造成的可能影响。

（6）恶性投机。所谓恶性投机一种是投机者基于对市场走势的判断，纯粹以追逐利润为目的，刻意打压某种货币而抢购另一种货币的行为。这种行为的普遍发生，毫无疑问会导致有关国家货币汇率的大起大落，进而加剧投机，汇率进一步动荡，形成恶性循环，投机者则在"乱"中牟利。另一种是投机者基于某种政治理念或对某种社会制度的偏见，动用大规模资金对某国货币进行刻意打压，由此阻碍、破坏该国经济的正常发展。

除此之外，政治及新闻舆论、谣言、政府对资本市场和外汇市场的干预以及人们的心理预期等因素，都会对短期资本流动产生极大的影响。随着国际经济关系的变化，国际资本、金融、经济等一体化趋势与现代通信技术的运用，加剧了资本流动方式创新与多样化，使国际资本流动频繁而快捷，成为现代国际资本流动的一个重要原因。

二、国际资本流动与金融安全

（一）国际资本流动的金融安全理论进展

基于金融安全视角审视国际资本流动的研究，可以追溯到 19 世纪中期，马克思（Karl Marx，1867）通过对黄金流动与金融危机的关系研究揭示出资本流出对金融危机的爆发起到了一个加速器的作用；马歇尔（Marshall，1923）从资本流动的不稳定性角度对该问题作了进一步论述，指出资本逆转往往是因为资本流入国的信用发生变动甚至恶化。二者同样揭示了资本流动危机效应的传导机制：资本流入国信用变动→投资者信心受挫→资本逆转→国内信用冲击→伴随资本外流的信用危机爆发。

此后，学术界开始关注国际资本流动对金融稳定与金融安全的影响及其危机效应。关于国际资本流动对金融安全消极影响的研究主要集中在两个方面：

一方面，国际资本过度流入加剧了宏观经济的不稳定，主要表现在金融市场化条件下，大量国际资本流入必将导致金融中介的过度借贷症和投机性投资的信用量增大，从而使一国金融市场泡沫扩张，加剧金融体系的脆弱性。另外，资本大规模流入带来的信用扩张使得股票等金融资产价格急剧上升，最终也会对新兴金融市场的稳定性造成冲击。

另一方面，自 1997 年东南亚金融危机后，国际资本流入的突然逆转风险逐渐得到关注，学者们对导致资本逆转的因素展开了深入的研究。其中货币危机预期模型认为：投资者基于对货币贬值的预期而实施的投机行为是国际资本流动逆转的重要原因；而投机冲击模型则强调道德风险是新兴市场经济国家国际资本流动突发逆转的主要诱因。学者在分析东南亚金融危机时指出，短期外债大量增加使投资者产生了恐慌心理，进而引起市场预期的变化，造成资本流动逆转，加之"羊群效应"，促使国际资本流动逆转的灾难性加强，引发金融危机。

（二）国际资本流动对金融安全的影响

关于国际资本流动与金融安全的关系，大部分学者认为国际资本流动对金融安全与金融稳定性的影响存在正负两个方面，负面影响更多一些。

1. 国际资本流动的正效应

（1）促进全球经济效益提高。长期资本流动可以增加世界经济的总产值与总利润，并使之趋于最大化。一是资本流动有利于生产要素在全球范围内的合理配置，产生较高的经济效益；二是伴随资本流动的先进技术和管理知识的扩散与传播，也会促进全球经济效益的提高；三是资本流动推动了国际分工的深化，有利于提高全球经济效益。

（2）调节国际收支平衡。资本流动具有调节国际收支的作用，短期资本流动的这个作用比较短暂，长期资本流动在这方面的作用才具有持久性。长期资本流动可增大资本输入国的投资能力，扩大生产和增加出口，从而起到改善国际收支的作用。

（3）加深货币信用国际化。一是加深金融业的国际化。资本国际转移促使金融业尤其是银行业在世界范围内广泛建立，同时也促进了跨国银行的发展与国际金融中心的建立；二是促使以货币形式出现的资本遍布全球，国际资本流动使以借贷形式和证券形式体现的国际资本渗入世界经济发展的各个角落；三是国际资本流动主体的多元化，使多种货币共同构成国际支付手段。

（4）缓和各国的内部与外部冲击。内部冲击是指经济衰退和危机、农业歉收等自然灾害；外部冲击是指国际市场商品价格的巨大波动。国际资本流动缓和内部冲击与外部冲击的原因在于，资本输出有带动出口贸易发展的作用，而资本输入则能使资本输入国获得进出口贸易的资金融通，从而有利于进出口贸易的扩展，使资本再循环顺畅进行，这就有助于缓和经济衰退和经济危机。进口贸易的正常进行与发展，有助于缓解自然灾害造成的商品短缺。

（5）推动国际金融市场的发展。一是国际流动资本在世界各金融市场之间追逐高额利润的游动过程，使得一国的经济金融与世界经济和金融的相关性增强，从而加速了世界经济、金融一体化的进程；二是国际流动资本极大地利用现代化的通信和交易手段，迅速地从一国流向另一国，可以有效地满足国际金融市场的资金需求尤其是短期资金需求，并能降低国际金融交易成本；三是国际投机资本在世界各主要金融市场的套汇、套利活动，使国际金融交易中存在的汇率差异和利率差异被迅速拉平，导致世界主要金融市场的价格呈现一体化趋势。此外，国际资本在客观上增大了国际金融市场的流动性，国际资本流动在得益于金融衍生工具的同时，也推动了金融衍生工具的创造和运用。

（6）有利于促进发展中国家的资本形成。发展中国家在经济增长过程中面临的最为突出的问题就是资本不足，资本形成问题是发展中国家经济发展的核心问题，资本形成的供求两方面都存在着恶性循环关系。影响资本形成的市场需求不足，这种实际购买力的不足压制了对个人投资的刺激，并导致恶性循环。因此，对外资的引进和有效利用，可以拉动对发展中国家人力资源和自然资源的需求，提高其市场化程度。这不仅对引进外资的发展中国家是有利的，对资本输出国的发达国家也是有利的。

（7）引发财富效应。金融工具提供了一个资产保值增值的方式，以金融工具形式进行保存和流通的资金有可能会创造收入、增加财富。财富的持有量代表着人们当前和未来的购买力，是衡量社会福利状况和国民生活水平的重要指标。由于国际资金在各国金融市场之间的流动会使单个国家的证券市场的财富效应扩散，重要的金融市场所在国的经济增长通常会通过财富效应推动整个世界经济的繁荣。

2. 国际资本流动的负效应

（1）造成货币金融混乱。短期资本流动在这方面的消极影响最为明显。短期资本的大量流入会导致资本输入国利率水平降低和通货膨胀加剧；短期资本的大量流出会导致资本流出国利率水平的升高。短期资本的大量流入流出，又会加剧有关国家的收支不平衡并引起汇率的剧烈波动。因此，短期资本的流动会促使当事国在实现汇率稳定、平衡国际收支以及控制通货膨胀三个目标上产生困难，更容易造成国际金融形势动荡不稳。

（2）不利于本国经济的发展。在货币资本额一定的条件下，大量资本输出会使本国国内投资下降，减少国内就业机会，降低国内财政收入，对本国经济发展造成压力。

此外，资本输出可导致先进技术及投资所产生的经济效益转移到资本输入国。

（3）易陷入经济附庸地位。利用外国直接投资，虽有助于加速资本输入国经济发展，但如果资本输入国缺少正确的政策，管理不善，不仅会使本国资源遭到掠夺，无法建立自己的优势产业，甚至国家经济命脉受到外国垄断资本的控制，国家主权受到侵犯，处于依附发达国家的地位。

（4）外债负担加重会陷入债务危机。对资本输入国来而言，除外国的直接投资以外，流入的所有其他类型的资本都属于外债，都需还本付息。如果外债金额过大，超出了本国还本付息的能力，将会陷入债务危机的困境之中。

（5）冲击流入国的银行体系。一是资本流入国的商业银行规模发生变化；二是资本大量流入导致商业银行的资产负债规模加大，银行的不良贷款增加；三是如果国家对银行管理和监控不善，资本流入就会加大银行信贷扩张的机会，不良贷款的比例就会增加，从而导致银行危机和货币危机的出现。20世纪90年代，国际资本大量流入发展中国家，发展中国家的外国资本主要通过银行流入到国内，因而国内银行对外负债的增加会导致银行国内资产负债表的扩大，对这些国家的银行体系造成巨大影响与风险。

（6）增加国际金融市场的动荡和监管难度。短期资本流动会加剧国际金融市场动荡，促使汇率大起大落，投机更加盛行。大量投机资金造成各种经济信号的严重失真，从而难以引导资金在国际金融市场上和不同国家间进行合理配置和流动，由此造成的结果是资金匮乏的国家更难以获得资金，而资本过剩国家资本流入较多，从而陷入一种恶性循环，使国际金融市场的动荡成为常态，更为严重的是巨额资本流动还产生了巨大的波及效应和放大效应。此外，国际金融衍生产品市场的不断发展和完善，导致更多的金融衍生工具持续推出，使得金融脱媒问题变得日益严重，加大了各国中央银行的货币政策制定和执行的难度，冲销了货币政策的执行效应。

---

abc【知识链接】

金融脱媒

"脱媒"一般是指在进行交易时跳过所有中间人而直接在供需双方间进行。"金融脱媒"又称"金融非中介化"，是指在金融管制的情况下，资金供给绕开商业银行体系，直接输送给需求方和融资者，完成资金的体外循环。随着经济金融化、金融市场化进程的加快，商业银行主要金融中介的重要地位在相对降低，储蓄资产在社会金融资产中所占比重持续下降及由此引发的社会融资方式由间接融资为主向直接、间接融资并重转换。金融深化（包括金融市场的完善、金融工具和产品的创新、金融市场的自由进入和退出、混业经营和利率、汇率的市场化等）也会导致金融脱媒，金融脱媒是经济发展的必然趋势。

资料来源：https：//baike.baidu.com。

除上述负效应外，国际资本流动容易造成国际资本配置失衡并影响国际收支平衡，导致汇价波动和汇率制度不稳定，从而影响国际金融安全。因此，深入剖析国际资本流动不同实现形式对金融安全的影响机制，准确判断当前国际资本流动的安全状况，对维护中国金融安全尤为重要。

（三）国际资本流动影响金融安全的传导机制

国际长期资本流动主要通过国际借贷、证券投资和直接投资三种形式来实现；而短期资本流动主要包括贸易资本流动、银行资本流动、保值性资本流动和投机性资本流动等项目，具有较高的流动性和保密性。

1. 长期资本流动影响金融安全的传导机制

（1）当国际资本流动表现为国际借贷，国际资本流入导致国内资金充裕时，在缺乏足够严格金融监管的前提下，银行往往会盲目扩大银行信贷，加大了银行体系的风险，一旦资本发生逆转，这些国家往往因流动性不足而陷入困境，危及金融体系的稳定。例如，在1997年亚洲金融危机中，韩国、印度尼西亚等国家外债规模都在1000亿美元左右，而外汇储备仅有100亿～300亿美元不等，外债规模过大是导致金融危机加重的重要原因。此外，当国际借贷债务国发生危机，债权国会受到冲击从而调整金融政策，从那些与债务国发展水平相似的国家抽逃资金、规避风险，进而引发新一轮危机。

（2）当国际资本流动表现为证券投资时，会加大流入国证券市场的价格波动，放大大经济泡沫，冲击金融市场的稳定。如果该国证券市场发育程度较低、金融监管相对薄弱，泡沫得不到化解，国内资本也会由生产部门向泡沫部门转移，加大了泡沫膨胀。然而一旦环境变化，投资者预期资产价格缩水，便会迅速撤回资本，导致泡沫破灭，给国内金融市场带来灾难性冲击。此外，跨国证券投资加速了风险的国际传递。由于投资者倾向于投资不同的证券组合以获得稳定收益，因此，在新兴市场经济国家金融资产收益和风险结构较为相似的情况下，当一国发生危机，投资者就会抛售出他们认为风险相似的相邻国家的资产，从而导致危机的传染。

（3）当国际资本流动表现为直接投资时，也会间接或直接对一国的金融安全产生不利影响。首先，外商直接投资（FDI）会引起国际资本的短期投资行为，引发东道国金融市场泡沫。一方面对FDI的合理利用会改善流入国国际收支，吸引更多国际资本流入，其中也包括大量短期投机资本，短期资本的大规模流入会降低银行的负债约束，产生道德风险，促使资金投向股市和房地产市场进而形成泡沫；另一方面长期资本绕过东道国监管程序从事短期投资，必将对东道国金融安全构成威胁。其次，FDI大幅度流向某些产业会导致生产过剩，表现出企业开工不足与效益低下，导致出口增长率下降进而外汇储备减少，一旦爆发危机外汇无力支撑则必将造成经济体崩溃。再次，尽管FDI从东道国撤资并非易事，当境外投资者意识到投资环境发生变化或预期改变时，仍会作出撤资决策从而对流入国的经济造成严重的打击。最后，金融业国际直接投资在流入国监管不力的情况下，会使流入国金融机构陷入与跨国金融机构的不公平竞争，加剧金融体系的脆弱性，直接影响该国金融安全。

2. 短期资本流动影响金融安全的传导机制。当国际资本流动表现为短期资本流动时，对流入国金融稳定的影响较为显著。首先，短期资本越过资本管制大规模流入，可迅速增加一国货币供应量，促使国内利率下降，导致经济过热和通货膨胀。一旦外部条件发生逆转，资本迅速抽逃，货币供应量因急剧下降造成实体经济衰退，极大制约一国央行货币政策的独立性。其次，短期资本可借助于金融衍生工具及先进的电子交易技术，实现大规模资金在全球范围内的瞬间交易，过剩的短期资本可同时集中于某一金融市场，推动股市上升造成虚假繁荣。无论是墨西哥金融危机还是亚洲金融危机，短期资本的流入都是危机发生的重要外部原因。

此外，在通常情况下，资本输出有利于利用流入国的资源优势，增加本国的经济效益。然而通过对历次金融危机的考察发现，资本流出也会给流出国的经济金融带来负面影响。首先，短期资本的大规模流出会对国内货币供应量产生直接影响，造成国内经济衰退，加剧本国和国际金融市场的震荡。其次，在资本流出中有相当规模的国内资本通过各种非正常的、隐蔽的渠道流向国外，即资本外逃已成为反映金融体系潜在危机程度的重要指标。

（四）控制国际资本流动不利影响的措施

一般来说，为控制资本流动的不利影响，各国可以选择政策工具，包括货币政策、财政政策以及汇率政策。

1. 货币政策。国际资本大量流入，容易导致国内信贷急剧扩张和本币实际汇率上升，并由此产生一系列的其他经济问题。一国货币当局往往会采取冲销性货币政策来减轻这种影响。具体政策工具包括调整法定存款准备金率、进行公开市场操作、改变再贴现率或提前收回对商业银行的再贷款等办法。

2. 财政政策。控制大规模资本流入的不利影响，一般采用紧缩性的财政政策或者直接对国际资本流动征税。紧缩性财政政策通过减少财政支出或增加税收实现，财政紧缩促使利率下降，可以抑制国际资本流入。然而对一国金融安全形成威胁的主要是短期流动资本，所以减少财政支出效果不明显，往往采用提高税率，通过降低预期收益抑制投资。

对于国际资本流动征税，可以有效抑制短期资本流入，对长期作用不明显。对资本国际流动所征收的税种又称为托宾税。托宾税在发展中国家受到广泛欢迎，对发展中国家而言，短期资本流入由于对经济指标敏感，逆转性较强，所以更容易造成金融市场动荡。有学者认为托宾税会增加交易成本，从而降低市场效率；如果只针对特定资产征收托宾税，会使投资转向未征税资产，造成税收体系扭曲。也有学者认为托宾税会抑制非稳定投机者，最终有利于市场效率的提高。

---

abc【知识链接】

提高交易成本与"托宾税"

经济学家詹姆斯·托宾于 1978 年最早提出了通过对国际资本交易征税的形式来降低资本的流动性和汇率的波动性的理论。这是外汇交易税的早期雏形，也被称为"托宾税"。托宾的主要观点是，全世界外汇交易中与真实贸易和国际投资有关者不过一小部分，而黏性的商品和服务价格变动速度又远远滞后于具有充分弹性的金融资产价格变动，通常年通货膨胀率若超过 10%，就足以让整个社会炸开锅，而金融资产价格则可能在转瞬之间暴涨暴落。在规模庞大的投机性交易的频繁冲击之下，宏观经济环境的不确定性上升，贸易和长期投资受到影响，各国中央银行也陷入资本自由化、汇率稳定、货币政策独立性三者不可兼得的困境之中。因此，托宾把投机资本泛滥的国际金融体系比喻为润滑过度的高速列车，时刻有翻车之虞。如果对外汇市场和证券市场的每笔交易都征收小额税收，无疑就像是在"全球金融市场润滑良好、快速运行的飞轮里掺沙子"，这样就增加了从事短线交易的投机者的交易成本，从而减少投机性交易，使汇率趋于稳定，从而降低金融危机发生的概率。托宾指出，"对货币交易征收国际税的办法能降低汇率的变幻莫测程度。不能指望托宾税保护对本国货币高估的汇率，但它可以减缓汇率的下跌速度，为调整争取到时间"。

狭义的托宾税仅指对资产交易直接课征的税收形式，广义的托宾税则包括其他旨在提高短期资本流动成本的措施。无论是在理论上还是在实践中，对托宾税的效率与公平以及能否实现稳定汇率等方面还存在着很大的争议。我国关于托宾税的讨论由来已久，早在 2014 年初，央行副行长易纲曾在《求是》杂志刊文指出，深入研究"托宾税"、无息存款准备金、外汇交易手续费等价格调节手段，抑制短期投机套利资金流出入。国家统计局官网发布的 2016 年展望报告中称，针对全球近日那个市场动荡增大的风险，必要时可考虑采取限制国际资本流动的措施，比如征收托宾税限制外汇投机交易等。

资料来源：刘震. 国际金融［M］. 北京：中国人民大学出版社，2018.

3. 汇率政策。大量资本流入会造成本币实际汇率上升，所以汇率政策的作用，就是让名义汇率实现某种变动，减轻资本流入对货币当局的压力。一般而言，允许本币升值有三方面的优点：一是使货币供给、国内信贷以及国内银行体系免受资本大量流入的不利影响。二是通过汇率调整国内相对价格，有助于缓解通货膨胀压力。三是允许汇率波动带来定的不确定性，可以很好地阻止投机资本流入。具体实政策工具包括实行浮动汇率制、货币法定升值或是采取较灵活的汇率制度。

综上所述，在控制国际资本流动的不利影响时，货币政策、财政政策和汇率政策往往是组合使用的。因为不同的政策工具作用于不同对象，表现出不同的作用机制，拥有不同的政策效应，所以组合政策可以在多种政策工具间实现取长补短，取得事半功倍的效果。

除以上措施外，还可以实施外汇管制进行短期资本流动管理，或者采取颁布法令直接控制资本流动，根据偿债能力限制对外借贷规模等措施来有效控制国际资本流动的负效应，维护国际金融安全。

三、短期国际资本流动风险防范

短期国际资本流动是一把"双刃剑"，推动了全球金融市场一体化进程，增加了国际金融市场的流动性，客观上推动了金融创新；对于新兴市场经济体而言，短期国际资本流入有利于促进金融改革、解决资本形成不足问题、提高资金配置效率，以及促进经济增长等。但是，由于短期资本流动的不确定性、投机性会对资本造成运用风险，严重时容易引发货币危机与金融危机，因此，如何趋利避害、防范短期国际资本流动风险，对于维护国际金融安全至关重要。

（一）短期国际资本流动风险

1. 国际游资引发货币危机

（1）国际游资的投机性冲击。国际游资指与实际生产、交换直接联系，以追逐利润为目的、投机性极强的短期流动资本，又称"热钱"。国际投机性资本以短期资本为主，但并非所有的短期资本都是投机性资本，也并非所有的投机性资本都绝对是短期资本。随着科技的进步和金融创新的发展，在国际间流动的短期资本很大程度上已经异化为专门投机性资本，具有高度的流动性、敏感性、隐蔽性和攻击性。国际游资的频繁套汇、套利活动加剧了国际金融市场的风险，尤其是投机性攻击成为引发货币危机的直接原因。

（2）投机性攻击的特点。①投机性攻击策略日渐立体化，从投机性冲击的历史来看，国际投机性资本对冲击一个国家或同时冲击一些国家的货币有特别的偏好，常见的是对固定汇率制度或有管理的汇率制度进行的投机性冲击或货币投机性冲击。投机者利用各类金融工具的即期交易、远期交易、期货交易、期权交易、互换交易同时在外汇市场、证券市场，以及各种金融衍生产品市场作全方位的投机，构成了立体投机策略。②投机性攻击容易产生连锁效应，投机性攻击的危害也逐渐呈现区域化的现象。③注重对公众预期的影响，投机者越来越注重对公众预期的引导和利用。用各种渠道动摇公众对本币的信心，使跟风者为投机家们对本币的打压推波助澜，从而加速目标货币的贬值。

（3）投机性冲击引发货币危机的传导机制。由于国际收支是影响汇率变动的长期基本因素，因此它也成为投机者推断一国货币名义汇率是否被高估的主要依据。如果一个国家经常项目持续逆差，且同时采用固定汇率制，则易于被投机者锁定为冲击目标。这是因为，经常项目持续逆差将造成对外汇的持续需求，在固定汇率制下这一需求不能以外汇价格升高即本币贬值的方式来使外汇市场达到均衡，那么，这一逆差的首要融资来源就是资本与金融项目的持续顺差。如果资本与金融项目顺差不足以弥补经常项目逆差，或者这两个项目都是逆差时，就需要动用外汇储备来平衡国际收支。一旦发展到动用外汇储备也无济于事，那么该国货币只有贬值。同时，短时期内大量抛售本币的行为极易引发羊群效应，当投机者大量抛售本币并散布预期本币贬值的舆论时，将影响整个市场参与者的预期，最终导致恐慌性抛售，迫使本币贬值。由此产生的货币危机会给一国的实体经济带来严重伤害，如失业率升高、大批企业倒闭、通货膨胀严重、经济增长放缓或负增长。

2. 加剧银行风险。国际短期资本的大量流入，使得流入国银行业将面临新的冲击。一方面就资产而言，国际短期资本以直接或者间接的方式进入银行体系，会扩大银行的可贷资金量，银行以往的信贷决策机制和风险控制能力可能难以适应新的信贷扩张，可能出现贷款给信用等级较低的借款人的现象，导致投资流向高风险的证券市场和房地产市场，从而使资产的不良率上升。另一方面就负债而言，如果出现与资产方货币和期限的"双重错配"现象，一旦国际短期资本流动出现逆转，短期资本大量流出，会导致银行体系的流动性骤然紧张，面临大规模挤兑的风险。

3. 造成金融体系风险。国际机构投资者一般都偏好于快进快出的策略，其运作的庞大资金规模对发展中国家证券市场的影响力不容忽视。短期资本的自由流动也将国际证券市场的波动传导到国内，国外投资者根据国际市场行情调整资金头寸，必然引起一国股票市场的价格波动。尤其是对发展中国家证券市场的影响，一方面，可能带动股票市场以外的其他金融资产价格波动；另一方面，有些国家的银行等金融机构以证券投资为主要资金运用方式，证券价格波动直接影响到金融机构的收益和资本金结果，短期国际资本对股票市场的冲击就有可能酿成整个金融体系的灾难。

综上所述，国际短期资本的高流动性和高投机性容易引发巨额国际资本加速外逃，导致该国宏观经济迅速恶化，严重时还会引发货币危机和金融危机。危害的表现通常有：①影响当事国的外债清偿能力，降低国家信用等级；②导致市场信心崩溃，引发资本撤出，金融市场陷入极度混乱；③破坏稳定性投机造成国际收支失衡；④导致当事国货币价值巨幅波动，面临极大贬值压力。

（二）短期国际资本流动风险的防范措施

1. 资本管制政策措施。资本管制是外汇管制的重要组成部分，资本管制有助于改变国际资本流动的期限结构、限制短期国际资本的流入；有助于减小债务结构的脆弱性、减小有风险的短期债务形式国际资本流入的规模；有助于增强金融体系的稳定性。具体管理措施如下：

（1）鼓励资本输出的措施。①放宽对资本流动的外汇管制，允许资本自由地流出；②以对外援助为手段，通过外交政策予以支持；③设立专门机构提供财政信贷资金，支持本国企业海外投资；④通过减免税收鼓励海外投资；⑤实行海外投资风险保障制度。

（2）鼓励资本输入的措施。①努力改善投资环境，吸引外商投资；②提供税收优惠，鼓励和引导外商投资；③放宽外汇管制，提供融资便利和各种金融服务；④提高金融市场的开放程度，扩大国际证券融资；⑤引导外资投向，优化外资结构，提高利用外资的质量和效益。

（3）管制国际资本流动的措施。①实行外汇管制，防止投机行为；②干预金融市场；③颁布各种限制性政策、条例和法令，对资本流动进行必要的限制和干预；④采用限制性贷款方式，将借款与出口创汇联系起来；⑤还债能力的限制，设立外债偿还能力临界点；⑥各国国内政策的协调，以及国际间的相互协调合作。

一般而言，资本管制只在一段时间内是有效的，其效果的持续性不强。而且，实行资本管制也会给经济体带来负面影响。实行资本管制会对正常合理的资本流动形成干扰，导致政府制定政策不合理、资源配置不合理，降低资源配置效率以及引发经济扭曲等。此外，资本管制的实施有可能会降低国内金融部门对外部经济环境变化的敏感性，如果一国实行严格的资本管制，则容易导致该国经济下滑，甚至会增加该国爆发货币危机的概率。

2. 宏观经济政策。宏观经济政策措施主要包括货币政策、汇率政策和财政政策。本章前面内容已经对于三大政策进行讲解。首先，应对短期国际资本流动，货币政策上央行常通过使用政策工具组合实施对冲性干预调节，包括公开市场操作、法定存款准备金率调整以及公共部门存款管理等货币政策。其次，汇率政策通过增加货币弹性应对短期国际资本流入，其效果依赖于政策制定者所规定的允许汇率波动的幅度。如果汇率浮动的范围狭窄，那么抑制效果有限，反之效果明显。最后，实施紧缩性财政政策，降低资本流入的通货膨胀效应。

由于各国货币政策的独立性、汇率的稳定性以及资本的完全流动性三者之间只能达到两个目标，不能同时实现三个目标，导致国际经济体系"三难选择"的内在特性，因此恰当的政策搭配组合运用是防控国际资本流动风险的有效措施。

【知识链接】

三元悖论

20 世纪 60 年代以来，随着通信技术的发展和世界范围内资本管制的放松，国际上的资本流动日益频繁，各国的金融和资本市场的联系日益紧密。在这一背景下，罗伯特·蒙代尔和 J. 马库斯·弗莱明分别分析了固定汇率制度下和浮动汇率制度下的货币政策和财政政策对调节一国经济的作用，得出的结论是：在资本自由流动和浮动汇率制度下，货币政策对收入和内部均衡的效果更强，而财政政策没有效果；在固定汇率制度下，情况则相反。这就是著名的 Mundell – Fleming 模型。

在 Mundell – Fleming 模型基础上，克鲁格曼进一步提出了著名的"三元悖论"，也称"三难选择"。其含义是：在开放经济条件下，本国货币政策的独立性、固定汇率、资本的自由流动不能同时实现，最多只能同时满足两个目标，而放弃另外一个目标来实现调控的目的。

"三元悖论"反映了开放条件下经济体系内部蕴含的矛盾，表明宏观调控当局面临多重相互交织、相互矛盾的目标时必须有所取舍，而这一取舍必须针对各国当时的实际经济运行状况。实践证明，任何一种汇率制度都不是完美的，只有根据本国和世界经济发展的整体情况来选择适合于本国的汇率制度安排才是最适宜的。因此，"三元悖论"为一国进行汇率制度的选择提供了合理的判断标准，至今仍是很多国家和政府制定汇率政策的基础。

资料来源：https://baike.baidu.com。

3. 宏观审慎监管措施。宏观审慎监管措施是一项逆经济周期政策。该政策将整个金融体系作为监管的对象，以更加有效地增强金融体系应对冲击的能力。宏观审慎监管措施优点在于：一是宏观审慎监管措施的确能够通过一系列监控指标对金融体系中存在的不稳定因素进行监测，从而发现需要控制与解决的问题，进而尽量避免金融机构的顺周期性所导致的风险积聚、传染与爆发；二是宏观审慎措施有助于防范以及应对在金融一体化与金融创新产品层出不穷背景下所引发的系统性风险，有助于防止风险在虚拟经济与实体经济之间传播；三是定性与定量评估指标的结合运用提高了宏观审慎措施的监管效率，也增强了宏观审慎措施的监管效果，进而提高了金融体系应对冲击的能力，增强了金融体系的稳定性。

虽然目前宏观审慎监管的目标比较明确，但是对于多数国家而言，宏观审慎监管措施的框架体系以及具体可供使用的政策工具的发展还只是处于起步阶段，存在许多方面的不足。

从上述分析来看，每一种类型的措施都有不足，为了减少大规模短期国际资本流入所引发的金融体系风险，要多种措施相互配合。大部分学者的观点认为：宏观经济政策有利于协调经济中各个方面的发展，可以作为应对短期国际资本流入的第一道防线；宏观审慎性措施能够防止金融风险的不断积累，对于减少金融体系的风险、增强金融体系应对短期国际资本流动冲击的能力、维护金融体系稳定能够起到比较有效的作用，可以作为第二道防线；资本管制对于限制短期国际资本的流入规模是有效的，但是资本管制本身只能作为暂时缓解冲击的一种措施，可以作为第三道防线。

除此之外，对于国际游资引发的货币危机，更是要通过多种政策组合，多种工具组合来进行有针对性的风险防范，本书后面章节还要详细阐述，此处不再赘述。

四、中长期国际资本流动风险防范

（一）中长期国际资本流动风险

对于资本输入国，在享受中长期国际资本流动各种积极效应的同时，也不得不面对伴随而来的风险甚至危害，而且处理不当就很可能陷入危机，招致严重的损失。资本输入国的中长期资本流动风险包括外汇风险、利率风险与银行体系风险。对于资本输出国而言，中长期资本流动存在的潜在风险是清偿风险问题，容易引发国际债务危机。

1. 外汇风险。汇率变动是资本跨国流动不可避免的问题，而且期限越长，相应的外汇风险程度可能就越高。从宏观上看，汇率变动可能因为贸易条件恶化或者引起旅游业波动而改变一国的资本流动状况，也可能因为货币当局调整外汇储备规模和结构而影响资本流向和数量，从而对国民收入、国内就业及经济发展等宏观因素不利。从微观上看，汇率波动超出预期水平，会加大企业成本与收益核算的难度，从而影响企业涉外业务，也就影响到私人资本的跨国流动；如果汇率变动加大了企业对外的债务负担，造成企业不能按时偿还到期外债，就会影响进一步的国际资本流入，并最终影响到相关企业的经营战略。

2. 利率风险。利率变动使借贷双方都面临遭受损失的可能性，而且期限越长，相应的利率风险程度可能越高。对国际商业银行来说，资金来源往往是吸收存款或发行金融债券，与资金运用之间存在着利率不匹配的问题。这不仅表现为浮动利率与固定利率的不匹配，也表现为利率期限的不匹配。所以，国际金融市场利率的变动，可能造成国际商业银行在支付借款利息和收取贷款利息两方面同时蒙受损失，使得其比申请国际银行信贷的涉外企业面对更加复杂的利率风险。对国际债券来说，债券发行人所面对的利率风险与上述借款企业相似。而对债券投资者来说，如果其购买了固定利率债券，市场利率的上升会导致其承受少收利息的经济损失，以及债券市场价格下跌而造成的价差损失；如果是投资于浮动利率债券，市场利率的下跌也会导致其承受少收利息的经济损失，但是债券市场价格上升可能在转让时产生资本利得，在一定程度上减少利率风险的损害程度。

3. 危害流入国的银行体系。银行业的高负债特征，使其具有内在脆弱性，对于发展中国家金融体系大多以间接融资为主，20世纪90年代私人资本大规模进入发展中国家，严重冲击流入国的银行体系。一方面，资本流入国的商业银行规模发生变化。如果国际资本是以国内银行对外负债的形式流入，就会直接扩大国内商业银行的资产负债规模。当中央银行从这些商业银行处购入外汇资产时，若不采取冲销性货币政策，就将通过信贷扩张而增加本国流通中的货币数量，提高通货膨胀压力。官方外汇储备增加，也容易带来外汇市场本币升值的压力。中央银行采取冲销性货币政策，相当于把国际资本流入的风险从商业银行体系转移到中央银行，从而造成潜在的公共成本。另一方面，改变了资本流入国银行资产负债结构。银行对外债务增加如果只造成国外资产增加，即发放对外贷款或投资于外国证券，则扩张效果会比较小；但绝大部分发展中国家商业银行的外币负债要比外币资产增加的快，同时国内的非政府存款也急剧上升。这表明国际资本流入会直接或间接地导致国内贷款、消费或投资的增加。在此情况下，银行部门是否可靠，银行贷款或投资决策是否科学，将直接影响国际资本流入的效应和效率。事实证明，许多国家银行体系的问题，主要是低劣的贷款决策和对贷款风险管理不当造成的，一旦银行过分地陷入这种风险，很可能要面临巨额亏损。

4. 潜在违约风险引发债务危机。如果从资本流出国的角度出发，中长期国际资本流动潜在的危险主要就是违约。国际中长期资本流动在资本的让渡与偿还之间存在着相对长的期限，因此这一流动机制中的核心问题是清偿风险问题，即蕴含了发生资金偿还困难的可能性，习惯上我们把这种情形称作国际债务危机。值得注意的是，从国际中长期资本流动机制角度分析债务危机，是因为二者之间存在密切的联系，但并不意味着债务危机只是由国际中长期资本流动引起的，实际上一国债务结构中短期债务比重过大也很有可能因为资本来源的不稳定而发生债务危机。

（二）中长期国际资本流动风险的防范措施

1. 外汇风险防范措施。国际资本流动中的外汇风险防范措施，可以借鉴本章第二节内容中的外汇风险防范措施，化解汇率风险的主要措施总结以下几点：

（1）选择恰当合同货币。在有关对外贸易和借贷等经济交易中，选择何种货币作为计价货币直接关系到交易主体是否将承担汇率风险。为了避免汇率风险，企业应该争取使用本国货币作为合同货币，在出口、资本输出时使用硬通货，而在进口、资本输入时使用软通货，同时在合同中加列保值条款等措施。

（2）通过在金融市场进行保值操作。主要方法有现汇交易、期货交易、期汇交易、期权交易、借款与投资、利率—货币互换、外币票据贴现等。

（3）对于经济主体在资产负债表会计处理过程中产生的折算风险，一般是实行资产负债表保值来化解。

（4）经营多样化，即在国际范围内分散其销售、生产地及原材料来源地，通过国际经营的多样化，当汇率出现变化时，管理部门可以通过比较不同地区生产、销售和成本的变化趋利避害，增加汇率变化有利的分支机构的生产，而减少汇率变化不利的分支机构的生产。

（5）财务多样化，即在多个金融市场以多种货币寻求资金的来源和资金去向，实行筹资多样化和投资多样化，这样在有的外币贬值，有的外币升值的情况下，公司就可以使绝大部分的外汇风险相互抵消，从而达到防范风险的目的。

2. 外汇利率风险防范措施。资本流动中的利率风险防范措施，可以借鉴本章第二节内容中外汇利率风险防范措施，在此不再赘述。

3. 银行体系风险防范措施。首先，要构建良好的经济金融环境，保持健康的宏观经济运行环境；其次，要深化金融体制改革，增强金融机构风险防范能力；最后，要加强对银行体系的有效监管。一是加强对金融机构的严格管理。为健全银行业务和提高银行的应变能力，应根据国际有关银行业监管的规定，加强对资本充足率、资产流动性、风险管理与控制能力的监管。二是加强对境内外资银行的监管，建立有效的风险监管体系。

除此之外，20世纪80年代席卷全球的国际债务危机，几乎造成了世界范围内的资本流动阻塞，沉重的债务负担也给许多国家带来近乎灾难的后果。学术界开始研究如何对外债进行有效管理，如何采取措施防范化解国际债务危机，这部分内容在下一节国际债务与债务危机内容中着重阐述。

第四节　国际债务安全

20世纪70年代，外债逐渐成为发展中国家经济振兴的一项重要工具，国际借款达到了一个鼎盛时期。发展中国家借入巨额外国资本来发展本国经济，早期研究国际债务问题的学者认为，外债形式的国际资本流动可以提高全球经济效益。但是自20世纪80年代以来，外债危机问题浮出水面，全球性的债务危机接踵而来，使得人们不得不重新认识外债对全球经济的影响。同时，关于如何对外债进行有效管理，以及如何防止国际债务危机再度爆发等金融安全问题的研究，也日益受到国际金融组织及发展中国家政府的重视。

一、国际债务与金融安全

（一）国际债务的含义

国际债务即外债（External Debt），根据国际货币基金组织、国际清算银行、世界银行和经济合作与发展组织的有关资料，一国的国际债务可以定义为：对非居民用外国货币或本国货币承担的具有契约性偿还义务的全部债务。对此定义的理解：一是债权方必须是非居民，对本国居民的负债，包括外币负债不在国际债务之列；二是债务必须具有契约性偿还义务，不包含外国直接投资（不具有契约性偿还义务债务）。

根据我国国家外汇管理局的定义，外债是中国境内的机关、团体、企业、事业单位、金融机构或者其他机构对中国境外的国际金融组织、外国政府、金融机构、企业或者其他机构用外国货币承担的具有契约性偿还义务的全部债务。

---

abc【知识链接】

中国外债的界定与国际外债定义的差异

我国对外债定义，除包含外债的一般特性，还具有如下特征：一是借款形式为货币，以实物形式构成的债务不算外债；二是由于目前人民币在国际上不能自由兑换，所以规定了外债的币种是外币而非本币；三是对中国境内的外资和中外合资银行的债务视为非居民管理；四是外汇担保只有在实行履行偿还义务时才构成外债，否则视为或有债务，不包括在外债统计监测范畴。

资料来源：https：//baike. baidu. com。

一国对外举债通常有两种目的：一是筹措资金用于投资，以促进本国的经济增长，或用于弥补财政赤字；二是弥补暂时的外汇短缺，当一国国际收支出现经常项目逆差时，在不动用其储备的情况下，可以利用外资来弥补。一般来说，适度的外债规模可以加速一国的经济增长，而超出国力承受极限的外债则可能对一国的经济产生很大的压力。表现在外债的还本付息会减少一国未来所能动用的资源，从而影响到经济的增长；而外债增长过快也将影响到一国的进出口及国际收支的平衡。因此，为规避外债风险，要衡量一国外债的承受能力和偿还能力。

（二）国际债务的衡量指标

一国借用外债的规模，受国际资本的可供量、国内资金缺口和经济承受能力所制约。承受能力包括当前的吸收消化能力和未来的偿还能力，其中吸收消化能力主要指国内资金配套、基础设施完善程度、原材料和能源供应、适用技术的吸收能力等；偿还能力取决于投资效益、出口增长和国内储蓄水平等因素。因此，借用外债关键在于对引进外国技术有效地吸收消化，增加国民收入，提高出口创汇能力。

可见，外债偿还能力反映一国的经济实力和应变能力，利用外债衡量指标对一国外债负担进行分析，可以看出其是否具备还本付息的能力，如果超过警戒线或安全线，就表明该国发生了债务危机。国际上对于一国外债承受和偿还能力的指标包括以下几方面。

1. 偿债率。偿债率是衡量外债偿还能力的主要参考指标，是指一国当年应偿还的外债本息额占当年商品与劳务出口收入额的比率。国际上一般认为偿债率在 20% 以下是安全的，该比率称为国际债务警戒线。值得注意的是，一国的偿债能力既取决于所借外债的种类、数量、期限，还取决于一国的经济增长速度和出口增长速度等因素，因此，20% 的限度只能作为参考，并非一旦超过 20% 就一定会发生债务危机。

2. 债务率。债务率是衡量一国负债能力和风险的主要参考指标，又称债务出口比率，它是一国当年外债余额占当年商品与劳务出口收入的比率。国际上公认的债务出口比率为 100%，超过 100% 为外债负担过重。

3. 负债率。负债率是衡量一国对外资的依赖度或一国总体债务风险的主要参考指标，是外债余额与国内生产总值（GDP）的比率，有时也用外债余额与国民生产总值（GNP）的比率衡量。外债余额占 GDP 的比率，一般参考安全值为 10% 以下；外债余额占 GNP 的比率，一般参考安全值为 20% 以下。

4. 短期债务比率。短期债务比率是衡量一国外债期限结构是否安全合理的指标，通常是指在当年外债余额中，一年和一年以下期限的短期债务所占的比率，国际上公认的短期债务比率为 25% 以下。

5. 其他衡量指标。除了上述几种常用的衡量一国偿债能力和承受能力的指标以外，还有一些其他指标可供参考。例如，一国当年外债还本付息额占 GNP 的比率，根据经验数据，在 5% 以下是安全的；外债总额与本国黄金外汇储备额的比率，一般应控制在 3 倍以内等。

上述几个指标中，偿债率是用于衡量外债偿还能力和用来显示未来债务偿还是否会出现问题的一个晴雨表，其余指标是辅助或补充性的指标。一般偿债率控制在 20% 以下为宜，如超过 20%，说明债务偿还会出现问题。世界银行曾经分析了 45 个债务国的情况，偿债率超过 20% 的 17 个国家中，15 个国家出现了严重的债务问题，以致不得不重新安排债务。

由此可见，利用国际债务衡量指标进行监测一国的外债偿还能力有重要的参考作用，对于防范外债风险起到了积极的作用，但它们不是决定性的或唯一的指标，因为它们存在一些局限性：一是上述指标所显示的是过去的情况，并不包括将来形势的发展；二是以出口收入为基础的偿债率只显示了国际收支的一个方面，并没有考虑到国家进口商品和劳务的因素，也没有包含国际储备状况，而这些都是影响一国国际支付能力的重要因素；三是能否持续、有保证地借入外债，也是外债偿还不出问题的因素之一，不能只局限于以外汇收入来衡量一国外债偿还能力。总之，由于外债问题牵涉面广，可变因素多，对一国的外债水平或外债的偿还能力，需要从更多方面、更多角度去衡量。

（三）国际债务影响金融安全的传导机制

从世界范围看，资本流动的积极作用在于按照市场需要合理配置资源，促进世界经济的发展，对国际金融市场的发展和成熟也具有促进作用，有利于全球经济一体化。消极作用在于，由于国际资本在流动中存在不完全市场机制影响，导致很多国家出现经济恶化，社会动荡，全球两极分化严重。尤其是 20 世纪 60 年代以来，发展中国家不同程度地借入巨额外国资本来发展本国经济，在全球范围内营造了一片经济飞速发展的繁荣局面的同时，也增加了外债负担。自 20 世纪 80 年代以来，外债危机问题愈演愈烈，引发了全球性的债务危机。我们以发展中国家为例，分析外债引发的金融安全的传导机制。

1. 短期国际债务影响金融安全的传导机制。首先，国际资本流动引发短期外债增加。在发展中国家，由于短期外债与中长期外债的管理方式不同，短期外债和中长期外债都采取数量控制的管理方式，但具体操作存在明显差异，中长期外债的额度只能使用一次，而短期外债可循环使用，造成了外资企业和外资银行更倾向于借用短期外债，结果使得大量的国际短期资本流入到这些国家。与此同时，随着发展中国家过早地进行了资本账户的自由化，相应的监督和谨慎的监管体系尚未建立起来，银行和其他金融结构自身也缺乏足够的监测客户的方法，而发展中国家对银行债务明确的或隐含的担保也导致了银行的道德风险问题。这些因素都加剧了发展中国家金融体系的脆弱性，这表现为银行和其他非银行金融机构迅速扩张的信贷，不断增加的以外币计量的短期外债以及越来越多的不良贷款。

其次，短期外债引发外汇风险。国际资本流动引入的短期外债将大大增加发展中国家的金融风险，即使发展中国家外债总额不高，但短期外债绝大多数是用外币计价的，短期债务增长远远超过外汇储备的增长，这将使得这些国家外汇市场变得极为脆弱，许多企业和金融部门都面临着外汇风险。

再次，产生经济泡沫。由于负债和流动性的快速上升领先于经济规模增长，特定的经济发展阶段和有限的经济增长速度无法为新增巨额贷款提供足够的投资机会，可供投资并提供高额回报的行业有限，这时银行的新增贷款往往集中于这些行业，如房地产和股市等高风险融资项目，由此导致国际资本的大量流入和危机国金融机构大量借贷，进而推动这些国家房地产价格和股票价格的迅速攀升，造成经济泡沫。

最后，加剧金融危机爆发。一旦经济泡沫破灭，就会使得金融机构积累大量不良资产，这些微观经济层面的薄弱使得一些获得信息的国际贷款机构和投资者将资金从这些国家撤走，从而引发了外国投资者对这些国家国内银行的挤兑；为了援助这些银行，中央银行势必耗尽外汇储备，产生外汇需求的突然增加，过度的金融风险最终导致金融危机的爆发。

2. 中长期国际债务影响金融安全的传导机制。中长期资本流动对一国宏观经济的影响实际上是利用资本的使用和偿还之间的时间差异，对国内吸收与国民收入进行跨时期优化，而资本的使用和偿还之间存在时间不一致性就蕴含了发生债务危机的可能性。如果在这个时间段内债务国出现经济困难或外汇资金短缺，就不能按期如数地偿还债务，致使债权国与债务国之间的债权债务关系不能如期了结，即存在爆发债务危机的可能性。一旦许多国家同时出现这种情况，就会引发全球性的国际债务危机。接下来，我们通过国际债务危机来进一步理解中长期国际债务引发金融安全的传导机制。

二、国际债务危机

（一）国际债务危机及其性质

债务危机（Debt Crisis）是指一国不能按时偿付其国外债务，包括主权债务和私人债务，表现为大量的公共或私人部门无法清偿到期外债，一国被迫要求债务重新安排和国际援助。西方有"流动理论"与"清偿理论"两种关于国际债务危机性质的理论。

流动理论认为多数发展中国家的债务是个暂时性的问题，从长期看它们有能力偿还其债务，只是现在需要一些资金解决世界经济衰退所造成的困难，国际债务最终会随着时间的推移与发展中国家经济的改善而解决。

清偿理论认为许多欠发达国家深陷债务之中而没有偿还债务的希望，原因在于当前居高不下的实际利率，使这些国家债务负担越来越重并呈日益恶化的趋势，时间将使最终赖账的数字更庞大。该理论还认为，美国银行家被迫修正了两个传统观点：一是国家不会像一个公司那样因破产而倒掉或消失；二是美国的力量不会坐视不救而会去保护它，因此它们对主权国家冒险贷款。但是历史表明，主权国家违约的现象不断发生，表明主权国家迫于无奈可以无视其债务，真正决定违约的主动权在债务国手中。

从短期分析来看，债务危机是资金流动性问题，当债务国无力偿还债务时，国际金融机构和国际商业银行通过双边安排一揽子解决办法融通资金，缓解债务危机，还不至于发生大规模违约事件。从长期发展趋势来看，国际债务危机反映了清偿能力问题，许多发展中国家借新债还旧债，深陷债务之中累积的外债大于国内用来偿债的生产性资产，导致债务国无法靠自身力量摆脱债务的恶性循环。由此可见，国际债务危机表面上反映的是资金周转和清偿能力问题，而实质上是一国经济增长如何进入良性循环和持续发展的问题。

（二）国际债务危机爆发的原因

国际债务危机的爆发是国内、国际因素共同作用的结果，但外因往往具有不可控性质，并且通过内因而起作用，从根本上说债务危机产生的直接原因在于，对于国际资本的盲目借入、使用不当与管理不善而导致的结果。

1. 内因

（1）外债规模膨胀。外债资金需要有一个适度的规模，前面讲到，现在国际上一般把偿债率作为控制债务的标准来衡量一国的举债规模，偿债率在20%以下为安全警戒线。一国的资金积累主要靠本国的储蓄来实现，外资只能起辅助作用，过多地借债如果缺乏相应的国内资金及其他条件的配合，宏观经济效益就得不到应有的提高，进而可能因沉重的债务负担而导致债务危机。而外债的偿还归根到底取决于一国的出口创汇能力，如果债务增长率持续高于出口增长率，就说明国际资本运动在使用及偿还环节上存在着严重问题。

20 世纪 70 年代石油价格的上涨，使大量石油美元进入欧洲货币市场，发展中国家能够以非常低的利率借入，为发展本国经济并试图以最快的速度进入发达国家的行列，发展中国家盲目地大量举债。据统计，巴西在 1981—1985 年的发展计划中，开列的投资总额为 3720 亿美元，计划筹借外债占比 57.5%。

（2）外债结构不合理。在其他条件相同的情况下，外债结构对债务的变化起着重要作用。外债结构不合理主要表现有：①商业贷款比重过大。商业贷款的期限一般较短，在经济较好或各方一致看好经济发展时，国际银行就愿意不断地贷款，因此这些国家就可以不断地通过借新债还旧债来进行循环。但在经济发展中一旦出现某些不稳定因素，如政府的财政赤字、巨额贸易逆差或政局不稳等使市场参与者失去信心，外汇储备不足以偿付到期外债时，汇率就必然大幅度下跌。汇率下降致使银行到期不愿再新增贷款，为偿还到期外债，本来短缺的外汇资金反而大规模流出，加剧危机爆发。②外债币种过于集中。如果一国外债集中于一两种币种，汇率风险就会变大，一旦该外币升值，则外债就会增加，增加偿还困难。③期限结构不合理。短期外债比重过大，超过国际警戒线，或未合理安排偿债期限，都会造成偿债时间集中，若流动性不足以支付到期外债，就会爆发危机。

（3）外债使用不当。借债规模与结构确定后，如何将其投入适当的部门并最大地发挥其使用效益，是偿还债务的最终保证。从长期看，偿债能力取决于一国的经济增长率，短期内则取决于它的出口率。发展中国家外资使用不当的表现有：①外债使用项目资金效率低。许多债务国在大量举债后，没有根据投资额、偿债期限、项目创汇率以及宏观经济发展速度和目标等因素综合考虑，制定出外债使用走向和偿债战略，不顾国家财力、物力和人力等因素的限制，盲目从事大工程建设。由于这类项目耗资金、工期长，短期内很难形成生产能力，创造出足够的外汇，造成债务积累加速。②大量外债被用于非生产性开支。有相当一部分外债根本没有流入到生产领域或用在资本货物的进口方面，有些用来弥补国际收支赤字和财政赤字以及军事开支；有些用于盲目过量地进口耐用消费品和奢侈品，这必然导致投资率的降低和偿债能力的减弱，而不合理的消费需求又是储蓄率降低的原因，使得内部积累能力跟不上资金的增长，进而促使外债的进一步增加；还有些国家则是大量借入短期贷款在国内作长期投资，而投资的方向主要又都是房地产和股票市场，从而形成泡沫经济，极易引发金融危机。③存在资本外逃。发展中国家存在着非常严重的资金外逃现象，难以充分利用资金。

（4）对外债缺乏宏观上的统一管理和控制。外债管理需要国家对外部债务和资产实行技术和体制方面的管理，提高国际借款的收益，减少外债的风险，使风险和收益达到最圆满的结合，这种有效的管理是避免债务危机的关键所在。其管理的范围相当广泛，涉及外债的借、用、还各个环节，需要政府各部门进行政策协调。如果对借用外债管理混乱，多头举债，无节制地引进外资，往往会使债务规模处于失控状态和债务结构趋于非合理化，它妨碍了政府根据实际已经变化了的债务状况对政策进行及时调整，而政府一旦发现政策偏离计划目标过大时，偿债困难往往已经形成。

（5）外贸形势恶化导致出口收入锐减。由于出口创汇能力决定了一国的偿债能力，一旦一国未适应国际市场的变化及时调整出口产品结构，其出口收入就会大幅减少，经常项目逆差就会扩大，从而严重影响其还本付息能力。同时巨额的经常项目逆差进一步造成了对外资的依赖，一旦国际投资者对债务国经济前景的信心大减，对其停止贷款或拒绝延期，债务危机就会爆发。

2. 外因。需要指出的是，除了发展中国家自身的内因之外，外部国际经济环境的变化也会对债务危机的形成和恶化起到推波助澜的作用。20 世纪 80 年代的债务危机爆发，也有着外部因素的影响，主要包括以下几个方面：

一是两次石油危机的冲击，以发达国家为主导的世界经济衰退。1973 年世界经济受到第一次石油危机的冲击，西方发达国家普遍经济低迷，因而强化了贸易保护主义，而发展中国家出口受到严重损害，国际收支恶化，只能通过举债弥补。20 世纪 80 年代初，第二次石油危机进一步加剧了世界经济衰退，西方国家通过贷款利率、贸易比价等渠道向发展中国家转嫁其经济危机，加大了发展中国家的经常项目收支逆差，使之举债规模不断扩大。

二是国际金融市场上美元利率和汇率的上浮。20 世纪 80 年代早期，工业化国家的反通胀政策引起了国际利率的迅速增加，发展中国家面临贷款名义利率与实际利率的变动情况。同时，发展中国家的外债一般以外币计价，又以美元为主，美元汇率升值与利率上升双重因素使其原有债务的实际利率大幅提高，利息偿还很快占到许多国家出口价值的 30% 以上，债务偿还出现困难。

三是国际商业银行贷款政策的失误。花旗银行前总裁沃尔特·里斯顿曾经说过"国家是永远不会破产的"，这正是大多数商业银行发放贷款时的主导思想。由于发展中国家的外债主要是主权贷款，导致各银行自由地对外贷款，而没有采取借贷限额等限制风险的措施。相反，主要银行仍在不断大量增加对发展中国家的贷款，如花旗银行到 1982 年底向发展中国家的所有贷款占其总资本的 287.5%。

（三）债务危机的解决措施

1. 债务重新安排。当一国发生债务危机无力偿还外债时，解决方法之一就是与债权人协商，要求将债务重新安排。由此，债务国可以有机会渡过难关，重整经济；另一方面债权人也有希望收回贷出的本金和应得的利息。所谓债务重新安排，是指借贷双方通过协商将原贷款协议进行修改，或将贷款时间延长，使债务国在规定时间内不能偿还的本金和利息能够在较长时间内偿还；或以新债还旧债的形式，使债务国在有新贷款协议的情况下能履行偿还本息的义务。具体其形式为：

（1）回购债务（Buy Back）。回购债务是允许一些国家按一定折扣以现金购回其债务。在直接同债务国进行谈判时，回购活动一般需要债权银行免去贷款的某些条款，或重新安排债务协议。债务国可以利用从官方或私人来源捐赠或借入的外汇回购其债务。

（2）债务—股权转换（Debt-Equity Swaps）。债务—股权转换是指投资商购入债权银行对发展中国家的债权，将债权通过债务国的中央银行调换成当地货币进行投资。

这种转换的前提是债权银行同意将自己的账面债权以债券形式折价出售。①优点包括：无须动用外汇就可减少债务，并可引进先进技术和提高就业率；可在一定程度上缓解债务国缺乏资金的矛盾；可吸引外逃资金回国参加建设。②不利影响包括：债务转换股权如采用过多，引进过量外资，将导致一些部门的控制权逐渐落入外国公司之手，出现经济被外资控制的局面；如果政府通过全国的银行系统筹措债务转移所需的资金，势必造成债务国货币供应量大增、刺激通货膨胀，使货币贬值，对汇率也会产生不利影响；单纯通过国内资本市场进行融资以满足债权对股权转换的资金需求，会导致国内流通资金的紧张，产生利率上升的压力；债务额过于庞大的国家没有这么多投资机会，因此这种方法不能广泛实施。

（3）债务调换（Debt Conversion）。债务调换指发行新债券以偿付旧债券。具体做法是：一国以债券形式举借新债，出售债券取得现款，以便在二级市场上回购债务，或直接交换旧债。这种方案的设想是，如果新债券能比现存债务以较小的折现率出售，那么其效应将是减少债务而不必使债务国动用大量外汇储备，但这种方法受限于一国的债信及资本市场的发达程度。

2. 解决新兴市场债务危机的自愿性原则。这是 20 世纪末债务危机以来的经验总结，新规则的全称为《在新兴市场实现稳定资本流动与公平债务重组的原则》。2004年 11 月，在柏林召开的 20 国集团会议上，这套国家债务重组方案得到了与会各国财长与央行行长的支持。这套原则是私人部门的债权机构与新兴市场的债务国讨论的产物。

新原则旨在预防违约事件，以及建立稳定的债务重组环境，使得违约国家能够尽快重新获得国际资本。其强调的重点包括：（1）提高透明度，债务国和债权方之间及时交流信息；（2）债务国和债权方进行密切的对话与合作，以求避免债务重组；（3）各方应遵守诚信原则；（4）公平对待与债务重组有关的各方。

这套原则旨在尽早限制债务危机，主要设想是在问题失去控制之前，通过信息披露、债权方与债务国的磋商以及"方向修正"机制来消除不利因素。该方案还支持债务国采取减少市场传染的行动。根据这套原则，如果债务国丧失了履约支付的能力，那么债务与债权双方将遵照诚信原则进行谈判，在此基础上进行市场化的债务重组，力图达成对各方都公平的解决方案。通过这个程序，违约的债务国就可以在保持宏观经济稳定的情况下，尽快恢复借款资格，重新得到市场的接纳。

（四）债务危机的启示

从发展中国家借用外债成功的经验和失败的教训中，我们可以归纳出以下几点。

1. 举债规模不要超越本国经济发展的能力，加强外债的统一管理。一个国家的外债总政策必须与本国的国民经济发展相适应，与本国的发展战略相适应，同时也要考虑外部资金供应状况和本国的债务偿还能力。对外债应统一管理和严格审查、控制举债增长速度，合理安排借债年期、货币种类和利率结构，避免偿债期过分集中和重复引进等现象。一个成功的外债策略体现在：外债的规模和形式符合本国经济发展的需求，外债能在本国经济中发挥最大经济效益，本国的外债偿还能力是有保证的，外债流入是会延续不断的。

2. 必须坚持筹措资金以国内积累为主，外部资金为辅的原则。从长远的角度来看，外国贷款只能起到辅助推动作用，过分依赖外国资本，忽视本国经济发展的基础条件、人口资源和财政资源等因素，即使把外国贷款用于生产性投资，也难以产生足够偿还外债的经济效益，因而最终可能不可避免地陷入债务泥潭。

3. 借债要多元化，并提高其使用效益。举债要多渠道，多争取国际金融组织的贷款。官方贷款和商业贷款应该有合理的比例。商业贷款必须慎重，确保商业贷款的投资方向和使用效益，确保偿债能力。能否如期偿还外债，关键是它的使用效益，特别是出口创汇效益。一般来说，能源、交通、港口等基础设施建设周期长，投资效益实现较慢，这些项目宜借用官方贷款，尤其是无息或低息和期限长的软贷款。而商业银行贷款应投向较快形成出口创汇能力的行业，例如制造业等。

三、国际债务危机案例：四次主权债务危机

前面的学习中我们了解到，严重的债务危机无论对于债务国，还是对于发达国家的债权银行，乃至整个国际社会，都形成了巨大的压力。包括国际金融组织的有关各方为解决债务危机提出了许多设想和建议，尽管众多措施对缓解债务危机产生了一定的效果，但国际债务形势仍然十分严重。接下来，我们通过四次主权债务危机案例的比较分析，进一步分析债务危机对金融安全的影响。

（一）四次主权债务危机的比较分析

主权债务危机既不同于1997年的亚洲金融危机，也不同于2007年的美国次贷危机。前者是由于东亚各国在20世纪90年代没有妥善处理全球化问题而引起的金融部门的脆弱性，加之国际投资资本的攻击，问题主要集中在私人部门，而非公共部门；后者是由于美国金融监管过度放松、金融衍生产品泛滥，大批次级抵押贷款的借款人不能按期偿还贷款，而引起相关私营金融机构倒闭。

回顾历次主权债务危机，分析20世纪80年代拉美、2001年阿根廷、2009年迪拜和2010年希腊主权债务危机的成因，发现有诸多相似之处。

1. 四次主权债务危机

（1）拉美主权债务危机。1970年以后，欧美国家先后进入"滞胀"阶段。欧美地区一直采取了低利率政策，这样就导致一些追求高利润的国际投资资本开始流向其他国家和地区，这一时期流入的大量国际资本一定程度上为拉美的发展提供了必要的资本。1979年以后，欧美国家的货币政策发生了变化，采取了紧缩的政策，国际资本从拉美国家开始回流至欧美地区，从而使得拉美地区的借贷成本不断提高，债务负担加剧，债务危机爆发。原因在于欧元区统一的货币体制、大量举借外债导致支付困难、外债政策与管理失误、进口替代战略致使国际收支问题严重以及国际经济形势恶化导致出口下降。

（2）阿根廷主权债务危机。2001年阿根廷陷入了严重的经济危机，政府宣布暂停支付1320亿美元外债，成为世界上有史以来最大的倒账国。阿根廷债务危机的原因主

要在于政府大举借债弥补财政赤字、外债结构和用途不合理、经济结构脆弱难以抵御外部冲击以及缺乏弹性的汇率制度。

（3）迪拜债务危机。迪拜以建设中东地区物流休闲旅游和金融枢纽为目标，先后建成了世界上唯一的七星级酒店、世界最高大楼等身价上百亿美元的大型建设项目。然而在 2009 年 11 月，迪拜政府宣布将重组旗下最大的主权投资公司迪拜世界，延迟 6 个月偿还其即将到期的约 600 亿美元债务，迪拜经济繁荣的泡沫随之破灭。迪拜债务危机的原因是大举借入外债、经济没有实体工业支撑、全球金融危机导致房地产泡沫破裂以及金融市场过度开放。

（4）希腊债务危机。源于 2009 年 12 月希腊政府公布政府财政赤字，而后全球三大信用评级相继调低希腊主权信用评级从而揭开希腊债务危机的序幕。2010 年 4 月，希腊政府宣布将无法为即将到期的 200 亿欧元国债再融资，主权债务危机很快传染至欧洲其他国家，因此，希腊债务危机也引爆了欧洲债务危机。希腊债务危机的主要原因在于债务负担沉重、经济结构单一极易受外部冲击、公共福利开支居高不下以及欧元区统一的货币体制。

2. 历次主权债务危机成因比较。表 5 - 2 所示为四次主权债务危机的比较，可以看出在大量举借外债，财政支出居高不下，税收锐减，经济结构脆弱，采取固定汇率制度，外部经济环境恶化等成因方面比较相似。①

表 5 - 2　　　　　　　　　　　四次主权债务危机成因比较

债务危机	成因分析				
	举债目的	支柱产业	财政赤字	汇率制度	国际环境
拉美债务危机	发展进口替代产业	农业	高	中间汇率制	第二次石油危机
阿根廷债务危机	弥补财政赤字	农牧业	高	货币局汇率制	东亚金融危机
迪拜债务危机	大型建设项目	金融、房地产、旅游	高	固定汇率制	国际金融危机
希腊债务危机	维持公共福利	农业、旅游、海运业	高	欧元货币体系	国际金融危机

第一，各国政府出于不同目的大量举债造成巨额债务负担。拉美国家是为了发展进口替代产业；阿根廷是为了弥补财政赤字；迪拜是投入大规模建设项目；希腊是维持公共福利。共同点是借债没有真正或者合理地用于发展经济，导致最终偿债没有来源而不得不借新债还旧债。一旦国际评级机构下调本国主权信贷评级，则各国很难再从国际市场上借入资金，导致资金链条断裂，对此各国只有宣布主权债务违约。

第二，脆弱的经济结构容易受到外部因素的冲击。首先，支柱产业过于单一集中，多为农业、旅游业等。收入结构单一导致希腊经济的对外依赖性很强，极易受到国际经济大环境的影响；其次，出口产品多为农产品，在国际贸易中处于劣势；最后，由于缺少制造业导致出口创收能力有限。

第三，政府财政支出居高不下且难以削减。首先，危机各国的公共福利支出很高，

---

① 谢世清. 历次主权债务危机的原因及启示 [J]. 上海金融，2011（4）.

且具有刚性需求，削减会遭遇民众的强烈反对；其次，为了发展经济而进行的基础设施建设的财政支出也是必需的；最后，一些国家所借外债很大程度上没有用于发展经济，而是直接用于支付公共福利或者弥补国有企业亏损，财政支出往往不能用于具有创汇能力的产业发展，失去偿还债务的源泉，最终陷入借新债还旧债的恶性循环。

第四，税收锐减导致政府财政收入大幅下降。税收锐减使得本来财政赤字已经很高的政府不能通过增加内部税收的方式来解决债务问题，而不得不求助于外界；一旦债务循环断裂，债务危机也就随之爆发。

第五，缺乏弹性的固定汇率制度加剧了债务危机。很多国家出于控制通货膨胀、发展金融市场等因素考虑，都采取本币与美元等外币挂钩的固定汇率制度。固定汇率制度在一定时期内，能够效控制通货膨胀，吸引了外资进入。但另一方面政府为了维持固定汇率，不得不投入大量外汇储备，容易引起外汇储备不足；而且在固定汇率制下一旦汇率被高估，将导致出口创汇收入大幅下降，从而不能及时偿还外币面值的债务。

第六，危机爆发前的外部经济环境较为恶劣。历次主权债务危机往往与全球经济和金融危机紧密相连。首先，国际不利因素导致各国出口大幅下降，支柱产业不景气导致税收锐减；其次，外国投资者纷纷撤资导致资金大规模流出；最后，全球经济不景气导致跨国融资变得更加困难，使得债务危机国不能及时借到新债偿付旧债，从而被迫宜布延迟支付主权债务。

（二）案例启示

1. 全球经济发展模式要注重内外均衡。历史上发生债务危机的国家，几乎都存在经济发展模式的问题。过度依赖外部的产品输入或者资金输入是债务危机爆发国家的普遍特征。拉美国家过于依赖外资输入，而美国过于依赖外部产品，本国制造业萎缩等都是一国经济发展模式的问题。就全球来说，全球经济失衡的经济发展模式也是导致债务危机频频发生的原因。"世界经济失衡"被媒体、学术界所关注，具体表现为发达国家与新兴市场国家国际收支经常项目的失衡。

按照国际货币基金组织的定义，全球经济失衡是指国家间贸易和投资净逆差或者净顺差，表现形式主要是经常账户的不平衡，主要体现在两个方面。

（1）以中国为代表的亚洲新兴市场国家以及中东石油输出国大量的贸易顺差和迅速积累的外汇储备。其中以中国为代表的东亚地区与美国之间的经济失衡构成了当今世界经济失衡的核心，石油输出国大量的贸易顺差主要是得益于近 10 年来石油价格和全球能源需求的持续上升。

（2）美国贸易与财政赤字继续扩大，经常账户逆差和对外负债迅速上升；而欧洲国家虽然没有巨额的对外不平衡，但是欧元区内部相互之间存在着显著的不平衡，并且这种不平衡由于调节机制的缺乏影响到了欧元区的稳定。

综上所述，不论是金融危机还是后续的债务危机，根本上都是经济增长模式导致的不平衡。解决这些问题的本质还在于下一步的"全球再平衡"，恢复全球经济平衡、促使发达国家和发展中国家实现持续性和包容性增长。

2. 凯恩斯主义宏观政策要审慎对待。历次主权债务危机中，凯恩斯主义所主张的赤字财政等宏观经济政策加大了一国爆发债务危机的风险，因此要审慎对待宏观经济政策。在自由主义和国家主义之间寻找一个均衡一直是各国在宏观经济运行过程中的一个"解不开的结"。

一方面，根据"看不见的手"的理论，经济在自由竞争中能够达到有效率的均衡，但是自由竞争的市场体制在大萧条过后遭到质疑。由此使阿根廷爆发债务危机，此次危机的根本原因在于阿根廷政府采取的"新自由主义"改革，过度私有化、政府减少干预是造成阿根廷债务危机乃至整个社会危机的导火索。

另一方面，凯恩斯曾经指出自由竞争的经济在运行过程中会偏离均衡，当偏离达到一定的水平，便不存在向均衡调节的机制，需要外部力量来推动其恢复均衡。而力量就是国家通过财政和货币手段来调节经济。财政收入、财政支出、货币发行等各种政府职能便成为调节经济的手段。此次欧债危机是政府的财政支出与收入以及货币发行方面没有达到最优或者干扰了实体经济的运行所导致。

综上所述，许多学者开始从政府是否要发挥作用，发挥多大的作用，如何发挥作用来反思债务危机，并主张建立一个具有活力并且高效的经济运行和政府运行机制，并在此基础上建立以增加实体经济财富为基础的产业结构。

3. 主权债务危机对中国的启示

（1）严格控制外债规模。历次主权债务危机爆发的最直接原因就是政府大量借债导致外债规模失控。因此，政府借债规模必须适度，不能超过负债能力和偿还能力。目前国际上控制外债规模的警戒线是20%的负债率、100%的债务率和25%的偿债率。在国际主权债务危机频发的新时期，各国应继续严格控制外债规模，不断改善外债结构。

（2）合理规划外债用途。外债使用不当是债务危机的重要原因，以中国为例，我国由于贸易顺差不缺乏国内储蓄，举借外债应主要用于购买国外先进技术和设备提高国际竞争力。在外债的使用上，要注意外债的合理投向，将其着重投向出口创汇的产业或进口替代产业，通过企业的出口创汇或节约外汇支出来减轻还债压力，形成引进外资、提高国内生产水平、加速经济发展、改善国际收支的良性循环。①

（3）合理控制财政支出。财政支出规模庞大是导致债务危机发生的最主要原因，因此，各国要避免不合理的财政支出带来的高额财政赤字，防范债务危机。以中国为例，我国行政管理支出逐年上升，政府参与竞争性、经营性项目过多，用于生产性的支出偏多，而用于基础设施、公用事业等方面的支出不足，导致支出结构不尽合理。因此，我国应特别关注地方政府财政支出规模与结构，防范债务危机。

（4）优化产业结构。经济和贸易结构不合理，在外部冲击下容易发生债务危机，尽管我国产业竞争力有所提高，贸易结构得到改善，但具有竞争力的产业主要为劳动密集型和附加值较低的部分加工工业。因此，我国应在继续发展劳动密集型产业的同

---

① 谢世清. 历次主权债务危机的原因及启示 [J]. 理论参考，2011（10）.

时，不失时机地推进产业升级，增强资本密集型和技术密集型产业的竞争优势。

（5）完善人民币汇率机制。采取盯住美元的固定汇率制是阿根廷债务危机的主要原因之一，固定汇率制下，政府往往需要投入大量的外汇储备以维持固定汇率。我国可以适当加宽汇率浮动区间，实现双向浮动，合理确定一篮子货币及其比率，提高宏观调控的主动性和有效性，以应对不同情景下的外部冲击。

（6）防止房地产市场泡沫。房地产业具有开发周期长、资金需求量大、应变能力弱的特点。迪拜债务危机表明以房地产市场泡沫来促进经济增长有着极高风险，埋下债务危机的隐患。目前我国房地产市场过度膨胀，一旦市场出现大幅波动，后果则难以想象。

📖【本章小结】

1. 国际金融以国际间的货币金融关系为研究对象，既探索国际间货币和资本运动规律及影响其变化的因素等基本理论问题，又探索政府、金融机构、企业等部门或经济主体管理国际间货币和资本运动的具体方法和手段。国际金融安全可以狭义理解为防范一国国际金融风险，维护国际金融体系稳定；广义上的国际金融安全从金融国际化视角来看待国际金融安全。

2. 国际金融风险是指在国际贸易和国际投融资过程中，由于各种事先无法预料的不确定因素带来的影响，使参与主体的实际收益与预期收益发生一定的偏差，从而产生蒙受损失和获得额外收益的机会或可能性。

3. 外汇风险包含企业外汇风险、银行外汇风险以及国家外汇风险。企业外汇风险来自交易风险、折算风险与经济风险；银行外汇风险来自外汇买卖风险、外汇借贷风险与外汇信用风险；国家信用风险来自国际外汇储备风险与国家外债风险。

4. 国际资本流动是指一个国家（或地区）的政府、企业或个人与另外一个国家（或地区）的政府、企业或个人之间，以及国际金融组织之间资本的流入和流出。长期资本流动是指使用期限在 1 年以上，或者规定使用期限的资本流动。它主要包括国际直接投资、国际证券投资和国际贷款。短期资本流动是指期限在 1 年或 1 年以内即期支付的资本流动。它主要包括贸易资本流动、银行资本流动、保值性资本流动（资本外逃）与投机性资本流动。

5. 外债是指对非居民用外国货币或本国货币承担的具有契约性偿还义务的全部债务。国际债务的衡量指标包括偿债率（衡量外债偿还能力）、债务率（衡量负债风险）、负债率（衡量对外资依赖度）与短期债务比率（衡量外债期限结构）。

6. 债务危机是指一国不能按时偿付其国外债务，包括主权债务和私人债务，表现为大量的公共或私人部门无法清偿到期外债，一国被迫要求债务重新安排和国际援助。从根本上说债务危机产生的直接原因在于对国际资本的盲目借入、使用不当与管理不善而导致的结果。

7. 债务重新安排，是指借贷双方通过协商将原贷款协议进行修改，或将贷款时间延长，使债务国在规定时间内不能偿还的本金和利息能够在较长时间内偿还；或以新债还旧债的形式，使债务国在有新贷款协议的情况下能履行偿还本息的义务。

【复习思考题】

1. 简述国际金融安全的内涵。
2. 简述企业外汇风险及其防范措施。
3. 简述国际短期资本流动引发的金融安全机制分析。
4. 简述发展中国家债务危机形成的原因。
5. 论述国际资本流动对经济的影响。

第六章

金融创新与金融安全

【教学目的和要求】

了解金融创新的含义和金融创新的内容；熟悉金融创新的动因；明确金融创新和金融安全的关系；掌握金融创新对金融安全的影响和金融创新背景下维护我国金融安全应采取的措施。

第一节　金融创新概述

一、金融创新的内涵

（一）金融创新的含义

20 世纪 70 年代中期以来，西方各国普遍对金融市场放松监管，这促使金融创新迅速发展，金融产业结构加快调整，发达国家的金融环境发生很大变化。伴随全球化的发展，各国之间逐渐形成了日趋统一的国际金融市场，新的金融工具层出不穷。金融市场的蓬勃发展对世界经济发展起到了重要的支撑作用，其中金融创新发挥了基础性作用。金融创新是在货币经济走向金融经济、货币外延扩大以及金融功能不断扩张的背景下，金融业向广度和深度发展的现实反映。在市场经济发达的国家，国民储蓄通过金融市场转化为投资进而形成资本积累是金融体系运行的逻辑。然而，不同的参与主体在金融市场中发挥着不同的功能，其中有的充当货币当局执行货币政策，有些充当借贷中介，有些提供理财类服务，有些则是货币政策目标传导的中介。随着金融实践的发展，这些功能的发挥必然要求金融领域的不断创新。

著名经济学家熊彼特创新理论的阐释影响至今，他将经济中创新活动概括为新产品、新方法、新市场、新原料以及新组织的应用。熊彼特认为所谓创新是指新的经济成分被纳入到经济活动之中，新经济成分与科技发明并不相同。科技发明最初仅是一项发明，并无经济价值，只有当它在经济活动中与其他经济要素结合之后，才真正具有了市场价值，成为一种"创新"。由此可见，熊彼特提出的创新理论是一个经济范畴而非技术范畴。熊彼特还揭示了创新与经济发展的关系，他指出创新是经济不断发展的原动力，认为经济发展正是由"创新"推动的非连续的变化和移动。

　　尽管熊彼特提出创新理论的最初目的是研究经济周期和经济长期发展问题，但他在论述中仍对金融媒介在经济发展中的作用给予了足够的重视。他指出，银行家处于想要实现新组合的人们和拥有生产手段的人们之间，金融中介发挥功能本身就是一种发展现象。银行家是交换经济的"主宰"。熊彼特的理论创立之后很长时间都被应用于产业经济和企业经济领域的研究，较少涉及金融问题。

　　20 世纪 70 年代，世界范围内金融市场的扩张、金融服务需求的扩大与金融管理体制产生了冲突，金融创新日益增长。于是一些学者开始将创新理论应用到金融创新的研究中来，对金融创新的原因、机制和影响加以阐释。到了 20 世纪 90 年代，金融创新理论基本上已形成体系，并成为金融研究领域中最重要的组成部分之一。

　　金融创新的概念在金融实践中不断发展，出现了多种说法和不同的定义范畴，其中国内学者中比较有代表性的观点有：陈岱孙、厉以宁编写的《国际金融学说史》一书较早地对金融创新的含义进行剖析，他们认为金融创新是通过在金融领域内建立"新的生产函数"，实现各种金融要素的新的结合，是为了追求利润而进行的市场改革。金融创新的内容广泛，无论是创新性的金融工具、创新性的融资方式、创新性的清算手段，还是创新性的金融组织形式和金融机构管理方式等，均可以纳入金融创新的范畴。他们认为整个金融产业的发展史就是一部不断创新的历史；徐进前的定义与陈岱孙等提出的定义基本一致，她认为金融创新的内涵不应只是金融工具的发明或者使用，金融创新应该理解成是多种金融要素的新的组合，是市场参与者为追求最大利润而推动的金融改革；与其他学者更多地从金融机构的视角出发不同，王仁祥将金融创新的内涵扩展到金融监管当局的角度，进行了更为全面的定义。他认为金融创新不仅是金融机构为盈利目标而采取的经济行为，同时也是金融当局为更好地实现金融资产的流动性和安全性而采取的一系列措施。具体来说，主要通过采用新技术、新观念、新的管理方法、组织形式等手段，改变金融市场中的要素组合，创造出一个新的资金运行方式和运营体系。

　　总体来看，学术界普遍认同将金融创新从广义和狭义两个层面来理解。狭义的金融创新单指金融工具或金融产品的创新。狭义的金融创新具体又可分为四种：一是信用型创新，例如通过票据发行来分散投资者独自承担的贷款风险等；二是风险转移型创新，这种创新包括用于交易主体间相互转移金融工具内在风险而开发的各种新型金融工具，例如货币互换、信用违约掉期（CDS，Credit Default Swap）等；三是增加流动性的金融创新，包括能使原有的金融工具提高变现能力和可转换性的新金融工具，如资产证券化、可转让定期存单等；四是股权创造型创新，包括将债券转换为股权的新型金融工具，如可转换债券等。

　　广义的金融创新则进一步涵盖了金融制度、金融组织、金融市场等各个领域和环节的创新。这种观点认为，金融创新贯穿于整个金融业的发展史中，金融业的不断向前发展离不开金融创新的推动。

　　综上所述，现代金融创新就是创新者（金融行为参与各方，包括金融中介机构、金融货币当局、监管部门和产生金融服务需求的居民个人等）在市场竞争中为了追求利润或规避风险，对于当前金融制度进行挖掘或突破，形成新的金融运行模式和体系。所谓挖掘就是研究出现有制度允许范围内的产品、服务或组织的创新，突破就是绕过或打破现有制度的创新。

（二）金融创新的内容

金融创新的内容可以从多个方面进行认识。一般国内学者将其分为四类，即金融产品创新、金融市场创新、金融组织创新和金融制度创新。

1. 金融产品创新。金融产品创新是金融创新的主要内容，金融创新活动作为整体多数发端于产品创新。金融产品作为金融市场交易中的商品标的，它的属性直接决定着与之相关的组织、技术、运营方式，乃至监管和制度等各个方面，产品创新往往推动着这些方面的创新。具体来说，金融产品创新又包括工具创新、服务创新、技术创新等几方面内容。其中，金融工具创新是指金融机构所开发出来的各类新型金融资产，其目的在于通过满足不同客户融资需求从而提高机构的竞争优势。金融服务创新是指创新主体推出的新型的服务方式和手段，也称为服务产品。金融技术创新是指各类推动创新金融工具和金融服务的新技术的应用。如基于互联网和电子商务的计算机技术而使用的现代通信技术应用平台，结合了财务分析理论和新兴的信息处理技术。这样的技术平台为金融创新的发展提供了坚实的技术基础。大数据、云计算、社交网络、区块链等新兴互联网技术的应用就催生了一种新型的金融形式——互联网金融。

2. 金融市场创新。金融市场创新是指新兴金融市场的形成和创立，如欧洲货币市场、金融衍生工具市场，以及金融市场的全球化。金融市场创新使市场要素发生新的组合、变换了交易的时间和空间，改变了市场的组织形式和制度规则，极大地推动了金融市场的发展，促进了市场规模的扩大和市场结构的延伸与升级，强化了市场主体的交易动机，增强了金融市场上金融资产的流动性和金融交易的频度。

3. 金融组织创新。金融组织创新是金融机构或金融市场的组织形式上的创新，它又可以细分为金融组织的结构创新、经营管理机制创新，以及由新兴金融市场而引发的市场组织结构的变革。如商业银行在过去的单一制、总分行制的基础上出现了连锁制、控股公司制、联盟银行制，也出现了以现代信息技术推动而出现的网络银行。20世纪50年代以来，非银行金融机构大量涌现，发达国家的保险公司、养老基金、资产管理公司、信托公司、投资公司、财务公司等非银行金融机构都得到了极大的发展。近年来，随着金融业混业经营的卷土重来，一种集银行、信托、租赁、保险、证券和商贸为一体的大型复合金融机构、金融百货公司、金融超级市场的"金融联合体"又涌现出来。金融组织创新极大地适应了经济和金融业务发展的需求，并且作为金融创新的组织保障，促进了整体金融创新的发展。

4. 金融制度创新。金融制度是一系列游戏规则，其目的在于维护金融系统运行的稳定。金融制度创新是出于降低系统风险、获得创新利润或者降低交易成本等动机，不断地突破原有的制度约束，通过改革和创新，建立适合当前金融市场发展需求的金融制度。金融制度创新主要包括金融组织制度创新、金融市场制度创新和金融监管制度创新等几个方面。

上述四个层面的金融创新内容之间既相互联系，又相互制约。金融产品创新是整个金融创新活动的基础，体现在微观运作层面，直接提供创造经济效益或减少风险的金融工具和服务；金融市场创新会使某一种产品工具形成一个新的市场，如货币互换市场、期货期权市场等，新的市场又需要新的组织形式和组织制度；金融制度创新则在金融创新中具有独特的地位，它为金融创新活动提供制度保障，不仅将各种创新活动所形成的新规则、新方法以制度的形式确定下来，使它们制度化、正规化、合法化，同时，制度在降低交易成本、提供规范的激励机制等方面的独特功能，也使其为各种创新行为提供了良好的外部环境。

二、金融创新的动因

金融创新是在内外两方面因素共同作用下所形成的，其内在因素来源于创新主体的需求；其外在因素包括了技术条件供给和环境要素约束这两个方面。

（一）创新主体需求是金融创新的内在动力

任何一个创新主体的需求均表现为其追求利润、规避风险，以及在遇到阻力时克服阻力、控制成本的行为。同样金融创新也源于金融机构不断满足人们追求利润和规避风险的需求，这种需求不管是来自实体部门、金融部门还是政府部门，都是为了追求一定的利益。其中，实体部门和金融部门追求的是企业利润最大化，政府部门作为国民经济管理者追求的是稳定增长的宏观经济利益与和谐稳定的社会利益。一些由于条件变化而产生的金融创新产品在原来的条件因素消失后仍然能够得以发展，正是因为这些金融产品的产生是由需求而不是供给引起的。比如零息债券由于税收漏洞而被广泛使用，然而在这一漏洞被填补后，其支付特征仍然被投资者所青睐，因而继续存在。这充分说明，需求是金融创新的内在动力。

（二）新技术应用是金融创新的外在条件

新技术的出现，特别是电脑、电信工具的技术和设备成果在金融领域中的应用，是促成金融创新的另一个主要原因。高科技在金融业的广泛使用为金融创新提供了物质上和技术上的保障，从而实现了金融业务的电子化和信息化。然而，任何技术都只是创新的条件，其本身并没有主动推动金融创新的能动性，新技术的应用在推动大量的金融创新产生的同时并没有改变金融交易的性质，只是标志着金融交易在新的技术平台上的发展。

（三）环境要素变化是金融创新的助推器

任何一项经济活动都是在一定的经济社会环境中完成的。正如制度学派的观点，金融创新与社会制度密切相关。计划经济条件下虽然也会存在着追求财富增长、避免经济风险的需求，同时科技水平也在不断提高，但由于高度集中和严格的计划管理经济主体的行为受到严格的限定，金融创新受到很大的限制。如我国的计划经济时代，既没有商业银行，也不存在金融市场。在纯粹的自由市场经济制度下金融创新的范围也会有所缩小，原因是自由市场经济制度下那些为了回避官方监管的金融创新就不可能产生。众所周知，自由市场经济制度生存的条件之一就是竞争，竞争会促使创新主体开展多方面的创新活动，没有官方监管就会缩小创新的范围的说法只是一个数量或规模问题，并不影响金融创新的存在和其在竞争中的发展。市场环境对金融创新也有很大的作用。布雷顿森林体系的解体使固定汇率制淡出历史舞台，浮动汇率制下的汇率风险亟须得到规避，从而货币期货、期权、掉期、货币互换等金融工具应运而生。这说明了市场运行机制的变化导致市场主体的行为方式发生变化，从而导致了规避风险的金融工具创新的发生。

第二节　金融创新与金融安全的关系

一、金融创新对金融安全的影响

所谓金融创新是指金融创新主体为适应宏观经济金融发展变化需要，而对原有金融要素进行重新组合或创造出新的金融要素的过程。任何一个变革或新事物的产生都会对原有的格局产生影响和冲击，金融创新也不例外。因此，研究金融创新背景下的金融安全，需要明确金融创新对金融安全的影响机理。

（一）金融产品创新对金融安全的影响

由于金融创新很少能创造出完全新的产品，因此，金融产品创新不仅包括由金融创新主体完全原创的产品，还包括根据自身需要，对现有产品的某一特性进行改变，或是从其他领域或地区引入的产品。金融产品创新是金融创新主体（主要是金融机构）根据实体经济变化和金融环境的不同而进行的创新，不断涌现的金融创新产品虽然在一定程度上提高了金融的活跃程度和金融效率，但它同时也改变了金融机构原有的经营模式，加剧了金融风险在不同市场之间传导的可能性，使原有的金融稳定格局被打破，金融脆弱性增强。

1. 金融产品创新的稳定效应。维护金融安全的最终目的是在维持金融稳定、有序发展的基础上实现对经济的促进作用，即实现金融效率。金融产品具有强大的构造性和无穷的派生能力，在实现风险管理和获取利润的双重驱动下，金融家通过不断创造新的金融产品或是对现有金融产品的重新组合来适应不同阶层、不同投资者的资金需求，如此不仅可以优化金融结构，实现金融效率，同时多样化的经营模式也有助于化解金融风险，熨平金融动荡，实现金融发展中的动态稳定。

（1）促进了金融产品多样化，提高了金融效率。金融产品创新活动可以改善金融机构的盈利能力，突破资源配置在时空上的限制，提高金融效率，从而使得原本处于稳定状态的金融系统变得更加稳定。首先，随着计算机技术、电子信息网络技术等在金融产品中的广泛应用，以及大量金融衍生产品的不断涌现，金融产品的资金集聚功能日益突出，资金供求双方不必再寻求双向耦合，借助债券、股票以及一系列的金融衍生工具，它们可以在极短的时间内完成资金集聚，从而在为金融机构提供了大量可供选择的金融工具的同时也降低了金融交易的机会成本。其次，金融产品创新所带来的大量不同类型的金融工具能够在更大程度上满足客户多样化的需求，这不仅扩大了金融机构的盈利空间，也带动了新兴金融市场的产生，打破了不同金融市场间相互分割的状态，有助于金融资源在全球范围内实现有效配置，从而提高金融效率。最后，大量新型金融工具的产生有助于使得经济人的境况得到帕累托改进，尤其是越来越多跨周期、跨空间和跨币种的金融衍生产品被使用，突破了资源配置在时空上的限制，提高了金融效率，促进了经济发展。

（2）改善了金融机构结构，提高了金融主体抵御风险的能力。一方面，从金融机构内部来看，金融产品创新不断发展，不仅可以满足客户多样化的需求，也使金融业务不断被细分和同质化。亚当·斯密视分工为经济增长的源泉，专业化的生产可以在极大程度上实现报酬递增。同样，在金融产品创新的推动下，金融机构种类不断多样化，金融结构优化，有助于金融机构可以脱离营销领域的低层次竞争，实现金融企业的可持续发展。另一方面，从不同金融主体的金融创新活动来看，在金融产品创新中有大量的金融工具是出于规避风险目的而产生的，如各种远期交易、期货、期权以及互换交易等。当面临汇率风险时，相关金融主体可以通过远期外汇交易锁定价格；当面临利率风险时，金融主体也可以利用利率互换这个金融创新工具将浮动利率资产转换为固定利率资产以抵消利率可能下降的风险；同样，信用违约互换合约则是将贷款人出现信用违约风险分摊给了保险公司和其他投资主体。显然金融产品创新为金融机构以及其他金融主体分散和转移金融风险提供了可能，从而有助于提高金融主体抵御风险的能力，维护金融安全。

2. 金融产品创新的冲击效应

（1）加大了金融机构自身的脆弱性。金融衍生产品大量涌现在为金融机构提供了更多的获利机会和风险管理手段的同时，也加大了它们承担风险的机会，削弱了金融机构实施内控管理的动机，从而引致金融的脆弱性。在传统的金融业务中，信贷产品占据了绝对重要的地位，为了确保资金的流动性和安全性，金融机构有充分的动力进行内控管理，严格地审查借款者的资信，并在贷后实施跟踪监督。而随着金融衍生工具市场的日趋完善，大量中间业务和表外业务成为金融机构收入的主要来源。国际上先进银行的中间业务收入占比普遍在50%左右，花旗银行作为典范，其中间业务更是贡献了70%以上的利润。信贷业务核心地位的改变使贷款质量不再是影响金融机构收益的关键因素。这无疑在一定程度上削弱了金融机构实施内控管理特别是贷款管理的意愿，直接导致发放贷款标准的不断降低以及金融衍生品违约率的上升。而与此同时，随着信息网络技术、计算机技术等新科技被广泛运用于金融领域，越来越多的金融产品被创造出来，也极大地提高了金融机构获取信息的能力，使它们在金融交易中处于优势地位，强化了金融机构运用它们承担风险的意愿。随着金融产品创新的迂回过程越来越长，金融产品的虚拟化程度也越来越高。在金融市场上交易的标的资产不再仅仅是一些传统的基础金融产品，还包括各种金融契约。人们不再需要足够的资金就可以从事金融交易。金融衍生产品的这种虚拟化和高杠杆率不仅打破了过去全球金融市场在时空上的分割状态，极大地提高了资金的流动性，其高收益的特点也会吸引更多的金融机构从事这种高风险高收益的业务。然而，高度虚拟化和杠杆化的金融产品能够持续产生，依赖于信贷环境的宽松和资产价格的不断上涨，一旦这种条件不具备，资金链就可能发生断裂。如果这些资产泡沫破灭，将会引发剧烈的金融动荡，直至金融危机的爆发，即金融产品创新加剧了金融机构自身的脆弱性，使其在面对外部冲击时可能出现金融动荡。

（2）加剧了投资者与金融机构间的信息不对称。一方面，由于大多数金融衍生品所涉及的金融契约的真实交易发生在未来，因此对于它们的定价需要投资者根据市场信息对未来的收益和风险进行预期；另一方面，以市场定价为基础的金融衍生产品增加了金融机构的透明度，也降低了金融机构的获利能力。为了获取更多的利润，金融机构的经营者有了隐藏信息的动机，通过创造更加复杂的产品让投资者无法理性地对风险进行正确的判断；通过将更多的表内资产转移到表外，加大所有者和监管者的监管难度。金融市场在两者的共同作用下，信息不对称问题更加突出。由于远离真实交易，投资者很难对这些衍生产品的质量做出正确判断，投资者的心理会随着资产价格波动的幅度和频率发生变化。而以小博大的特性又常常使衍生产品成为投机的工具，产品与生俱来的高风险被成倍放大。当幅度和频率达到一定程度时，投资者的心理变得十分敏感，在市场上表现为群体的一致性，从而加剧了金融市场的波动性和不稳定性。

3. 金融产品创新的风险传导效应。金融产品创新在提高了资金流动性和配置效率的同时，也增强了经济主体之间的反馈效应。以某个衍生产品为例，当其所标的资产价格发生剧烈波动时，相关投资者会根据情况调整投资头寸，且这一调整行为的结果将被反映在公司的资产负债表中。而如果受到流动性约束或市场信息的影响，该调整行为被迫以折价甚至是平仓的形式出现时，投资者将遭受巨大损失，且这种损失有可能通过信用担保、赊账、相互拆借、证券化等金融产品直接或间接影响另一个企业的资产负债情况。在信息不对称的情况下，金融衍生产品将加剧这一传导过程，不仅会导致其他具有类似性质的产品价格下降，也会将一些没有任何经济联系的企业、市场或国家联系在一起，从而导致金融动荡。

（二）金融市场创新对金融安全的影响

金融市场创新是通过对金融交易方法进行技术改进、更新或创设，从而形成新的市场架构的金融创新。一般来说，金融市场创新分为两个层面，一是新市场的开拓，如资本市场的建立、金融衍生品市场的产生等。创新主体根据资金供需主体的要求以及自身技术水平的情况，开拓出新的金融市场。一旦新的金融市场形成，其首创效应巨大。二是金融市场体系的创新，即通过对金融市场各要素的重新组合和开拓，不断完善市场机制，优化资源配置，促进金融创新的扩散。与金融产品创新相同，金融市场创新对金融安全的影响机理也具备了鲜明的"双刃剑"特征。一方面金融市场创新可以极大地提高金融市场整体的运行效率，促进金融稳定；另一方面也加大了风险的传导性和实施金融监管的难度，加剧了金融的不稳定性。

1. 提高金融市场整体运行效率，促进金融稳定。随着金融市场创新的发展，新兴市场不断涌现和壮大，经过几十年的发展，金融市场已从单一市场发展到多个市场并存；从国内市场发展到全球金融市场；从在岸市场发展到离岸市场，金融市场结构的不断优化和改善不仅为各类资金需求者提供了更多的选择余地，也为大量的资金供给者提供了更多的投资渠道，从而极大地提高了资源的配置效率，更好地发挥了金融促进经济增长的作用。与此同时，金融市场创新还有利于价格形成机制的合理化，提高金融市场的整体运行效率，促进全球金融市场的稳定。金融市场的价格决定取决于交易双方对影响价格相关因素信息的获取能力。信息技术和互联网在金融市场中的广泛使用，使金融市场对价格信息的获取能力更为强大和快捷，进而突破了金融市场原有的时空限制，国内金融市场与国际金融市场的差别越来越小，金融市场参与者可以实时接收来自世界每一个角落的数据，并进行及时处理、分析，进而做出新的价格判断。而金融市场的国际化也使投资者试图通过在不同市场上进行套利活动获取价差收益的可能性变小，同一种产品在不同市场上的价格日益趋同，金融市场价格的形成机制更加合理化。

2. 加大了金融风险的传导效应。金融市场创新在提高金融效率、促进经济发展的同时，其复杂性和多元化也加大了金融风险的传导性，提高了维持金融稳定的难度和复杂程度。金融市场发展，特别是货币市场、资本市场以及金融衍生工具市场的产生和不断壮大，为微观金融主体提供了更多的选择空间。而由于这些新兴金融市场往往能够使交易主体以更低的交易成本获取更高的利润，出于利益的驱动，不论是传统的商业银行还是大量非银行金融机构都加大了衍生交易的规模。在发达的金融市场，"影子银行"的规模甚至已经超过了传统的商业银行。一个金融机构同时在多个国内外金融市场参与交易活动已经成为一种常态。但多样化的金融市场在提高金融交易的活跃程度并对既有的金融市场的竞争格局造成影响，产生"鲶鱼效应"的同时也使市场与市场之间的差异越来越小。金融活动的高度灵活性、投机性、高杠杆性，使当某个市场发生金融风险时，很容易通过微观金融主体在不同金融市场的活动进行传导，进而加大金融动荡，甚至产生"多米诺骨牌效应"，引发全球性的金融危机。

---

abc【知识链接】

影子银行

影子银行，又称为影子金融体系或者影子银行系统（shadow banking system），是指在金融市场中把银行贷款证券化，通过证券市场获得资金或进行信贷无限扩张的一种融资方式。在中国则表现为银信合作理财、地下钱庄、私募投资、对冲基金等非银行金融机构贷款。这种融资方式把传统的银行信贷关系演变为隐藏在证券化中的信贷关系。

信托产品规模的扩张，互联网金融的发展是最近几年金融行业最为热门的话题。正如"影子银行"之名所暗示，这一系统自传统银行体系衍生而出，与银行及其背后的国家信用有或多或少的联系。放眼影子银行所笼罩的灰色地带，有金融创新的前沿，也有监管不及的风险。影子银行的基本特点可以归纳为以下三个。其一，交易模式采用批发形式，有别于商业银行的零售模式。其二，进行不透明的场外交易。影子银行的产品结构设计非常复杂，而且鲜有公开的、可以披露的信息。这些金融衍生品交易大都在柜台交易市场进行，信息披露制度很不完善。其三，杠杆率非常高。由于没有商业银行那样丰厚的资本金，影子银行大量利用财务杠杆举债经营。

3. 多元化的金融市场加大了监管难度。控制风险、维护金融安全是金融监管的首要任务。随着金融市场结构及在开放进程中市场要素的重新组合，金融监管制度也要随之发生变化，一旦两者不相匹配，就可能降低金融效率，甚至导致失衡。首先，金融市场主体多样化扩大了金融监管的范围。在早期的"银行主导型"的金融市场中，参与金融活动的主体是商业银行，其他金融机构如保险、证券、信托业等并不发达。而进入 20 世纪 70 年代末，随着金融自由化改革的不断推动，这些非银行金融机构逐步成为与银行业并重的金融部门，金融监管的对象也从以银行为主逐步扩大到其他金融机构。其次，金融市场结构复杂化要求金融监管模式发生改变，在这个过程中可能加剧金融的不稳定性。传统的金融监管模式以分业经营、分业监管为主，然而随着金融业竞争的日益加剧，越来越多的金融机构开始向综合化、全能化、国际化的金融超市发展，同一家金融机构同时在不同的金融市场从事经营活动已经成为一种普遍现象，业务日益复杂化，信息不对称问题尤为突出。如果仍旧维持分业监管的模式，则有可能出现多重监管与监管真空并存的现象。

（三）金融组织创新对金融安全的影响

金融组织创新包括金融机构创新、金融结构创新、金融结构内部经营管理创新等。金融机构创新是金融组织创新的核心，而经营模式创新又是金融机构创新的本质内容。金融组织创新的原因多种多样，例如，电子技术的发展导致了纯粹网络银行的诞生，套利和投机动机导致对冲基金的出现，"新经济"的热潮引发风险投资基金的大发展，放松金融管制、金融国际化以及互联网的发展产生了一大批新型金融组织。相对于传统金融机构而言，新型金融组织主要是指在银行、保险、证券等传统金融机构以外发展成立的金融组织，该类组织虽然发挥金融中介功能，但一般未纳入金融监管部门的监管范围，不领取金融机构牌照。现阶段的新型金融组织主要有融资性担保公司、融资租赁公司、消费金融公司、第三方支付公司、小额贷款公司、网络贷款平台、产业基金、私募投资基金、众筹平台等几类，其中，前 6 类数量最多，发展也最为典型。实现组织创新有多种模式和途径，既可以通过对组织结构要素进行重新组合来实现，也可以通过促进各种要素的创造性变革来完成。与金融产品创新和金融市场创新一样，金融组织创新也是一把"双刃剑"，在提高金融机构运作效率、推动金融利率市场化发展的同时，也加大了金融风险，增加了金融监管的难度。

1. 提高金融组织运作效率，维护金融安全。金融组织创新之一就是在传统金融组织领域外产生了大量的新型金融组织，这些金融组织的崛起冲垮了传统金融组织的垄断壁垒，打破了传统金融组织一贯的作风，开拓了传统金融组织的思维，使它们不再保守化，让安于现状的传统金融组织有了新视角。它的蓬勃发展迫使传统金融组织必须提高运作效率。一是促进传统金融组织产品改革创新。如非金融机构运营的支付宝、微信支付等第三方支付业务当前已成为金融服务业的重要支柱，填补了传统金融服务的缺陷，提高了社会资源配置效率。它们使传统金融从支付链条的前端逐渐走向幕后，迫使传统金融组织必须优化业务流程，跨界合作经营，通过新的业务渠道开展混业合作，塑造新的传统金融生态圈，不断探索新金融改革以及服务产品创新。而且，第三方支付客观上也加速了传统金融脱媒情况，强化了客户体验的服务理念，使传统金融产品更迭速度更快。建设银行推出的网络银行"e 贷款"系列产品、招商银行推出的 U－BANK 电子供应金融平台等就是这一压力的产物。二是帮助扩大传统金融组织的服务范围。新型金融组织是基于微贷技术、云计算及大数据等发展而来，它的长尾效应会取代传统金融组织物理网点的优势。这迫使传统金融组织不得不借鉴新型金融组织的营业创新，丰富服务内容，开展一站式个性化的金融服务，不断拓宽金融服务的渗透率和覆盖面，将小众市场和碎片化金融聚集起来，拓展客户资源，提升传统的金融服务水平。金融组织创新在提高金融组织效率的同时，维护了国家金融安全。无论从国际经验还是国内改革实际来看，金融安全都不仅是一个战略性的综合问题，而且还是一个微观效率的收益问题，金融安全关键在于效率，一国的金融效率是金融安全的核心。特别是从美国看，其金融安全因金融体系实力规模而有效。全球 500 强企业和 1000 家大银行中，美国占绝对多数，金融安全首先来自这些机构效率与收益的保障。

2. 推动利率市场化改革，加大金融风险。新型金融组织很好地反映了消费者偏好和市场需求，它的投资走向是部分传统金融机构制订下一步方案的向导。金融机构可以通过挖掘分析数据，市场主导制定利率，增加信息空间，它为传统金融市场价格的形成与传导，为银行的信贷、资本市场、债券市场的价格信号发现等提供了从微观到宏观多元化的可能。随着传统金融利率市场化的发展，中央银行可以通过改变数量调控和直接确定基准利率的宏观调控机制，通过运用多种货币政策工具来影响不同金融市场的中间利率水平，形成公众可接受的利率引导与传导机制，依托互联网金融技术就能真实有效反映微观金融主体行为和利率水平，促使传统金融利率市场化进一步发展。新型金融组织对利率市场化的推动，在带来利益的同时，也加大了金融风险。利率市场化改革确实使许多国家从中获益，金融效率得到了提高，资金分配得到了优化，整个经济、金融系统得到了改善。但是，各国实践表明，利率市场化的进程往往并非一帆风顺。尤其是在发展中国家，在利率市场化的改革进程中，金融体系常常发生动荡，有的甚至演变为金融危机，严重威胁着一国的金融安全。

3. 加大金融监管难度。传统金融是我国银行法、保险法、证券法的立法主体，但是它并不适用新型金融组织监管。第三方支付、P2P 等互联网金融是虚拟网络发展，涵盖计算机信息技术、经济管理等多个业务范畴，不确定风险始终存在，监管风险尤其是重点。例如，既要保证购物实名制又要保护客户隐私，这就是两难的选择题。目前，对于互联网金融机构还没有明确的法律监管体系，也没有专门的监管机构，相当于目前互联网金融是走在法律监管的边缘地带。这就给一些投机取巧，融资诈骗，网络诈骗带来了"机会"，让老百姓遭受利益损失的案例屡见不鲜。由于没有一个法律定位，因此给传统金融市场带来了危机。过去第三方支付是网络支付中介，与银行的利率和监管没有很大的管理冲突。但是如今第三方支付业务渐渐走到台前，P2P 网贷也通过高收益率吸引了众多的投资者、客户群。网贷平台的高杠杆率虽然可以给投资者带来巨大收益，但资金链一旦断裂，必然会引起一连串的网贷风险。虽然目前已经将互联网金融置于金融监管范围内，但是监管体系尚未成熟，网贷公司很可能会卷款而逃，第三方支付平台的资金管理风险让中间承担资金周转作用的传统金融受到牵连，情况严重的话还会引发金融市场出现危机风暴。虽然第三方支付在法律层面上已渐渐得到社会各界的肯定和信任，但 P2P 网贷平台缺乏监管，只能通过自身的行业自律性维持，况且行业数量多导致行业素质良莠不齐，必然会影响金融体系的稳定；给金融健康有序发展带来很大安全隐患，增加了监管难度。而且在监管不严的情况下，互联网金融存在较大的监管套利空间，易引发金融系统性风险，一旦不能保证足够的储备金，当发生巨额赎回时就会引发流动性风险，引起客户恐慌，并且会对利率造成挤压，不利于金融市场的正常运行。

（四）金融制度创新对金融安全的影响

金融制度是一个国家用法律形式所确立的金融结构，以及确保这一金融系统相对独立运行的一系列制度规定。作为不断寻求自我完善的过程，金融制度创新的驱动力来自金融家以及政府部门对金融供求均衡化以及维持金融稳定运行的动机。然而与金融产品创新和金融市场创新所不同的是，金融制度创新的过程更为复杂。金融制度具有鲜明的历史特征，一个有效和相对完善的金融制度必须与当时的经济发展程度和水平相适应。因此，一个金融制度创新会对金融安全产生什么样的影响，取决于其是否符合实体经济发展的需求，并与特定的经济制度相匹配。显然，一个良好的金融制度创新将有利于提高金融效率，实现金融要素的优化配置，维护金融安全，并实现促进宏观经济健康发展的目标；反之，当制度需求与制度供给之间出现矛盾，新的制度在制度安排和技术上出现漏洞，与原先设定的目标大相径庭时，该金融制度就处于一种无效状态，甚至引发金融动荡。

1. 促进市场竞争，保持金融稳定。金融制度创新是对原有制度的重构或创新，是金融制度供给者与需求者之间动态博弈的过程。在以需求者为主导的系统中，单位创新主体（金融企业）往往是制度创新的决定力量。它是以产权界定清晰和自主决策为制度条件，以追求自身利益最大化为目标的制度创新过程。例如，计算机和网络技术在金融领域的广泛应用，导致大量新的衍生工具涌现，为了确保金融安全，客观上会迫使金融监管当局做出适时、适当的创新反应，制定出相关的交易规则来和监管制度。这种由微观金融主体创新形成的倒逼机制，有利于提高金融效率，促进市场竞争，避免金融寡头的出现，并通过健全金融交易规则来抑制机会主义倾向。需要注意的是，金融制度从根本上决定着金融发展的总体效率和空间，它要求相应的创新行为必须符合金融发展的长期目标。这种长期发展战略与短期宏观经济环境变化之间的矛盾加大了金融制度创新过程的复杂性。如果一国政府总是一味地以短期宏观经济发展目标为依据实施金融制度改革，有可能导致一些刚刚被实施的新制度反过来又被否定，成为再次改革的对象。这样不仅创新成本增加，而且相关微观金融主体也会因为制度的多变性而变得无所适从。

2. 集聚金融风险，引发金融危机。金融制度是一国以法律法规的形式对金融体系结构、运行机制等进行规范，一个制度创新行为从决策到实施再到发挥应有的作用需要经历一个较长复杂的过程，在制度转换的过程中或多或少会产生某种程度的重叠或制度真空，如果金融制度创新主体不能很好地解决这一问题，必然会产生金融混乱。一个运行相对良好的金融制度应当与当时的经济发展水平相匹配，过度创新会导致金融过度虚拟化，而创新不足也将产生金融抑制。每一种金融制度和金融运行机制的改变都是与特定的历史背景、经济发展阶段和金融深度相适应的，经济发展会导致金融制度的变革，但当经济发展目标与金融安全目标发生冲突时，过度的金融制度创新就会导致金融风险积聚、金融效率降低和经济发展受阻。因此，当一国政府在进行金融制度创新时，往往需要在经济发展和金融安全之间做出选择，而最后的决定往往取决于决策者利益的偏好。以 20 世纪 90 年代的墨西哥为例，为了吸引发达国家的直接投资，墨西哥政府在实施盯住美元的汇率政策的同时，放松了资本管制。这一金融制度改革在短期内极大地促进了墨西哥经济的发展，使其经历了一段辉煌的经济发展时期，但同时也加大了金融系统内在的脆弱性，大量短期投机性资本涌入墨西哥，造成资产泡沫，并最终导致了危机的爆发。

由此可见，金融制度创新主体之间的博弈以及最终制度决策者的利益偏好直接影响着金融制度创新，并最终对金融安全产生影响（见图 6–1）。

综上，可以发现金融创新对金融安全的直接影响始于宏观经济金融发展对提高金融效率、维持金融稳定的需求和金融家的逐利行为。金融家、政府以及其他金融创新主体根据实体经济和金融环境变化而进行的金融创新虽然在一定程度上提高了金融活跃程度和金融效率，但同时也改变了金融机构原有的经营模式，打破了原本处于平稳状态的金融结构，加大了金融风险在金融机构、金融市场间的传导效应，使金融整体失去了平衡。而当出现金融不稳定时，各种自我纠错功能和外部干预力量就会发生作用，政府以及金融家通过实施一些有利于金融安全的制度创新或是对原有的金融产品创新和市场创新路径进行调整，使金融运行重新回到稳定状态。因此，金融创新背景下的金融安全是一个从稳定到不稳定再到稳定的一个动态循环过程，在这个过程中原本稳定的金融结构受到金融创新的冲击而不断被打破和重建，即金融家、政府以及其他金融创新主体为应对宏观经济发展和金融动荡而进行的不同层次的金融创新是这一

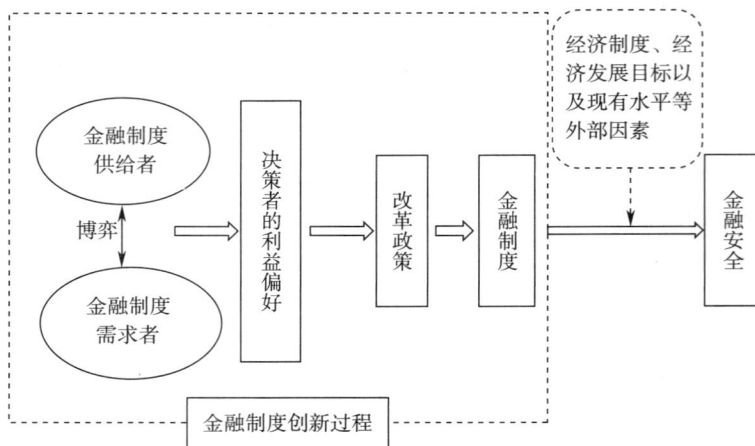

图 6-1 金融制度创新对金融安全的影响

动态循环过程的驱动力量。因此，金融创新背景下金融创新对金融安全的直接影响机理可以用图6-2来表示。

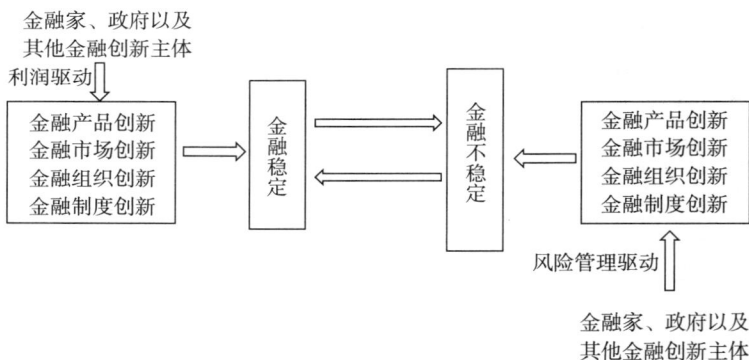

图 6-2 金融创新对金融安全的影响

此外，值得注意的是，一段时期内金融创新的各个环节往往并不同步，而是偏重于某一个方面。如果金融创新主体在开辟新的市场、提高金融自由化程度、拓宽新的投融资渠道的同时，不加强金融监管制度的创新，趋利性可能会使大量金融资本在金融系统内部追求分配机会，而不是进入实体经济领域追求生产性机会。其结果不仅无法促进经济的健康发展，反而加大了金融的投机性，刺激金融泡沫化，进而最终可能诱发金融危机。由此可见，在实施金融改革和创新的过程中，各个环节需要协调，否则就可能导致部分新兴的金融活动被排除在金融监管之外，加大金融系统的潜在风险，影响金融安全。

二、金融安全视角下金融创新的基本原则

要实现金融创新与金融安全的协调统一，实现经济与金融的互利共赢，金融创新必须坚持以下基本原则。

（一）坚持金融创新服务于实体经济的原则

尽管当今的金融业已经有了快速发展，金融已成为现代经济的核心，但经济决定金融，金融反作用于经济的基本原理不会改变。经济是金融运行和繁荣的基础。金融创新不仅要以服务实体经济为出发点，也要以服务实体经济为落脚点，要紧紧围绕着为实体经济服务，为满足实体经济需要而创新，要把服务实体经济作为检验金融创新的最重要标准。不能为金融创新而创新，而是通过金融创新更加充分地发挥金融的资金融通、支付清算、提高资金使用效率、优化资源配置及分散金融风险的功能，提高金融服务实体经济的能力。

（二）坚持金融创新服务于经济金融薄弱环节的原则

小微、"三农"等一直以来都是融资的"困难户"，在经济放缓的背景下，这些金融薄弱环节面临着更大的挑战。金融创新不仅要服务于实体经济，更要注重服务于小微企业、"三农"和绿色经济等薄弱环节。要根据小微企业、"三农"及绿色经济的特点与客观需要，鼓励和推进金融组织、金融制度、金融产品、金融工具、金融服务及管理机制等领域的全方位创新。与此同时，还要积极引导民间资金参与金融创新，规范发展民间金融和互联网金融，形成金融支持的合力。

（三）坚持规避、缓释风险的原则

维护金融安全，实现金融创新与金融安全的协调统一，金融创新应坚持和发挥在规避、分散、缓释、转移风险方面的基本功能，真正成为缓释和降低金融风险的工具，而不是逃避监管以及投机、赌博、欺诈的工具。金融创新要保护投资者的合法权益，坚持安全性、流动性和收益性相平衡的原则，在满足安全性和流动性的前提下，实现合理的收益，实现金融创新的良性可持续发展。

（四）坚持责任清晰、结构简洁、公开透明的原则

任何金融创新都应清楚地界定发起者、设计者、销售者、评级者及最后购买者的责任，而且要做到结构简洁，公开透明。美国次贷危机的一个主要教训，就是通过将次级住房按揭贷款进行打包证券化及再证券化，经过评级增信等复杂的结构化设计，最后出售给投资人。经过极为复杂的结构化设计和多次再证券化，使得最后的责任和风险难以分清。当房地产价格跌落，房贷借款人无力还本付息时，一方面，次贷及证券投资人遭受严重损失；另一方面，所有次贷产品由于严重的不透明而导致价值严重缩水，出售困难，流动性紧张，令金融市场信心遭受重创，最后导致全面的金融危机。

（五）坚持宏观与微观审慎监管相配合，表内表外、场内场外、体内体外风险监控全覆盖的原则

事实证明，微观领域的金融创新可能具有规避、转移风险，促进金融安全的功能，但并不等于宏观金融的安全及整个金融体系的安全。另外出于规避金融监管的动机，

金融机构可能会将有关业务和产品从表内转移到表外，从有监管的场内市场转移到无监管的场外市场，从有监管的金融体系内转移到无监管的金融体系外，从而可能形成金融创新和金融风险的失控，最后导致金融危机。因此，必须同时实施微观与宏观金融的审慎监管，同时对表内外、场内外、体内外的金融创新及可能产生的风险进行全覆盖的监控，以保证金融创新的健康进行，促进整个金融体系和金融市场的安全。

【知识链接】

金融创新威胁金融安全的案例——次贷危机

一、次贷危机中的金融创新

（一）不同层次的住房抵押贷款产品创新

2003 年以后，面对着美国房地产美好的前景，次级抵押贷款应运而生。对于信用等级不同的客户，创造性地构建了不同层次的住房抵押贷款。这其中最为引人关注的是次级担保贷款，其主要的担保抵押物是剩余价值。这种做法有利也有弊。当房价上涨时，次级贷款的利益大于弊端，致使房地产金融机构大力发展次级贷款。2005 年，次级贷款的规模超过 6000 亿美元。作为最为重要的次级抵押贷款创新——可调整利率抵押贷款所占比例大约为 75%。

（二）财务及资产的管理创新和资本资产运作的创新

该创新以市场价值定价的会计记账原理、杠杆操作作用和以风险价值为根本的资产负债管理模式等。2007 年底，作为美国住房抵押贷款的主要机构——房利美和房地美所积累的资本为 8320 亿美元，但这些资本却缔造了 52000 亿美元的债务与担保，倍率达到了 62.5 倍。另外，以市场价值定价的会计记账原理所确定的持有金融资产的账面价值主要是参照市场正在交易的类似金融资产的价格，此种方式可以使金融机构很好地控制有关资产负债表的风险。在杠杆操作原理的作用下，金融机构吸引到的资金越来越多，隐含着的信用规模也越来越大。

（三）债务权证的担保和证券化资产的创新

由于信用低的客户的存在使得部分住房抵押贷款流动性降低，这样不利于资金的流动，因此投资银行与房地产金融机构互相合作，通过金融创新将部分住房抵押贷款证券化。这些证券化的住房抵押贷款再次分为不同的级别：股权级、中间级和优先级，其中评价最高的是优先级证券化产品。投资银行积极帮助房地产金融机构设立特别目的公司（Special Purpose Vehicle，SPV）以此来购买中间级的证券化住房抵押贷款，再以该资产池的未来现金流为基础发行债券，即为担保债务权证（Collateral Debt Obligation，CDO）。

二、次贷危机中金融创新对金融安全的冲击

次贷危机中的金融创新确实给美国金融业带来了繁荣，但随着时间的推移，其隐含的问题也凸显出来，这些问题给金融安全造成了巨大的冲击。

（一）金融创新导致金融的不稳定性

金融创新的最初本意是通过把风险转移给有承受能力和承受意愿且能够管理这些风险的合适的金融投资者，以达到金融体系内风险的有效管理和增强金融体系的抗风险能力。但次贷危机的教训恰恰说明：如果风险没有转移到合适的交易对手那里，那么这种风险还是会存在于金融体系当中，并没有消失。对于宏观经济来说，风险可能不断累积，最终以金融危机的形式爆发。

（二）金融创新增加金融市场的脆弱性

金融创新通过对流动性再创造发明了资产证券化，资产证券化可以转移及分散风险。房地产金融机构用资产证券化的方式将住房抵押贷款可能出现的违约风险转移给资本市场，由投资者来承担这些抵押贷款风险。但由于资产证券化结构极为复杂，一般投资者根本不明白它的原理，只能根据信用评价来决定是否投资，不可避免的信用评价过高或过低最终引起投资者的羊群效应，使得金融市场出现脆弱性。与此同时，杠杆操作、资产管理模式和会计方法加剧了金融市场的震动，最终导致金融危机的爆发。

（三）银行监管资本套利带来金融不稳定

资产证券化的发展对金融稳定带来一定的挑战，一个主要的负面影响是使得金融监管的复杂度和难度提高，尤其是银行的风险更隐蔽，并且银行可能会追逐风险。现有的巴塞尔资本协定对各项资产或业务所设定的风险权值与实际的风险情况往往并不相称，从而给银行提供了"监管资本套利"的空间。银行为了追求利润，会在同一风险权值的各类资产中选择保留实际风险较高的资产，而将实际风险较低的资产实行证券化，使其脱离资产负债表。这在事实上促使银行追逐风险，增加了金融体系的不稳定性。

三、次贷危机对金融创新的启示

（一）金融创新是一把"双刃剑"，必须合理利用

金融创新对于有效配置金融资源、提高金融效率和持续发展金融业，作出了不可磨灭的贡献。然而，在发挥积极作用的同时，也使得整个金融体系不再稳定。总之，我们在看到金融创新带来巨大好处的同时，也必须重视金融创新所引发的整体系统风险。对于我国来说，金融创新一定要符合中国的基本国情，在学习借鉴发达国家金融创新经验时，要取其精华去其糟粕。

（二）保障金融安全的最有力手段是金融监管

在金融创新中维护金融安全必须要切实加强金融监管。相关金融部门要互相合作，及时发现在层出不穷的金融创新中所隐含的金融安全问题。政府部门也要根据现实的发展变化制定新的政策，加强金融监管。只有通过各方面的合力监管，才能及时发现并化解金融风险，才能真正保障金融安全。

第三节　我国金融创新中的金融安全

一、我国金融创新的特征

（一）全面多层次展开是金融创新的主要特征

从微观层面看，不同金融机构之间日益通过相互参股、控股等形式相互渗透。金融创新产品更多地表现为跨企业乃至跨行业特征，金融机构之间的合作日益紧密，不同类别金融机构之间经常联合推出创新金融产品和金融服务。尽管如此，受到市场发展水平限制，我国金融市场上的金融工具和交易手段的数量还很有限，同时受到市场分割和分业经营制度的约束，金融创新的发展空间仍然受限。虽然金融创新产品在不断增多，但其种类多数是不同金融机构之间通过业务代理和简单的产品组合开发等较低层次的金融创新。近年来，虽然指数基金、债券基金、伞形基金等新型产品在证券市场上悄然出现，但这些创新产品多数还处于概念开发层次，真正大范围和大规模推广仍需时日。

从国家宏观调控的层面来说，在货币政策领域管理层放弃了施行多年的传统信贷规模管理制度，采用更加符合市场经济要求的公开市场操作、再贴现、利率政策等货币政策工具。对于四家国有资产管理公司在处置国有企业不良资产的时候，也开始逐步探索诸如打包处置、商业化债转股、资产证券化等金融创新手段，以提高资产处理效率和效益。

（二）金融创新逐步由政府主导模式向市场主导模式转变

我国金融体制改革初期，金融行业处于恢复期，金融市场缺乏创新活力，任何改革行动和创新行为都是在政府主管部门主导下，通过方案提出、试点实施、全面推广的模式自上而下逐步推动的。经过多年的改革和快速发展，我国金融创新模式正逐步由最初的政府主导向市场主导转变，发生了深刻变化。目前我国的金融创新行为多是先由金融机构发现市场需求，然后通过多种渠道向相关主管部门反映情况，再由政府主管部门通过组织试点、全面推广的方式进行制度调整从而完成整个创新过程。尽管政府在创新中仍起到重要作用，但市场发现环节已完全由金融机构自发完成，可以说这是一种自下而上的创新模式。不仅如此，一些金融机构已经开始利用政策法规不健全的灰色地带，采取绕过法规和监管的方式进行创新，以这种方式促使有关管理部门介入创新过程，相关部门出台法规加以引导，在形成规范的创新后被全面采用。

（三）金融创新表现出合作化和专业化趋势

近年来，我国不同金融机构之间通过参股、控股或签订合作协议等方式相互控制、相互融合，一些大型的金融控股公司已经发展壮大起来。同时，产业资本逐步介入金融领域，联想控股汉口银行、中石油收购昆仑银行就是这方面的例证。不同金融企业之间合作的内容从最初的单一股权投资模式，逐步发展到共同开发产品和共同开展业务的新模式。例如商业银行推出的受托理财计划、证券公司为企业提供流动账户管理等都属于此类金融产品创新。当然，目前这些合作还属于简单的组合性创新，对现有工具基本要素重新分解、组合的整合性创新仍然很少。

另一方面，在企业间合作日益强化的同时，为满足市场服务的专业化需要，一些专业化的、向特定客户群提供服务的金融机构越来越多地涌现出来。例如，中国银联的成立，通过建立和运营全国银行卡跨行信息交换网络，实现了银行卡全国范围内的联网通用，并且正在发展成为全球性的结算体系。金融机构的一些专业事业部门独立出来，成为专业化的金融服务机构。业务外包尤其是研发业务外包在金融机构经营中也成为越来越普遍的现象。

（四）自主创新能力较弱，金融创新产品多处于低水平扩张状态

经过多年的发展，我国创新的金融工具可谓种类繁多，创新范围涉及金融行业的各个层面，但其中多数金融工具创新是从西方发达国家引进吸收而来，自主研发的创新工具较少。真正原创性的创新产品仅有 B 股股票、法人股权证、内部职工股权证等少数金融工具，且这些金融工具又具有明显的过渡性。我国金融创新领域的这一现象表现出明显的发展中国家特征。发展中国家由于经济发展起步较晚，经济、制度、技术等原因限制了其研发能力，因此，引进发达国家的创新成果对于发展中国家尤为重要。就我国而言，金融自主创新能力弱不仅与我国的经济发展和金融发展水平有关，还与我国金融机构独立性较弱以及相对严格的金融监管环境有关。

总之，多年来我国金融创新一直处在较低的发展水平。改革开放很长一段时期内，我国金融业的创新主要集中在建立健全现代金融制度，发展基础性金融业务和建立基础性金融市场等方面，具有实质突破性的金融创新十分缺乏。在金融危机中，我国金融业并没有受到太大冲击，究其原因不是我们的防范措施到位，而是我们的金融创新产品太少，我国金融业还没有完全融入全球的金融体系之中。次贷危机确实显露出西方国家金融创新过度的问题，但我们不能因噎废食，因为我国的金融创新并非过度，而是严重不足，我国金融业在业务范围、利率水平、资本市场、体制机制等方面还存在一些问题，这些问题都需要通过金融业的不断改革和发展来加以解决。

二、我国金融创新中存在的金融安全隐患

经过多年的发展，虽然我国金融创新取得了很大的进步，但依然存在诸多问题，这些问题一定程度上对我国金融安全构成了威胁。

（一）金融体系内部风险不断暴露

我国商业银行资产质量恶化始于 2011 年第四季度，当时我国商业银行不良贷款余额为 4000 亿元，不良贷款率仅为 1%，此后不良贷款余额与不良贷款率双双攀升。2016 年第三季度末不良贷款接近 1.5 万亿元，是 2012 年的 3 倍，不良贷款率也由 0.95% 上升至 1.76%，上升了 0.81 个百分点。关注类贷款占比从 2014 年第一季度的 2.5% 上升至 2016 年第三季度的 4.1%，上升了 1.6 个百分点，带动潜在不良贷款率（不良贷款率 + 关注类贷款占比）从 3.54% 上升至 5.86%。2016 年第四季度至 2017 年末，商业银行不良贷款余额增加至 1.71 万亿元，不良贷款率连续五个季度维持在

1.74%的水平。虽然2017年末拨备率有所提升，贷款拨备率为3.16%，较上年末上升0.09个百分点，拨备覆盖率为181.42%，较上年末上升5.02个百分点，但不良贷款率下降并不明显，不良贷款余额的增长态势并未扭转。况且，拨备率的提升能否持续也未可知。我国商业银行利润有3/4来自存贷利差，在利率市场化背景下，利差收窄已成必然，这无疑会使银行能用于拨备的财务资源吃紧。拨备率提升不易，不良贷款余额却难以减少。而目前的经济形势又比较复杂，国内外需求不足伴随国内产能过剩，企业部门面临去杠杆化，房地产市场进入向下调整时期。因此，商业银行不良贷款面临的压力将与日俱增。如果不良贷款持续恶化，商业银行则不得不动用大量存量拨备进行核销，在利润增长缓慢的情况下，拨备无法实现大幅增长，拨备覆盖率必然下降，一旦形成趋势并蔓延开来，就有可能诱发系统性金融风险的爆发。

（二）影子银行迅猛扩张累积大量金融风险

2010年，货币政策偏紧，各融资平台资金短缺，为了满足市场旺盛的需求，以银行理财产品和信托产品为代表的影子银行业务大行其道，中国的影子银行开始爆发式增长。穆迪公司公布的数据显示，2016年底中国影子银行资产规模达64.5万亿元人民币，同比增长21%。影子银行的迅猛发展离不开信用扩张、监管套利和同业竞争，金融机构通过同业存单等影子银行业务方式筹集资金，向房地产市场和地方融资平台注资，既保持了在同业间的竞争优势，又能合法避开银监会的监管。影子银行本身是一种金融创新，其业务具有监管套利的性质，监管机构对待影子银行业务远比对待传统银行贷款要宽松得多。影子银行业务多属于表外非标资产，这类资产不耗用资本金，也不用计提风险拨备，还不会占用信贷规模，因而能够有效回避银监会的监管限制。

缺乏实质性的约束，业务规模又迅猛扩张，影子银行体系中将不断累积风险，并向外蔓延。影子银行业务活动涉及银行、证券、保险以及信托等多个行业，并在货币、资本、信贷、保险以及理财等多个金融市场进行运作，使得金融机构之间和金融市场之间的关联性与日俱增。2017年，我国开始实行宏观审慎评估体系（MPA），将表外理财和同业负债等业务都纳入了监管范围，对商业银行和其他金融机构的影子银行业务监管力度有所增强。但是，鉴于影子银行业务本身的复杂性和多变性，通过监管实现影子银行体系的规范化发展必将任重道远。一旦影子银行体系出现较大风险，风险因素将在各金融机构以及各金融市场间传递，最终会危及实体经济，进而引发系统性金融风险。

（三）金融科技迅猛发展导致金融风险增大

金融科技通过利用大数据、云计算、人工智能、区块链等一系列新兴信息科技技术，实现金融服务和科技行业的高度融合，从而提高金融服务的效率。金融科技以数据和技术为驱动从三个方面实现对金融行业生态格局的改变。一是利用移动通信设备和互联网提高客户对电子渠道的认知度和使用率；二是不断提升手机银行、网上银行、微信银行和电话银行等电子渠道在投融资、支付清算以及风险管理等方面的金融服务功能；三是聚焦特色场景，搭建开放式、统一的互联网金融综合服务平台，使用户充分体验到人机交互的便利性、友好性和智能性。

目前，我国金融科技领域的投资进入了"爆炸式发展"阶段，毕马威的研究报告显示，2016 年全球金融科技企业的投资增速放缓，而中国金融科技公司获得的投资却逆势增长，屡创新高。2016 年，中国在金融科技领域的投资高达 102 亿美元，占全球该领域投资总额的 40% 以上，全球科技金融领域中最具价值的 4 个独角兽公司——估值超 10 亿美元的初创公司——都是中国企业。不可否认，金融科技的迅猛发展将提高我国金融活动的整体效率，实现我国金融业的整体代际跃迁。但是，金融科技的兴起并不会消除传统金融活动中存在的风险，反而会进一步恶化固有的风险。由于我国的传统金融机构不够发达，金融科技机构并不局限于传统金融机构未关注的市场，而是从事与传统金融机构类似的业务，在市场中两者呈竞争关系，许多传统金融工作在不知不觉中被金融科技替代。相较传统金融行业，金融科技行业准入标准较低，市场参与者众多，异常激烈的竞争极易诱使金融机构罔顾风险盲目扩张。金融科技虽然从事与传统金融行业类似的业务，但是金融科技机构的业务活动是建立在互联网信息技术之上，业务运营的流程和技术支撑均与传统金融行业不同，其核心的区块链技术和数字加密技术如果管理不善，一旦被破解或者遭遇黑客攻击，应用技术的金融科技机构就会迅速陷入危机之中。同时，在"网络效应""规模效应"以及"尾部效应"的作用下，风险会在不同业务、不同市场以及不同区域间传染并放大。可见，由于互联网信息技术在金融科技领域的广泛应用，并不会降低原有的金融风险，反而使金融风险变得更加复杂和难以掌控。在我国经济转型和增长动能转换时期，金融科技的"爆炸式发展"无疑会提高整个金融体系的系统性风险。

（四）债券市场违约加剧

2014 年开始，刚性兑付在我国债券市场各个层级纷纷告破，民营企业、国有企业乃至中央企业债券无一幸免。Wind 公布的数据显示，债券违约率呈加速增长态势：2014 年，只有 6 只债券发生违约；2015 年，发生债券违约的数量增加至 23 只；2016 年，债券违约数量上升至 79 只，违约金额为 403.24 亿元；截至 2017 年 6 月 30 日，共有 141 只债券发生违约，涉及 80 家企业，违约金额达 643.67 亿元。从目前国内的经济政策形势来看，债券市场上的违约事件仍将频发，原因在于：第一，国内经济增速放缓，企业经营压力增大，盈利能力有限，还债压力加大，债券兑付就会出现困难；第二，货币政策很可能倾向偏紧，市场上就会出现流动性短缺，债券市场利率提高，企业再融资更加困难，还款能力降低，债券出现违约；第三，2017 年我国供给侧结构性改革的一项重要任务是清理"僵尸企业"，这类企业将无法获取财政支持，也就很难保证债券的兑付性。从系统性金融风险角度来讲，债券违约事件大规模出现确实加大了系统性金融风险爆发的可能性。一旦债券市场违约事件大规模集中爆发，从事债券交易的商业银行、证券交易商、基金公司以及资产管理公司必然受到牵连，进而危及实体经济部门，从而诱发系统性金融风险。

（五）金融制度创新严重滞后于产品和市场创新的步伐

相对于发展迅速的金融产品创新和市场创新而言，金融制度创新在很大程度上拖了我国金融整体发展的后腿，甚至出现了一种倒逼机制，往往是很多微观主体先在法律不健全或是灰色地带进行金融创新，待该创新产品被市场接受后，再通过呼吁，由监管者出台相关的法规加以引导，进行正式的制度创新，导致在某一个时间段内，一些金融创新被排除在金融监管体系之外，这无疑加大了潜在的金融风险，甚至导致金融危机的爆发。

（六）现有的宏观审慎监管框架并不完善

国际金融危机使国际社会和主要国家越来越认识到不能只关注单个金融机构或单个行业的稳定性，还必须从系统整体的角度加强风险监管，建立健全宏观审慎管理制度框架。为此，中国人民银行在2010年公布的《中国金融稳定报告》中提出了构建宏观审慎管理框架的设想，将该框架分为宏观审慎分析、政策选择以及工具运用三个部分（见图6-3）。同时，"十二五"规划中也明确提出了要构建逆周期的金融宏观审慎管理制度框架，这对于进一步加强和改进中国金融宏观调控，提升系统性风险防范能力，熨平经济周期波动对金融系统的冲击，保持经济、金融稳定较快发展具有重要的现实意义。

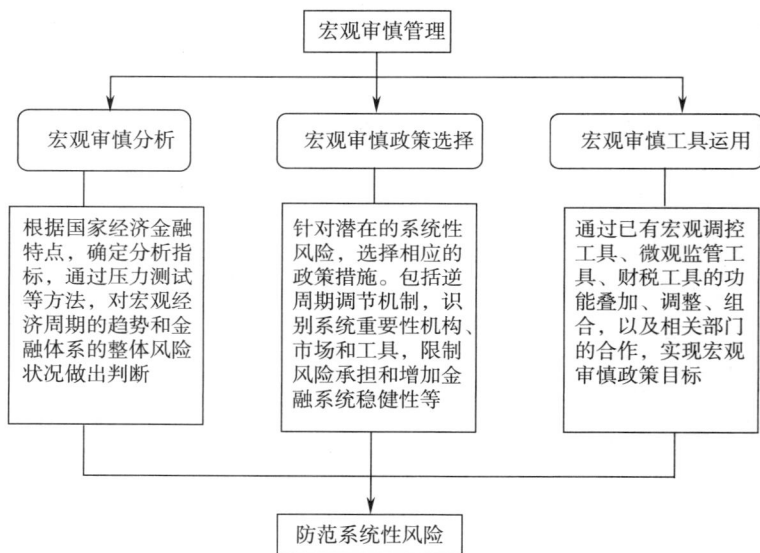

图6-3 宏观审慎管理框架

然而，从所构建的这个宏观审慎监管框架来看，依然存在着很多缺陷：一方面实施宏观审慎管理的主体不够明确。2017年以前，我国的金融监管部门主要由人民银行、银监会、证监会和保监会构成，"一行三会"均有监管职责，但均没有执行和实施宏观审慎监管的独立权力，协调机制不畅通。另一方面监管手段和监管资源不充分，调整监管措施的自由度过大。尽管目前我国已成立国务院金融稳定发展委员会（以下简称金稳会），但金稳会刚刚成立，其金融监管宏观统筹功能尚未发挥。另外，虽然经过多年的改革，我国严厉的金融监管环境已有很大改善，但与发达市场经济国家相比，我国的金融机构在利率调整、业务种类扩展、机构设置以及资本市场参与等多个方面仍处于严管之下，这些都在一定程度上限制了金融机构的创新空间。

三、我国金融创新中的金融安全保障

（一）后危机时代我国金融创新的策略

1. 完善现代产权制度，强化金融机构的创新主体地位。从目前实际来看，我国金融产权的存在形式仍以国有产权为主。这样的金融产权存在形式内在地要求由政府担当金融的行为主体，并对金融资产行使资产权利。在这样的产权归属条件下，受产权外部性的影响，金融机构缺乏金融创新的内在动力。具体来说，金融产权的外部性体现为：金融机构作为独立市场主体的经营目标被政府的金融目标所覆盖，从而使得金融机构自主经营权利丧失，金融机构被动地成为政府的政策性工具。在这样的产权制度安排下，金融机构本身不具备控制自身行为的完整权能。目前我国的金融机构还不是真正意义上的市场主体，不拥有独立经营业务和处置法人财产的权利。金融产权的不可分性使得所有者代理人多元化和内部人控制现象普遍存在，金融机构经营绩效差，经营风险较高。所有者主体缺位，相应的责权利关系落不到实处，使创新动机遭到扭曲，这只能使金融创新停留在表层，并且各自为政、互不沟通，造成低效和资源浪费。

因此，应加快微观金融主体的产权制度改革，使金融机构获得独立产权，并且能得到平等的保护，以便释放其金融创新动能。也只有金融机构获得了独立的受平等保护的金融产权之后，才能在整个金融系统中形成金融创新的演化动力——竞争与合作，通过金融机构之间的竞争，提供多样化的产品和服务；通过金融机构之间的合作，实现金融业内部的规模经济。就微观金融主体自身而言，金融机构内部的创新管理同样需要注重内部成员的主体地位，金融机构创新管理的关键在于如何使其内部人员获得创新空间。由于受长期计划经济思想的影响，我国的金融机构内部也存在严重的行政化管理倾向，内部计划和控制严密，严重忽视机构成员和内部部门的自治能力和主观能动性。创新管理的重点应当是营造宽松的创新氛围，加强机构内部的开放性，加强内部成员之间的交流、联系，同时也要注意内部的竞争和合作。要充分认识组织中存在的内在差异，要在维系机构存在的条件下，设法激发成员思维和行为方式的差异性、多样性，以使金融创新向自适应、自组织发展。

2. 金融产品创新应坚持服务实体经济，同时注重人才培养和科技运用。金融风险常常与金融创新相伴而行，次贷危机被很多评论家指责是过度金融创新产生的恶果。有鉴于次贷危机的经验教训，后危机时代我国的金融产品创新应坚持服务于实体经济需求的原则。这是因为金融创新的根本出发点就是在于满足市场真实的金融需求，脱离实体经济的金融创新必将背离金融的根本功能。通过市场调查和客户需求分析，为客户提供系统金融服务解决方案，这是金融机构进行金融创新的有效方式。只有立足于客户需求，扎根于实体经济，才能为金融机构提供源源不断的创新活力，同时也为金融机构创造利润提供坚实的基础。

我国高端金融人才的缺乏也使金融机构难以推出一些高附加值、技术含量高的创新型金融产品，市场拓展较大程度上停留在传统的业务领域，金融创新步伐跟不上金

融形势发展的需要。因此，培养高级金融人才，促进人才流动，创新知识学习交流的文化氛围，引进人员激励机制，是促进金融产品创新的重要策略。另外，依赖科技支撑是现代金融创新的重要特征，金融机构创新产品研发、开办新业务、推广新产品都离不开现代信息技术作为技术保障。以信息技术为代表的现代科技应用于金融创新领域，一方面可以降低新产品的研发成本，另一方面可以降低新产品和新业务的交易成本，这些有利于提高金融创新产品的市场竞争力，能够更迅速、便捷地满足市场需求。因此，随着现代信息技术的不断发展，我国的金融创新应时刻保持同步，注重最新科技在金融创新领域中的应用。

3. 加快开放金融市场步伐，不断优化金融创新的法制环境。进入 21 世纪以来，经济全球化发展迅猛，越来越多的国家被卷入其中。对于我国而言，金融市场的全面对外开放已是大势所趋。在这样的背景下，我们已不应再考虑市场是否开放的问题，而应该更多地思考如何开放，如何在全球金融市场竞争中谋得一席之地。一方面，我国应该不断完善本国金融机构的企业治理结构，利用本土优势和规模优势提高竞争能力；另一方面，应积极引导外资金融机构进入中国市场，以谦虚的态度学习国际性金融机构的先进做法，鼓励外资机构与本地金融机构合资合作，共同或独立开展各类合法合规的金融业务。

与此同时，我国也要不断健全完善法制环境，提高金融创新的制度保障。因为金融创新活动常常伴随着新型契约关系或新型交易模式的创立，完备的法律约束是规范金融创新各参与主体行为的重要依据，同时也是保障金融市场运行秩序的客观要求。具体来说包括两个方面：一是通过完善相关法律制度构建多元化的创新体系。通过制定专门法律，对金融交易的程序、相关责任、债权管理等方面加以规范，对金融机构的信贷行为进行规范；通过对商业银行法、证券法、保险法等法规的相关内容进行调整，使企业股东获得选择法人治理结构的法律权利，从根本上解决金融机构所有者缺位和内部人控制问题。二是通过完善相关法律法规提高金融执法的效率。建立监管问责制度，对相关监管机构的监管职责落实到位；出台金融机构破产法，完善优胜劣汰的竞争机制，规范政府的行政行为，防止政府对金融机构的过度干预；从提高宏观调控效率和保障货币政策有效性角度出发，应尽量减少中央银行对商业金融机构的风险承担。

4. 鼓励金融创新扩散，完善金融创新扩散机制。对于竞争性的市场经济，金融创新扩散往往是自发进行的。只要有利可图，金融创新的潜在使用者就会产生金融创新技术的需求。因此，金融创新成果不一定需要某个主体去推广，需求方可能会主动进行学习或模仿。但是我国的金融创新系统是以政府主导为特征的系统，严厉的管制和谨慎的监管势必会带来市场竞争动力的不足，因此，我国的金融创新扩散是一个弱项。而对于金融创新系统的功能而言，金融创新扩散比金融创新活动本身更为重要。金融创新扩散的深度和广度直接影响金融创新系统的金融绩效和经济绩效。因此，针对我国国情制定金融创新扩散策略显得尤为重要。

首先，通过制定相关政策，鼓励金融创新成果拥有者将创新成果向外扩散。在创新成果推广初期对拥有者给予适当的权益保护，避免其失去将成果向外扩散的积极性。其次，注重培育潜在的金融创新使用者。产品推广过程中，应使广大金融消费者充分认识金融创新成果的效益，鼓励使用过程中的再创新和再扩散，使金融创新扩散进入良性循环。最后，提供多层次的金融创新扩散渠道。我国金融产品的销售和推广显得极为薄弱，各个金融机构的销售环节无一例外地被内嵌在产品开发和主体业务部门内部，难以适应金融市场变化的需要。目前我国除了保单销售、股票销售尚存在一个可以识别的市场之外，其他金融服务均不存在销售市场。如基金单位销售、期货合约的销售、都不存在独立的客户，而且机构化趋势明显，金融服务模式雷同，这对我国金融创新的扩散极为不利。因此，规范销售渠道并对市场进行专业化细分，并以此为基础提供多层次的金融创新扩散渠道是我国目前应该解决的问题。

（二）我国金融创新中的金融安全措施

1. 金融监管方面

（1）完善金融监管机制，加强金融监管力度。首先，通过制定相应的法律法规，明确规定各个监管单位的具体分工，以此来消除由于监管权的边界部分不明确而产生的无人监管及监管相互重复的问题；其次，增强信息披露监管，增大金融机构由于信息披露欺瞒事件的处罚力度；再次，加强场外市场的监督管理，力保透明的交易；复次，在国际间要加强合作交流以便有效地监管衍生品交易，使隐含的风险降到最低；最后，建立行业自我监督、交易所监管及政府部门的监管三方面共同监管的体系，使金融安全得到切实的保证。

（2）构建金融风险预报和处置机制。金融风险大规模高强度的集中爆发导致了金融危机的产生。在构建金融风险预报和处置机制，及时地监控金融风险，并根据相应风险的程度，采取合理有效的解决方法。在这过程中要特别注意监控国际上流通的资金，及时预报防范。因为在金融全球化的今天，我国的资本市场逐渐全球化，国际资本注入我国的数量也越来越大，这其中隐含的风险也越来越多，因此，构建金融风险预报及处置机制成为必然。

（3）创新金融科技监管，适度包容。金融科技的普及提升了金融服务的效率，同时也带来了金融风险和技术风险的叠加。加强金融科技的监管是有效防范其风险的必要手段，鉴于金融科技不同于传统金融业务的复杂性，对于金融科技的监管，既要体现传统金融监管的延续性，又要在监管制度、监管技术以及监管方式上有所创新。在监管制度上，要力求金融科技领域的全覆盖，建立起防止监管套利的有效监管制度；要重视各监管部门之间的有效协调，厘清各监管部门间的权责归属问题。在制度安排上，应该适当提高包容度，鼓励已成熟技术在金融领域的推广使用，适度容忍其试错阶段非刻意欺诈及非系统性风险。在监管技术上，监管机构可以考虑适当运用大数据、云计算、自动化程序、区块链以及分布式账本等技术创新来改进风险动态监控和预警系统，实时判断和分析金融科技企业的经营数据，随时应对金融科技领域出现的新风险，从而提升自身的监管能力，引导金融科技在可控范围内发展。在监管方式上，可以借鉴英国经验，在监管部门设立专职机构处理金融科技方面的监控、引导以及合规工作，金融科技方面的新业务能否推出取决于该专职部门的测试结果，在确保消费者权益的情况下，尽量简化市场准入标准和流程，最大限度地推进新业务的快速运营。

（4）完善金融安全国际监管合作机制。金融创新产品的交易往往具有跨国性，这就需要建立衍生品交易的国际监管和协作机制，解决金融衍生品市场交易全球化、监管本地化问题。国际监管协作包括：与各国家间建立共享的信息合作机制以此来加强国际金融流通的监管；建立危机磋商机制，出现突发事件时进行磋商和处置；制定清算违约的处理措施；积极建立与国际会计准则委员会（IASC）、国际清算银行（BIS）、国际互换和衍生产品协会（ISDA）、国际证券事务监察委员会组织（IOSCO）等国际组织的合作机制。

2. 金融市场方面

（1）稳步发展金融衍生品市场。鉴于金融衍生品市场在金融市场中作用巨大，因此提升我国金融业竞争力的方式之一是稳步发展金融衍生品市场。随着改革开放的巨大进步，我国经济总量当前仅次于美国，位居世界第二，但我国的金融衍生品市场还存在很大的不足，这大大限制了我国更进一步的发展。金融业作为产业的高端发挥着巨大作用，而金融衍生品又属于金融产业的高端，其作用可想而知。中国要成为金融大国，想在国际竞争中处于不败之地必须得稳定地发展金融衍生品市场。金融衍生品市场的稳步发展可以为投资者提供更多的规避风险的工具，进而提高金融机构的运作效率。但由于我国是新兴经济体，金融发展不能远离实体经济，金融衍生品市场不能急于求成，要根据基础市场的发展条件稳步推进。

（2）完善金融市场基础设施建设。尽快完善场外交易和场内交易的法律法规，加快国家法律法规的进程，使得金融创新有法可依，用法律法规规避金融风险；通过电视节目、手机报等方式增加人民对金融创新的认识，大学及专门机构培训金融行业的专业人才；鼓励中介机构的建立发展，例如，专业经纪公司、信用等级评价公司、清算审计机构等；稳步发展利率市场，增强人民币汇率的弹性，积极使人民币走向国际化；构建有效的公司内部控制机制，以此来加强公司的治理。

【本章小结】

现代金融创新是创新者在市场竞争中为了追求利润或规避风险，对于当前金融制度进行挖掘或突破，形成新的金融运行模式和体系，包括金融产品创新、金融市场创新、金融组织创新和金融制度创新。金融创新是在内外两方面因素共同作用下所形成的，内在因素来源于创新主体的需求，外在因素包括技术条件供给和环境要素约束两个方面。金融创新就像一把"双刃剑"，一方面带来经济的快速发展、金融的活跃繁荣，另一方面也导致了经济的停滞和衰退、金融的动荡和崩溃，威胁金融安全。要实现金融创新与金融安全的协调统一，实现经济与金融的互利共赢，金融创新必须在坚持服务实体经济薄弱环节、规避和缓释风险及宏观与微观审慎监管相配合的原则下进行。在我国未来金融创新的道路上，必须从金融监管和金融市场两方面采取行之有效的措施，规避金融风险，确保金融安全，只有这样，我国的金融经济才会实现可持续发展。

【复习思考题】

1. 简述金融创新包含哪些内容。
2. 简述金融创新对金融安全有哪些有利影响和不利影响。
3. 简述在我国金融创新中应如何维护金融安全。
4. 简述金融安全视角下金融创新应坚持什么原则。
5. 简述我国金融创新存在哪些金融安全隐患。

第七章

系统性金融风险与金融危机

【教学目的和要求】

通过本章学习要求学生掌握系统性金融风险的特征和产生原因，对系统性金融风险的传导、防范及与金融危机之间的内在逻辑关系有较为清晰的认识和理解。了解金融危机的定义、分类和产生的原因，对金融危机的相关理论、金融危机的危害性及相应的防范措施有初步了解。同时，加深对金融安全的含义、国家金融安全和金融全球化的关系及我国的金融安全相关问题的了解。

第一节　系统性金融风险概述

自 20 世纪 90 年代开始，金融全球化进程不断加速，金融创新产品不断推出，国际金融体系稳定性随之下降，国际间金融市场的波动性呈同比增加趋势，系统性金融风险传导渠道也呈现多元化趋势，金融危机的频发凸显了金融稳定的重要性，使得系统性金融风险成为各国以及国际监管机构关注的重点。

近年来，随着我国经济进入新常态，经济转型和"去产能、去库存、去杠杆"的推进给金融体系来了前所未有的考验，防范金融风险和保障金融安全成为我国金融工作的重要任务。党的十九大报告提出贯彻新发展理念，建设现代化经济体系的发展目标，并要求"守住不发生系统性金融风险的底线"。金融作为现代经济的核心，金融安全是国家安全的重要组成部分，也是国家实现两个"百年梦"和中华民族伟大复兴的重要保障。但是，金融也是现代经济中的复杂利益体系，腐败、投机以及客观的不确定性常常成为系统性金融风险积累的根源，也是威胁国家金融安全的核心要素。2016年 12 月的中央经济工作会议、2017 年 3 月的全国两会和 2017 年 7 月的第五次全国金融工作会议都无一例外地将防控系统性金融风险作为当前经济政策的工作重点。如何有效防范风险、降低金融危机发生概率也成了当今学界研究的热点，防控系统性金融风险已经成为中国经济金融运行中一个至关重要的政策取向。

一、系统性金融风险的概念和特征

在金融学说发展史上，"系统性风险"的概念最早由美国学者威廉·夏普在《投资组合分析的简化模型》一书中提出。[1] 他在马柯维茨资产选择理论的基础上区分了系统性风险和非系统性风险的含义，指出系统性风险是指由证券市场总体价格变动所引致的某种特定金融资产的价格变动；非系统性风险则是指仅引致某种特定金融资产价格变动的特殊因素。

国际上对系统性金融风险的定义有三种：一是从金融危机的传染性角度定义，如 Kaufman 将系统性风险定义为单个银行的损失通过"多米诺骨牌效应"导致整个银行体系损失的可能性。[2] 二是从危机导致的危害大小和剧烈程度角度定义，如国际货币基金组织认为系统性风险是指可能导致金融体系部分或全部受到损害进而致使大范围金融服务紊乱的风险。[3] 三是从对实体经济影响的角度定义，如 Zigrand 认为系统性风险是由于金融不稳定广泛地损害金融系统的融资功能，以致经济增长和社会福利遭受重创的风险。[4] 综合来看，系统性金融风险是指因为一个金融机构在运营的过程中由于各方面原因导致支付困难，出现违约行为，甚至不得不破产清算，最终加大了危机出现的风险。

系统性金融风险主要特征表现在以下四个方面：一是传染性强。现代金融市场依靠网络实现即时交易，一个地区的金融机构或市场遭遇的危机，由于业务的内联性和"羊群效应"，容易传导到其他地区的金融机构和市场。二是传递速度快。一家金融机构倒闭迅速波及其他金融机构，往往使金融机构和监管机构猝不及防，很难有时间实施救援措施。三是造成的损失严重。系统性风险一旦演变为金融危机，整个金融系统功能会突然丧失，各经济部门随即陷入混乱与停滞之中，无论是家庭部门、生产部门还是金融部门都无一能幸免。四是顺周期性。金融系统内生地存在顺周期性，在经济上升时期金融比其他部门发展更快，在经济下降时期金融的下滑也快于其他部门，金融不仅会放大实际经济的冲击，其本身还会放大宏观经济周期波动。

二、系统性金融风险的产生根源

系统性金融风险危及整个金融体系，容易引发金融危机和经济危机，对一个经济体系的危害较大，甚至引起政局更迭。通过对 20 世纪以来的几次重大金融危机的分析，发现系统性金融风险产生的根源可归结为以下几个方面。

第一，金融市场参与者出现盲目乐观，投机和金融腐败行为盛行，市场狂热情绪不断升温，成为系统性金融风险发生的行为因素。详细考察每次金融危机的发生过程可以发现，在危机发生前，政府部门和金融机构以及投资者对金融市场出现的问题一般都盲目乐观，对即将发生的风险和危机缺乏心理准备，所有参与者都成为套利者，

---

① 王国刚. 防控系统性金融风险：新内涵、新机制和新对策［J］. 金融评论，2017（3）：2.

② Kaufman G. G.. Bank Failures, Systemic Risk, and Bank Regulation［J］. Cato Journal, 1996, 16（1）：17 - 45.

③ IMF. Global Stability Report - Responding to the Financial Crisis and Measuring Systemic Risks［R］. Working Paper, 2009.

④ Zigrand J. Systems and Systemic Risk in Finance and Economics［R］. LSE Systemic Risk Special Paper, 2014.

金融行业和金融市场的合理准则常常不被重视，投机与合谋腐败演化为集体非理性的行为选择。一般来说，金融市场的"理性"通常适用于理论假设，而"非理性"则是金融市场参与者的真实特征。也正是金融市场的非理性行为支撑了金融市场的自动运行，并满足参与者的投机"梦想"，这种梦想最终导致情绪狂热，成为每一次金融危机的显著特征，也是引发系统性金融风险的重要因素。在历次金融危机中，几乎每一次危机发生前都出现过标志性的投机狂热事件，其中，以股票市场的狂热最为显著。在1929年的美国股票市场危机、1982—1987年的美国股票市场危机（黑色星期五）、1997—1998年的东南亚金融危机和2007—2008年的美国（还包括英国、爱尔兰、冰岛、西班牙、希腊等国家）次级贷款金融危机发生前，相关国家都出现了金融市场的狂热现象。美国次级贷款危机发生前，美国华尔街的衍生金融工具如信用违约互换（COS）放大投机狂热情绪，成为金融市场情绪狂热的"经典"事件。

第二，在宽松的货币政策刺激下，商业银行为追逐利润，通过过度投放信贷，成为引发系统性金融风险的政策因素。银行作为主要的金融机构，也是一国货币创造的重要参与者，每一次金融危机都伴随着银行危机，并且出现银行倒闭事件。但是，在每一次金融危机之前，都存在银行系统信贷过度投放的现象。银行系统过度投放信贷本质上是由银行对实体经济的良好预期所推动的，如果银行自身对实体经济的增长预期准确，信贷投放则是银行实现利润的重要来源。不过，实体经济的周期性波动特征通常使银行资产负债出现期限错配，因此，信贷投放对银行业而言常常成为一种投机行为，这种投机行为最终导致银行不良资产大幅增加。因此，对一国的宏观金融体系来说，整个银行体系的信贷过度投放是引发系统性金融风险的直接根源。

第三，债券市场出现连续违约、房地产等资产泡沫崩溃成为引发系统性金融风险的市场因素。债券市场是标准化的信用交易市场，而信用是金融体系得以顺利运行的基础。债券市场危机基本上成为金融危机的"标配"，债券市场危机的根源是连续违约。根据债券市场的信用评级方法，债券市场可以容忍一定比例的违约，但是，如果出现连续违约现象就会引发系统性金融风险。

第四，国际资本流动异常、货币贬值压力增加成为引发系统性金融风险的国际因素。国际资本流动异常引发系统性金融风险的情况一般发生在发展中国家。发展中国家由于国内金融体系相对脆弱，资本流入过多会引起通货膨胀，资本流出过多则会引起货币贬值，因此，资本流动异常就成为发展中国家发生系统性金融风险的重要因素。在1994—1995年的墨西哥金融危机和1997—1998年的东南亚金融危机中，由于资本流动异常引发危机加剧，相关发展中国家被迫重新实行资本管制，限制资本流动，并向国际金融机构调集头寸应付危机的压力。此外，在开放的金融体系中，一国货币贬值本来属于正常现象，但是，如果出现大幅贬值就会引发系统性金融风险，从而导致金融危机。

三、中国系统性金融风险的主要来源

我国系统性金融风险的来源主要包括以下几个方面[①]。

第一，金融体系自身潜在的风险。由高负债率和高杠杆率的经营模式、信息不对称、自身的经营管理出现偏差所引致的金融体系的内在脆弱性与不稳定性。第二，宏观经济不良波动带来的风险。当宏观经济不良波动过大、宏观经济政策不恰当时，会凸显出消费投资失衡、经济结构缺陷、通货膨胀等宏观经济问题，从而增加金融系统的风险。第三，泡沫经济引致的风险。资本的趋利性使得资本大量流入股市等存在投机机会的市场，致使金融资产价值飙升，远超其实际价值，形成巨大的泡沫，一旦泡沫破裂，银行等金融机构的不良资产增加，风险随之增加，甚者将引发金融危机。第四，外部资本冲击带来的风险。外国投机资本在短期内通过低买高卖或高卖低买，操控中国各类金融资产的价格，引发股市、汇市等的震荡，从而人为增加了中国系统性金融风险。

---

abc【知识链接】

1900 年以来的 12 次金融危机[②]

自 1900 年以来共爆发了 12 次不同程度和规模的金融危机：1907 年的美国（包括法国和意大利）金融危机、1920—1921 年的英国（包括美国）金融危机、1929 年的美国股票市场危机、1931—1933 年的欧洲金融危机、1950—1960 年的国际债券市场危机、1974—1975 年的美国（覆盖全球）布雷顿森林体系危机、1979—1982 年的美国（覆盖全球）金融危机（如美元危机、美国农场危机、石油危机、世界债务危机）、1982—1987 年的美国股票市场危机（黑色星期五）、1990 年的日本房地产市场危机、1994—1995 年的墨西哥金融危机、1997—1998 年的东南亚金融危机、2007—2008 年的美国（包括英国、爱尔兰、冰岛、西班牙、希腊）次级贷款金融危机。

四、系统性金融风险的传导

系统性风险往往起源于单个机构、单个市场或单个行业，但却会扩散并传导至整个体系。其传导机制可以分为内部传导和外部传导。

内部传导主要有两种方式。第一，直接的业务关联。金融机构通过银行间市场的同业往来、衍生品市场交易和支付系统，彼此之间发生债权债务关系，一家金融机构

[①] 唐升，周新苗．中国系统性金融风险与安全预警实证研究［J］．宏观经济研究，2018（3）：49．
[②] 张维．系统性金融风险的历史考察与防范对策［J］．南京审计大学学报，2018（2）：2．

破产后对有直接业务关联的其他金融机构失去偿债能力或无法履行合约义务,其他金融机构再由于各自的直接业务关联影响到更多的机构,从而产生链式反应导致对整个金融系统造成负面影响。第二,间接的业务关联。金融机构之间没有直接的业务关联,但拥有同样性质的业务或资产组合,即具有共同的风险暴露,当出现风险事件时,拥有共同风险暴露的金融机构同时受到影响,部分金融机构受到偶发性冲击后被迫抛售资产,如果抛售规模足够大将造成资产价格的持续大幅下跌,在盯市计价的原则下,持有同类资产的其他金融机构将被迫进行资产减记,随后为满足资本监管要求和流动性约束不得不抛售资产,导致新一轮价格下跌,造成形势进一步恶化。在现实当中,直接和间接传导这两种方式往往相互作用,相互强化。

外部传导主要指的是跨境传导。跨境传导通常有两个渠道,一是通过实体经济的联系进行传导,二是通过国际金融市场的相互关联传导。通过实体经济的联系进行的风险跨境传导,最主要的渠道就是对外贸易和投资。从贸易渠道看,发生危机的国家通常实体经济也会遭受冲击,造成国民收入下滑、资产缩水,对未来预期趋于悲观,这种情况下国内对投资品和消费品的需求都会减少,反映在对外贸易方面就是进口需求大幅下降,从而对出口导向型国家的经济造成冲击;从投资渠道看,由于系统性风险爆发通常导致金融机构被迫收缩海外投资,将资金撤回国内应对危机,如果发生大量资金的集中撤出,可能导致接受投资的国家资本市场动荡和实体经济“失血”,这对于经济体量不大、外汇储备不足的发展中国家可能会造成灾难性冲击。通过国际金融市场进行的风险跨境传导,主要表现为“季风效应”(Monsoonal Effect)、“溢出效应”(Spillover Effect)和“净传染效应”。“季风效应”反映的是某种共同的外部冲击导致金融风险在几个国家或地区相继发生;“溢出效应”反映的是当一国发生金融危机之后,国内出现流动性短缺,由于投资者调整资产组合进行流动性管理,导致其他国家爆发风险的现象;“净传染效应”反映的是在不存在直接或间接经济金融联系的情况下,金融危机发生后,投资者仅仅因为改变了心理预期,就会对存在经济、政治或文化相似性的国家(即使经济基本面依然良好)进行投机性冲击,导致金融风险在类似国家之间传导。

五、系统性金融风险与金融安全

当前我国经济金融正处于深刻的转型中。转型的本质,是系统的演进和转换,必然会涉及系统层面的不确定性。因此,转型期并不能也不应该完全避免系统性风险,需要的是面对并管理好系统演进和转换,需要避免的是系统性危机。当然,危机类似于生病,健康至少是没有生病,但又远远不止于此,而是涉及生理、心理健康等多维度定义。从这个角度,金融安全应不仅是不发生系统性危机,而是能保证金融系统自身的安全、高效和包容并实现金融系统与经济等其他系统的和谐共存,能稳健演进和转型的更高要求。从系统性风险外在的价格表现看,是多个领域同时发生超过一定幅度的波动,是有偏波动的同方向持续积累。这需要能同时作用于多个市场的有偏力量持续发挥作用。当然,系统性风险不仅表现为价格波动,也表现为功能异化和弱化,从"存在即合理"的角度看，这种"不合意"的结果是合理存在的，其存在的合理基础是现实存在的扭曲机制，背后有深层次的认知和理念等问题。

第二节　金融危机概述

金融危机作为一个世界性的理论课题，受到各国经济学家的高度重视。早在18世纪初期，Richard Cantillon 就在其著作《论一般商业的危机》一书中对金融危机有过较为详尽的论述。进入20世纪以来，尤其是在布雷顿森林体系成立以后，金融危机相关的研究更是成为国际上经济学界和金融学界研究的热点问题。

随着世界多极化的发展，经济全球化进程加快，信息技术的国际金融市场以前所未有的深度和广度向前发展，这些变化一方面为世界各国经济的发展提供了更加优越的外部环境，另一方面也给各国金融领域的发展带来一定的冲击。在这样的背景下，相继爆发了几次较大的金融危机，如1992年的欧洲货币体系危机、1994年的墨西哥债务危机、1997年的亚洲金融危机和2008年的美国次贷危机，之后又有欧债危机、白俄罗斯金融危机和2012年的塞浦路斯金融危机。从这些金融危机的发展趋势来看，危机的影响范围不断扩大，危机影响程度不断升级，在一些国家甚至演变成为政治危机。因此，研究金融危机的爆发、传导和影响，以及金融危机的治理成为世界各国发展经济与进行国际交流必须认真考虑的现实问题。

一、金融危机的内涵

（一）金融危机的概念及特征

金融危机的内涵十分丰富，概括地讲金融危机就是金融领域内发生的危机。著名经济学家雷蒙德·戈德史密斯曾幽默地形容金融危机好比西方文化中关于"美女"的描述一样，虽然没有统一的定义，但是一旦相遇就马上能够识别出来。他指出，一旦金融危机爆发，包含短期利率、资产价格和厂商偿债能力在内的绝大部分金融指标会出现一次急剧短暂的、超周期的恶化，导致很多金融机构破产。

国际货币基金组织对金融危机的定义为：金融危机指的是社会金融系统中爆发的危机，集中表现为金融系统运行过程中金融资产价格等金融指标在短期内发生的急剧变化的现象，这些指标主要包括货币汇率、短期利率、证券资产价格、房地产价格、金融机构倒闭数目。金融危机使金融系统陷入混乱，丧失分配资产功能，从而导致经济震动和经济危机。[①]

金融危机一旦爆发，会给爆发国和世界其他国家的经济都造成一定程度的冲击，这些影响则体现了金融危机的主要特征。[②]

1. 马太效应。金融危机中的马太效应主要指的是在金融危机爆发后，信用危机产

---

① 马宇，辛波. 金融学［M］. 北京：中国金融出版社，2015：364.
② 马宇，辛波. 金融学［M］. 北京：中国金融出版社，2015：364-365.

生，人们对国家经济迅速失去信心。金融危机导致的信用危机与经济活动中的其他风险不同，不会只在小范围内产生，而是会随着信用基础的破坏快速扩散。一旦某种情况下出现了一些存款不能及时兑付的现象，客户就会对金融行业的信心产生动摇。越是没有客户去存款，客户越会产生挤兑现象，越是挤兑和存款减少，兑付则越是困难，最终形成马太效应。

2. 连锁效应。在现代化信息技术如此发达的网络时代，全球贸易关系日益密切。资本在各国之间的流动有利于在全球范围内实现资本的优化配置，从而促进参与贸易国家经济的发展。但是同时，经济全球化现象的普及也使得一国经济的发展很容易受到国际环境的影响，金融危机在一国范围内爆发也会导致系统性风险在全球蔓延的速度加快，使得金融危机产生连锁效应。

3. 破坏效应。金融部门是一个国家资源配置机制运转的核心部门，同时，金融部门又有很强的负外部性，这使得金融危机一旦发生，不仅会使金融部门直接陷入困境，还会通过传导性对整个国家经济体系的正常运转产生重大的冲击，影响人们的投资预期和投资行为，甚至可能引发经济动荡和国家政治危机。可见，金融危机的影响具有很强大的破坏效应。

（二）金融危机的类型①

按照金融危机的不同表现形式可以将金融危机分以下几种主要类型：货币危机、银行危机、债务危机、资本市场危机和综合性危机。

1. 货币危机。货币危机指的是由货币购买力或者汇兑价值的投机性冲击导致的货币迅速贬值，但是当局者往往为了维护本币币值又迅速地耗尽外汇储备的经济现象。货币危机的典型代表是 1992—1993 年的欧洲货币体危机。

2. 银行危机。银行危机指的是实际或者潜在的银行运行障碍或者违约导致的银行突然中断其负债的内部转换，储户对银行丧失信心从而发生银行挤兑现象，导致银行最终破产或倒闭。为了避免这种现象，政府又需要出资支援银行。银行危机的典型代表是 20 世纪 90 年代初期，日本和东南亚各国发生的金融危机。

3. 债务危机。债务危机指的是国际借贷领域中大量负债已经超过借款者自身的偿债能力导致无力偿还或者延期偿债现象的产生。例如，1982 年墨西哥宣布不能偿还到期债务导致了国家的债务危机。

4. 资本市场危机。资本市场危机主要指的是股票市场的危机，表现为大量抛售股票造成股票指数急剧下降的经济现象。20 世纪 90 年代日本的经济衰退就是首先从股票危机开始的。

5. 综合性危机。现实中的金融危机越来越多地表现为多种危机的混合形式，很难严格区分属于具体的哪一种金融危机类型，而是不同类型的危机之间的不断演变而成的混合型危机。综合性危机的典型代表为日本经济危机和东南亚金融危机，二者都是货币危机、资本危机和银行危机同时爆发导致的综合性危机。

---

① 徐丽平．金融学 ［M］．大连：东北财经大学出版社，2015：532－533.

二、金融危机理论

（一）货币危机理论

货币危机理论主要研究货币危机爆发的动因和根源、危机的特点以及危机的防范措施。自 20 世纪 70 年代以来，货币危机理论形成了比较完整且独立的体系。按照时间大致可以分为以下三个阶段：第一阶段，以克鲁格曼—弗拉德—戈博模型为主，被称为"第一代货币理论危机"，也被称为投机攻击模型；第二阶段从 80 年代中期开始，以奥布斯特菲尔德的"预期自我实现型货币危机"模型为代表，被称为"第二代货币危机理论"；第三阶段从 1997 年亚洲金融危机之后，以麦金农和克鲁格曼为代表，被称为"第三代货币金融危机理论"。[①]

1. 第一代货币危机理论。第一代货币危机模型又称为克鲁格曼模型，是美国经济学家保罗·克鲁格曼（Paul Krugman）于 1979 年提出的，它是关于货币危机出现得最早的、比较成熟的理论模型。该模型以小国开放经济为分析框架，以盯住汇率制或其他形式的固定汇率制为分析对象，研究了以放弃固定汇率为特定特征的货币危机是如何发生的。克鲁格曼认为，在一国货币需求稳定的状态下，国内信贷扩张会带来外汇储备的流失，从而形成对固定汇率的冲击而产生危机。

该理论从一国经济的基本面指出了货币危机的根源在于宏观经济政策与固定汇率制度的不一致，持续的信用扩张政策所导致的基本经济的恶化是货币危机发生的根本原因。如果一国外汇储备不足，财政赤字的不断货币化就会导致固定汇率制度的崩溃，并最终引发货币危机。但是该模型的一个缺点是政府的行为过于简单化，这导致了第二代货币危机模型的诞生。

2. 第二代货币危机理论。第二代货币危机理论产生于 20 世纪 80 年代至 90 年代中期，由奥布斯特菲尔德、卡尔沃、莫里斯、辛等人共同提出。该理论是以 1992 年欧洲货币危机、1994 年墨西哥危机、1997 年东南亚金融危机为研究对象，修正了第一代模型中政府行为线性化的假设，提出非线性假说。其理论核心是政府是主动的行为主体，在面对投机性攻击或基本经济形势滑坡的情况下会出于对社会总福利的考虑实施某种政策改变，而这种对政策变更的预期会引发投机性攻击，形成货币危机，迫使政府实施新的政策，进而造成了货币危机的"自我实现"。该理论的政策意义是仅仅依靠良好的国内经济基本条件并不是能抵挡货币危机的发生，固定汇率制的先天不足很容易引发投机性攻击。如果一国选择固定汇率制，必须辅之以资本管制或是资本市场限制。

第二代货币危机理论较好地解释了 1992 年欧洲货币危机，并且区别于第一代货币危机理论的线性分析，第二代货币危机理论提出政府行为的非线性假说，即认为经济中存在多重均衡，并且货币危机不是由于宏观经济基本面出现问题导致的，而是由于公众预期促成货币危机的自我实现，这些都使货币危机理论的解释力大大加强。

3. 第三代货币危机理论。第三代货币危机理论产生于 20 世纪 90 年代，以亚洲金

---

① 刘革，李姝瑾. 金融学 ［M］. 北京：北京理工大学出版社，2015：363.

融危机为研究对象，强调金融机制的作用。在前两代理论的基础上，重点研究资本流动和货币危机形成的机理。

该理论的核心是发达国家扩张性的货币政策导致超额流动性的增加，而发展中国家放松资本管制和利率较高等因素导致发达国家的资本迅速流入，但是发展中国家金融配套设施不完善，银行监管不力，出现过度投资、资产价格泡沫、关联贷款和短期债务增加等现象，加剧了金融的脆弱性。大多数发展中国家采用的是盯住汇率制，金融脆弱性使得货币存在贬值的可能性。为防止货币贬值，政府在动用外汇储备的同时提高利率，动用外汇储备会造成外汇枯竭，提高利率又加剧了金融的脆弱性，因而发生了双危机。

该模型强调了第一代、第二代模型所忽视的一个重要现象，即在发展中国家普遍存在着的道德风险问题。由于政府对企业和金融机构的隐性担保，以及它们之间的裙带关系，导致了在经济发展过程中的投资膨胀和不谨慎，大量资金流向股票和房地产市场，从而形成了金融过度，产生经济泡沫，而泡沫破裂或行将破裂所致的资金外逃，必将引发货币危机。

1997 年亚洲金融危机最大的一个特点是具有传染性，关于这一问题的解释和理论便构成了第三代货币危机理论的主要内容。

信息不对称性和"羊群"效应。信息的不对称性是指，由于筹资者往往不向投资者提供全部的信息，以及现实中存在的信息披露及信息传播等方面的困难，投资者掌握的信息通常是不完全、不充分的，在有关资金的使用和投资信息方面，投资者与筹资者处于不对称状态。这会使投资者对自己掌握的信息缺乏信心，使其行为具有盲目跟从的性质，迫使他们去效仿另外一些可能掌握着更多信息的投资者的做法，于是形成了"羊群效应"。

警示效应。当一国发生货币危机以后，人们便对其他类似国家产生警惕心理，形成警示效应。以这种方式进行的危机蔓延通常是基于在其他国家存在着新问题，而恰巧这些问题又与危机发生国所存在的问题相类似。

流动性危机导致清偿危机。流动性危机的蔓延导致其他国家也陷入严重的外币债务危机，这是推动货币危机向其他国家蔓延的又一个重要因素。借款人因无法从金融市场上筹到足够资金用于偿付到期债务而陷入流动性危机之中，这种因支付能力不足而引发的债务危机就叫流动性危机导致的清偿危机。在这种状态下，债务人很可能会被迫低价转让资产以偿付到期债务，而如果其价格低到使其资产总额小于债务总额的水平，那么，债务人就会因缺乏流动性而失去清偿能力，使其陷入真正的债务危机之中。

（二）银行业危机理论[①]

1. 货币政策失误论。货币政策失误导致银行业危机的理论是由美国著名的货币主义者米尔顿·弗里德曼提出来的。弗里德曼认为导致金融动荡的根本原因是货币政策

---

① 丁述军，沈丽. 金融学［M］. 济南：山东人民出版社，2012：373 – 376.

失误。由于货币乘数是相对稳定的，货币需求是一个稳定的函数，而货币数量决定了物价和产出量。货币供给变动的原因在于货币政策，也就是说，金融动荡的根源在于货币政策，货币政策的失误可以使一些小规模的、局部的金融问题发展为剧烈的、全面的金融动荡。

2. 货币存量增速理论。货币学派的布拉纳尔和梅尔泽尔提出货币存量增速导致银行业危机的理论。他们认为货币存量增速对产生金融危机有巨大影响，一旦因中央银行对货币供给的控制不当而导致货币过分紧缩，即使在经济平稳运行时，也会引发金融危机。因为突发性大幅度货币紧缩会迫使银行为维持足够的流动性而出售资产以保持所需的储备货币，所以资产价格因此而下降并导致了利率的上升，这又增加了银行的筹资成本，降低了银行的偿付能力，存款人信心也受到打击。如果大批银行因失去流动性和偿付能力而倒闭破产，就必然使货币供应进一步减少，最终使金融机构的破产加速并迅速传播，金融危机爆发。

3. 金融不稳定假说理论。作为当代研究金融危机的权威人物，海曼·明斯基认为，以商业银行为代表的信用创造机构和贷款人的相对特征使金融体系具有天然的内在不稳定性，投资者怎样形成和运作现金流是关键，如果现金流不能正常运作，金融体系就会不稳定，就会导致金融危机。

4. 银行体系关键论。诺贝尔经济学奖得主托宾1981年提出了银行体系关键论，这一理论的核心思想是银行体系在金融危机中起着关键作用。托宾认为，在过度负债状态下，如果银行能提供贷款，就可以避免债务—通货紧缩的过程。但在过度负债的经济状态下，经济在金融扩张中积累起来的风险增大并显露出来，银行可能遭受贷款损失，甚至破产。所以，银行为了控制风险，必然不愿提供贷款，甚至提高利率、减少贷款。银行的这种行为会使企业投资减少，或引起企业破产，从而直接影响经济发展；或者使企业被迫出售资产以清偿债务，造成资产价格的急剧下降。这种状况会引起极大的连锁反应，震动也极为强烈，使本来已经脆弱的金融体系崩溃得更快。

5. 银行挤兑理论。戴蒙德和戴维格提出了银行挤兑理论。该理论的基本思想是银行作为一种金融中介机构，其基本的功能是将不具流动性的资产转化为流动性的资产，但正是这种功能本身使得银行容易遭受挤兑。银行是金融中介机构，其债务主要为短期存款，其资产通常是向企业和消费者发放的长短期贷款。当资产价值不抵其债务价值时，银行就失去了偿还能力，即贷款人没有能力或不愿意偿还债务时，银行资产价值就可能下跌。

6. 道德风险理论。较早提出道德风险理论的是著名发展经济学家麦金农。亚洲金融危机的爆发使这一问题更加凸显出来，在将这次危机归因于金融机构的道德风险问题的众多经济学家中，最具代表性的仍属克鲁格曼。他认为由政府免费保险且又监管不严的情况下，金融中介机构具有很强的从事风险投资的欲望而很少考虑投资项目的贷款风险。当国内机构无法从国际资本市场融资的情况下，国内投资需求过度只会造成国内利率的上升，而不至于引发投资过度。但如果资本项目放开，国内的金融中介机构可以在世界资本市场上自由融资，那么由政府保险引发的道德风险就可能导致经济的过度投资。

（三）外债危机理论

1. 债务—通货紧缩论。欧文·费雪的"债务—通货紧缩"理论的核心思想是，企业在经济上升时期为了追逐利润而"过度负债"，当经济陷入衰退时，企业盈利能力减弱，逐渐丧失清偿能力，引起连锁反应，导致货币紧缩，形成恶性循环，金融危机就此爆发。其传导机制是企业为清偿债务廉价销售商品—企业存款减少—货币流通速度降低—总体物价水平下降—企业净值减少、债务负担加重、盈利能力下降—企业破产、工人失业、人们丧失信心、悲观情绪弥漫—人们追求更多的货币储藏—名义利率下降而实际利率上升—资金盈余者不愿贷出、资金短缺者不愿借入—通货紧缩。

2. 资产价格下降论。沃尔芬森的资产价格下降理论的核心思想是：由于债务人的过度负债，在银行不愿提供贷款或减少贷款的情况下，债务人被迫降价出售资产，造成资产价格的急剧下降。由此产生两方面的效应：一是资产负债率提高，二是使债务人拥有的财富减少；两者都削弱了债务人的负债承受能力，增加了其债务负担。债务欠得越多，资产降价变卖得就越多，资产降价变卖得越多，资产就越贬值，债务负担就越重，因此形成恶性循环。

3. 综合性国际债务论。苏特从经济周期角度提出的综合性国家债务理论认为，随着经济的繁荣，国际借贷规模的扩张，中心国家（通常是资本充裕的发达国家）的资本为了追求更高的回报而流向资本不足的边缘国家（通常是发展中国家），边缘国家的投资外债增多；债务的大量积累导致债务国偿债负担加重，当经济周期进入低谷时，边缘国家赖以还债的初级产品出口的收入下降，从而导致其逐渐丧失偿债能力，最终爆发债务危机。

随着金融业的不断发展和完善，关于金融危机的研究已经建立了较完善的理论体系。但是经济运行机制具有复杂性，诱发金融危机的因素不断升级，使得目前关于金融危机的预测、防范和治理的相关研究还需要继续深入和完善。因此，我们应加大对金融外部环境及其本身发展的认识，重新审视和研究金融危机，防患于未然，为我国国民经济的健康发展提供稳定的宏观环境。

三、金融危机的爆发和传导

（一）金融危机爆发的主要原因

1. 金融系统的脆弱性是金融危机的根源。国际清算银行曾指出：无论是发达国家还是发展中国家，其银行体系的衰弱都可能危及本国及世界其他国家金融系统的稳定性，金融行业之所以比其他行业更容易出"故障"，其根源在于金融系统内在的脆弱性。费雪、凯恩斯、明斯基和弗里德曼等著名的西方经济学家都曾对金融系统的脆弱性进行理论分析，认为金融机构所具有的过度借贷的内在冲动是给整个金融体系的稳定造成重大威胁的主要原因，是造成金融体系内在缺陷的根本所在。同时，金融市场的不确定性和信息不对称导致金融资产价格波动剧烈，积累了大量金融风险，加剧了金融系统的脆弱性。

2. 泡沫经济是现代金融危机酝酿的温床。泡沫经济犹如为经济增长埋下了危机的种子，酝酿着危机，一旦这种泡沫发生大规模的、突发性的破灭，就避免不了引发金融危机。现代泡沫经济的形成符合以下基本规律：出现异常变化→资金过剩→过度发放贷款→资产交易过度、资产价格暴涨→利率上升、回收资金和贷款→资产价格暴跌→金融危机产生。泡沫经济的形成和膨胀的过程像一个链条，只要这个传递链中的任何一个环节出现问题，都有可能使泡沫破裂。膨胀中的泡沫如同一个正在升空的热气球，内部膨胀的热力、外部增加的气压或者一阵风都可能造成它的爆裂。通常情况下，如果一个国家的金融市场实行的是对外开放政策，该国的金融泡沫出现投机性泡沫膨胀特征，就可能导致金融泡沫的崩溃，从而引发金融危机。20 世纪 90 年代泰国金融危机就是典型的泡沫经济破灭的产物。

3. 金融自由化是现代金融危机的催化剂。首先，利率自由化后，商业银行可以通过利率差别来区别风险不同的贷款人，这有助于资源的配置和资金使用效率的提高。但同时，利率自由化也带来了风险冲击，加剧了金融的脆弱性。

其次，合业经营使得金融机构业务范围的限制在很大程度上得到了放松，最常见的合业经营是银行业与证券业的融合，更广泛的还包括保险业和实业。合业经营使得资本的高度集中，形成某些垄断因素，导致金融业的波动性加大，同时也极易造成泡沫化。

最后，金融创新使大量资金滞留于金融市场。金融创新最直接的结果就是金融衍生产品的产生与飞速发展，金融创新通过加速推动国际资金投机活动而加大了国际金融市场的动荡和风险，形成国际金融市场的脆弱性。

4. 汇率制度是现代金融危机货币投机的攻击目标。在放松资本管制的条件下，盯住汇率制往往放大了外部冲击的影响，使得投机攻击的货币危机易于得逞，同时爆发"多米诺骨牌式"的传染危机。因此，不当的汇率选择是现代金融危机爆发的重要因素。僵化的汇率制度为投机攻击提供了"靶子"，导致现代金融危机一般率先从货币危机开始。

（二）金融危机扩散的主要原因

1. 金融自由化加剧了金融的脆弱性。金融全球化是经济全球化的有机组成部分。当前，经济全球化随着贸易全球化和生产全球化程度的提高而深化。在现代货币信用经济中，由于金融与贸易、生产间的不可割裂性，当贸易和生产实现全球化以后，金融全球化便具有合乎规律的内在必然性，甚至成为经济全球化进一步发展的核心内容和基本要求。从外部看，20 世纪 70 年代后出现的以微电子和信息技术为主的新一轮技术革命，为金融全球化提供了物质基础和技术条件的支持；与此同时，经济学界的自由化思潮和各国政府放松对外的金融管制，促使并推动了金融全球化的进程；而战后成立的各种国际经济或合作组织通过各种工作和签订如金融服务贸易协议等形式，为金融全球化提供了组织支持和制度保障。因此，金融全球化已成为世界经济发展的必然趋势。

2. 金融全球化加速了危机的扩散过程。金融全球化在许多方面也表现出其反面的和不利的影响，尤其是对金融危机的影响。金融全球化极大地改变了传统经济危机与金融危机的运行方式与状态、传导机制、后果与负面影响，呈现出了以下的新特点。

（1）从由"经济危机→金融危机"到"金融危机→经济危机"的改变。在传统上，金融危机大多是首先由经济危机引起的，而从20世纪90年代以来，经济危机一般都是由金融危机引起的。显然，金融与经济的关系发生了历史性的变化，这是经济金融化，金融虚拟化、泡沫化和金融在一定程度上"独立化"运行的表现与反映。

（2）金融危机发源国与危机传导路线发生逆转。在传统上，金融危机一般都是首先发生在某一个或几个发达国家，然后再进一步传导到其他发达国家和发展中国家。而在20世纪90年代以后却发生了历史性的逆转，即金融危机首先发生在某一发展中国家，然后逐步传导到其他发展中国家和发达国家。这一巨大改变表明经济全球化与金融全球化程度的不断加深，各民族、国家与经济体发展稳定的整体性与相互依存性提高；表明发展中国家经济金融绝对与相对实力的提高，以及对全球经济金融的影响力的提高；也表明伴随金融全球化而来的金融"双刃剑"负面影响的增强，发展中国家金融体系与市场的脆弱性的增强与实际竞争力的相对弱化，以及金融监管的不健全。

（3）金融危机的传导机制复杂化。在传统上，金融危机从一个国家或地区到另一个国家和地区的传导一般都是由所谓的接触性机制引起的，即伴随着国与国、地区与地区间的贸易与资本流动这些实际的接触活动，危机由一国传导到另一国。而20世纪70年代的一个新现象是与危机国并无多少实质性接触的另一些国家或地区，却随着某一危机国危机的发生而接连地发生危机。例如，东南亚国家发生危机后与东南亚国家并无许多实质性接触的俄罗斯及许多南美国家也先后发生危机，人们仍然用传统的接触性传导机制来解释就难以信服，由此提出了所谓非接触性传导机制，最典型的就是心理预期。当许多人意识到某一尚未发生危机的国家的经济与金融形势，形成危机的主要因素和指标与危机国相同或相近时，他们对某一国即将发生危机的心理预期就会非常强烈，对危机的强烈心理预期使他们不约而同地采取大体相同的风险防范行动，即大量抛售本币、抢购美元、抛售手中的股票与债券，于是货币危机与股灾便接踵而至，大规模的系统性风险便发生了。

（三）金融危机的传导机制

现代金融危机的爆发往往以货币危机为先导，由货币遭受攻击开始，多数国家金融市场从中央银行开始干预到最后放弃干预的过程大致表现为：短期利率大幅度上升以打击投机者持有该国货币的空头部位，提高其冲击成本→金融市场上扬→短期资金利差迅速扩大→套利资本和投机资本流动受到央行严格控制→其他金融市场如证券市场、期货市场同时大幅度动荡→汇率大幅度并不断地波动→央行外汇储备迅速下降→央行最终放弃固定汇率制度，改为浮动的或有管理的汇率制度。而与此同时，又可能伴随着银行危机和资本市场的剧烈动荡，进而演变成全面的金融危机。现代金融危机一般通过国内和国际两种渠道进行传导和扩散。

1. 金融危机的国内传导

（1）从货币危机到资本市场危机。一国金融泡沫破裂后，会使该国货币出现大幅贬值，债务负担大幅增加，企业出现支付困境甚至破产，股市下挫。一方面，货币贬值可能使某些公司因货币贬值而获利；另一方面，贬值能迫使政府痛下决心解决经济结构问题。一旦结构性改革失败，货币币值和证券市场就会进一步加剧，直到政府和企业真正严肃、认真地解决金融和财务问题为止。

（2）从货币危机到银行业危机。在通常情况下，由货币危机导致银行危机的途径有两条：第一，国际储备大量流失，迫使该国放弃固定汇率制，如不阻止这种流失，就可能引起贷款的急剧紧缩，非金融企业破产增加，银行不良资产增加，结果就形成银行危机。第二，贬值使得非银行金融机构丧失清偿力，银行的财务状况恶化，增加银行业的风险。

如果中央银行允许国内贷款过度扩张，以直接或隐含地为银行或存款人融资，那么银行危机就可能引发国际收支危机。如果政府通过发行大量内债对这种挽救进行融资，那么市场参与者可能会预期当局有通过通货膨胀或货币贬值来减轻债务负担的动机，这就可能导致自我实现的金融危机。

（3）从货币危机到全面的金融危机。从货币危机引起全面的金融危机主要有三种机制。

第一种机制：货币贬值通过加重外债负担直接恶化公司收支状况。如果债务合约以外币计价，本币贬值时，公司的债务负担加重；如果资产及其收益以本币计价，公司的资产贬值。两者均导致公司的净值减少，企业的逆向选择和道德风险问题加剧，贷款萎缩，投资和经济活动缩减。

第二种机制：货币贬值通过加重国内债券的利息负担恶化公司收支状况。投机攻击，货币急剧贬值，实际和预期通胀水平大幅上升，利率大幅上涨，公司的债务负担大大增加，收支情况恶化，公司的流动性状况恶化，信息不对称问题加大，贷款和经济活动大幅萎缩。

第三种机制：本币贬值导致银行系统的收支状况恶化，进而导致全面的金融危机，银行以外币计价的债务由于货币的贬值而急剧增加，而银行收支中资产一方贷款方面的损失加大，银行的收支恶化，银行的净值减少。

另外，银行以外币计值的债务的期限很短，其债务价值的大幅增加导致了银行的流动性问题。银行收支的恶化和弱化的资本基础迫使银行减少贷款。当银行贷款大幅萎缩后，整个经济将面临严重的危机。

2. 金融危机的国际传导

（1）金融危机扩散过程中的示范效应。在金融危机扩散过程中，成功的投机攻击为攻击其他具有类似条件的国家提供了一种示范，投机者必然会对其他类似国家发动攻击。类似国家发生金融危机，货币贬值预期迅速上升：预期一国货币即将贬值时，必然抛售本币，抢购外币，增强投机攻击力量，从而加速了本币贬值。

（2）金融危机扩散过程中的竞争性贬值效应。当前，世界经济、金融趋于全球化，在金融危机冲击下，只要一个国家的货币率先贬值，必然带来其他国家货币的相继贬值。竞争性贬值的原因在于：相关国家货币贬值，一个国家的货币不贬值，其出口将下降，如果没有其他方法来弥补这种出口下降带来的损失，该国的经济福利总水平将下降。因此，每个国家被迫使用的贬值方法作为政策工具以便减少对国内经济的冲击，同时作为报复手段来抵消其他国家货币贬值的负面影响。

第三节　系统性金融风险与金融危机

一、系统性金融风险与金融危机的逻辑关系

金融危机的产生有多方面原因，系统性金融风险是其中之一。在系统性金融风险出现并扩大的过程中，金融机构对于金融风险的控制发挥着举足轻重的作用。金融机构对系统性金融风险进行宏观审慎监管，是降低金融危机破坏程度的重要途径。危机通过金融体系传导链条被传递到其他金融机构，甚至传递到很多联系较少的第三方机构，风险的扩大与风险要素的不断聚集，导致更大范围的金融危机爆发。系统性金融风险具有传播性广、破坏性大的特点，它会在初期导致一至两家机构破产，进而由于其传播性强，它会使整个国家，甚至全球都陷入危机之中。系统金融风险的"触发源"有很多，一旦发生，就会在实体经济与虚拟经济中循环往复，进而导致更大范围的金融危机出现。

二、系统性金融风险防控体系的构成

（一）系统性金融风险防控体系的建立

要防控系统性金融风险，就必须有系统性的安排，系统性安排主要包括以下几个步骤：第一，范畴的准确界定。必须在一个明确的时段内明晰当前防控系统性金融风险的要点，不能把所有矛盾都放到系统性金融风险的筐子中，各种经济金融活动都具有关联性，但必须在一定范围内突出问题的重点。第二，辨别风险扩散的传导机制。根据自身金融结构和经济金融发展特征，找准当前风险扩散传导的主渠道和间接影响因素。第三，建立可量化的风险测度手段，创造条件建立预警指标体系。第四，建立防控危机的政策应对方案，在出现危机预警时及时应对。第五，形成危机救助机制的预案，对于各个层面的危机都应该有相应压力测试下的救助预案。

系统性风险的责任主体是管理部门，但不应忽视微观个体在系统性风险防控中的重要作用。理论界一度有观点认为，政策的扰动才是金融周期波动、金融危机爆发的重要原因。但随着不对称信息理论全面渗透到金融经济学框架中，系统性金融风险的内生性特征已经成为共识。这意味着微观个体即使从自身风险管理的角度出发，也应该关注系统性风险可能带来的影响。一旦全社会形成了更多的关注系统性风险的氛围，这一方面有利于管理部门推行系统性风险的防控措施，另一方面也会从微观层面降低"合成谬误"出现的概率，从而提升整个金融体系的稳定性。

（二）系统性金融风险宏观审慎监管策略

第一，完善指标体系，建立健全系统性风险预警系统。利用已有的预警模型，在

实践中运用并总结，引入新的计量手段与预警技术，开发新的、适合中国国情的风险度量模型，完善金融系统性风险预警指标体系，建立完备的指标数据库，提高中国风险监管的科学性、准确性以及有效性。建立健全系统性风险预警制度，实现对金融机构以及金融市场的实时监控，有针对性地进行风险管控，有效地防范系统性金融风险的发生。

第二，加强宏观经济调控力度，维持汇率稳定。GDP 增长率风险与宏观经济运行风险趋势相同，放弃经济增长的质量不利于中国经济健康长远的发展。因此中国应该适度地控制经济增长率，防止经济过热对经济体系的压力。此外，汇率波动过大所带来的外部资本冲击风险也不容忽视。中国应积极推进人民币汇率机制改革，平衡进出口贸易，减少经济增长对贸易的依存度，调整对外贸易的地理结构，控制外汇储备的增长速度，以此控制人民币升值带来的风险。

第三，建立综合性金融监管机构，明确监管职责。国际经验表明，中国金融业混业经营是大势所趋，现阶段混业经营的条件还未完全放开，但已出现转变趋势。在此背景下，中国现阶段所实行的分业监管应在以下两方面得到加强。首先，不同监管机构之间要加强沟通交流，尽量明确各自的监管职责，也应明确交叉业务的监管分工，减少先行监管制度下的监管空白。其次，利用现代发达的网络信息技术搭建信息共享平台，使信息传递及时、有效，最大化地发挥监管部门的监管职能，提高监管的效率。

第四，加强国际间金融监管合作，促进信息交流。金融全球一体化进程不断加快，各国金融机构业务往来密切，资本在各国市场自由流动，这些变化都增加了不同区域金融体系之间风险传播的渠道，风险愈加复杂多变，市场透明度下降，金融监管机构面临着严峻的挑战。在这样的金融环境下，一国的监管机构无法有效监控该国机构在他国市场上的风险头寸，也无法及时获得他国市场风险情况，导致监管效率低下，达不到理想效果。为此，各国监管机构之间应加强国际合作，促进相互之间的信息交流，减少各国之间因为信息不对称而造成的风险监管不当，有效地提高监管效率。

三、应对金融危机的金融安全策略

（一）金融危机的防范措施

1. 健全宏观经济环境。健全的宏观经济环境和合理的产业结构是防范金融危机的必要宏观环境。健全的宏观经济环境主要包括适度的经济增长、较低的失业率，较稳定的物价水平、没有长期性的大规模的国际收支赤字、平衡的政府财政收支和适度的政府债务规模等。例如，过高的经济增长率可能导致人们过于乐观的预期，信贷急剧扩张，资产价格也迅速膨胀。另外，大规模的财政赤字和高失业率，都会造成货币供应量的过快增长，带来通货膨胀，这些都会给金融体系的稳定带来隐患。

2. 建立有效的公司治理结构。有效的公司治理结构是防范金融危机的微观基础。这是因为，有效的公司治理结构可以最大限度地防止融资中的道德风险和逆向选择。有效的公司治理结构包括对公司经理人员的激励和约束两个方面，如对公司经理人员利益的奖赏和不负责任行为的惩罚，促使经理人员采取有效率的行动。因此，有效的公司治理结构能够降低给商业银行带来不良贷款的可能性，同时也会提高公司的盈利能力，从而给其投资者带来更高的回报，为股票价格的稳定上涨奠定良好的基础。

在多数情况下，如果公司治理结构不完善，内部人控制就会更加严重，管理层可能会转移公司的现金和其他资产，用于偿付管理层的个人债务，或将其直接存入国外银行账户，或注入其他公司。在发生金融危机的亚洲国家，经理人员通过转移现金和其他资产来侵占其他股东的财产是非常普遍的事情。在中国，由于公司的治理结构尚不完善，在上市公司中，大股东作为控股股东非法侵占上市子公司资产的现象屡见不鲜，结果使上市子公司遭受巨额亏损，给中国股票市场埋下了巨大的隐患。因此，完善的公司治理结构是防范金融危机的微观基础。

3. 选择合理的汇率制度。不合理的汇率制度与资本项目开放可能带来货币危机。例如，选择固定汇率制度与资本项目开放就是一组错误的搭配。在固定汇率制下，一国货币的汇率往往会被高估，但由于资本项目开放，在该国货币汇率被高估后，就很容易受到投机冲击，从而使固定汇率制度崩溃，该国货币汇率大幅度贬值，最终引发货币危机。

4. 增强金融监管的有效性。有效的金融监管可以减少道德风险和逆向选择。同时，通过限制金融机构从事高风险的业务活动，也减少了金融机构发生坏账的可能性，从而增强了金融体系的稳定性。

5. 完善金融机构内控制度。在防范金融危机方面，金融机构的作用不可忽视，金融机构健全的内部控制制度可以防微杜渐，减少金融机构内部的道德风险。例如，科学的决策程序就可能避免导致严重不良后果的选择；严格的内部稽核与审核就可能及早地发现潜在的问题等。此外，金融机构内部良好的激励与约束机制使金融机构的业务人员在开展业务时更为审慎，主动减少高风险的活动。例如，商业银行良好的内控制度就可以鼓励信贷员发掘风险更低的潜在借款人，也防止了信贷员与借款者之间相互勾结骗取银行的信贷。巴林银行内控制度的不完善，在很大程度上导致了这家百年的英国商业银行破产，因为它在新加坡的交易所里可以为所欲为地从事期货交易。金融企业必须有严格的内控制度，才能保证其业务的正常运营，防微杜渐是防范金融危机最安全的措施。

（二）金融重建与金融安全

由美国次级抵押贷款问题引发的"金融海啸"也是"大萧条"以来最严重的全球性金融危机，对全球发达经济体和发展中国家的房地产市场、信贷市场、金融部门乃至实体经济都造成严重的冲击，重创了全球经济和金融体系。特别是，到目前为止，金融危机的影响仍然没有完结。财政赤字带来的债务问题依然十分突出，就业增长依然十分缓慢，全球贸易依然没有实质性改观，全球经济增长依然处在较低区间。[①]

在金融危机爆发之前，金融在发达国家的经济增长中占据重要的地位，也发挥着重要的作用。比如美国，其金融部门与房地产、汽车等已成为极其重要的支柱产业，

---

① 张维. 金融安全论［M］. 北京：中国金融出版社，2016：13.

是 21 世纪网络泡沫破灭之后美国经济较高增长的重要基础，这时的金融业是一个高杠杆、高风险行业；金融危机爆发之后，金融机构和相关的企业、家庭部门都被迫实行"去杠杆化"，金融部门的规模、盈利能力和系统影响力随之下降，全球贸易金融往来严重受损，全球经济增长陷入了低谷。更重要的是，全球金融体系处于一定程度上的混乱状态，金融功能不能正常发挥，严重制约了实体经济的发展。

1. 金融重建的必要性

（1）金融体系的基本功能受到了重创。在金融危机的蔓延过程中，美国政府支持的企业、大型保险公司、顶尖商业银行纷纷陷入困境，美国五大投资银行要么破产要么转型为银行控股公司，市场主导和银行主导的市场体系受到了极大的冲击，金融体系的脆弱性在金融危机中暴露无遗。

（2）金融监管缺陷凸显。在金融危机爆发和深化过程中，美国金融监管暴露出了明显的缺陷：现行的监管体系无法跟上经济和金融体系变化和发展的步伐；缺乏统一的、权威的监管者，无法消除系统性风险并防范系统性危机；金融监管职能的重叠造成金融监管死角；金融监管有效性大为降低，尤其是缺乏对金融控股公司的有效监管；金融分业监管体系与混业经营的市场模式严重背离。金融监管体系的问题成为引发金融危机的重要根源。

（3）金融创新风险加大。在 2008 年国际金融危机爆发过程中，金融创新是始作俑者。美国可调整利率抵押贷款、次级抵押贷款证券化、金融机构以市定价的会计记账方法、以风险价值为基础的资产负债管理模式以及过度杠杆化等金融创新，都催生了这次金融危机。甚至在一定意义上可以说，国际金融危机是对过度金融创新的一次清算。最后，金融监管模式与金融经营模式背离。金融监管体系与金融行业经营模式的错配也是导致这次金融危机的制度性根源之一。1999 年美国《金融服务现代化法》取代了《格拉斯—斯蒂格尔法案》，美国金融业的经营模式随即从分业经营步入混业经营时代，并与英国、日本等组成了混业经营阵营。最初的一些年，混业经营模式展现出了德国、瑞士、法国等固守的分业经营模式难以企及的灵活性和高效率，于是，混业经营一度成为拉美国家和一些新兴经济体发展金融业的模板。问题的严重性在于，与美国混业经营模式相"匹配"的是分业监管，这就产生了监管模式与经营模式的错配，造成了大量的监管漏洞。

在全球经济复苏仍然乏力的当下，必须加快金融监管体系建设、促进金融创新机制发展、维护金融市场健康稳定，也就是要通过金融重建为全球经济发展构建一个坚实的金融基础，提供一种强劲的金融动力。

2. 金融重建的内在逻辑①

（1）市场体系与风险管理相匹配。无论是以美国为代表的市场主导的金融市场体系模式，还是以德国为代表的银行主导的金融市场体系模式，都必须建立各自适用的

---

① 何旭德，张军洲，张雪兰等．中国金融安全的多向度解析［M］．北京：社会科学文献出版社，2012：103－104.

风险管理机制，各自的风险管理机制必须能够覆盖金融当局、金融机构、投资者等金融市场参与主体。其中的关键在于，金融监管当局必须出台相应的监管政策以进行有效的监管，确保整个金融市场体系的稳定与安全；金融机构在进行风险管理的过程中，必须注重资本充足率、杠杆率、表内和表外业务、场内与场外业务、资产风险定价以及负债期限等风险管理规则；投资者个人须对金融产品的风险收益水平、自身的风险偏好以及风险承受与处置能力有充分的理解与评估。特别是，针对市场主导的金融市场体系，大型金融机构应该得到更加严格的监管，以防止"大而不倒"效应引发严重的道德风险和系统性风险。

（2）金融创新与金融风险相协调。金融创新作为金融领域各种要素的重新优化组合和金融资源的重新配置，有利于金融发展和经济增长，但与此同时，金融创新也可能造成资金流通的不确定性、金融体系的脆弱性、金融危机的传染性和系统性风险。因此，必须在金融创新和金融风险管理中取得一个有效的平衡，也就是要在利用金融创新重新配置金融资源的同时，有效地防范金融风险。这就要求，提高金融创新的信息透明度（比如要求金融创新产品发起人进行强制性的信息披露）；加强对金融创新产品的风险管理（比如金融机构按市场风险、信用风险、操作风险和流动性风险等不同风险的特质，进行资产损失计提）；完善金融创新的监管体系，监管当局必须针对金融创新产品的安全性、流动性和盈利性以及金融机构的资本充足率、资产质量和表内表外业务等设计一个科学、合理而有效的监管体系。当然，在注重加强金融创新风险管理的同时仍然需要支持、鼓励金融创新，因为金融创新也是规避或削减金融风险、保障金融安全的重要措施和主要途径。

（3）深化金融体制改革，消除制度性矛盾。每种金融市场体系、金融经营模式和金融监管机制的产生都有其历史背景和制度基础，都有其合理性和适应性，但是，随着经济环境的变化和金融业自身的发展，制度本身的缺陷也将日益凸显，可以说，制度性矛盾的产生具有一定的必然性。以金融监管模式与金融经营模式的匹配为例，即便是美国出台了新的金融监管体系改革计划，混业经营模式与分业监管模式的错配问题仍然没有根本解决。在这个意义上，金融重建要着力完善各种金融制度及其相互的匹配性，包括：加强风险管理实现与金融市场体系的匹配；完善监管体系并实现与金融经营模式的协调；推进各个层级之间的配合，保障风险管理的上下贯通；建立市场间的隔离墙制度，防止危机的无限传染；优化金融创新机制，在金融创新和金融风险之间取得平衡。

（4）虚拟经济向实体经济回归。随着经济缓慢复苏和金融市场功能的逐步恢复，金融机构和家庭部门出现了重新杠杆化的迹象。例如，新兴市场国家的房地产泡沫化风险正在加大，虚拟经济再次出现偏离实体经济需求的倾向。然而，金融部门的首要功能是与实体经济相匹配，为实体经济服务，促进实体经济的发展。在金融重建过程中，必须坚持金融机构和家庭部门的去杠杆化，防止虚拟经济过度膨胀，避免金融经济再次偏离实体经济的实际需求，从而出现"脱实向虚"导致的经济危机。

总之，从有效管理金融风险、消除制度性缺陷、促进金融市场发展和金融功能完善以及推进金融经济与实体经济协调发展的角度，金融重建已经日益重要和紧迫。然而，金融重建是一项艰巨的系统工程，相关经济体和政策当局必须在市场模式、经营模式、监管效率、金融创新和制度完善等层面付诸长期而有力的行动。

第四节 金融危机的治理方式

金融危机治理是在金融危机爆发后针对金融危机的扩散蔓延和危害的防范手段。它是在危机预防失效后产生的，重在应急，要求对症下药，一方面使其危害和辐射程度达到最低；另一方面，采取从外部截留的方法，防止其扩散。同时，由于金融危机的爆发和传导依赖于公众信心危机，所以还必须以维护公众信心为基本手段。因此，金融危机的治理内容主要体现在获得大量资金援助用于止损和及时恢复公众信心的具体措施选择上。

一、国内治理措施

（一）稳定宏观经济

政府具有稳定本国金融秩序、促进金融业稳健经营的重任，直接负责对金融机构的市场准入、市场运作、市场退出的管理，因此在危机治理中处于核心和领导地位。令人信服的宏观经济稳定计划对恢复存款人和债权人的信心起着至关重要的作用。金融部门的稳定主要是通过由中央银行提供流动性支持和对存款人及多数债权人提供全面担保而实现的。在初期的冲击即在外汇资金的抽离和汇率贬值导致资本的进一步流出以后，所有国家都开始实施宏观经济稳定计划。

（二）调整经济结构

结构性改革是宏观经济政策改善危机国家的国内外信心的持久性手段。结构性改革包括金融部门的重组和改革制度框架。不实行结构性改革和延迟对损失的确认会使低效率和不稳健的银行和公司继续经营，从而造成扭曲的增加，妨碍新的私人投资，不仅导致重组的财政负担加大，更容易引发公众对经济中期可持续性增长的担忧，最终阻碍经济的持续增长。此外，如果不解决危机的主要根源，就会大大降低任何计划成功的可能性。所有这些情况表明，如果延迟结构性改革或改革的力度太小，如继续对无法持续经营的机构进行融资，就会使人们对任何宏观经济调整计划的可持续性产生重大的疑问。因此，设计一项良好、全面和值得信赖的金融部门重组战略，对宏观经济的持续稳定和高速增长的恢复是必不可少的。重组的具体措施包括：对经营能力低下的银行和资不抵债的金融机构进行干预，即合并差的机构和关闭资不抵债的机构；使用公共资金购买不良资产；使用公共资金增加机构的资本金；取消或稀释资不抵债银行现有股东的权利；增加新的外国直接投资等。

（三）改革制度框架

危机时期，危机国都在努力提高它们的监管能力和增加监管权力，用制度框架约束度过危机。如在亚洲金融危机期间，通过立法来增强监管机构（韩国）和中央银行

（印度尼西亚）的操作独立性，完善会计核算、信息披露和审计的标准（韩国、菲律宾和泰国），发布更严格的有关关系人贷款、流动性管理、外汇敞口和大额敞口的法规（印度尼西亚和韩国），引入新的破产法（印度尼西亚和泰国）等。

二、国际治理措施

国际最后贷款人是与金融危机相伴而生的一项历史悠久的国际间制度安排，其目的在于打断或干扰金融危机的国际传导，国际最后贷款人的体制的存在使得人类在金融危机爆发后可以向其施加最大限度的主观能动性。

（一）国际货币基金组织的援助

对发生了金融危机或者发生了严重宏观经济困难的国家，国际货币基金组织处理银行体系问题所提供的技术援助包括：调查分析并做出判断，制定补救措施，在调查的初始阶段以及在较长时期内把补救措施付诸实施。国际货币基金组织进行技术援助时，向要求技术援助的成员国提出由国际货币基金组织的工作人员和外部专家组成的技术工作援助工作组，有时还同世界银行以及各地区性开发银行提供的技术援助结合起来进行。尽管国际货币基金组织介入程度会因成员国经济特点的不同而不同，但是这些活动都在一定程度上反映了国际货币基金组织的整体观点和目标，以及通过与国际机构协调来帮助各国确立适当的商业银行行为规则的原则。

（二）其他的国际支持与合作

当一国遭受金融危机的侵袭时，为了对其进行有效的治理，并防止金融危机向其他国家蔓延，借助其他各国中央银行的支持与合作成为十分必要的选择。金融危机发生时除了需要其他各国中央银行的支持与合作之外，各国中央银行之间平时针对银行业监管的协调和合作对于抵御金融危机的侵袭也是非常重要的。[①]

【知识链接】

现代金融危机治理案例及启示

一、美国金融危机治理

2007年美国次贷危机产生的主要原因有：美联储货币政策失当、美国政府放松金融监管、美元主导的国际货币体系存在严重缺陷。美国金融危机给我们的启示：（1）适度把握货币政策调整力度和节奏，避免经济大起大落。（2）金融监管要与时俱进，不断调整优化监管手段与方法。因此，我国政府在推动金融业发展的同时必须加强金融监管。一是监管当局必须履行市场守护者的职责，用"看得见的手"弥补市场机制的先天不足。二是建立跨部门监管协调合作体制，制定统

---

① 魏文静，牛淑珍. 金融学［M］. 上海：上海财经大学出版社，2011：253.

一监管标准。三是应对金融创新产品可能带来的风险和收益要有清晰的认识，提高对金融创新产品的监管力。

二、日本金融危机治理

20世纪90年代日本金融危机的爆发，始于泡沫经济的产生和崩溃，一方面日元升值导致人们对经济和股价高估，另一方面历史性低利率和高货币供应量导致的长期金融宽松影响了宏观经济政策的正常运作，最终导致金融危机爆发。日本金融危机治理给我们的最大启示是要正确处理金融风险和金融改革的关系。中国当前采取的汇率与利率市场化改革稳步进行的措施是正确的。金融市场化固然重要，但要做好相关制度和实际运作机构的安排，并选好时机，防止出现危机。

三、亚洲金融危机治理

1997年由泰国的金融危机引发的亚洲金融危机重创了整个东南亚地区。亚洲金融危机形成的最主要的原因是游资在国际金融市场上的兴风作浪，同时，亚洲地区的汇率政策不够灵活，中央银行难以根据国内外经济形势的变化自主、灵活地实施本国货币政策。亚洲金融危机的治理带给我们的启示有：第一，优化我国的经济增长模式。从中国制造向中国创造转型，提高产品的科技含量，打造中国品牌，提高国际分工地位，在全球价值链中占据主导地位，才能真正改善长期国际收支的状况。第二，对待金融市场化要谨慎。我国在开放过程中要采取必要的防护措施以避免大量短期资本流入，防止短期资本的快进快出，避免出现一系列的问题。维持汇率的长期稳定性增长，为国民经济的进一步增长和人民币成为完全自由兑换货币提供较为宽松的金融发展环境和基础。

资料来源：https://wenku.baidu.com/view/0923ae22ccbff121dd36838e.html。

【本章小结】

1. 系统性金融风险产生的根源主要有：金融市场参与者的盲目、商业银行过度投放信贷、债券市场和房地产市场的泡沫、国际资本流动异常四个方面。系统性金融风险主要通过内部传导和跨境传导两种方式扩散。

2. 按照不同表现形式可将金融危机分为货币危机、银行危机、债务危机、资本市场危机和综合性危机。金融危机理论主要包括货币危机理论、银行业危机理论和外债危机理论。金融危机的诱发因素具有多样性，金融危机主要通过国内和国际两种渠道传导。

3. 应对金融危机的金融安全策略主要有：健全宏观经济环境、建立合理的公司治理结构、选择合理的汇率制度、增强金融监管有效性、完善金融机构内控制度。应充分意识到金融重建的必要性，在此基础上加强金融监管，不断完善金融危机管理机制，保障国家金融安全。

【复习思考题】

1. 简述系统性金融风险与金融危机的内在逻辑。
2. 简述系统性金融风险的防控措施。
3. 简述金融危机的分类和主要表现形式。
4. 简述金融危机的传导机制。
5. 简述应对金融危机的安全策略。

第八章

金融监管

【教学目的和要求】

了解金融监管的含义，掌握金融监管的必要性、目标、原则和金融监管体制的类型；了解当今世界各国金融监管的发展趋势；理解我国金融安全监管的主要内容。能够在了解国外金融监管发展过程的基础上分析我国金融安全监管的改进方向；能够正确认识金融监管在维护金融安全和经济稳定中的重要作用。

第一节　金融监管概述

一、金融监管的含义

金融监管是包含了金融监督和金融管理双重意义的复合词。金融监管的含义有狭义和广义之分，狭义的金融监管是指一个国家或地区的金融管理当局作为主体，当金融市场运行出现偏差时，根据国家的法律法规，运用各种行政手段、法律手段和市场手段，对整个金融业（包括金融机构及其在金融市场上的业务活动）实施监督和管理，使其能够健康、平稳、安全运行的所有行为的总和；广义的金融监管是指除金融管理当局外，金融机构自身、行业自律性组织、社会中介组织也充分发挥监督和管理职能，分别从内部控制与稽核、外部引导和管控两条路径维护整个金融业的运行。

金融监管作为一种制度安排，旨在维护一个国家的金融安全与经济安全，降低系统性风险对国家经济的影响，防止危机对金融市场的破坏。在世界各国的金融业发展历史中，金融监管始终存在，它从最初的低限度的、简单的监管逐渐发展完善，时至今日已涉及金融的各个领域，如对银行业的监管、对证券业的监管、对保险业的监管、对其他金融机构的监管，并且随着互联网和移动终端技术的发展，还出现了对互联网金融的监管。

二、金融监管的必要性

金融作为一国经济的中枢，一直发挥着资源配置的重要作用，并引导着国家经济产业布局，金融安全是国家经济安全的核心。金融为社会带来巨大财富的同时，也存在着大量的风险，如果金融业不能正常运行，则局部的金融问题就会转化为金融危机，从而带来经济的全面衰退，甚至影响到政局的稳定，因此世界各国无不重视金融监管。但从金融本身的特点出发，金融监管的必然性体现在以下三个方面。

（一）金融外部性是监管的必然要求

外部性指一个人或一群人的行动和决策使另一个人或一群人受损或受益的情况。正外部性是某个经济行为个体的活动使他人或社会受益，而受益者不需花费代价；负外部性是某个经济行为个体的活动使他人或社会受损，而造成负外部性的人却没有为此承担成本。所以人们都在鼓励产生正外部性的经济行为，并且通过各种管制办法消除产生负外部性的经济行为，或是降低该经济行为产生的负外部性。

金融领域中负外部性主要表现在单个金融机构的破产可能会殃及行业中其他运行状况较好的金融机构，从而导致整个行业大面积陷入困境并引发大规模破产倒闭，如单个银行的破产可能会使其他银行陷入挤兑的困境中。近现代，随着经济和金融全球一体化的发展，跨国银行和金融机构也日益增多，很多大的银行、保险、证券等金融机构的业务中相当大的一部分是国际业务，一国金融市场发生的问题会传染和影响到其他国家的金融市场，甚至是全球的金融市场，如东南亚金融危机和美国次贷危机都是从单个地区出现的金融危机扩散而影响至全球。所以为减少这种负的外部性在一国金融市场和国际金融市场上的扩散和影响，对金融业进行监管是必要的。

（二）信息不对称是监管的客观需要

信息不对称指在市场交易中，当市场的一方无法观测和监督另一方的行为或无法获知另一方行动的完全信息、或者观测和监督的成本高昂时，交易双方掌握的信息所处的不对称状态。信息的不对称性会衍生出两个问题，即逆向选择和道德风险。逆向选择是指在信息不对称条件下，信息优势方的行为人可能会故意隐藏信息，以求在交易中获取最大收益，而信息劣势方则可能受损。在保险市场上最容易发生逆向选择，很多积极购买保险的人，出险的概率都高于其他人，这就导致保险公司的赔付率不断上升。道德风险是指发生在签约之后的非对称信息所导致的风险，通常指契约的一方在对方不知情的情况下所做出的有损对方利益的故意或恶意行为，即在道德层次上做出不利于对方财富最大化的选择。道德风险的存在使得购买保险的人，故意采取某种行为导致保险事故发生，然后向保险公司索赔。金融市场上的信息不对称问题的严重程度远远超过产品市场信息结构失衡造成的后果，因为金融交易涉及的不确定性因素更多，交易各方更易于隐藏自己的动机和行为，而且监督成本高，信息的搜集、获取、甄选、辨别成本太高，信息不对称的具体表现形式更是复杂。金融市场的信息不对称，导致逆向选择和道德风险问题，影响金融市场的有效运行。

（三）金融脆弱性是监管的内在需求

金融市场具有脆弱性，当突发事件出现时，市场参与者的信心会受到冲击，从而引发市场波动，甚至严重扰乱金融秩序，出现金融危机。金融市场脆弱性的根源在于各个市场参与者的行为是非理性的，他们的从众行为就是使金融体系遭受系统性风险的第一个重要因素。人们在判断金融资产价格时，往往具有一定的盲目性，这就导致了人们在进行投资时具有"羊群效应"，这种跟风操作往往会导致金融资产价格的剧烈波动。第二，对灾难的短视行为，人们总是认为再次发生危机的可能性较小，进而再度开始冒险性的投资性活动也使金融市场出现大规模风险事件的概率提高。第三，忽视信息行为，在投资高潮期，人们盲目乐观地从事高风险投资；当出现金融危机时，人们无法辨别所获信息的真伪；等危机过后，人们虽掌握大量关于经济长期发展趋势的信息，却依然不能做出正确的投资决策。这些市场参与者的非理性行为都导致金融资产价格会出现意外性的波动，也使金融市场的运行存在着一定的脆弱性。

三、金融监管的目标

金融监管的目标决定了一国具体监管制度的建立和监管政策的实施，不同时期的不同国家在金融监管目标的确定上虽有差异，但从具体监管的层次上看，有以下三个目标。

（一）维护金融体系的安全与稳定

金融是现代市场经济的核心，在市场经济中，金融机构作为信用中介、支付中介，起到了调节资金余缺，促进资源的合理配置的桥梁作用。任何一家金融机构的倒闭或经营出现严重问题都会引起连锁反应，扰乱金融市场秩序，甚至引发金融危机和经济危机。因此，对金融机构进行监督和管理，能够维护信用、支付体系的稳定，有效地防范和化解金融机构的风险，维护金融机构的安全稳健运行，为国家经济发展创造良好的金融环境，保障国民经济的健康发展。虽然金融监管当局在目标选择上存在安全与利益两个方向，即一方面要维持金融体系的稳定，另一方面要给予经济一定的支持。但历史反复证明，金融监管要始终秉持安全第一的理念，才能保持经济的持续健康发展。

（二）保护金融消费者的利益

金融消费者是指购买金融机构金融产品或接受金融服务的公民个人或单位，它既包括传统金融服务中的消费者，如存款人、投保人，也包括购买基金等新型金融产品或直接投资资本市场的中小投资者。金融消费者是金融市场最基础、数量最多的参与主体，但由于存在信息不对称，他们对金融市场信息的了解程度远低于金融机构，所以会更容易受到各种交易风险的损害，这就需要金融监管当局给予保护。因此，为了保证金融消费者获得足够的信息，金融监管制度设定了金融机构信息披露的各项规定和要求，使金融消费者可以全面了解金融机构的资本状况、资产运用、内部控制及管理能力，防止和避免金融机构的过度投资和投机行为，维护金融消费者的合法权益。

（三）提高金融市场的运行效率

竞争是现代市场经济的重要特征之一，但金融机构之间的无序竞争必然带来金融秩序的混乱、金融市场的动荡，从而降低整个金融市场的运行效率。金融监管主体通过一系列的审慎监管法规，可以使金融机构在平等的条件下开展竞争，从而维护金融秩序、金融市场的稳定，促进金融业降低成本、提高效率，为社会公众提供高质量的金融服务。随着金融创新的不断出现，金融监管也要在鉴别金融创新，约束金融违规，提高金融服务的效率。

四、金融监管的原则

（一）依法监管原则

各国会根据自身金融市场发展的深度和广度确定相应的金融监管框架，但无一例外地，各国金融监管当局都将依法监管放在首要位置。金融监管必须依据金融法规，保持监管的严肃性、权威性、强制性和一贯性，不能随心所欲。金融监管当局及其工作人员在进行监管的各个环节，如办理金融机构的市场准入、业务范围核准、经营项目界定、金融新产品审批以及例行检查、违规处理等工作过程中，都必须坚持依法办事、严肃执法。金融监管工作者自身也必须遵守各种法律法规，坚持执法的连贯性、一致性和不可例外性。金融机构不论性质、规模、背景和业务范围如何，监管都必须在统一的标准下按照统一、公正和公平的监管标准对其实施监管，同时还要加强金融监管的透明度。制定明确的监管法规，采取合理的监管政策，使金融机构在明确的监管要求下接受金融监管当局的监管，才能保证整个金融业合理、规范、有序地运行。当然金融法规的完善也是一个循序渐进的过程，金融监管当局要不断坚持依法监管的大原则下，不断进行探索和改进，使依法监管能够与时俱进，科学有效。

（二）内控与外控相结合原则

由于世界各国的传统不同，金融监管分别采取了自律模式、法制化模式和政策干预模式。但是，要保证监管的及时和有效，客观上需要外控与内控相结合。有时外部强制管理不论多缜密严格，也只能是相对的，如果监管对象不配合、不协作，而是设法规避监管，外部监管则难以达到预期目标；相对而言，如果只采取内控，则各家金融机构会冒险开展违规经营，从而加剧金融风险。

（三）监管适度与合理竞争原则

监管的根本宗旨就是通过适度的金融监管，实现适度的金融竞争，形成和保持金融业适度竞争的环境和格局。而检验监管效果的根本标准是能否促进金融业和社会经济的顺利发展。如果监管过严或过度，不允许竞争和创新，就必然会限制金融业的健康发展，削弱一个国家金融业的市场竞争力；反之，如果金融监管不到位，金融市场将出现恶性竞争，引起金融经济秩序的混乱，加剧了金融风险。近些年来，各国金融监管当局普遍依据监管适度和适度竞争原则，允许金融企业进行有利于金融业发展的公平、适度竞争，允许有利于经济发展的扩大金融消费的金融业务创新，以便扩大金融市场和创造客户需求，使金融市场达到管而不死，活而不乱。

（四）稳健运行与风险预防原则

世界各国共同坚持的监管政策之一是确保金融机构安全稳健地经营业务。安全稳健与风险预防及风险管理是密切相连的，必须进行风险监测和管理。因此，所有监管技术手段和指标体系都是着眼于金融业安全稳健及风险性预防管理。安全稳健不是金融业存在发展的最终目的，它的最终目的是满足社会经济的需要，促进社会经济稳健协调的发展。

（五）有机统一原则

有机统一原则是要实现以下几个层面的统一：一是各级金融监管机构要统一监管标准和口径，不能各自为政、各行其是、重复监管、自相矛盾或留下缺口；二是宏观金融监管与微观金融监管要统一，微观金融政策、措施、监管方法等不能与宏观金融政策、制度、措施相矛盾；三是国内金融监管与国际金融监管要统一，尤其是在各国国内经济与世界经济逐步接轨的情况下，国内金融监管政策、法规、措施也要与国际接轨，基本符合巴塞尔银行监管委员会颁布的《有效银行监管核心原则》的规定。

（六）综合性与系统性监督原则

这一原则包括：各种金融监管手段即经济手段、行政手段、法律手段等要综合运用，以实现有效监管；金融监管的方式、方法，或工具要综合运用，即监管工具要现代化、系统化，日常监管与重点监管检查要同时运用；金融监管机制和方案要科学化、系统化、最优化，确保金融监管的优质高效。

第二节　金融监管体制

一、金融监管体制及类型

（一）金融监管体制概述

金融监管体制是金融监管的制度基础，由一系列监管法律法规和监管组织机构构成，它规定了金融监管职责，明确了金融监管权力的分配，是一国金融监管活动充分有效的重要保证。在不同国家和不同历史阶段，金融监管体制也经历了漫长的变迁过程，由以中央银行为主的统一监管过渡到分业监管，在金融自由化的影响下从分业监管又回归到集中统一监管，现在随着金融创新对金融市场影响的不断加深，集中统一的金融监管体制不断扩展。金融监管体制的不断变迁，都是各种重大金融事件的发生、政府进行监管思路调整的结果，也是调整"监管重合"，弥补"监管空白"的动态过程。金融监管体制的演进经历了由低级到高级，由简单到复杂，由死板到灵活，由低效到高效的轨迹，在不断规范金融业发展的同时，为金融的繁荣提供一个稳定的环境。具体来看，金融监管体制分为集中监管体制和分业监管体制。

（二）集中监管体制

1. 集中监管体制的概念。集中监管体制，又称统一监管体制或混业监管体制，目前是金融监管体制的主流，它是指只设一个统一的金融监管机构，对金融机构、金融市场和金融业务进行全面的监管。这里的金融监管机构可以是一国的中央银行，也可以是专设的监管机构，但大多数国家都选择由中央银行来行使集中监管的职责。

2. 集中监管体制形成的原因。金融业发展之初基本呈现混业经营的模式，银行业作为金融业的核心在 20 世纪 30 年代之前出现了飞速的发展，商业银行成为金融市场上最重要的金融机构，这种重要不仅体现在数量上，更体现在业务范围上，当时的商业银行不但可以经营传统银行业务，还不断涉及证券业务和保险业务。同时，自由市场经济处于主流，为鼓励经济发展，政府不对金融活动和金融机构进行过多的干预。在这种情况下，各国金融监管职能仅由中央银行承担，是典型的集中监管体制。

20世纪70年代金融市场化浪潮下，金融创新不断涌现，新的金融产品和金融业务打破了传统金融的业务界限，银行、证券和保险的边界日渐模糊，金融业再次开启了混业经营的时代。20世纪90年代互联网的发展推动金融全球化发展的加速，金融机构一方面不断通过收购与合并壮大资金实力，另一方面结合新技术增强业务实力，能够提供全方位金融服务的金融控股集团开始在全球范围内广泛出现，金融业的混业经营进入了全新的时代。混业经营体制下，金融风险变得更为复杂，金融危机的传播速度也在加快，对不同金融机构或金融设置对应的监管主体的成本过高，且容易出现监管空白，所以此时又回归到由一个监管主体统筹监管整个金融业，集中监管体制再次成为金融监管体制的主流。

3. 集中监管体制的优势和不足。集中监管体制下，由一家机构负责监管，监管职责更为明确如初。集中监管体制下，能够有效集中人力、物力和技术，不但能节约成本，还可以在一定程度上达到规模效益，能够迅速适应金融业出现的新变化，能够更全面地获得并处理金融信息，能够更全面覆盖监管范围，避免"监管重复"和"监管空白"的出现。但这种监管体制缺乏竞争，且有可能因为内部体系庞大而导致运行效率低下。

（三）分业监管体制

1. 分业监管体制的概念。分业监管体制，又称分工监管体制或分头监管体制，是指设立不同的金融监管部门分别对银行业、证券业和保险业进行监管。根据中央和地方权力划分的模式，这种监管模式还细分为单线多头式监管体制和双线多头式监管体制。单线多头式监管体制，是指全国金融监管的立法、执法等权力集中于中央政府，在中央政府设立两个或两个以上的金融监管部门，分别负责管理不同金融机构的金融监管体制；双线多头式监管体制，是指中央政府与地方政府都享有金融监管权力，中央和地方层面分别设有多个金融监督管理机构。

2. 分业监管体制形成的原因。20世纪30年代的经济危机对金融业造成了巨大的打击，使国家加强了对市场的干预，金融市场也开始越来越多地接受金融监管。1933年美国国会通过了《格拉斯—斯蒂格尔法案》，该法案确立了银行与证券业务和保险业务的分离体制。为了加强对证券业的监管，同年美国又颁布了《证券法》，随后又设立了证券交易委员会，这一系列举措直接确立了美国金融业分业经营、分业监管的格局。分业监管体制强有力地维护了金融市场的稳定，使美国经济在较为安全的金融环境中得到了快速的发展。从此以美国为开端，世界金融业都逐步进入到了分业监管的时代。

3. 分业监管体制的优势和不足。在分业监管体制下，银行业、证券业和保险业分别有专设的监管机构履行监管职责，进而监管机构的专业化程度就相对较高，对相关领域的监管力度就更强。由于不同监管机构分管不同领域，就会出现不同的监管结果，各监管机构的监管效力会形成强烈对比，这就使得各监管机构之间形成竞争，而竞争进一步促进了各监管机构提高监管效力。但在这种监管模式下，各监管机构之间协调性差，容易出现"监管重复"和"监管空白"。并且各监管机构的人员成本、收集信息的成本都会加大。

二、我国金融监管体制

（一）我国金融监管体制的发展历程

我国的金融监管体制形成的时间较晚，并且伴随着我国的金融体制改革和金融市场的发展不断调整完善。我国的金融监管体制经历了两个阶段。

集中监管时期。1984年，中国工商银行成立，接手原中国人民银行的商业银行业务，从此中国人民银行开始专门行使中央银行的职能，成为国家金融监管机关。1995年，为加强中国人民银行监管独立性，全国人民代表大会通过了《中华人民共和国中国人民银行法》，赋予了中国人民银行依法监督全国金融业的职责。

分业监管时期。随着我国金融市场的不断发展，市场风险也不断增加，金融机构也存在着严重违规经营的现象。为规范各行业市场，1998年5月中国证券监督管理委员会成立，原中国人民银行履行的对证券经营机构的监管职责相应转移，由此实现了银行业与证券业的分业监管；同年11月，中国保险监督管理委员会成立，原中国人民银行履行的对全国商业保险的监管职责相应转移；2003年4月，中国银行业监督管理委员会成立，我国银行业监管职能从中国人民银行分离，至此中国人民银行综合宏观调控与金融行业监管的管理模式结束，中国正式进入分业监管体制，基本形成由中国人民银行、中国银监会、中国证监会和中国保监会几大监管机构各司其职，相互协调，对金融、证券和保险实行分业监管的体制，形成"一行三会"的金融监管格局。2017年，在金融市场不断发展，金融业务不断融合的基础上，国家成立了国务院金融稳定发展委员会，来进一步协调各监管机构，维护国家金融市场的平稳运行。2018年，为维护银行业和保险业合法、稳健运行，防范和化解金融风险，国家将中国银行业监督管理委员会和中国保险监督管理委员会的职责整合，组建中国银行保险监督管理委员会。时至今日形成了由国务院金融稳定发展委员会、中国人民银行、中国银行保险监督管理委员会和中国证券监督管理委员会为主导的金融监管格局。

（二）我国金融监管的主要分工

1. 国务院金融稳定发展委员会。国务院金融稳定发展委员会于2017年7月14日至15日，在北京召开的全国金融工作会议上宣布设立，旨在加强金融监管协调、补齐监管短板。

设立国务院金融稳定发展委员会，是为了强化人民银行宏观审慎管理和系统性风险防范职责，强化金融监管部门监管职责，确保金融安全与稳定发展。其主要职责是：（1）落实党中央、国务院关于金融工作的决策部署。（2）审议金融业改革发展重大规划。（3）统筹金融改革发展与监管，协调货币政策与金融监管相关事项，统筹协调金融监管重大事项，协调金融政策与相关财政政策、产业政策等。（4）分析研判国际国内金融形势，做好国际金融风险应对，研究系统性金融风险防范处置和维护金融稳定重大政策。（5）指导地方金融改革发展与监管，对金融管理部门和地方政府进行业务监督和履职问责等。

2. 中国人民银行。中国人民银行作为中央银行，是国务院领导下制定和实施货币政策，对金融业实施监督管理的国家机关。它是随着改革开放而不断改革、发展，并形成了现在的格局。

中国人民银行总行设在北京，并在全国设有众多的分支机构。1997 年以前按照中央、省（市）、地（市）、县（市）四级分别设置总分支行，省市及以下分支行的管理实行条块结合，地方政府干预较多。1997 年下半年，中央银行体制进行重大改革，撤销省级分行、设置大区分行，实行总行、大区分行、中心支行和县市支行四级管理体制。中国人民银行现有总行 1 个，总部 1 个，大区分行 9 个，2 个营业管理部（北京、重庆），326 个中心支行，1827 个县（市）支行。

中国人民银行的监管职责主要体现以下几个方面：（1）拟订金融业改革和发展战略规划，承担综合研究并协调解决金融运行中的重大问题、促进金融业协调健康发展的责任，参与评估重大金融并购活动对国家金融安全的影响并提出政策建议，促进金融业有序开放。（2）起草有关法律和行政法规草案，完善有关金融机构运行规则，发布与履行职责有关的命令和规章。（3）依法制定和执行货币政策；制定和实施宏观信贷指导政策。（4）完善金融宏观调控体系，负责防范、化解系统性金融风险，维护国家金融稳定与安全。（5）负责制定和实施人民币汇率政策，不断完善汇率形成机制，维护国际收支平衡，实施外汇管理，负责对国际金融市场的跟踪监测和风险预警，监测和管理跨境资本流动，持有、管理和经营国家外汇储备和黄金储备等。

3. 中国银行保险监督管理委员会。2018 年 3 月 13 日根据国务院提请的议案，国家将中国银行业监督管理委员会和中国保险监督管理委员会的职责整合，组建中国银行保险监督管理委员会。其主要职责是，依照法律法规统一监督管理银行业和保险业，维护银行业和保险业合法、稳健运行，防范和化解金融风险，保护金融消费者合法权益，维护金融稳定。

原中国银行业监督管理委员会的工作职责为：（1）依照法律、行政法规制定发布对银行业金融机构及其业务活动监督管理的规章、规则。（2）依照法律、行政法规规定的条件和程序，审查批准银行业金融机构的设立、变更、终止以及业务范围。（3）对银行业金融机构的董事和高级管理人员实行任职资格管理。（4）依照法律、行政法规制定银行业金融机构的审慎经营规则。（5）对银行业金融机构的业务活动及其风险状况进行非现场监管，建立银行业金融机构监督管理信息系统，分析、评价银行业金融机构的风险状况等。

原中国保险监督管理委员会的职责为：（1）拟定保险业发展的方针政策，制定行业发展战略和规划；起草保险业监管的法律、法规；制定业内规章。（2）审批保险公司及其分支机构、保险集团公司、保险控股公司的设立；会同有关部门审批保险资产管理公司的设立；审批境外保险机构代表处的设立；审批保险代理公司、保险经纪公司、保险公估公司等保险中介机构及其分支机构的设立；审批境内保险机构和非保险机构在境外设立保险机构；审批保险机构的合并、分立、变更、解散，决定接管和指定接受；参与、组织保险公司的破产、清算等。

4. 中国证券监督管理委员会。中国证券监督管理委员会设在北京，会机关内设 21 个职能部门，1 个稽查总队，3 个中心；根据《证券法》第十四条的规定，中国证监会还设有股票发行审核委员会，委员由中国证监会专业人员和所聘请的会外有关专家担任。中国证券监督管理委员会在省、自治区、直辖市和计划单列市设立 36 个证券监管局，以及上海、深圳证券监管专员办事处。

依据有关法律法规，中国证监会在对证券市场实施监督管理中履行下列职责：（1）研究和拟订证券期货市场的方针政策、发展规划；起草证券期货市场的有关法律、法规，提出制定和修改的建议；制定有关证券期货市场监管的规章、规则和办法。（2）垂直领导全国证券期货监管机构，对证券期货市场实行集中统一监管；管理有关证券公司的领导班子和领导成员。（3）监管股票、可转换债券、证券公司债券和国务院确定由证监会负责的债券及其他证券的发行、上市、交易、托管和结算；监管证券投资基金活动；批准企业债券的上市；监管上市国债和企业债券的交易活动。（4）监管上市公司及其按法律法规必须履行有关义务的股东的证券市场行为。（5）监管境内期货合约的上市、交易和结算；按规定监管境内机构从事境外期货业务等。

第三节　中国金融安全监管

一、中国金融安全监管内容

（一）银行业安全监管

1. 市场准入监管。《中华人民共和国商业银行法》规定了设立商业银行应当具备的条件：有符合《中华人民共和国商业银行法》（以下简称《商业银行法》）和《中华人民共和国公司法》（以下简称《公司法》）规定的章程；有符合本法规定的注册资本最低限额；有具备任职专业知识和业务工作经验的董事、高级管理人员；有健全的组织机构和管理制度；有符合要求的营业场所、安全防范措施和与业务有关的其他设施。《商业银行法》中规定了商业银行可以经营的业务范围包括：（1）吸收公众存款；（2）发放短期、中期和长期贷款；（3）办理国内外结算；（4）办理票据承兑与贴现；（5）发行金融债券；（6）代理发行、代理兑付、承销政府债券；（7）买卖政府债券、金融债券；（8）从事同业拆借；（9）买卖、代理买卖外汇；（10）从事银行卡业务；（11）提供信用证服务及担保；（12）代理收付款项及代理保险业务；（13）提供保管箱服务；（14）经国务院银行业监督管理机构批准的其他业务。

2. 市场经营监管。对商业银行经营监管的主要内容，包括资本充足率监管、资产质量监管、流动性监管和内控性监管。

（1）资本充足率监管。根据 2010 年 12 月公布的《巴塞尔协议Ⅲ》的规定，银监会在考虑国内金融市场发展现实情况的基础上，于 2012 年 6 月 8 日发布了《商业银行资本管理办法（试行）》，分别对监管资本要求、资本充足率计算、资本定义、信用风险加权资产计量、市场风险加权资产计量、操作风险加权资产计量、商业银行内部资本充足评估程序、资本充足率监督检查和信息披露等进行了规范。

（2）资产质量监管。我国《商业银行资本管理办法（试行）》规定在贷款损失准备监管方面建立两项基本制度，一是建立贷款拨备率和拨备覆盖率监管标准。贷款拨备率是指银行计提的贷款损失准备金占贷款余额的比例，原则上应不低于 2.5%；同时贷款损失准备金占不良贷款的比例，即不良贷款拨备覆盖率原则上应不低于 150%。二是建立动态贷款损失准备制度。监管部门将根据经济发展不同阶段、银行业金融机构贷款质量差异和盈利状况的不同，对贷款损失准备监管要求进行动态化和差异化调整。

（3）流动性监管。2013 年，根据《第三版巴塞尔协议：流动性覆盖率和流动性风险监测标准》，中国银监会公布了《商业银行流动性风险管理办法（试行）》，其中规定的具体的流动性风险监管指标包括流动性覆盖率、存贷比和流动性比例。办法要求，商业银行应当在法人和集团层面，分别计算未并表和并表的流动性风险监管指标。

（4）银行内部控制监管。2014 年，银监会公布《商业银行内部控制指引》，为促进商业银行建立和健全内部控制，有效防范风险，保障银行体系安全稳健运行，明确规定包括商业银行在内的银行业金融机构的内部控制职责、内部控制措施、内部控制保障、内部控制评价、内部控制监督。

3. 市场退出监管。我国对商业银行市场退出进行监督和管理的法律依据有：《中国人民银行法》《商业银行法》《公司法》《企业破产法》《外资金融机构管理条例》《金融违法行为处罚办法》《金融机构撤销条例》等。这些法律法规对商业银行的接管、解散、清算、撤销、破产都做了规定。

银行业中其他金融机构如信托投资公司的设立要遵循《信托投资公司管理办法》，金融租赁公司的设立要遵循《金融租赁公司管理办法》，农村信用合作社的设立要遵循《农村信用合作社（自治区、直辖市）联合社暂行管理规定》，金融资产管理公司的设立要遵循《金融资产管理公司监管办法》，汽车金融公司的设立要遵循《汽车金融公司管理办法》。这些管理办法不但规定了金融机构的设立要求，还对经营范围做出了相应规定。

2016 年，为提高银行业金融机构全面风险管理水平，促进银行业体系安全稳健运行，银监会发布《银行业金融机构全面风险管理指引》，要求银行业金融机构应当制定风险限额管理的政策和程序，建立风险限额设定、限额调整、超限额报告和处理制度。同时，在风险限额临近监管指标限额时，银行业金融机构应当启动相应的纠正措施和报告程序，采取必要的风险分散措施，并向银行业监督管理机构报告。银监会发布《商业银行内部审计指引》，进一步提升商业银行内部审计的独立性和有效性，发挥内部审计作为风险管理第三道防线的作用。2017 年，银监会印发《中国银监会关于银行业风险防控工作的指导意见》，明确了银行业风险防控工作的目标原则和银行业风险防控的重点领域，在全国范围内进一步加强银行业风险防控工作，切实处置一批重点风险点，消除一批风险隐患，严守不发生系统性风险底线。

（二）证券业安全监管

1. 市场准入监管。根据《中华人民共和国证券法》（以下简称《证券法》）和《公司法》，中国证券公司的设立条件包括：（1）有符合法律、行政法规规定的公司章程；（2）主要股东具有持续盈利能力，信誉良好，最近3年无重大违法违规记录，净资产不低于人民币2亿元；（3）有符合《证券法》规定的注册资本；（4）董事、监事、高级管理人员具备任职资格，从业人员具有证券从业资格；（5）有完善的风险管理与内部控制制度；（6）有合格的经营场所和业务设施；（7）法律、行政法规规定的和证监会规定的其他条件。

股份有限公司股票上市需要满足以下条件：（1）股票经中国证监会批准已向社会公开发行；（2）公司股本总额不少于5000万元人民币；（3）开业时间在3年以上，最近3年连续盈利；（4）原国有企业依法改建设立，主要发起人为国有大中型企业，可连续计算；（5）持有股票面值达1000元人民币以上的股东人数不少于1000人，向社会公开发行的股份不少于公司股份总数的25%以上；（6）公司股本总额超过人民币4亿元的，向社会公开发行股份的比例为15%以上；（7）公司在最近3年内无重大违法行为，财务会计报告无虚假记载；（8）国务院规定的其他条件。

2. 市场经营监管

（1）证券公司监管。内部控制方面，根据《证券法》规定，证券公司应当建立健全内部控制制度，采取有效隔离，防范公司与客户之间、不同客户之间的利益冲突。根据《证券公司内部控制指引》，证监会对证券公司从控制环境、风险识别与评估、控制活动与措施、信息沟通与反馈、监督与评价五个方面，对内部控制制度做出监管规范。财务风险控制方面，《证券公司风险控制指标管理办法》对证券公司从事不同类型业务的净资本、风险控制指标都做了具体规定。

（2）证券市场监管。证券发行方面，根据《证券发行上市保荐制度暂行办法》，保荐机构在推荐发行人首次公开发行股票前，应当按照中国证监会的规定对发行人进行辅导。按照规定，保荐人的保荐职责还包括推荐发行人证券上市和持续督导。证券交易方面，《证券法》针对我国证券市场存在的屡禁不止的内幕交易问题，规定了"禁止证券内幕信息的知情人员利用内幕信息进行证券交易活动"，为了配合《证券法》，《刑法》中也增加了"证券内幕交易罪""泄露内幕信息罪"的罪名及相关内容。另外《证券法》《股票发行与交易管理暂行条例》《禁止证券欺诈行为暂行办法》《市场操纵认定办法》还对证券欺诈、对市场操纵都规定了认定办法和相应的处理措施。

（3）上市公司监管。为维护证券市场的有效性，上市公司需对信息进行披露，其首次披露、定期报告和临时报告等分别由《证券法》《公司法》《股票发行与交易暂行条例》《公开发行股票公司信息披露实施细则》《公开发行股票公司信息披露内容与格式准则》等相关条文来规范。为完善上市公司的公司治理结构，《上市公司股权激励办法》《上市公司章程指引》《上市公司治理准则》《上市公司股东大会规则》《关于在上市公司建立独立董事制度的指导意见》等规范为上市公司治理结构的框架和原则的确立设定了标准。

3. 市场退出监管。《公司法》和《证券法》对上市公司的退市标准做出了原则性规定，证监会发布的《亏损上市公司暂停上市和终止上市实施办法（修订）》以及《关于执行〈亏损上市公司暂停上市和终止上市实施办法（修订）〉的补充规定》规定了暂停和退市的标准，为我国上市公司的退出提供了依据和操作标准。我国《证券法》规定，证券公司违法经营或者出现重大风险，严重危害证券市场秩序、损害投资者利益的，证监会可以对该公司采取责令停业整顿、指定其他机构托管、接管或者撤销等措施。

2016 年为规范期货交易行为，加强对期货交易的监督管理，维护期货市场秩序，防范风险，保护期货交易各方的合法权益和社会公共利益，促进期货市场积极稳妥发展，国务院公布了最新修改的《期货交易管理条例》。2017 年，随着行业发展，现有证券公司风险控制指标制度已经难以适应新形势下风险管理的需要，证监会在总结反思股市异常波动经验教训的基础上，发布了修订后的《证券公司风险控制指标管理办法》及配套规则。为完善我国投资者保护基金制度，维护投资者信心，促进资本市场发展，证监会等部门联合发布修订后的《证券投资者保护基金管理办法》和《期货投资者保障基金管理暂行办法》。

（三）保险业安全监管

1. 市场准入监管。《中华人民共和国保险法》（以下简称《保险法》）对设立保险机构做出了具体的规定：（1）主要股东具有持续盈利能力，信誉良好，最近三年内无重大违违规记录，净资产不低于人民币二亿元；（2）注册资本最低限额为人民币二亿元；（3）有具备任职专业知识和业务工作经验的董事、监事和高级管理人员；（4）有健全的组织机构和管理制度；（5）有符合要求的营业场所和与经营业务有关的其他设施；（6）法律、行政法规和保监会规定的其他条件。同时，根据《保险法》规定，保险机构必须经过申请设立、审批（包括风险教育）、筹建、申请开业、办理登记、提交保证金等七个环节。外资保险机构的设立还要满足《外资保险公司管理条例》中的相关规定。另外，保险公司高级管理人员的任命要遵循《保险机构高级管理人员任职资格管理规定》，保险公司从业人员的管理要遵循《保险公司管理规定》。

2. 市场经营监管

（1）保险业务监管。目前，出台了《保险公司管理规定》《保险代理公司管理规定》《保险公估公司管理规定》《财产保险公司分支机构监管指标》《人身保险新型产品精算规定》《关于购买人身保险新型产品有关注意事项的公告》《中国保险监督管理委员会保险统计现场检查工作规程》等对各类保险公司的业务经营的监管规程，也为保护保险消费者、防止误导和欺诈、建立良好的理赔机制等内容做了较为详尽的规范。

（2）资金运用监管。《保险资金运用管理暂行办法》对我国保险资金运用形式，资金运用模式，组织结构与职责，资金运用流程，风险管控和监督管理等方面进行了系统规定。办法规定，保险资金运用限于银行存款，买卖债券、股票、证券投资基金份额等有价证券；投资不动产和国务院规定的其他资金运用形式。其中明确规定保险集团（控股）公司、保险公司不得存款于非银行金融机构等七类行为。

（3）偿付能力监管。《保险法》《保险公司管理规定》《保险公司最低偿付能力及监管指标管理规定》，以及对前述规定修订后形成的《保险公司偿付能力额度及监管指标管理规定》《保险公司偿付能力报告编报规则》等相关法律法规和制度的建立，构建了较为完整的静态偿付能力监管制度体系，明确了严格的偿付能力监管要求，初步建立起了偿付能力风险评估体系，完善了偿付能力额度监管制度，制定了财产保险业务和人寿保险业务的最低偿付能力计算方法与实际偿付能力的计算方法，并且分别给出了两类不同业务的监管指标。

3. 市场退出监管。我国《保险法》规定，保险公司因分立、合并需要解散，或者股东会、股东大会决议解散，或者公司章程规定的解散事由出现，经保监会批准后解散，经营有人寿保险业务的保险公司，除因分离、合并或者被依法撤销外，不得解散。保险公司解散，应当依法成立清算组进行清算。经营有人寿保险业务的保险公司被依法撤销或者被依法宣告破产的，其持有的人寿保险合同及责任准备金，必须转让给其他经营有人寿保险业务的保险公司。破产财产在优先清偿破产费用和公益债务后，要按照清偿顺序进行清偿。

2015 年为规范保险机构内部审计工作，提高保险机构风险防范能力，提升公司治理水平，保监会发布了《保险机构内部审计工作规范》。2016 年为了加强对保险资金间接投资基础设施项目的管理，防范和控制管理运营风险，确保保险资金安全，维护保险人、被保险人和各方当事人的合法权益，促进保险业稳定健康发展，保监会发布了《保险资金间接投资基础设施项目管理办法》。2017 年结合近年来保险市场发展的情况，保监会发布《保险公司合规管理办法》，进一步健全保险监管制度体系，加强和改善保险公司合规管理工作，提高保险业依法合规经营水平，保障保险行业持续规范发展。保监会为推进保险消费风险提示工作规范化、制度化、科学化，进一步提高保险消费者风险识别和自我保护能力，发布了《关于加强保险消费风险提示工作的意见》，完善了保险消费者权益保护制度体系，为保险消费者权益保护工作提供了基础支撑，增强了行业消费风险提示工作意识，减少了保险消费纠纷，防范了保险消费风险聚集。

（四）互联网金融安全监管

在互联网金融中，货币资金以数字化的方式在网络内流动，金融交易虚拟化程度高，不受时间和地域的限制，这导致金融监管的难度加大，也使金融风险的传播速度加快，一旦出现风险事件波及范围也较传统金融业大。所以为了维护我国的金融安全，必须加强对互联网金融业务的风险防范与管理。

2013 年是互联网金融呈现井喷式发展的一年，被称作"中国互联网金融元年"，各个监管单位及机构陆续出台各项政策对互联网金融进行监管，监管要求和规范也在根据实际业务需要不断进行更新调整。这一年党的十八届三中全会颁布了《中共中央关于全面深化改革若干重大问题的决定》，其中提到"要发展普惠金融，鼓励金融创新，丰富金融市场层次和产品；在监督方面，提出健全民主监督、法律监督、舆论监督机制，运用和规范互联网监督"，标志着互联网金融首次进入决策范围。

2014 年，国务院办公厅颁布了《关于加强影子银行监管有关问题的通知》，将互联网金融企业纳入影子银行行列进行监管，银监会与人民银行联合发布《关于加强商业银行与第三方支付机构合作业务管理的通知》，对商业银行与第三方支付机构合作业务进行规范。保监会发布了《互联网保险业务监管暂行办法（征求意见稿）》，以维护互联网保险消费者权益，保障互联网保险交易信息和消费者信息安全。银监会发布了《私募股权众筹融资管理办法（试行）（征求意见稿）》，规定了股权众筹平台的业务范围和运行方式，其中明确指出股权众筹平台不得兼营个人网络借贷（即 P2P 网络借贷）或网络小额贷款业务。上海市政府颁布《关于促进本市互联网金融产业健康发展的若干意见》，这是全国首个省级地方政府为促进互联网金融发展出台相关规范。

2015 年银监会宣布进行机构调整，新成立普惠金融局并将 P2P 网贷纳入普惠金融。中国人民银行等十部门联合印发了《关于促进互联网金融健康发展的指导意见》，为互联网金融不同领域的业务指明了发展方向，按照"依法监管、适度监管、分类监管、协同监管、创新监管"的原则，确立了互联网支付、网络借贷、股权众筹融资、互联网基金销售、互联网保险、互联网信托和互联网消费金融等互联网金融主要业态的监管职责分工，落实了监管责任，明确了业务边界。其中人民银行负责互联网支付业务的监管，银监会负责网络借贷业务、互联网信托业务和互联网消费金融业务的监管，证监会负责股权众筹融资和网络基金营销业务的监管，保监会负责互联网保险业务的监管。最高人民法院公布了《关于审理民间借贷案件适用法律若干问题的规定》，其中第二十二条规定，借贷双方通过网络贷款平台形成借贷关系，网络贷款平台的提供者仅提供媒介服务，当事人请求其承担担保责任的，人民法院不予支持。

2016 年，是互联网金融监管元年。中国银监会、工业和信息化部、公安部、国家互联网信息办公室制定了《网络借贷信息中介机构业务活动管理暂行办法》，其中第十条规定了网络借贷信息中介机构不得从事或者接受委托从事为自身或变相为自身融资等 13 项行为，第十七条对网络借贷金额做出限制性规定，其中明确规定同一自然人在同一网络借贷信息中介机构平台的借款余额上限不超过人民币 20 万元。国务院办公厅发布了《互联网金融风险专项整治工作实施方案》，对包括 P2P 网络借贷、股权众筹、第三方支付在内的互联网金融行业提出了明确的整治方案，要求有关部门配合开展互联网金融领域专项整治，并在该方案的指导下由央行牵头联合各金融监管部门成立了专项整治小组，连续发布了《非银行支付机构风险专项整治工作实施方案》《P2P 网络借贷风险专项整治工作实施方案》《股权众筹风险专项整治工作实施方案》《互联网保险风险专项整治工作实施方案》等一系列实施方案。中国人民银行会同银监会、证监会、保监会组织建立的全国性互联网金融行业自律组织——中国互联网金融协会成立，共承担着制定互联网金融行业标准、促进从业机构业务交流和信息共享、建立行业自律惩戒机制等重要职责。

2017 年国家进一步加强对金融业监管，在各个方面都明确要求要防控风险。银监会发布《网络借贷资金存管业务指引》，对网络借贷资金存管业务的各方职责义务、业务操作规则等做出了明确的规定，体现了"规范网络借贷资金存管业务操作细则，鼓励商业银行开展网络借贷资金存管业务，引导网贷行业逐步进入合规经营、规范有序发展新阶段"的核心。互联网金融风险专项整治工作领导小组办公室下发了《关于落实清理整顿下一阶段工作要求的通知》，规定凡从事互联网金融活动，必须依法接受准入或备案管理，通过清理整顿最终达到互联网金融从业机构数量及业务规模双降的目的。互联网金融风险专项整治小组《关于立即暂停批设网络小额贷款公司的通知》明确表示，自即日起，各级小额贷款公司监管部门一律不得新批设网络（互联网）小额贷款公司，禁止新增批小额贷款公司跨省（区、市）开展小额贷款业务。

二、国际金融安全监管经验借鉴

（一）系统性的金融监管法律法规是核心

美国是世界上金融体系最完善发达的国家，美国的金融监管是以法律为基础，形成了世界上最复杂完善的金融监管法律体系，并支撑着美国复杂与高度发展的金融产品创新体系，以保证本国的金融安全。2007 年美国次贷危机的发生暴露出美国在金融法规监管方面存在的漏洞，致使美国次级抵押债务不断证券泡沫化，最终因泡沫破灭而引发全球性金融危机。

全球金融危机不仅给美国与全球金融体系予以重创，而且导致了全球范围内的经济衰退。从 2009 年起，美国进行了"大萧条"后最大规模的金融修法活动，到 2010 年 7 月 21 日，美国金融监管改革法案，即《多德—弗兰克法案》最终以法律形式确定下来，这部新的美国监管法律涵盖了消费者保护、金融机构、金融市场、薪酬改革等诸多内容，将对美国乃至全球金融监管秩序带来深远影响。

（二）主导国际信用评级体系是保障

信用评级是指对评级对象履行相关合同和经济承诺的能力和意愿的总体评价。信用评级体系出现于 20 世纪初，它在防范信用风险，维护正常的市场秩序方面发挥了重要作用，各国无法忽视信用评级在危机爆发前后所发挥的重要作用。国际上公认的最具权威性的专业信用评级机构只有三家，分别是美国标准普尔公司、穆迪投资服务公司（以下简称穆迪）和惠誉国际信用评级有限公司（以下简称惠誉），因此美国能够一直主导国际信用评级体系。凭借着在国际信用评级体系中的地位，美国虽然外债规模巨大，但仍可以规避国际金融市场的各种风险，相比之下其他国家的评级情况稍有变化便会有可能影响到投资者行为，最后导致该国金融市场的波动，由此可见，信用评级话语权为保护国家金融安全提供了强有力的外部保证。目前，中国信用评级业还处于初步发展阶段，还没有国际信用评级话语权，国内信用评级市场的 2/3 已经被穆迪、标准普尔公司与惠誉等以参股、渗股的方式渗控（穆迪参股中诚信 49% 的股份，惠誉参股联合资信 49% 的股份，标准普尔公司注资新世纪）。因此，积极发展本国信用评级业，争取到与本国经济实力对等的国际话语权，是防范外部金融风险、保护本国金融安全的重要支撑。

（三）国际化资本与风险配置是后盾

国家金融市场发达，金融实力强大，金融监管系统完备，发生大规模金融危机的可能性就小，也会最大限度地降低金融危机或金融风险带来的损失。发达国家金融安全能力的高低，不但取决于自身金融体系的完备，更是取决于其在国际金融市场和全球经济市场中的地位。纵观美国、欧盟和英国，其金融竞争实力的强大，主要由以下4点构成：第一，货币是主要国际储备货币，通过全球范围内输出货币，传导影响他国的经济与政治发展。第二，依靠强大的军事实力，通过影响能源性大宗产品在全球的定价权，从而影响全球经济。第三，美国拥有众多具备世界级竞争力的企业集团，如沃尔玛、壳牌石油公司、苹果公司、埃克森美孚、通用汽车、微软、亚马逊等，在全球范围内配置资源，影响全球经济，分散经济与金融风险。第四，通过影响联合国、国际货币基金组织、世界银行等主要国际政治金融机构，为本国制定有利规则。中国从制造和出口大国向产业和资本强国迈进是整体经济结构升级和提升国际分工地位的内在要求，但中国正面临发展中的很多"瓶颈"制约。

三、中国金融安全监管的发展前景

当前国际经济与金融形势错综复杂，如何在维护中国金融安全前提下，促进中国经济金融体系健康平稳发展，是当前国人需要面对的现实紧迫议题。2016年，《"十三五"规划纲要》明确提出，要完善金融机构和市场体系，促进资本市场健康发展，健全货币政策机制，深化金融监管体制改革，健全现代金融体系，提高金融服务实体经济效率和支持经济转型的能力，有效防范和化解金融风险；2017年全国金融工作会议明确强调，金融安全是国家安全的重要组成部分，是经济平稳健康发展的重要基础。维护金融安全，是关系我国经济社会发展全局的一件带有战略性、根本性的大事；党的十九大报告明确提出，健全货币政策和宏观审慎政策双支柱调控框架，健全金融监管体系，守住不发生系统性金融风险的底线。通过科学的方法化解国家经济金融风险，改进中国金融安全监管的方法与内容，维护国家经济和金融的平稳发展，不仅是维护国家的金融安全，更是为国家安全的维护提供有力保障。

（一）建设新常态下的金融安全监管体制

1. 完善存款保险制度。我国《存款保险条例》出台刚满两年时间，而利率市场化的脚步在不断加快，为充分发挥其对利率市场化的基础和支持作用，存款保险制度需加速完善，快速在实践中摸索、成熟。为更好发挥存款保险制度的积极作用，一方面，《存款保险条例》的一些规定还存在细化空间，如针对保险费率如何确定，条例只笼统指出投保机构的适用费率由存款保险机构根据投保机构的经营情况、风险水平确定，具体如何量化，参考哪些指标，各项指标占比如何并未明确说明；如何处理问题机构，也是存款保险制度推行过程中的一个核心命题，没有有效的惩处及退出机制，存款保险制度就达不到市场机制下的风险救助初衷。另一方面，在加强金融协同监管的基础上，厘清存款保险机构权力边界，我国《存款保险条例》明确规定，存款保险机构参与金融监管协调机制，与人民银行、银监会信息共享，存款保险机构应掌握投保机构的风险和评级状况等；针对金融协同监管的权力划分问题，应从顶层设计的角度予以细化，明确各监管机构的权力边界，既要避免监管重叠引起的监管浪费，也要防止因权力划分不充分而引起的监管真空。

2. 完善监管体制。我国在"一行两会"分业监管的金融监管体制下，通过制定一系列监管法规，实施配套性的监管措施，对国家金融市场的平稳运行和金融机构的风险防控形成了有力保障。但随着金融创新的不断深化，国际上金融机构由分业经营走向混业经营，2008 年的国际金融危机也使西方发达国家打破分业监管的壁垒向混业监管过渡。"一行两会"之间虽然在不断加强协调合作，但无法避免监管重复、监管冲突和监管真空的情况出现。2017 年成立的国务院金融稳定发展委员会和 2018 年成立的中国银行保险监督管理委员会在协调各金融监管主体方面起到了一定的作用，但在混业经营监管如何立法，如何有针对性地监管混业经营与促进混业经营竞争，如何与国际监管惯例接轨等方面还需进一步完善。

3. 完善最后贷款人制度。中国人民银行运用各种货币政策调节中国的货币供应量，在维护金融机构稳定运行和维持金融市场稳定方面发挥着重要作用，尤其是当银行类金融机构出现资金困难时提供必要的救助，履行"银行的银行"职责，扮演着最后贷款人的角色。随着我国利率市场化改革的不断推进以及金融创新的发展，银行类、证券类和保险类机构在金融市场上的竞争也更加激烈。随着我国金融市场国际化进程的推进，外资金融机构对本土金融机构形成了强大的冲击，同时伴随着互联网金融的崛起，本土金融机构的传统经营模式再次受到挑战。所以，面对日渐加剧的竞争和不断形成的新的冲击，中国人民银行要厘清最后贷款人的职责与目标，修订救助范围，创设救助方式，维护金融市场的稳定健康发展，保护国家金融安全就显得意义重大。

4. 建立金融消费者权益保护机构。随着金融市场深度和广度的扩大，激烈的竞争导致各类新型金融机构和新型金融产品不断出现，尤其在投资收益的驱动下，高风险金融产品的数量也在不断增加。但普通的金融消费者很难掌握这些高风险金融产品的操作方法，所以容易遭受较大的经济损失，也容易造成市场恐慌。金融体系健全发达的国家，都专门成立了保护金融消费者权益的机构，但在我国没有专门的机构履行该项职责，且总体上对金融消费者权益保护的意识还比较薄弱。所以设立专门的金融消费者权益保护机构，在我国金融市场飞速发展的今天尤为重要。在我国，目前维护金融消费者权益的职责由中国人民银行金融消费者权益保护局、中国银监会金融消费者保护局、中国证监会投资者保护局和中国保监会保险消费者保护局等机构共同履行，2017 年中国人民银行根据《中华人民共和国中国人民银行法》（以下简称《中国人民银行法》）、《中华人民共和国消费者权益保护法》《中华人民共和国商业银行法》（以下简称《商业银行法》）、《中华人民共和国网络安全法》《国务院办公厅关于加强金融消费者权益保护工作的指导》制定了《金融消费者权益保护实施办法》，进一步保护金融消费者的合法权益，规范金融机构提供金融产品和服务的行为，维护公平、公正的市场环境，促进金融市场健康稳定运行。

（二）完善金融安全监管法律法规体系

我国已经先后出台了一系列金融监管法律法规，如《中国人民银行法》《商业银行法》《保险法》《证券法》《企业债券管理条例》《外汇管理条例》《金融违法行为处罚办法》《人民币管理条例》《金融资产管理公司条例》《金融机构撤销条例》《外资银行管理条例》《期货交易管理条例》《中央企业债券发行管理暂行办法》《证券公司风险处置条例》《证券公司监督管理条例》等。这些法律法规对促进我国金融市场健康运行，保护国家金融安全提供了有力保障。随着互联网金融的出现，金融交易模式的隐蔽复杂化，金融产品的创新，外资金融机构的竞争，金融安全监管的法律体系需要不断更新和补充，对违法违规行为的处置也要加强力度，以完善的金融监管法律法规体系保障金融监管的有序推进，维护国家金融安全。

（三）提升本土信用评级机构国际竞争力

当今信息全球化时代，信用评级话语权关系一国金融业与国家经济金融发展。国际舞台的话语权与该国经济实力呈正相关。在我国从经济大国向经济强国迈进的进程中，要把扶持民族信用评级机构、提高国际资本市场话语权视为我国的核心利益，并纳入国家战略层面。一方面，扶植组建资本实力雄厚的新评级机构，并在人民币国际化进程中，坚持以民族评级机构为主开展相关业务，严格控制外资评级机构在国内的持股比例；另一方面，要理顺监管体系，建立专门的资信评级法规体系，完善相关制度，对国内评级市场进行系统整合，加强评级方法流程的披露和数据库的建设，关键要提高评级机构的权威性与可信度。

（四）强化区域性金融中心辐射功能

金融安全监管不是静态的监管行为，而是一种随着国内外金融市场不断发展的动态监管行为。作为发展中的不断扩大对外开放水平的经济与金融大国，我国正在向金融强国迈进，这就决定了我国的金融体系安全监管要与国际市场接轨，上海国际金融中心的建设无疑是我国进入国际金融市场的主阵地，因此中国在建设国际金融中心过程中，要逐步发挥国际金融中心对国际金融资源的集聚和辐射效应，吸引更多的国内外优秀企业交易，并参与国际性重要战略资源的交易定价活动，如国际性重要公司的股票交易、石油、黄金、原油期货交易等，加强与香港亚洲金融中心合作，共同构建中国全球化大金融发展战略。

【本章小结】

1. 狭义的金融监管是指一个国家或地区的金融管理当局作为主体，当金融市场运行出现偏差时，根据国家的法律法规，运用各种行政手段、法律手段和市场手段，对整个金融业（包括金融机构及其在金融市场上的业务活动）实施监督和管理，使其能够健康、平稳、安全运行的所有行为的总和。

2. 金融监管的目标决定了一国具体监管制度的建立和监管政策的实施，不同时期的不同国家在金融监管目标的确定上虽有差异，但从具体监管的层次上看，主要有维护金融体系的安全与稳定、保护金融消费者的利益、提高金融市场的运行效率三方面。

3. 金融监管体制是金融监管的制度基础，由一系列监管法律法规和监管组织机构构成，它规定了金融监管职责，明确了金融监管权力的分配，是一国金融监管活动充分有效的重要保证。具体来看，金融监管体制分为集中监管体制和分业监管体制。

4. 我国的金融监管体制形成时间较晚，并且伴随着我国的金融体制改革和金融市场的发展不断调整完善。在我国主要的金融监管机构有中国人民银行、中国银行保险监督管理委员会、中国证券监督管理委员会和国务院金融稳定发展委员会。

5. 为保证金融业的平稳安全发展，我国金融监管部门不断丰富监管内容和监管手段。对银行业、证券业和保险业，从市场准入、市场经营和市场退出三个角度不断深化监管，以此来规范金融机构的行为，保障金融消费者的利益，维护金融市场的有序运行。

6. 在维护中国金融安全前提下，促进中国经济金融体系健康平稳发展，是当前国人需要面对的现实紧迫议题，为此需要构建新型国家金融安全监管体制，健全完善国家金融安全监管法律法规，培育民族信用评级机构，并且还要加快本土国际金融中心建设。

✍【复习思考题】

1. 金融监管应遵循哪些原则？
2. 金融监管的目标有哪些？
3. 我国的金融监管体制经历了哪些变迁？
4. 我国金融监管主体有哪些，其职责是如何划分的？
5. 近年来对我国在互联网金融监管方面做出了哪些努力？
6. 如何加强我国金融安全监管？

第九章

金融消费安全

【教学目的和要求】

掌握金融消费的概念、含义；掌握金融消费者的含义、权利；了解金融消费者行为的影响因素、消费者行为决策分析；掌握金融消费风险的类型及防范措施；能够形成基于行为金融学的金融消费者权益保护的基本认识，强化金融消费安全的措施。

第一节　金融消费概述

随着金融业务的不断创新，先进的金融业务与消费者专业知识能力欠缺形成的不对称，产生了各类金融风险，从而损害了金融消费者的合法权益。金融消费者安全及其权益保护问题日益凸显。

一、金融消费与金融消费者

（一）金融消费的含义

金融消费是在人们收入达到一定的水平，具备了一定的条件下产生的。狭义的金融消费是指享有金融机构提供的服务；广义的金融消费是指除享有金融机构提供的服务外，还包括购买金融机构所提供的商品。概括地说，金融消费是金融消费主体享有金融机构提供的服务及购买金融机构所提供的商品的行为。一般来说，人们应当拥有以下几种金融消费的权利。

（1）消费的选择权，即能够自主地、自由地确定要不要金融消费、在什么时间点进行金融消费、采取什么方式进行金融消费；换句话说，金融消费不受任何单位和个人的不合理干预和强制。

（2）获得信息权，即在金融消费中，享有获得与金融相关的知识、政策和有关规章制度的规定等权利，比如在金融机构存款有没有利息、多高利息、利息如何计算，开户、转账的手续如何办理；日常的收付、损害情况等，金融机构不仅有主动提供上述信息的义务，而且提供的信息要真实、透明。

（3）平等交易权，即金融机构与消费者之间的往来，必须遵循公正、公平、诚信的原则，这种往来是一种契约关系，不论有形，还是无形。在契约关系中不得制定规避义务和违反公正的条款，不得强制消费者接受他不愿意接受的服务。

（4）保密的权利，即保证消费者的金融资产不被泄露、不被侵犯。

（5）求偿求助的权利，如果金融消费者的金融资产被泄露、被侵犯，消费者有权要求对方赔偿，有权请求法律援助，比如存款被冒领、信用卡失密、贷款被挪用、股票被低价变卖等，都是侵犯了消费者的权利。

（二）金融消费者的含义

金融消费者，是指为了满足支付结算、获取信用或金融资产运用等金融性生活需求，购买、使用金融产品或接受金融服务的个体社会成员。

金融消费者包括两类：一类是传统金融服务中的消费者，包括存款人、投保人等为保障财产安全和增值或管理控制风险而接受金融机构储蓄、保险等服务的人；另一类是购买基金等新型金融产品或直接投资资本市场的中小投资者，他们尽管有盈利动机，但由于与金融机构之间的严重信息不对称和地位不对等，因此仍与普通消费者有质的共性。

（三）金融消费者的权利

2015 年 11 月 13 日，国务院办公厅发布了《关于加强金融消费者权益保护工作的指导意见》，明确了金融机构消费者权益保护工作的行为规范，要求金融机构充分尊重并自觉保障金融消费者的财产安全权、知情权、自主选择权、公平交易权、受教育权、信息安全权等基本权利，依法、合规开展经营活动。

1. 保障金融消费者财产安全权。金融机构应当依法维护金融消费者在购买金融产品和接受金融服务过程中的财产安全。金融机构应当审慎经营，建立严格的内控措施和科学的技术监控手段，严格区分机构自身资产与客户资产，不得挪用、占用客户资金。

2. 保障金融消费者知情权。金融机构应当以通俗易懂的语言，及时、真实、准确、全面地向金融消费者披露可能影响其决策的信息，充分提示风险，不得发布夸大产品收益、掩饰产品风险等欺诈信息，不得作虚假或引人误解的宣传。

3. 保障金融消费者自主选择权。金融机构应在法律法规和监管规定允许的范围内，充分尊重金融消费者意愿，由消费者自主选择、自行决定是否购买金融产品或接受金融服务，不得强买强卖，不得违背金融消费者意愿搭售产品和服务，或不得附加其他不合理的条件，不得采用引人误解的手段诱使金融消费者购买其他产品。

4. 保障金融消费者公平交易权。金融机构不应设置违反公平原则的交易条件，在格式合同中不得加重金融消费者责任、限制或者排除其合法权利，不得限制金融消费者寻求法律救济途径，不得减轻、免除本机构损害金融消费者合法权益应当承担的民事责任。

5. 保障金融消费者依法求偿权。金融机构应当切实履行金融消费者投诉处理主体责任，在机构内部建立多层级投诉处理机制，完善投诉处理程序，建立投诉办理情况查询系统，提高金融消费者投诉处理质量和效率，接受社会监督。

6. 保障金融消费者受教育权。金融机构应进一步强化金融消费者教育，积极组织或参与金融知识普及活动，开展广泛、持续的日常性金融消费者教育，帮助金融消费者提高对金融产品和服务的认知能力及自我保护能力，提升金融消费者金融素养和诚实守信意识。

7. 保障金融消费者受尊重权。金融机构应尊重金融消费者的人格尊严和民族风俗习惯，不因金融消费者的性别、年龄、种族、民族或国籍等不同而进行歧视性差别对待。

8. 保障金融消费者信息安全权。金融机构应当采取有效措施加强对第三方合作机构管理，明确双方权利义务关系，严格防控金融消费者信息泄露风险，保障金融消费者信息安全。

二、金融消费者行为

（一）金融消费者行为的含义

金融消费者行为是人们在获取、消费以及处置金融产品和服务时所进行的活动。简而言之，传统上我们认为金融消费者行为学是研究"人们为什么购买"的问题，但是如果金融企业知道了人们为什么购买某种特定金融产品或服务，那么就很容易制定影响金融消费者的市场营销战略。

金融消费者行为发生在金融企业与金融消费者进行金融产品或服务的交换过程中，而且金融企业应着眼于与金融消费者建立和发展长期的交换关系。为此，不仅需要了解消费者是如何获取金融产品与服务的，而且需要了解金融消费者是如何消费金融产品，以及金融产品在使用完毕之后是如何被处置的。因为金融消费者的消费体验、金融消费者处置旧金融产品的方式和感受均会影响金融消费者的下一轮购买，也就是说，会对金融企业和金融消费者之间的长期交换关系产生直接的作用。在消费者行为的研究领域，学者们将消费者对产品、服务的获取，以及消费与处置看作一个有机的整体进行研究。因此，作为消费者行为的一个分支，金融消费者行为也应把金融产品的购买、消费、处置作为一个整体、一个过程进行研究。研究金融消费者行为既应了解金融消费者在获取产品、服务之前的评价与选择活动，也应重视在金融产品获取后对金融产品的使用、处置等活动，只有这样，对金融消费者行为的理解才趋于完整。

金融消费者行为具有多样性和复杂性的特点，其中多样性表现在不同的金融消费者在偏好、需求及选择金融产品的方式等方面存在着一定的差异，即便是同一金融消费者在不同的时期、不同的情境、不同金融产品的选择上，其行为也可能会呈现出很大的差异性。而金融消费者行为的复杂性，一方面受到金融消费者行为多样性的影响，另一方面则体现在受到很多内在或外在因素的影响，而且这其中很多因素不仅难以识别，而且难以控制。很多学者提出，金融消费者将受到动机的影响，但是我们无法观测每一行为背后的动机，因为这些动机是隐蔽的、复杂的、不可观测的。同一动机可以产生不同的行为，而同一行为则有可能产生不同的动机。不仅如此，金融消费者行为还受各种个体、经济、文化因素的影响，而且这些因素对金融消费者行为的影响有的是直接的、有的是间接的，有的是单独的、有的则是交叉或交互的。也是由于这些影响因素的复杂性和多变性，决定了金融消费者行为的多样性和复杂性。

（二）金融消费者行为影响因素

影响金融消费者个体与心理的因素分别为认知与情绪，学习和记忆，动机，态度，个性、自我概念与生活方式。这些因素不仅影响和在某种程度上决定金融消费者的决策行为，而且对外部环境与营销策略的影响起到放大或抑制的作用。

（三）金融消费者购买决策与行为

消费者的购买行为是由一系列环节、要素构成的完整过程。在这一过程中，购买决策居于核心地位；决策的正确与否直接影响购买行为的发生方式、指向及效用大小。市场营销人员必须了解目标消费者的欲望、观念、偏好和行为方式，以便全面把握消费者的行为特点与规律。消费者的决策过程，实际上就是解决问题的过程。这一过程有时很复杂，要持续很长的时间；有时则十分简单，在很短时间内就可以完成。对于复杂的购买决策，一般要经过需求认知、信息收集、评价与选择、店铺的选择与购买、购后评价 5 个阶段。

1. 需求认知。购买行为始于购买者对某个问题或需要的认知。金融市场、金融营销人员或金融企业要确定激发某种需要的环境，即找出可能引起对某类金融产品和服务感兴趣的常见刺激因素。金融消费者察觉到目前实际状态与理想状态的差异，从而认识到一个问题或需要。

除了需求之外，金融消费者还有欲望。但是在现实中，金融企业必须对约束欲望的条件进行非常仔细的分析研究，例如，金融消费者购买的能力和购买的权限等。当金融企业设法满足金融消费者的欲望时，他们还必须将金融产品的成本维持在目标客户的支付能力之内。尽管金融消费者可能仍然希望在未来当他们有足够的购买力时，去满足自身的欲望，但是金融消费者也愿意牺牲一些欲望，去购买那些既满足需要又能够承受得起的金融产品和服务。

2. 信息收集。产生需求的金融消费者会努力寻求更多的信息和解决方案。这一收集既可以在内部进行，即从记忆或者遗传倾向中提取信息，也可以在外部进行，即从同伴、家庭成员和市场中收集信息。有时，金融消费者只是被动地接收身边的信息，但如果金融消费者的动机很强烈，则会主动收集信息。

信息收集的广度和深度受到多种因素的影响，比如，收入、过去的经验、社会阶层、个性、以前对品牌的感知以及满意程度等。如果金融消费者对最近使用过的品牌金融产品感到满意，他们可能会再次选择购买这一品牌的产品，而不再进行信息的收集。而当金融消费者对现有金融产品或品牌不满意时，信息的收集就会扩大到其他替代品上。

3. 评价与选择。金融消费者在获得全面的信息后，会根据这些信息和一定的评价方法对同类金融产品的不同品牌进行评价。金融消费者使用记忆中新的或既有的评价来选择在购买和消费过程中最有可能令其满意的金融产品、服务、品牌与店铺。不同的金融消费者有不同的评价标准，而如何做出评价则受到个人和环境因素的影响。因此，评价标准是金融消费者个人的需求、价值观、生活方式在具体金融产品上的一种体现。但是金融消费者也必须决定去哪里购买他们所需要的金融产品，同时运用相关的标准去评价其购买金融产品的渠道。

用来评价备选金融产品的属性，有些属性是突出的，有些是具有决定性的，这两者均会影响金融营销策略。金融消费者认为突出属性，诸如收益率、可靠性，以及同类产品之间变化很小的因素，可能是最为重要的。备选金融产品在关键属性上的差异往往会决定金融消费者选择哪个品牌或在哪里购买，尤其是当他们认为在突出属性方面几乎相同的情况下则更是如此。

4. 店铺的选择与购买。购买决策是指金融消费者作为决策主体，为了实现满足需求这一特定目标，在购买过程中进行的评价、选择、判断、决定等一系列活动。购买决策在金融消费者购买行为中处于极为重要的关键性地位。当金融消费者需要决定购买金融产品的地点时，他们可能根据店内客流量的大小、店内的布局等因素来进行比较评估。当各金融企业在收益率和风险等突出属性类似时，金融消费者可能依据店铺氛围或是对金融消费者的个人关照等"细节"来选择在何地购买。

金融消费者购买金融产品和服务通常有两种情况，一种是初次购买，另一种是重复购买。对于金融消费者陌生的、从未使用过的金融产品和服务，金融消费者往往会尝试进行初次购买，以便通过直接消费获得对金融产品的感性认知。在金融消费者尝试购买后，如果感觉很好，则有可能经常、重复地购买，从而形成对某种品牌金融产品和服务的偏爱，这对金融企业非常有利，可以使金融企业的生产和销售趋于稳定。一般来说，金融消费者的购买不仅受到品牌的影响，购买意向的形成和购买决策的产生，而且还会受到其他因素的影响，比如，个体差异、环境影响和心理过程。

5. 购后评价。购买金融产品后，金融消费者可能会满意，也可能会不满意。是否满意主要取决于金融消费者对金融产品和服务的期望与金融产品被觉察到的性能之间的关系。如果金融产品性能未达到金融消费者的期望，金融消费者就会失望；反之，如果金融产品性能达到或超出了金融消费者的期望，金融消费者就会满意。而这种满意才有可能带来金融消费者的重复性购买，还会向其他金融消费者推荐该金融产品。相反，如果金融消费者不满意，金融消费者则可能采取一定的行动，比如，不再购买，或者阻止别人购买等。可见购买后评价常常作为一种经验，反馈于购买活动的初始阶段，对金融消费者的购买行为产生影响。

通过上述五个阶段，金融消费者就完成了其购买活动。从以上分析不难看出，金融企业需要根据金融消费者购买过程的不同，制定不同的金融营销对策，给金融消费者以支持，促成良性购买行为的实现。具体来说，识别需要阶段是金融消费者需求确定的前期，广告宣传和口碑传播，会对金融消费者起诱导作用；信息收集阶段，金融企业应在广告宣传和口碑传播的基础上，展示金融产品的特性和优点；店铺的选择与购买阶段，金融企业应开展用户体验等措施，提供全方面的优质服务。另外，在购买活动中，因不同的金融消费者或同一金融消费者购买不同的金融产品，其经历的阶段及阶段的长短是不一样的，有的完整经历五个阶段，有的在产生需求后，可能直接进入购买阶段，有的收集资料和选择评价是合二为一进行的。金融企业也应根据这些特点对金融消费者购买过程予以充分分析。

第二节　金融消费风险

一、金融消费风险的含义

金融风险是指任何有可能导致企业或机构财务损失的风险，是一定量金融资产在未来时期内预期收入遭受损失的可能性。金融消费风险是消费者享受金融机构提供的服务，购买金融机构提供的商品的金融交易活动中出现的风险。

二、金融消费风险的类型

传统金融机构所面临的风险，比如信用风险、流动性风险、利率风险和市场风险，在金融消费领域仍然存在，只不过在表现形式上有所变化。

1. 操作风险。操作风险指源于系统可靠性、稳定性和安全性的重大缺陷而导致的潜在损失的可能性。操作风险可能来自金融客户的疏忽，尤其是在当今互联网金融发展迅速的环境下，网络金融安全系统及其产品的设计缺陷与操作失误也会为金融消费带来风险。操作风险主要涉及金融账户的授权使用、金融的风险管理系统、金融机构和客户间的信息交流、真假电子货币的识别等。目前，网络金融对进入金融机构账户的授权管理变得日益复杂起来，这一方面是由于计算机的处理能力得到日益增强，另一方面是客户的地理空间位置变得更加分散，也可能是由于采用多种通信手段等因素造成的。

2. 交易风险。交易风险是指投机者利用利率、汇率等市场价格的变动进行关联交易，给金融资产的持有者带来损益变化的不利影响。由于当下信息传递的快捷和不受时空限制，网络金融会放大传统金融风险，导致市场价格波动风险、利率风险、汇率风险发生的突然性、传染性增强，危害性也更大。金融网络化给投机者带来了机会，他们会在股市、汇市、期市进行大量关联交易，导致金融市场跌宕起伏，从而可能会在极短的时间内给一国经济以致命打击。在金融网络化、全球化不断加深的今天，国际游资对证券市场的冲击和股票投资者的非理性操作是证券市场动荡的根源，也是金融消费最大的潜在风险。

3. 信息风险。信息风险是指由于信息不对称或信息不完全导致金融消费者面临的不利选择和道德风险引发的业务风险。由于网络金融的虚拟性，一切金融往来都是以数字化在网络上得以进行，网络市场上商业银行与客户间信息处于严重的不对称状态，客户将会比在传统市场上更多地利用信息优势，从而形成对网络银行不利的道德风险行为。

4. 信用风险。信用风险是指金融交易者的任何一方不能如约履行其义务的风险。与传统金融机构相比，金融机构的物理存在的重要性大大降低。交易双方互不见面，只是通过网络发生联系，这使对交易者的身份、交易的真实性验证的难度加大，增大了交易者之间在身份确认、信用评价方面的信息不对称，从而增大了信用风险。对我国而言，信用风险不仅来自服务方式的虚拟性，还有社会信用体系的不完善而导致的违约可能性。信用风险可能来自网络金融出现巨额损失时，或者出现在网络金融的支付系统发生安全问题时，使社会公众难以恢复对网络金融交易能力的信心。一旦网络金融提供的虚拟金融服务产品不能满足公众所预期的水平，且在社会上产生广泛的不良反应时，就形成了网络金融的信用风险。或者，如果网络金融的安全系统曾经遭到破坏，无论这种破坏的原因是来自内部还是来自外部，都会影响社会公众对网络金融的商业信心。

5. 法律风险。法律风险来源于违反法律、规章的可能性，或者有关交易各方的法律权利和业务的不明确性。银行通过互联网在其他国家开展业务，对于当地的法规可能不甚了解，从而加大了法律风险。有关网络的法律仍不完善，如电子合同和数字签名的有效性，而且各国情况也不一样，这也加大了网络银行的法律风险。当前，电子商务和网络金融在许多国家尚处于起步阶段，缺乏相应的网络消费者权益保护管理规则。因此，利用网络及其他电子媒体签订的经济合同中存在着相当大的法律风险。

第三节　金融消费安全

一、金融消费者安全保护体系

金融消费者乃金融产业发展的根基。保护金融消费者的合法权益，对维护社会公平正义、推动金融行业健康发展都至关重要。我国金融业目前尚处于初级阶段，抵御风险能力较差，更需要打造一个"消费者自我保护、金融企业自觉、行业自律、部门监管、司法保护、理论研究以及社会舆论监督"七位一体的金融消费者保护体系，这一过程任重道远。

（一）金融消费者的自我保护

金融消费者所消费产品与服务多为无形产品，比一般有形商品消费者面临更大的风险与不确定性。尤其当前金融创新加速，金融衍生品层出不穷，虽然拥有更多的消费选择，但是面对复杂的产品介绍与计算方式，金融消费者还是时常感到无所适从，因此，消费行为多带有盲目性与侥幸心理。而一旦自身利益受到侵害，又面临侵权事实认定难、争议解决途径不足等诸多困扰，合法利益得不到切实保障。

首先，提高自己保护自己的能力，金融消费者首先需要提高自身的金融素质，学习相关金融知识，了解各种金融产品的属性、风险状况，识别金融产品的虚假宣传，并积极关注金融产品的信息披露，减少信息不对称对自身利益造成损害的可能性。

其次，金融消费者要提高风险意识，尤其需要对自身的风险承受能力有一个客观的认识，远离明显超出自身抗风险能力范围的金融产品，避免片面追求个别金融产品的高回报，而忽视与之并存的高风险，培养健康、稳健的金融消费习惯，将保护从自我做起，构筑金融消费者保护的第一道屏障。

最后，单个金融消费者力量薄弱，但是组织起来的力量是很大的，消费者协会可以发挥比较大的作用。

金融消费者的自我保护也是有限的。金融消费者在信息、专业知识、经济实力等方面所处的明显弱势地位，决定了完全依靠其自身力量，很难彻底有效地保障自身合法权益不受侵害。而且，金融消费者自身没有对侵权行为进行处罚的能力，无法对侵权机构形成足够的威慑，因此还需要有更多的力量来保护金融消费者，构筑更加坚实的金融消费者保护防线。

（二）金融机构

金融消费是消费者为了满足个人或家庭生活需要而从银行等金融机构购置金融商品或接受金融服务的行为。只要为消费者提供了相应商品或服务，金融机构就属于消费者权益保护法律关系的"服务主体"，即经营者。金融机构作为经营者，依法合规经营，平衡好机构利益、消费者利益和社会利益的关系，是构筑金融消费者保护的第二道防线。侵害消费者，就是在消灭交易对手，最终自己也必然走向灭亡，次贷危机就是很好的例证。

由于金融机构直接参与到金融交易中去，所以，由其作为金融消费者保护主体之一具有以下优势。

第一，由金融机构自身受理消费者投诉，直接、便利、可操作性强，可以最大限度地节约社会资源，降低负面影响。我国的金融实践以及发达国家的先进经验也印证了这一点。西方发达国家在处理投诉问题时基本上都采取先内部解决，如不能满意调解，才诉诸外部程序处理的模式。比如，英国的金融服务局（FSA）规定，金融消费的争议处理程序分为两个阶段：第一阶段是金融机构的内部处理程序；第二阶段是金融督察服务公司（FOS）程序。也就是说，金融消费者权益受到侵害或者在金融交易中产生争议纠纷时，消费者首先应该向金融机构进行投诉，若内部处理程序在8个星期内未解决争议或消费者对解决方案不满意，才能进入第二阶段，向金融监管机构寻求帮助。在美国，如果消费者要投诉某金融机构，首先是与该金融机构负责人接触，争取直接解决问题，如果金融机构负责人未能直接解决消费者投诉，消费者才可要求金融机构的监管部门出面处理。澳大利亚也有类似的规定，即当金融机构内部的争议解决程序没能解决纠纷时，才由金融督察服务机构的独立的裁判人员出面，为消费者和小企业提供免费、公平和易得的争议解决途径。

第二，金融机构专业化程度高，且具有关于金融产品的信息优势，由金融机构通过金融教育、信息披露等方式实施金融消费者保护，无须追加过多的人力成本，而且针对性强。金融机构还有条件利用自身在网点、柜面、网站公告等方面得天独厚的优势，直接面对消费者，使金融教育受众得到最大限度的普及，从而强化教育效果。

第三，金融机构通过优化服务、诚信经营等方式来保障消费者权益的同时，增加了自身的竞争力，提升了企业的规范化程度，符合自身发展的长远利益，使企业利益与消费者权益得到有机融合。

第四，对于某些具体的消费者合法权益，金融机构提供的保护有一定的不可替代性，监管机构、协会组织等只能起到引导、监督等辅助作用。例如，由于金融消费者的一系列重要信息都掌握在金融机构手中，由金融机构通过优化管理等方式，保护消费者隐私最为直接、经济。如果由其他机构或组织来承担此项工作，一方面成本高昂，可行性不高；另一方面，此种做法本身就增加了泄露消费者信息的风险，事倍功半。因此，在这些权利的保护方面，金融机构的作用不可替代。

金融机构作为金融消费者保护的第二道防线，也有天然的不足：金融机构作为交易主体之一，一旦自身短期利益与消费者权益产生冲突，其在金融消费者保护中既充当运动员又充当裁判员的问题就有可能暴露出来，金融机构内部受理投诉与争议的解决部门就很难做到公平公正，使金融消费者的正当利益与合法权益得不到切实保障。

（三）金融行业协会

金融行业协会一般是由金融行业的组织成员以保护和增进共同利益为目的，在自愿的基础上依法组织起来，各组织成员共同制定章程、规则，以此约束自己的行为，并实现金融行业内部的自我管理。因此，金融行业协会的一大属性就是自律性，其通过制定章程或规则从而实现自我管理、自我服务、自我协调、自我控制以达到规范其成员行为的目的。同时，从世界范围来看，各主要国家的金融行业协会，除日本为完全的民间性质外，大多数都带有一定的官方或半官方色彩，这就保证了其制定的规则和所执行的监管具有正式性和权威性，并且一般金融行业协会具有依法对市场违规行为进行处罚和对会员之间的争议进行仲裁的权力，使金融行业协会拥有了捍卫金融消费者权益的武器，为其成为金融消费者保护的重要一环提供了前提条件。

目前世界上比较成功的金融行业自律组织当属英国的银行业守则标准委员会，其颁布的《银行业守则》已获得全英99%的银行遵守。该准则提炼了银行必须做出承诺的主要事项，包括在与客户的一切交易中，将秉持公正、合理态度办事；确保提供的一切产品与服务符合本守则，即使这些产品与服务分别有自身的规章和条款；以通俗语言为客户提供有关产品与服务的资料，同时解答客户的疑难问题；帮助客户认识银行产品与服务在财务上的影响和具体的运作方式，并协助客户选择符合其需要的产品与服务等内容，对消费者权利保障有着极为重要的意义。

我国的金融行业协会在消费者权益保护方面的作用也开始逐渐显现。以中国银行业协会为例，该协会先后颁布了《中国银行业零售业务服务规范》《中国银行业金融机构企业社会责任指引》和《中国银行业公平对待消费者自律公约》等多项行业规范标准，引导会员单位从自身做起，加强服务管理、创新服务手段、优化服务流程、提升服务质量，号召各银行通过杜绝虚假宣传，完善投诉机制，开展消费教育，保障客户隐私等措施，来履行公平对待消费者的社会义务，进一步维护了银行客户的利益，提升了我国银行业的社会形象。

金融行业协会实施金融消费者保护的优势有以下几个。

第一，能够保持相对中立性。一般来说，金融行业协会并没有自己的利益，其生存状态主要依靠社会对它们的满意度。从这个意义上说，金融行业协会在金融机构与消费者产生利益冲突时，不会带有倾向性，较之金融机构自身，能够更加公平、公正地解决纠纷争议。

第二，起到双重纽带的作用。一方面，作为监管机构与金融机构之间的纽带，行业协会可以将监管机构的消费者保护精神融入到本协会规章的制定中去，有助于监管机构消费者保护工作的落实。而且，虽然在约束力方面，行业协会要弱于国家的监管机构，但是，由于其更加贴近金融企业，且规范性制度的制定由会员单位共同协商完成，因此，更易于为金融机构所接受，自律大于他律，在起到引导金融机构行为作用的同时，可以减少监管成本。另一方面，作为金融机构与消费者之间的纽带，行业协会一定程度上代表了金融行业的形象，因此，通过行业协会自身举办的一些社会公益活动，可以调和金融行业与消费者间的关系，减少纠纷争议的发生，间接达到金融消费者保护的目的。

但是目前来看，国内外行业协会要发挥其在金融消费者保护方面的效力，仍存在诸多不足。

第一，行业协会的首要职能是代表本行业全体企业的共同利益，金融行业协会也不例外，角色功能的限制使得其维护消费者权益的动机不强，缺乏对与金融业息息相关的金融消费者利益的关注，职能机构还不健全，支持保障措施还不到位。第二，行业协会组织在调解纠纷方面，更多的是要维护会员单位的利益及对会员单位间纠纷的协调，在无外部压力的情况下，金融消费者保护很难成为其自觉行动。第三，行业协会资金来源与人员构成很大程度上来源于会员本身，在此背景下，行业协会维护消费者权益的权威性和社会公信度容易被质疑。第四，已有的一些实践表明，在涉及金融机构与外部主体利益博弈时，行业协会更倾向于维护金融机构而非其他主体利益，个别案例还显示行业协会涉嫌充当垄断协议的幕后推手。这些问题都限制了行业协会对金融消费者的保护作用。第五，从国内外多个行业的实践看，消费者并不认可行业协会的权威性。

（四）金融监管机构

金融监管机构通过制定规章制度，明确金融机构、行业协会等在金融消费者保护工作中的义务与职责，并通过检查，确保各项保护措施的落实。例如，英国 2000 年颁布的《金融服务与市场法》中明确规定金融业管理局负责监管各项金融服务，同时设立单一申诉专员和赔偿计划架构，为金融服务消费者提供系统的保障。该法令还要求金融业管理局负责保障消费者和推行消费者教育，加深公众对金融体系的认识，以及确保消费者获得适当保障。在我国台湾地区，金融监管机构对金融机构的书面合同形式做出规定，以避免金融机构通过霸王条款侵害金融消费者利益的情况发生。

金融监管机构还应具备的另一大消费者保护职能，就是在前三道防线未能解决问题的时候对金融纠纷进行行政调解。行政调解是指在国家行政机关的主持下，以当事人双方自愿为基础，由行政机关主持，以国家法律、法规及政策为依据，以自愿为原则，通过对争议双方的说服与劝导，促使双方当事人互让互谅、平等协商、达成协议，以解决有关争议而达成和解协议的活动。目前，行政调解作为诉讼外替代性纠纷解决方式之一，已在各国金融监管机构中得到广泛应用。例如，韩国的金融监督院，在其内部专门设立了保护消费者利益、调解金融保险争议的部门——消费者保护室、争议调解局以及金融争议调解委员会，专门处理消费者投诉，调解金融保险争议；新加坡监管当局在 2005 年 8 月设立的金融业争议调解中心，专门调解消费者和金融机构的纠纷，在解决金融纠纷中起到了很大的作用。

实际上，目前我国许多领域的行政主管部门都已经建立起了保护各自领域内消费者的制度框架和投诉处理体系，受理其管理或者监管范围内的消费者投诉，如工信部受理电信投诉、民用航空局受理航空运输消费者投诉、国家邮政局受理邮政业消费者投诉等。根据《中共中央关于构建社会主义和谐社会若干重大问题的决定》提出的"完善矛盾纠纷排查调处工作制度，建立党和政府主导的维护群众权益机制，实现人民调解、行政调解、司法调解有机结合，把矛盾化解在基层、解决在萌芽状态"的指导精神，各部委普遍采取行政调解的方式处理相关投诉，这种方式手续简便、及时高效，既有利于尊重当事人的意思自治，又可以减少执法成本，取得了良好的效果。

作为金融行业的主管单位，我国的金融监管机构也应该吸收借鉴上述部委的行政调解经验，制定金融消费者投诉管理办法，明确消费者投诉受理机构，开通网上投诉、电话投诉等方便灵活的受理方式，加强自身的行政调解职能建设，以丰富金融消费者的维权途径，提高争议调解效率，降低监管成本。

监管机构进行金融消费者保护的优势如下。

第一，权威性。金融监管机构能够通过制定政策法规的方式，确认金融消费者保护工作的重要地位，对被监管单位的行为进行引导与规范，并且在发生金融消费侵权行为时，有权对违规机构进行处罚，其消费者权益保护措施具有足够的权威性与威慑力。

第二，专业性。金融监管机构拥有专业化的监管队伍，金融知识储备充足，熟悉金融行业运作，尤其对金融交易中一些可能存在消费者权益侵权隐患的环节了解深刻。所以，面对复杂的金融交易，监管机构可以克服其他消费者保护机构对侵权行为难以界定的困难，其监管保护更具专业性与针对性。

第三，中立性。金融监管机构代表政府对金融行业进行监管，与行业协会相比，其职能是多方面的，不仅要维护金融机构的合法权益，更要维护弱势一方即金融消费者的权益，以及整个社会的金融利益。虽然经费来源中可能有行业收费，但各国央行或者财政部为金融监管机构时，无一例外地均实行政府预算，维护金融消费者权益的道德风险较小。

但是，由于监管机构还同时肩负审慎性监管的职责，在实施金融消费者保护过程中，一些具体的目标可能与审慎监管相冲突，这也可能使金融监管部门陷入两难境地。所以，如何协调好审慎监管与消费者保护两大监管目标的关系，是能否充分发挥监管机构消费者保护效力的关键。目前，已经有一些国家的监管机构在该问题上作出了积极尝试，将监管机构的审慎监管职能与消费者保护职能相分离，建立各自独立的监管机构，并已取得了一定的效果。

　　我国需要完善目前"一行三会"分工负责的金融消费者保护体系，研究金融业消费者保护的哪些方面需要整个金融业的统一，比如整个金融业消费者投诉数据库的建立、统一的投诉中心建立的必要性等。

　　（五）仲裁或司法机构

　　根据我国法律，我国实行"或裁或诉"制度，即当事人之间发生的争议，只能在仲裁或诉讼两种方式中选择其一加以利用。依据此规定，当消费者在金融消费中产生纠纷，并且金融机构、行业协会与监管机构都调解无效的情况下，可以选择向仲裁机构申请仲裁或者向司法机关提起诉讼。仲裁和诉讼都是金融消费者保护的最后防线与最终途径，但是两者又各具特点，各有优势。仲裁裁决或法院判决都具有强制力，如果一方当事人不执行已生效的仲裁裁决或法院判决，另一方当事人可以向法院申请强制执行，来捍卫自身的合法权益。

　　1.仲裁。仲裁是一种准司法活动，仍属诉讼外替代性纠纷解决方式的范畴。它的优点是兼具有公正性、权威性与经济性、快速性，在保持强制力的同时，节约司法成本，并且还有保密性强的特性。同时，仲裁一般采用一裁终局制，一旦裁定，通常双方当事人都不可以再向法院起诉或向其他机关提出变更的请求。因此，争议处理程序较快，当事人不需消耗过多的时间成本。

　　仲裁的缺点在于，一般的仲裁机构并非针对金融纠纷所设，也向其他类别消费者提供仲裁服务，并没有针对金融消费纠纷的特别措施。针对这一问题，许多国家的金融监管机构推出了专门面向金融纠纷的仲裁服务，以期达到更好地保护金融消费者的目的。比如，澳大利亚在金融巡视员制度的基础上，引进了陪审员制度，在消费者对案件主管和调解员的解决结果仍不服的情况下，可将争议提交给金融巡视员机构陪审团或裁决员，由其对金融机构做出仲裁。

　　另外，能否申请仲裁受到一定条件的限制。仲裁机构的管辖权是非强制性的，如果消费者希望采取仲裁的方式解决争议，必须建立在双方当事人之间协议的基础上。只有消费者与金融机构之间存在着将他们之间的争议提交仲裁的协议，仲裁机构才有权裁决他们之间的争议，否则只能诉诸其他途径。

　　2.诉讼。诉讼则是典型的司法活动，其最大的优点是权威性与公信力强，司法判决的既判力具有终局性。但是，诉讼的缺点也非常明显，一方面，诉讼需要当事人承担高昂的诉讼费用，司法机构也要耗费大量的执法资源，增加了社会成本，具有一定的外部性；另一方面，诉讼程序一般要二审以上才能终结，因此解决争议过程较长，增加了当事人的时间成本。

　　为了更好地发挥仲裁、司法机构在金融消费者保护中的作用，巩固金融消费者保护的最后防线，无论金融消费者选择仲裁还是诉讼，都需要首先在立法环节做好文章，着力构建新型的诉讼制度，降低金融纠纷的司法诉讼成本，提高金融消费者通过司法诉讼维权的可行性。同时，借鉴行政诉讼制度和国外消费者诉讼的特殊制度设计，着眼于金融消费者的弱势诉讼地位，建立区别于一般民事诉讼程序的金融消费诉讼制度，包括赋予消费者组织的起诉资格、赋予消费者公益诉讼主体资格、确立消费者诉讼对同类产品的普遍约束力，为金融消费诉讼设计特殊的程序与证据规则等，并可在法院内部设立专门面向金融纠纷的金融审判庭，提高审判人员的专业素质和能力，使其更好地审理金融纠纷案件，从而打造一条牢不可破的金融消费者保护防线。

（六）理论界

从世界范围来看，理论界对金融消费者保护问题的关注也是推动该项工作向前发展的重要力量之一，因为理论界较少受利益集团的控制。这种推动性作用首先体现在对"金融消费者保护"地位的确立上，最具代表性和里程碑意义的就是20世纪90年代英国的经济学家泰勒提出的"双峰"理论，第一次将"保护金融消费者权利"同"审慎性监管"作为两大金融监管目标，提升到了相同的高度，并对后来英国、澳大利亚等国的金融监管改革产生了深远影响。

在此之后，又有一大批学者从不同角度论证了保护金融消费者权益的必要性与重要性，为实施金融消费者保护提供了充分的理论依据。理论界的贡献还在于，对现有的金融消费者保护相关制度安排与框架体系持续进行研究、反思，比如理论界对次贷危机中暴露出来的问题进行的总结与批判，并有部分学者在此基础上分析了采取什么样的方式才能真正维护金融消费者的合法权益，为后危机时代的金融监管改革与消费者保护奠定了坚实的理论基础。

我国的理论界也日益重视对于金融消费者保护问题的研究，并且已有许多学者做了大量的相关工作，对发达国家的金融消费者保护实践经验进行了总结与介绍，并对相关理论进行了深化与拓展，为我国的金融消费者保护起到了重要的理论推动作用。

（七）媒体舆论监督

新闻媒体在金融消费者保护中也扮演着重要的角色。以英国的监管实践为例，"银行业守则标准委员会"作为一个行业自律机构，无权强制该国银行遵守《银行业准则》，但是银行业守则标准委员会仍然为英国的金融消费者保护作出了巨大贡献，其主要手段除了对违规金融机构进行直接的警告或谴责外，就是依靠新闻媒体，对违规机构进行曝光，借助舆论监督的力量，来达到维护金融消费者权益的目的。同时，新闻媒体本身非常重视披露金融消费者的权益受侵害行为，持续监督着金融机构、监管当局，这也是媒体之间竞争的一个主战场。另外，媒体在推动消费者金融教育，提高其自身保护能力方面也有天然的优势，可以大大降低金融监管当局进行大众金融知识普及的成本。因此，新闻媒体的建设性监督（非恶性炒作）对金融消费者保护起着巨大的推动作用。

二、强化金融消费安全的措施

分析中国的金融风险问题，有两个基本的背景：一个是中国经济增长放缓，另一个是金融市场化改革。经济增长放缓会导致不良贷款率的上升，增加银行的信贷风险、市场风险和流动性风险，推动银行进军新的资产类别和业务模式。与此同时，金融市场化改革允许更多的银行超越之前简单的存贷款业务，促使各种非银行金融机构和金融市场业务快速增长，混业经营的趋势已经非常明显。然而，当前的金融监管现状还跟不上金融机构混业经营的步伐，导致监管的空白和重叠，这就需要监管机构之间的协调。中国加强金融监管协调制度安排的目标是要解决不断变化和不断增长的系统性风险，这就需要从战略协调的层面来进行监管制度的设计。

（一）建立数据采集和共享平台

信息的收集和共享已被许多国家证明是防范系统性风险的重要一步，尤其是在美国。就中国目前的监管协调情况来看，央行需要在数据共享上做出更多的努力，信息收集与共享需要从法律层面消除障碍。为了避免金融监管机构在收集信息过程中重复收集的成本，各监管机构应共享信息，不应设置障碍。中国的金融监管非常重视对流动性的监测。因此，企业部门的外汇风险披露、企业和家庭债务规模、金融机构之间的交叉风险、更精准、及时的统计监测数据、各类交易数据等信息应当在各监管部门之间实现共享。

（二）加强对系统性风险的分析

金融监管机构应密切关注金融风险，其中一个最关键的领域就是需要一套完善的评估系统来分析金融风险的关联性。一是金融市场的流动性风险很可能成为信贷风险。二是一家金融机构风险的上升会传染给其他的金融机构。三是企业部门的财务困境可以传递给金融部门。四是家庭和企业部门的资产价值下降和高风险的债务会导致银行资产质量的下降，使银行业的信用风险增加。因此，中国的金融监管部门应收集更详细的信息，并对各种风险进行深入分析，尤其是加强各种风险的关联性分析。压力测试可以作为早期预警机制，网络分析可以用来模拟金融系统之间的关联性。

（三）建立更好的协调制度安排

每个监管机构能够专注于各自的领域，做到监管部门和金融机构之间的一一对应，同时还能避免监管权力的过度集中。值得注意的是，当前的监管制度尚有许多缺陷。一是中国尚未建立统一的数据共享平台。例如，股票市场上的配资数据其他监管机构无法获得。二是对跨部门的系统性风险分析不够。中国央行每年都投入大量资源编写年度金融稳定报告。虽然该报告对宏观经济金融环境、金融市场、金融机构以及金融基础设施等都进行了分析，但没有对跨部门和关联市场的风险进行更深入的研究。要深入探讨金融稳定的关键问题，并对系统性风险进行全面监控，迫切需要一套强有力、广为接受的指标来识别和监控系统性风险。三是政策协调不够。主要是财政政策与金融监管政策之间的协调。在防止信贷过度、防范金融系统性风险积聚的过程中，财政政策尤其是政府支出并不总是足够灵活。此外，房地产既是地方财政收入的重要来源，又是金融风险的一个聚集点。因此，在防范系统性风险的过程中，需要更加有效的政策协调，需要建立财政政策、货币政策和金融监管政策之间的协调机制。这种协调机制能够确保各个监管机构的目标一致，有效降低风险，使协同效应得以实现，避免内部冲突。因此，成功解决系统性风险的关键在于监管机构间的合作。合理的制度安排能够加强政策协调，消除监管空白，尤其是在表外业务和影子银行领域。

【案例分析】

  在我国金融市场快速发展的经济背景下，金融消费正在悄然间进入普通消费者的视野。尤其是处在社会发展最前沿的大学生，由于他们思想活跃，更容易接受新鲜事物，并且有着一定的消费能力，日益成为新生代的金融消费主力。大学生作为社会上一个比较特殊的群体，所受的教育、校园环境以及年龄的特殊特征，使他们具有自己特有的金融行为和心理。

  调查显示大学生消费的主要来源有："向父母索要""校园贷款""学期奖学金""校外打工""其他"等五个方面。从调查数据中可以看出：选择向父母索要的学生最多，其次是贷款，还有就是靠获得的奖学金来生活。也有约10%的学生通过自己打工，还有极少数学生有其他经济来源。由此可见，大学生的主要经济来源依然是父母。但是随着年级的增加，结构比例会有很大变化，趋向于多元化。在多种经济来源的渠道中值得引起我们关注的是贷款这一金融消费途径。再结合以上分析不难发现，大学生在金融消费领域的消费实力和市场前景已经初露端倪。

  近年来，银行等金融机构越发重视高校这个巨大的金融市场蛋糕，推行了一些专门针对在校大学生的金融业务，比较典型的如透支卡、助学贷款等。面对新型金融业务，如网上银行、网上支付、代扣代缴等，在校大学生的关注百分比均超出当前使用百分比，充分体现了这一人群对高科技金融的高度兴趣。

  然而，由于我国高校金融市场仍处于起步阶段，其存在的隐患也不容忽视。甚至少数金融机构有意或无意地进行消费误导，损害了消费者的知情权和实际利益。比如，支付宝的支付安全性、电子钱包的安全性、消费过程中个人信息的安全性等。这些潜在的威胁都在不知不觉中降低着大学生对金融消费产品的认同度，削弱着大学生对这一行业的信任感。就我们调查的结果显示，有79%的受访者有金融消费的经历，其中以分期付款、信用卡、助学贷款、小额借贷为主。

  好的消费体验对于消费者来说无疑是很具有吸引力的。大学生作为我国未来市场的主要消费力量，培养他们树立正确的金融消费安全意识，不论对于自身的发展还是对整个金融行业都有着不可忽视的重要性。

  通过借阅CUS资料，我们发现，大学生的消费影响力主要体现在未来的潜在价值，即表现为大学生未来巨大的消费潜力和强大的消费引导性。因此，在消费者还处于大学阶段时就使其在一个金融消费安全的环境中拥有一种良好的金融消费体验，建立起一种忠实的金融消费意识，那么不论对大学生自己的金融生活还是对整个金融消费行业都有着不可忽视的力量。

  案例思考与讨论：

  如何完善大学生金融消费安全保障机制？

  1. 事前预警。我们认为欲建立有效的保障机制必须先从保护消费者的信息知情权入手，即在市场中通过建立信息披露机制来首先解决信息不对称造成的交易双方地位不平等的乱象。同时考虑到大学生相关知识的匮乏，还应对大学生全方位开展金融消费的教育，多渠道提升消费者金融和法律知识水平。在宣传过程中使大学生建立起正确的金融消费习惯。同时，管理部门应明确相应的管理部门，细化管理职责，出台行业规范，促进金融消费健康有序发展。

2. 事中保护监督。在金融消费交易的过程中，管理部门应做到机构性监管与功能性监管并举。在实际操作中要明确界定有关大学生金融消费的业务范围，对于针对大学生的金融消费业务要明确化、重点化和细致化。并对各种金融消费产品的风险性，与大学生消费水平的贴切性做出事先具体的说明和公示。银行业协会要充分发挥金融消费维权的应有作用，在整个行业的发展规划中设定一个明确的保护大学生消费安全的保护线。

3. 事后有效解决纠纷。金融消费者保护机制需要金融消费者本身、自律性组织、监管机构、仲裁和司法机构、外部监督等主体形成合力，也就是要建立一套完整全面的保护体系。当侵权发生时应该有行之有效的快捷的维权系统来及时解决问题。首要解决的问题便是维权成本过高的现象，其次要加强维权仲裁部门的行政力度。

资料来源：邢文豪．浅析大学生金融消费的安全机制［J］．商场现代化，2014（24）．

【拓展阅读】

聚焦"3·15"金融消费安全

"金融消费者权益日"宣传手册（2018）

一、增强非法金融广告识别能力和风险意识

金融广告活动与人们的日常生活密不可分，在方便人们获取信息的同时，不法分子也可以利用人们的行为习惯，通过各种渠道平台投放非法金融广告，误导金融消费者购买不符合自身风险偏好的金融产品和服务，甚至通过吸引眼球的广告内容诱骗金融消费者参与非法金融活动。根据《中华人民共和国广告法》《关于促进互联网金融健康发展的指导意见》《开展互联网金融广告及以投资理财名义从事金融活动风险专项整治工作实施方案》《中国人民银行办公厅关于开展金融广告治理工作的通知》等相关法律法规及规范性文件，金融消费者在识别金融广告真实性合法性时，可以从金融广告的基本特征和自身风险防范意识及能力两个方面入手。

（一）金融消费者识别金融广告真实性、合法性时需注意的几点情况

1. 金融消费者可辨别金融广告主在投放金融广告前，是否取得相应的金融业

务资质，金融广告的内容是否与所取得的金融业务资质在形式和实质上保持一致，如以投资理财、投资咨询、贷款中介、信用担保、典当等名义发布吸收存款、信用贷款内容的广告。

2. 金融消费者可辨别互联网平台上发布的金融广告是否具有可识别性，是否显著标明"广告"。

3. 金融消费者可辨别金融广告是否对金融产品或服务可能存在的风险以及风险责任有合理提示或警示，如标明"投资有风险"字样等。

4. 金融消费者可辨别金融广告是否对金融产品或服务的未来效果、收益或者与其相关的情况违规作出保证性承诺，明示或者暗示保本、无风险或者保收益。

5. 金融消费者可辨别金融广告是否夸大或者片面宣传金融服务或者金融产品，在未提供客观证据的情况下，对过往业绩作虚假或夸大表述。

6. 金融消费者可辨别金融广告是否对投资理财类产品的收益、安全性等情况进行虚假宣传，欺骗和误导消费者。

7. 金融消费者可辨别金融广告是否违法利用学术机构、行业协会、专业人士、受益者的名义或者形象作推荐、证明。

8. 金融消费者可辨别金融广告是否违法宣传国家有关法律法规和行业主管部门明令禁止的违法活动内容。

（二）金融消费者要增强自身风险责任意识

金融消费者通过广告接触金融产品和服务时应先了解相关的基本知识、通过正规渠道咨询专业的从业人员，再结合自身的风险承受能力作出谨慎的选择，坚决远离非法金融活动。金融消费者在接触到金融广告时，在作出最终决定前可以通过如下的"三多"步骤来增强自身的辨别力。

一是多问。涉及具体金融产品的广告，都应取得相应的金融业务资质。可以询问该公司是否具备发行金融产品和投放广告的资质，询问推销人员是否具备从业资格证明，询问产品存在的风险和目标群体。在不确定其真伪时，可以按照本手册第四部分的热线电话咨询第三方机构。

二是多想。在购买金融产品和服务之前，想一想广告中的金融产品的风险在哪里，自身的风险承受能力有多大。个人应对自己作出的金融决策负责，高收益往往伴随高风险，当金融广告的收益让人心动时，不妨先去做一下风险承受能力测评，了解自身的风险偏好后再作出明智的决策。

三是多学。互联网时代的金融广告层出不穷，金融产品和服务五花八门，让人眼花缭乱。但是金融的本质没有发生变化，金融消费者应通过学习了解基本的金融知识和技能，培养良好的金融行为习惯和态度，提升自身的金融素养，才能应对不断变化的金融市场。

二、保障金融消费者基本权利

2015 年 11 月 13 日，国务院办公厅发布了《关于加强金融消费者权益保护工作的指导意见》，明确了金融机构消费者权益保护工作的行为规范，要求金融机构充分尊重并自觉保障金融消费者的财产安全权、知情权、自主选择权、公平交易权、受教育权、信息安全权等基本权利，依法、合规开展经营活动。这是首次从国家层面对金融消费权益保护进行具体规定，强调保障金融消费者的八项权利。

（一）保障金融消费者财产安全权

金融机构应当依法维护金融消费者在购买金融产品和接受金融服务过程中的财产安全。金融机构应当审慎经营，建立严格的内控措施和科学的技术监控手段，严格区分机构自身资产与客户资产，不得挪用、占用客户资金。

（二）保障金融消费者知情权

金融机构应当以通俗易懂的语言，及时、真实、准确、全面地向金融消费者披露可能影响其决策的信息，充分提示风险，不得发布夸大产品收益、掩饰产品风险等欺诈信息，不得作虚假或引人误解的宣传。

（三）保障金融消费者自主选择权

金融机构应在法律法规和监管规定允许范围内，充分尊重金融消费者意愿，由消费者自主选择、自行决定是否购买金融产品或接受金融服务，不得强买强卖，不得违背金融消费者意愿搭售产品和服务，或不得附加其他不合理的条件，不得采用引人误解的手段诱使金融消费者购买其他产品。

（四）保障金融消费者公平交易权

金融机构不应设置违反公平原则的交易条件，在格式合同中不得加重金融消费者责任、限制或者排除其合法权利，不得限制金融消费者寻求法律救济途径，不得减轻、免除本机构损害金融消费者合法权益应当承担的民事责任。

（五）保障金融消费者依法求偿权

金融机构应当切实履行金融消费者投诉处理主体责任，在机构内部建立多层级投诉处理机制，完善投诉处理程序，建立投诉办理情况查询系统，提高金融消费者投诉处理质量和效率，接受社会监督。

（六）保障金融消费者受教育权

金融机构应进一步强化金融消费者教育，积极组织或参与金融知识普及活动，开展广泛、持续的日常性金融消费者教育，帮助金融消费者提高对金融产品和服务的认知能力及自我保护能力，提升金融消费者金融素养和诚实守信意识。

（七）保障金融消费者受尊重权

金融机构应尊重金融消费者的人格尊严和民族风俗习惯，不因金融消费者的性别、年龄、种族、民族或国籍等不同而进行歧视性差别对待。

（八）保障金融消费者信息安全权

金融机构应当采取有效措施加强对第三方合作机构管理，明确双方权利义务关系，严格防控金融消费者信息泄露风险，保障金融消费者信息安全。

三、金融消费者维权热线

中国农业发展银行：010 - 68085370

中国工商银行：95588

中国农业银行：95599

中国银行：95566（信用卡专线：4006695566）

中国建设银行：95533（信用卡专线：4008200588）

交通银行：95559（信用卡专线：4008009888）

招商银行：95555（信用卡专线：4008205555）

上海浦东发展银行：95528

中国邮政储蓄银行：95580（信用卡专线：4008895580）

中国银联：95516

中国银监会：010 - 66277510（银监会信访受理电话，各地银监局有各自的投诉电话）

中国证监会：12386

中国保监会：12378

中国人民银行：12363

消费者投诉举报专线电话：12315

资料来源：http://www.sohu.com/a/225628209_99890720。

📖【本章小结】

1. 金融消费是金融消费主体享有金融机构提供的服务及购买金融机构所提供的商品的行为。金融消费者是指为了满足支付结算、获取信用或金融资产运用等金融生活需求，购买、使用金融产品或接受金融服务的个体社会成员。金融机构消费者权益保护工作的行为规范，要求金融机构充分尊重并自觉保障金融消费者的财产安全权、知情权、自主选择权、公平交易权、受教育权、信息安全权等基本权利，依法、合规开展经营活动。

2. 金融企业需要根据金融消费者购买过程的不同，制定不同的金融营销对策，给金融消费者以支持，促成良性购买行为的实现。

3. 金融消费风险是消费者享受金融机构提供的服务，购买金融机构提供的商品的金融交易活动中出现的风险。金融消费风险防范能为金融消费者提供一个安全稳定的资金筹集环境和良好的经营环境。实施金融风险防范，能减少或消除金融机构的紧张不安和忧虑恐惧心理，从而为它们提供一个宽松安定的资金筹集与经营环境，并提高它们的工作效率和经营效益。

4. 金融消费者乃金融产业发展的根基。保护金融消费者的合法权益，对维护社会公平正义、推动金融行业健康发展都至关重要。我国金融业目前尚处于初级阶段，抵御风险能力较差，更需要打造一个"消费者自我保护、金融企业自觉、行业自律、部门监管、司法保护、理论研究以及社会舆论监督"七位一体的金融消费者保护体系。

【复习思考题】

1. 简述金融消费的概念、权利。
2. 简述金融消费者购买决策与行为。
3. 分析金融消费风险的类型及防范措施。
4. 简述如何构筑强化金融消费安全的措施。

第十章

金融安全监测与预警

【教学目的和要求】

掌握金融安全监测与预警的定义；理解进行金融安全监测与预警的指标内涵；了解金融安全监测与预警模型的建模基本思想及具体操作步骤。能够读懂金融安全监测与预警指标体系的内涵；能够明确金融安全监测与预警模型的应用条件及模型意义。

第一节 金融安全监测与预警概述

金融安全监测与预警是指通过对影响金融安全的指标进行监测、利用通过指标体系得分及预警模型对金融系统的现状进行评价并对未来可能的发展趋势进行预测，从而揭示金融安全的内在发展机制、成因背景、表现方式、演变过程及预控措施，进而预防金融危机的爆发、维护金融系统的安全和稳定。它研究的基点是对金融风险和未知的管理及对相应决策行为的监测预测，特别是对未来决策、管理行为的早期征兆进行预测，促使决策者、管理者在有限的认知能力和行为能力条件下，把握未来的风险与决策安全。其目的在于科学地识别、判断、预控、治理风险、使之转化为安全。

一、金融安全监测与预警的定义

（一）金融安全监测与预警

金融安全监测是指以金融运行过程为对象，通过对影响金融安全的因素进行监察和测定，确定金融安全程度及其变化趋势，以便对金融系统做出全面完整评价的过程。金融安全监测可分为国家金融安全监测、区域金融安全监测与金融机构金融安全监测。既可以对某一时点进行监测，也可以对某一时段进行监测（如年度、季度、月度等），而且通过对连续时点或时段的监测可以体现安全监测的动态性。由于国家、地区或金融机构的金融安全状况既有随着时间推移逐步变化的因素，也有突发性的因素，如政局发生变动、社会突发动乱、战争突然爆发、自然地理因素等，因此金融安全监测可分为常规性监测分析与突发性监测分析。由于金融风险的易变性与突发性特点，常规性监测与突发性监测之间没有明显的界限，当某一常规性因素发展变化到一定极端水平（即突破一定阈值之后），也会对金融安全造成全局性影响。

金融安全预警是根据预警的基本理论与技术方法，对国家或地区，以及金融机构可能出现的金融不安全状况进行定性判别与定量测度分析，以提前做出预告警示的动态过程。对国家金融安全情况进行预警，一般包括明确金融警情、寻找金融警源、分析金融警兆、预报金融警度四个阶段。其中明确警情，指预警的对象。警情包括警素和警度，警素是构建警情的指标；警度是指警情的程度。寻找警源是指导致警情发生变化的内在原因；分析警兆，是对预警警素指标进行的分析，这需要进一步分析警兆与警素之间的数量关系，找出与警素中警限相对应的警兆区间，然后借助警兆警区进行警素的警度预报；预报警度是预警的目的，即对国家金融安全状况可能发生变化之前提前发出预警信息。其中，明确警情是预警的大前提，是进行预警研究的基础；寻找警源、分析警兆则是对警情内容进一步深入的定性与定量分析；预报警度则是这项工作的目的。

（二）金融安全监测与金融安全预警的关系

从理论上看，金融安全监测与金融安全预警是密切相连的，是同一金融安全系统中的两个不同阶段，监测为预警提供数据，预警则对监测结果进行判断。金融安全预警是建立在金融安全监测工作基础之上，而金融安全预警又是金融安全监测的目的和继续。但是两者在任务与要求方面都有区别。金融安全监测是对现时的金融安全状况做出全面科学的测度与合理评估，因此在选取金融安全监测指标时，既要体现全面性也要有侧重性，而金融安全预警指标的选取则要体现指标的先导性与灵敏性特点，以对金融安全预期的变化提前发出预警信号，以利于做好充分的防御准备。

二、主要国家金融安全监测与预警系统概要

（一）美国金融安全监测与预警系统

美国是世界上最早建立金融安全监测预警制度的国家。100 多年的监管实践使其形成了一套成熟而有效的预警体系。1979 年由联邦金融机构监管委员会协商建立的骆驼（CAMEL）评级制度经过 1997 年的修改后，成为美国主要监管机构统一使用的CAMEL 监测制度。CAMEL 框架是目前国际上最常用的分析单个银行部门稳定性的工具，它给出了影响银行体系稳定性的五个指标，即资本充足率（Capital Adequacy）、资产质量（Asset Quality）、管理的稳健性（Management）、收益状况（Earnings）和流动性状况（Liquidity）。新的 CAMEL 制度重新调整了一些评级项目，突出了管理的决定性作用，新增了市场风险敏感性指标（Sensitivity to Market），能够有效地协助监管当局发现金融机构出现失常情形的苗头。

此外，美国金融安全预警体系十分完备，除建立了统一的评级制度 CAMELS 以外，还有由 5 家联邦级监管机构分别建立的自成体系而又相互关联的分支预警系统。分别是联邦存款保险公司的"扩展监管制度"、联邦住宅贷款银行理事会的"预警模型—评级分析"系统、联邦准备理事会的"融资比例分析"预警系统、美国货币监理署的"预警模型—破产预测"系统以及国民信用合作社管理局的预警系

统。5 家联邦监管机构各自建立的预警系统有一个共同特点，即"都是以获取金融机构财务报表和相关资料为基础，借助于财务比率指标来对金融机构的安全性进行测定和预警"。

（二）德国金融安全监测与预警系统

德国金融监管当局在 1976 年正式建立预警制度。其对银行业安全管理的预警指标有：（1）在资本充足方面的主要规定是，贷款和资本参与总计不得超过自有资本加储备的 18 倍（不包括附属无担保债务）；（2）在资产流动性管制方面有两个基本规定：一是银行指定的长期资产的运用不得超过长期资金来源的总数；二是银行对其他非流动资产应有适当的资金持有，这些资金与银行负债中不同类别的各部分相对应，即必须通过对负债的管理使资产保持一定的流动性。流动性风险的指标主要有流动性指数、贷款集中度、存贷比率及流动性资产比率等。任何银行对单一客户的贷款额度超过该行自有资本的 15% 时，必须向有关监督当局报告。所有单一贷款都不得超过银行自有资本的 75%，5 种最大的贷款总计不得超过银行资本的 3 倍且所有巨额贷款总计不得超过银行资本的 8 倍。在外汇及贵金属交易管制方面规定，"任何一家银行的外汇与贵金属交易总额不得超过该银行自有资本的 30%，而且所有一个月至半年到期的净外汇成交量不得超过银行资本的 40%"。

（三）日本银行业安全监测与预警系统

日本银行业安全预警指标及警戒线分别是：流动资产比率不小于 30%；存贷比率不得超过 80%；营业费用与营业收入比率虽无具体的规定，但要求是逐步递减的；固定资产比率（包括标准比率、目标比率和边际固定资产比率）不得超过 50%；发放股息比率不得高于 40%；净值比率不得低于 10%；自有资本比率按照《巴塞尔资本协议》的要求不低于 8%；授信额度占自有资本比率不得高于 20%；每家银行机构以其存款余额向日本银行缴存一定数额的准备金。"在对资本金的充足性、盈利水平和各种风险的控制能力分别进行评级后按 50%、10%、40% 的权数加总，得出评级结果。"

（四）英国银行业安全监测预警系统

英国金融服务局利用 ARROW 监管评级体系对所有金融机构（包括银行、证券、保险公司等）实行监督评价。监管当局根据评价结果，对监管对象的风险进行划分，对被监管机构运营过程实施控制，以达到遏制潜在风险、维护金融安全的目的。

ARROW 监管评级体系主要包括三部分内容，即风险影响力评估、风险可能性评估、确定风险关注程度和风险缓释计划。ARROW 监管评级体系具有以下几个特点。

一是在 ARROW 评估中，重视机构运行管理过程的评估，而不是简单地对运行结果进行评价。

二是强调主观性，主要关注监管评级定量评价结果，该评级体系强调风险管理程序的重要性，银行内部控制过程的监督，其评级以定性评价为主。最终评判的风险大小以监管机构对风险关注程度的高低来表示。

三是 ARROW 评级制度采用二维风险评估方法，在对一家银行机构进行潜在风险评估的同时，还会评估该家银行存在的风险对整个银行系统所造成的影响。这对监管者提出了较高的业务素质要求，要求监管者通过经验或者监管指标来判断被监管机构的外部风险影响级别。这个结果与潜在风险程度一起综合考虑，形成不同的风险关注度。

四是设立了规范的评估流程并引入了 IT 系统，用于评估银行机构内部潜在风险的概率和影响度，通过对银行机构运行过程中的潜在风险实时的评估，科学确定风险的影响度和潜在的风险概率。

五是该评级制度强调持续不断的过程控制，与目前提倡的实时监管相符。在日常监管中发现问题的同时要求对被监管机构及时进行指导，引导其快速提升内控水平，是一种预防式的具有前瞻性的监管思路。这个监管理念的核心不是通过行政处罚手段，而是追求为达到风险控制的目标而加强行业自律和合作。

在实际操作层面，英格兰银行以资本充足性、外汇持有风险及资产流动性的测定作为其预警指标。用资本比率来测定银行机构的资本是否充足，其中资本比率是由杠杆比率和风险性资本比率构成。将外汇持有风险分为结构性风险和交易性风险。英格兰银行规定对每种外汇，银行承担的交易性外汇风险的净额，其资产与负债的差额不得超过银行资本的 10%；承担各种类别外汇风险的总外汇负债净额不得超过资本的15%。因此，"英国的银行金融安全预警指标体系侧重于资本充足性考核，主要监视杠杆比率和风险性资产比率"。

（五）中国金融安全监测与预警系统

中国银行业监督管理委员会自 2006 年开始对大型银行实施"三大类七项指标"的监管，2010 年在充分考虑巴塞尔协议Ⅲ的最新要求以及中国银行业在应对金融危机中的表现等因素，提出了包含"七大类十三项指标"的银行监管指标。具体包括：资本充足性（Capital Adequacy）、风险集中度（Risk Concentration）、贷款质量（Asset Quality）、流动性（Liquidity）、拨备覆盖（Provision Coverage）、附属机构（Affiliated Lnstitutions）、案件防控（Swindle Prevention Control）7 大类。这 7 项指标的第一个英文字母拼起来正好是英文单词"CARPALS"，即"腕骨"，故称为"腕骨"监管体系。该监管体系根据各行的历史运行数据进行测定并融入监管政策导向，按照"一行一策、一年一定"的方针，确定监管目标值及触发值进行运用。具体监管标准如下。

1. 改进资本充足率计算方法。一是严格资本定义，提高监管资本的损失吸收能力。将监管资本从现行的两级分类（一级资本和二级资本）修改为三级分类，即核心一级资本、其他一级资本和二级资本；严格执行对核心一级资本的扣除规定，提升资本工具吸收损失能力。二是优化风险加权资产计算方法，扩大资本覆盖的风险范围。采用差异化的信用风险权重方法，推动银行业金融机构提升信用风险管理能力；明确操作风险的资本要求；提高交易性业务、资产证券化业务、场外衍生品交易等复杂金融工具的风险权重。

2. 提高资本充足率监管要求。将现行的两个最低资本充足率要求（一级资本和总资本占风险资产的比例分别不低于4%和8%）调整为三个层次的资本充足率要求：一是明确三个最低资本充足率要求，即核心一级资本充足率、一级资本充足率和资本充足率分别不低于5%、6%和8%。二是引入逆周期资本监管框架，包括2.5%的留存超额资本和0~2.5%的逆周期超额资本。三是增加系统重要性银行的附加资本要求，暂定为1%。新标准实施后，正常条件下系统重要性银行和非系统重要性银行的资本充足率分别不低于11.5%和10.5%；若出现系统性的信贷过快增长，商业银行需计提逆周期超额资本。

3. 建立杠杆率监管标准。引入杠杆率监管标准，即一级资本占调整后表内外资产余额的比例不低于4%，弥补资本充足率的不足，控制银行业金融机构以及银行体系的杠杆率积累。

CARPALS监管体系仅针对大型国有银行，而近几年国际金融危机的爆发凸显了对一国金融体系进行全面评估的重要性。危机发生以来，各国政策制定者都把维护金融体系稳定、促进经济恢复增长作为经济工作的重中之重，对金融部门的风险评估也成为各国关注的核心问题。实践表明，"金融部门评估规划"（Financial Sector Assessment Program，FSAP）有助于一国（地区）识别金融体系的脆弱性，进一步推进金融改革，增强金融体系稳定性。

对于FSAP的介绍请见本章第四节内容。

第二节　金融安全监测与预警的指标体系

通过前面章节的学习，我们已经了解到金融危机巨大的危害性。对于2007—2008年的国际金融危机，专家认为这是典型的美国金融监管缺失导致的危机。然而，部分学者认为，危机爆发的必然性在于美国的低储蓄率，导火索是住房市场降温和短期利率的上升。低储蓄率、住房市场降温和短期利率上升，导致大批次级贷款的借款人不能按期偿还贷款，银行收回房屋后却卖不到高价。银行的大面积亏损，引发了"次贷危机"。

通过这个案例我们能够看出，金融安全监测与预警不能只从个别指标孤立地去看，而应通过指标体系及预警模型去系统地分析判断。

金融安全预警指标体系是一个涵盖金融危机发生诱因的多个指标的复杂集合，是一个由多角度、多层次、多方面的预警指标构成的指标体系。这些指标在某些方面扮演着先行指标的角色，它们是预警模型的基础，决定了最终预警效果的好坏。具有优良特性的指标往往能够较准确地预警危机的发生，达到预警的目的，特性差的指标不仅不能正确预警，而且很有可能会错失危机信号，使人做出错误的判断。因此预警指标的选择至关重要，如何选择合适的指标体系是构建预警体系的关键环节。构建金融安全指标体系不仅要考虑指标的数量、范围，更应强调各指标之间的相互关系、指标的预警效率等问题。

金融安全可分为宏观金融安全、中观金融安全与微观金融安全。宏观金融安全主要指金融风险的影响范围波及整个国家金融市场或金融体系，金融风险程度影响国家金融主权的独立性与金融系统健康的稳定性，从而威胁国家金融安全；中观金融安全主要考察反映金融市场供求状况的资金价格和金融机构的头寸状况；微观金融安全主要指金融机构的金融安全。

针对不同层面的金融安全有相应的指标体系，具体内容如下。

一、宏观指标体系

宏观指标反映宏观经济运行的景气程度，包括经济增长率、通货膨胀率、失业率、净出口变化率 4 个指标。其中，经济增长率反映经济增长情况，通货膨胀率反映物价稳定情况，失业率反映充分就业情况，净出口变化率反映经济体在开放经济条件下的对外交流。

1. 经济增长率。经济增长率即为实际 GDP 增长率，指本期实际 GDP 比上年增长的幅度。GDP 是指一个国家（地区）所有常驻单位在一定时期内生产的所有最终产品和劳务的市场价值，它是国民经济核算的核心指标，也是衡量一个国家或地区总体经济状况的重要指标。GDP 是用最终产品和服务来计量的，即最终产品和服务在该时期的最终出售的市场价值。按照计算 GDP 时使用的价格不同，可将 GDP 分为名义 GDP 和实际 GDP。其中，实际 GDP 是使用不变价格计算的物品与劳务的生产，可以反映实际产出。实际 GDP 增长率反映了财富成长的稳定性，宏观上反映了其景气程度，故可用来反映金融风险状况。该指标属于适度指标，增长率过高，说明经济过热、容易出现通货膨胀；过低则意味着经济有可能陷入衰退、带来较高的失业率。根据历史经验，我国合适的经济增长率区间为 6.5% ~9.5%。

该指标测算采用如下方式计算：

$$实际\ GDP\ =\ 名义\ GDP/GDP\ 缩减指数 \tag{10.1}$$

$$实际\ GDP\ 增长率\ =\ \frac{本期累计值\ -\ 上期累计值}{上期累计值} \tag{10.2}$$

2. 通货膨胀率。通货膨胀率是货币超发部分与实际需要的货币量之比，用于反映通货膨胀货币贬值的程度；而价格指数则是反映价格变动趋势和程度的相对数。在实际中，一般不直接、也不可能计算通货膨胀，而是通过价格指数的增长率来间接表示。由于消费者价格是反映商品经过流通各环节形成的最终价格，它最全面地反映了商品流通对货币的需求量。因此，消费者价格指数是最能充分、全面反映通货膨胀率的价格指数。从另一个层面看，通货膨胀率反映商品供需情况及宏观经济景气状态。这些对区域金融风险具有较大影响，特别是会影响各个环节参与经济主体的预期，进而影响区域金融风险。该指标根据经济增长理论属于适度指标，因为爬行时的通货膨胀有利于经济增长、抵御区域金融风险；而通货膨胀率过高则意味着货币的大幅度贬值，甚至可能引起社会公众信心的丧失，从而引发挤兑狂潮，导致金融体系的支付危机、影响经济增长；过低则造成通货紧缩，经济容易出现停滞。

指标具体测算方式如下：

$$通货膨胀率 = 即期 CPI - 100 \tag{10.3}$$

3. 失业率。失业率是指劳动力中没有工作而又在寻找工作的人所占的比例。失业率旨在衡量闲置中的劳动产能，是反映一个国家或地区失业状况的主要指标。

失业主要有两种影响：一是社会影响，二是经济影响。失业威胁着作为社会单位和经济单位的家庭的稳定，高失业率常常与吸毒、高离婚率以及高犯罪率联系在一起。失业率与经济发展所处期间密切相关，一般情况下，在经济复苏期间，失业率下降，代表整体经济健康发展；在经济衰退期间，失业率上升，便代表经济发展放缓。关于失业变动与产出变动之间的关系，是 20 世纪 60 年代美国经济学家阿瑟·奥肯根据美国数据得出的，即奥肯定律，具体内容如下。

失业率及奥肯定律的表达方式为

$$失业率 = \frac{失业人数}{在业人数 + 失业人数} \tag{10.4}$$

$$\frac{y - y_f}{y_f} = -\partial(u - u^*) \tag{10.5}$$

其中，y 为实际产出，y_f 为潜在产出，u 为实际失业率，u^* 为自然失业率，∂ 为任意大于零的参数。

4. 净出口变化率。净出口在国家层面研究中是反映一国（地区）的贸易平衡情况，当出口大于进口时，这个差额称为顺差；当净出口为负时，这个差额则称为逆差。对于一个相对稳定的地区，净出口的变化率反映该经济体系的出口扩张能力。出口扩张能力越强，其抵御区域金融风险能力越强；而出口扩张能力越弱，则抵御区域金融风险能力越弱，故该指标属于正指标，即数值越大，金融安全水平越高；数值越小，金融安全水平越低。该指标具体测算方式如下：

$$净出口变化率 = \frac{本期净出口累计值 - 上年同期净出口累计值}{上年同期净出口累计值} \tag{10.6}$$

5. 国家综合负债率。国家综合负债率是衡量金融状况的一个综合指数，包含了在资本账户尚未开放的经济中一些主要的可能引起宏观经济波动和金融动荡的不利因素。该指标有两个主要作用：一是利用该指标可以对经济整体金融风险大小进行国际比较；二是通过分析国家综合负债率可以进行宏观政策选择。

该指标的计算公式为

$$国家综合负债率 = \frac{政府内债余额 + 银行坏债 + 全部外债}{名义 GDP(按现价计算)} \tag{10.7}$$

通常认为，国家综合负债率较高时，国家面临金融危机的可能性较高；而国家综合负债率较低时，国家面临金融危机的可能性较低。

二、中观指标体系

中观指标体系包括利率水平和汇率水平、股票平均市盈率、国家外汇储备等指标。

1. 利率水平。本质上，利率是联系现在和未来的价格。利率包括两种：一是名义利率，二是实际利率。其中，名义利率是银行支付的利率，反映的是持有货币的机会成本；而实际利率是指剔除通货膨胀率后投资者得到利息回报的真实利率。在经济生活中，区别名义利率和实际利率极其重要。在进行经济决策时，重要的是对实际利率的预期与对通货膨胀的预期。一个国家的实际利率越高，表明该国货币的信用度越好，热钱向这个国家流动的概率就会越高。

实际利率与名义利率以及通货膨胀率的一般公式是

$$1 + 实际利率 = (1 + 名义利率)/(1 + 通货膨胀率) \tag{10.8}$$

或等价于：

$$实际利率 = (1 + 名义利率)/(1 + 通货膨胀率) - 1 \tag{10.9}$$

2. 利率波动率。货币市场利率波动率一直是经济学家、中央银行和市场参与者密切关注的重要指标。美国联邦基金利率的波动率可以用两种方式度量：一是每日联邦基金有效利率对目标利率的偏离值；二是日中实际交易利率对联邦基金有效利率的标准差。金融安全状态下，利率波动率处于较低水平；金融不安全状态下，利率波动率会出现跳升，转变为安全状态后数值会有所下降。

3. 汇率水平。汇率是不同国家居民之间相互进行贸易的价格。与利率类似，汇率也包括两种：一是名义汇率，二是实际汇率。其中，名义汇率是两个国家通货的相对价格；实际汇率也被称为真实汇率或贸易条件，是指剔除两国名义（货币）因素的汇率水平，即名义汇率用两国相对物价水平调整后的汇率水平。具体而言，实际汇率可以写作名义汇率与两国相对价格水平的乘积。实际汇率本质是一个相对价格指标，衡量的是本国价格水平与外国价格水平之间的相对水平，反映了本国商品的国际竞争力。实际汇率升值，意味着本国价格水平相对国外价格水平上涨；反之，则意味着本国价格水平相对下降。

具体计算方法为

$$实际汇率 = 名义汇率 \times \frac{外国价格水平}{本国价格水平} \tag{10.10}$$

4. 汇率波动率。汇率波动率也称为汇率风险。汇率是国际金融市场中十分重要的变量之一，分析并掌握它的波动特征对银行等金融机构的外汇风险管理有重要的意义。自2010年6月重启汇率形成机制改革后，我国政府逐渐放开了对汇率波动幅度的限制，汇率波动率的市场化特征也变得越来越明显。

汇率波动率的计算公式为

$$汇率波动率 = \frac{(计算期汇率 - 基期汇率) \times 100\%}{基期汇率} \tag{10.11}$$

5. 股票平均市盈率。市盈率即一段时间内股票价格与每股收益之比，是评判股票价格是否合理的一个重要参数。股票平均市盈率作为一个比较宏观的技术指标，从整体上显示了上市公司的估值水平和增长潜力，对于评价一国股市是否存在高风险或估值不足具有重要的意义。

6. 外汇储备。外汇储备又称为外汇存底，指为了应付国际支付的需要，各国的中央银行及其他政府机构所集中掌握的外汇资产。

外汇储备的具体形式是政府在国外的短期存款或其他可以在国外兑现的支付手段，如外国有价证券、外国银行的支票、期票、外币汇票等。主要用于清偿国际收支逆差，以及干预外汇市场以维持该国货币的汇率。

外汇储备的主要功能有以下四个方面：一是调节国际收支，保证对外支付；二是干预外汇市场，稳定本币汇率；三是维护国际信誉，提高融资能力；四是增强综合国力，抵御金融风险。

但是，由于我国金融机制不健全，中观层面的指标实际上难以真实反映市场供求。

三、微观指标体系

微观指标体系是主要监控反映金融机构财务状况的一些指标，包括金融机构资本充足率、不良资产比例和经营效益状况等。国际上比较流行的微观指标体系有两套，其一是国际货币基金组织与世界银行推出的金融稳健指标集，其二是美国的 CAMELS 评级体系。

（一）金融稳健指标集

国际货币基金组织与世界银行推出的金融稳健指标集（FSIs）是国际上具有代表性的金融安全指标体系。《金融稳健指标：编制指南》对 FSIs 做出了如下定义："反映一国金融机构及其对应方——公司和住户的金融健康状况和稳健性的一系列指标。"由于金融稳健指标集在 2007—2008 年的金融危机预警中表现不甚理想，国际货币基金组织专题报告《应对信息缺口》对金融稳健指标集进行了修订。具体做法是，对原有指标根据其在次贷危机中的表现分为高、中、低三个等级，去掉中级、低级指标，同时加入一些新的内容，如"核心指标"的一级指标增加了交易对手风险和跨国风险两项指标，而"鼓励指标"中一级指标则加入了对冲基金、主权财富基金、私募基金、养老基金四项指标。FSIs 指标集及修订指标见表 10 - 1。

表 10 - 1　　　　　　　　　　金融稳健指标：核心和鼓励类指标

核心指标			
项目		原有指标	修改后的指标
存款吸收机构	资本充足性	监管资本/风险加权资产	监管一级资本/风险加权资产
		监管一级资本/风险加权资产	资本/资产
	资产质量	不良贷款减去准备金/资本	一级资本/资产
			总市值/账面价值或信贷违约掉期、欧盟发展基金
		不良贷款/全部贷款总额	（不良贷款－准备金）/资本
		部门贷款/全部贷款	贷款成数（上 12 个月）
			信用增长率
			重组或更新贷款（上季度）/总贷款
			外币计值贷款/总贷款

续表

项目		原有指标	修改后的指标
存款吸收机构	收益和利润	资产回报率	资产回报率
		股本回报率	资产回报率（税前、提取准备金）
		利差收入/总收入	资产回报率（税前、提取准备金、税后）
		非利息支出/总收入	利差收入/总收入
			非利息收入/总收入
	流动性	流动性资产/总资产（流动性资产比率）	流动性资产/总资产（流动性资产比率）
		流动性资产/短期负债	流动性资产/短期负债
			公众存款（非银行间）/贷款
			批发借款（1年内到期）/总贷款
			外币计值借款（1年内到期）/总借款
			政府证券（AAA级/AA级）/流动资产总额
			外币计值流动资产/外币计值短期负债（1年内到期）
			扩大但并未使用的信贷额度
	对市场风险的敏感性	外汇净敞口头寸/资本	外汇净敞口头寸/资本
			交易账户中股权证券/资本
			资产负债期限
			资产负债表风险
	交易对手风险		其他金融机构风险大于指定百分比资本的部分/资本
	跨国风险		国外持有资产/总资产
			国外子公司或分支公司资产/资本
			国外子公司或分支公司负债/资本

鼓励指标		
项目	原有指标	修改后的指标
存款吸收机构	资本/资产	资本/资产
	大额风险暴露/资本	客户存款/全部（非同业拆借）贷款
	按地区分布的贷款/全部贷款	外汇计值贷款/总贷款
	金融衍生工具中的总资产头寸/资本	外币计值负债/总负债
	金融衍生工具中的总负债头寸/资本	股本净敞口头寸/资本
	交易收入/总收入	资产/金融体系总资产
	人员支出/非利息支出	
	参考贷款利率与存款利率之差	
	最高与最低同业拆借利率之差	
	客户存款/全部（非同业拆借）贷款	
	外汇计值贷款/总贷款	
	外币计值负债/总负债	
	股本净敞口头寸/资本	

续表

项目	原有指标	修改后的指标
其他金融公司	资产/金融体系总资产	资产/金融体系总资产
	资产/GDP	资产
		杠杆（资本/资产）
非金融公司部门	总负债/股本	总负债/股本
	股本回报率	短期外汇负债或卖出
	收益/利息和本金支出	买入和卖出的对冲比率
	外汇风险暴露净额/股本	收益/利息和本金支出
	破产保护的申请数量	利息
		偿付比率
		市盈率
		股价指数
住户	住户债务/GDP	住户债务/GDP
	住户还本付息支出/收入	住户还本付息支出/收入
市场流动性	证券市场的平均价差	
	证券市场平均日换手率	
房地产市场	房地产价格	住户拥有住房净值/住房价值
	住房房地产贷款/总贷款	商业用房平均租金率
	商业房地产贷款/总贷款	平均商业贷款/价值比率
		住房房地产贷款/总贷款
		商业房地产贷款/总贷款
对冲基金		管理资产额杠杆率
主权财富基金		管理资产额杠杆率
私募基金		管理资产额杠杆率
		承诺但未使用合约收购的银行资金
养老基金		管理资产额
		筹资程度（资产－负债）
		杠杆率（包括间接的）

（二）CAMELS评级体系

美国银行监管部门采用CAMELS评级体系，定性与定量相结合可以准确评估一家银行的总体状况，重点评估的指标包括资本充足率、资产质量、管理能力、盈利性和流动性以及对市场风险的敏感程度。

1. 资本充足率（Capital Adequacy）。美国监管当局对银行资本金的最低监管要求主要有三项。

一是核心资本占风险加权资产的比率不能低于4%；

二是法定的监管资本比率，即银行的全部资本（核心资本＋附属资本）占风险加权资产的比率不能低于8%；

三是银行的杠杆率不能低于4%，即核心资本占全部资产的比率不能低于4%。

另外，有关银行资本构成的要求还包括：附属资本的总量不能超过核心资本的总量、发行长期次级债券所筹措的资本不能高于核心资本的50%、呆账准备金占风险加权资产的比率不能高于1.25%、纳入核心资本中的新资本工具不得超过核心资本的15%，见表10－2。

表10－2　　　　　　　　　　美国衡量资本充足率的主要指标

序号	监测指标	指标计算公式	比率要求
1	核心资本率	核心资本/风险资产	≥4%
2	风险加权资本率	总资本（核心资本＋风险资本）/风险资产	≥8%
3	杠杆率	核心资本/总资产	≥4%
4	附属资本比率	附属资本/总资产	≤100%
5	长期次级债券比率	长期次级债券/核心资本	≤50%
6	呆账准备金比率	呆账准备金/风险资产	≤1.25%
7	年资产增长率	年资产增长额/上年末资产总额	≥10%
8	资本比率	总资本/总资产	≥5%

其中：①核心资本由普通股、非永久性优先股、资本溢价、未分配利润和一些无形资产构成；②附属资本主要由所提取的呆账准备金、永久性优先股、永久性债券、可转换成股票的债券、长期的次级债券以及其他资本储备等构成。

2. 资产质量（Asset Quality）。在衡量一家银行的资产质量时，美国监管当局主要考虑的是该银行的资产状况，特别是不良贷款的比例以及资产是否集中于某些部门或某类债务人、贷款损失准备金是否及时足额提取、以外币计值的贷款的比重及其期限构成、关联贷款、高风险贷款和大额贷款、表外业务、借款人的偿债能力、企业债务与权益之比、企业的盈利情况、居民的债务等。另外，美国监管当局还比较关注当年银行回收的贷款占上年核销贷款的比率、总资产增长率、贷款增长率等指标，具体见表10－3。

表10－3　　　　　　　美国监管当局衡量银行资产质量的主要指标

序号	监测指标	指标计算公式	比率要求
1	贷款损失准备金的调整率	调整后的贷款损失准备金/调整后的贷款	≥0%
2	贷款组合变化率	资产组合的变化量/贷款总额	≤7%
3	贷款增长率	（TL－4QLAG）/4QLAG	≤20%
4	贷款占总资产的比率	贷款和租赁总额/总资产	≤70%
5	贷款占总资本的比率	TL/总股本金	≤8%
6	贷款收益率	（贷款和租赁的收入＋免税收入的征税效应）/ATL	≤9.5%
7	贷款净核销比率	（准备金中的净核销－收回的贷款）/贷款总额	≤1%

续表

序号	监测指标	指标计算公式	比率要求
8	不良贷款率	不良贷款/贷款总额	≤5%
9	累计贷款损失准备金率	贷款损失准备金的累计额/贷款总额	≥1%
10	贷款损失准备金比率1	（税前收入＋呆账准备金）/呆账贷款	≥75%
11	贷款损失准备金比率2	（税前收入＋呆账准备金）/净核销	≥100%

注：①调整后的贷款准备金为贷款损失准备金减去年度信用卡贷款的损失，再减去1至4居室的房屋抵押贷款的损失（根据历史经验，损失系数为25个基点），最后减去逾期贷款；

②调整后的贷款总额等于贷款总额减去信用卡贷款，再减去1至4居室的房屋抵押贷款，最后减去逾期贷款；

③贷款组合变化率为当前贷款组合的余额减去4个季度前贷款组合的余额；

④TL表示本季度贷款和租赁的总额；

⑤4QLAG表示一年前同季度贷款和租赁的总额；

⑥ATL为平均贷款总额。

3. 管理的稳健性（Management）。由于管理质量难以量化，因此美国监管当局的CAMELS管理评级主要依靠监管当局的判断，即定性分析。衡量的定性因素包括：银行的合规性、内部控制的策略和效果、自我交易的倾向、银行财务状况的趋势、风险防范的能力和表现、管理层的领导和行政能力、计划和适应环境变化的能力、中高级管理人员是否充足、员工薪金的标准、为社区服务的评估、关键岗位的高级管理人员的任职资格（例如至少20年的工作经验等）、员工培训、合理的激励机制、对监管当局和审计官建议的反应程度等。

4. 收益状况（Earnings）。在收益评级中，美国监管当局主要考虑的因素是：利润的水平，其中包括趋势和稳定性；通过利润留存提供充足资本的能力；收入的质量和渠道；银行经营管理费用的水平；银行内部管理系统的水平和充足性，例如预算系统、预测的手段、程序以及管理信息系统等；贷款和租赁损失准备金的充足情况；由于利率、汇率和价格等市场风险导致的收益风险程度；红利支付率与银行资本充足率的协调性。另外，监管当局还将该银行资产收益率以及收入与支出的情况与同类规模的银行组进行比较，以便发现该银行收入中存在的潜在问题，具体内容见表10-4。

表10-4　　　　　　　　　　美国衡量收益的主要指标

序号	监测指标	指标计算公式	比率要求
1	净利息收入率	净利息收入/总资产	≥2.75%
2	非利息收入率	非利息收入/总资产	≥0.75%
3	非利息支出率	非利息支出/总资产	≤1.25%
4	呆账准备金比率	本年呆账准备金/总资产	≤0.75%
5	资产收益率	净收入/平均资产	≥1%
6	净利差率	（利率收入－利率支出）/总收入	≥3%

5. 流动性状况（Liquidity）。美联储规定：美国境内具有5200万美元以上活期存款的银行，必须保持有最低10%以上的现金准备金；对于430万～5200万美元之间的

存款必须保持3%的现金储备，而且这些准备金头寸必须存放在美联储。在美国，除了现金以外，流动资产主要还包括：美国国债、联邦基金贷款、同业贷款、地方政府债券、联邦政府机构证券、银行承兑凭证和欧洲货币贷款等，具体见表10-5。

表10-5 美国衡量银行流动性的核心指标

序号	监测指标	指标计算公式	比率要求
1	存贷比率	净贷款和租赁总额/贷款总额	≤80%
2	净非核心融资依附率	（非核心负债－短期投资）/长期资产	≤20%
3	短期净负债率	短期净负债/总资产	≤20%
4	流动资产比率	流动性资产/总负债	≥8%
5	批发融资的依赖率	（非核心负债－大额储蓄）/（核心存款＋非核心存款）	≤15%

6. 市场风险敏感性指标（Sensitivity to Market）。银行面临的市场风险主要包括利率风险、外汇风险、股票市场价格风险和商品价格风险。主要指标包括：金融机构投资股市或某一行业的资金规模及相关的资产负债指标，特别是它们防范市场风险的措施；商品价格风险主要是指金融机构投资于商品或商品衍生品种的风险。

四、监测预警指标的权重设定

确定了监测预警所使用的独立的指标及指标体系后，就需要用一定的方法将指标及指标体系综合起来，以便对金融安全状况有一个相对综合的评价。具体做法是：对不同的指标及指标体系赋予不同的权重，然后进行综合评价。国内外关于指标权重确定的方法主要有三种：一是纯主观赋权法，如专家赋权法；二是纯客观赋权法，如熵值法、主因子方差贡献率法等；三是主观和客观结合赋权法，如AHP层次分析法、网络搜索法等。

（一）纯主观赋权法

纯主观赋权法主要是指专家赋权法，是指根据专家主观上判断对各评价指标的重视程度来确定权重系数的一种方法。专家赋权法的过程是运用专家的专业知识、经验阅历和主观判断能力，对受经济、政治、社会等因素影响的信息进行分析和判断。尤其是在缺乏足够准确翔实的统计数据和类似历史经验可借鉴的情况下，可根据专家意见做出的分析和估测进行判断。专家赋权法在具体操作上可采用专家会议法、专家函询法、专家委员会法，较常用的德尔菲法是指通过专家几轮匿名函询调查，逐步把结果收敛于某个数值（平均数、众数、中位数）。

（二）纯客观赋权法

1. 熵值法。熵值法是一种根据各项指标观测值所提供的信息量大小来确定指标权重的方法。熵是热力学中的一个名词，在信息论中又称为平均信息量，它是信息的一个度量，仍称为熵。根据信息论的定义，在一个信息通道中传输的第 i 个信号的信息量 I_i 是

$$I_i = -\ln P_i \tag{10.12}$$

其中，P_i 表示这个信号出现的概率。

因此，如果有 n 个信号，其出现的概率分别为 P_1，P_2，P_3，$\cdots$，P_n，则这个信号的平均信息量，即熵为：

$$- \sum_{i=1}^{n} p_i \ln p_i \, x_i \tag{10.13}$$

设 x_{ij}（$i=1$，2，3，$\cdots$，n；$j=1$，2，3，$\cdots$，m）为第 i 个系统（方案或年份）中第 j 项指标的观测数值。对于给定的 j、x_{ij} 的差异越大，该项指标对系统的比较作用就越大，亦即该项指标包含和传输的信息越多。信息的增加意味着熵的减少，熵可以用来度量这种信息的大小。用熵值法确定指标权重的步骤如下。

（1）计算第 j 项指标下，第 i 个系统的特征比重：

$$p_{ij} = x_{ij} \Big/ \sum_{i=1}^{n} x_{ij} \tag{10.14}$$

这里，假定 $x_{ij} \geqslant 0$，且 $\sum_{i=1}^{n} x_{ij} > 0$，或 $p_{ij} = z_{ij} \big/ \sum_{i=1}^{n} z_{ij}$（经过标准化处理后的 $z_{ij} > 0$）。

（2）计算第 j 项指标的熵值

$$e_j = - k \sum_{i=1}^{n} p_{ij} \ln(p_{ij}) \tag{10.15}$$

其中，$k > 0$，$e > 0$。

（3）计算指标 x_{ij} 的差异性系数：对于给定的 j、x_{ij} 的差异越小，则 e_j 越大，当 x_{ij} 全部相等时，$e_j = e_{max} = 1$（$k = 1/\ln n$），此时对于系统间的比较，指标 x_{ij} 毫无作用；当 x_{ij} 差异越大，则 e_j 越小，指标对于系统的比较越大。因此，定义差异系数 $g_j = 1 - e_j$，g_j 越大，越应重视该项指标的作用。

（4）确定权数：

$$w_j = g_j \Big/ \sum_{i=1}^{m} g_j = \frac{1 - e_j}{\sum_{i=1}^{m} (1 - e_i)} = \frac{1 - e_j}{m - \sum_{i=1}^{m} e_i} \tag{10.16}$$

其中，w_j 为归一化了的权重系数，$j = 1$，2，$\cdots$，m。

2. 主因子方差贡献率法。主因子分析方法是将反映样本某项特征的多个指标变量转化为少数几个综合变量的多元统计方法。主因子分析法应用于综合评价，是对综合评价体系涵盖的多变量通过无量纲标准化处理，将其原相关的多个随机变量以方差贡献率作为信息量的测量标准，降维为不相关的几个新变量（主成分），以此构建评价函数，并对参评的项目进行综合得分的评价排序。该方法属于综合评价方法中的客观赋权法。

主因子赋权重的基本步骤如下。

第一，选取评价指标并收集观测值；

第二，对指标进行无量纲化处理；

第三，进行主成分过程分析；

第四，选取主因子并进行权重加权；

第五，确定评价指标归一化权重。

在进行主因子分析时，通常用 α 表示主成分的方差贡献率，其公式为

$$\alpha_k = \lambda_k \Big/ \sum_{i=1}^{p} \lambda_i \qquad (10.17)$$

式中，α_k 代表第 k 个主成分的方差贡献率。一般用以下公式计算累积方差贡献率：

$$\sum_{i=1}^{m} \lambda_i \Big/ \sum_{i=1}^{p} \lambda_i \qquad (10.18)$$

上述公式代表前 m 个主成分的累积方差贡献率。

主成分的方差贡献率实际上代表主成分对样本信息变化反映程度的大小，如对区域经济进行研究时，主成分的方差贡献率代表各原始变量对原研究区域综合特征的刻画程度。主成分的方差贡献率越大，该主成分对所研究区域的综合刻画程度越高。当少数主成分的累积贡献率达到85%时，就可以认为，这几个主成分可以代表原来的多个变量来反映所研究区域的综合特征。

方差贡献率有两个作用。一个作用是减少变量个数，达到减少变量个数、简化数据结构的目的。主成分的选取个数通常以累积贡献率达到85%为标准，数学表述如下：

$$\sum_{i=1}^{m} \lambda_i \Big/ \sum_{i=1}^{p} \lambda_i > 85\% \qquad (10.19)$$

另一个作用是进行综合指标计算时，用来计算主成分的权重，计算公式如下：

$$w_i = \lambda_i \Big/ \sum_{i=1}^{m} \lambda_i \qquad (10.20)$$

（三）主观与客观结合赋权法

1. AHP 层次分析法。AHP 层次分析法的基本原理是排序的原理，即最终将各方法（或措施）排出优劣次序，作为决策依据。具体可描述为：层次分析法首先把方针决策问题看作受多种因素影响的大系统，这些相互关联、相互制约的因素可以按照它们之间的隶属关系形成从高到低的若干层次，叫作构造递阶层次结构。然后请专家、学者、权威人士对各因素两两比较重要性，再利用数学方法，对各因素层层排序，最后对排序结果进行分析，辅助进行决策。

层次分析法的具体步骤为：

第一，建立递阶层次结构；

第二，构造判断矩阵并请专家填写；

第三，层次单排序与检验；

第四，层次总排序与检验。

2. 网络搜索法。网络搜索法是借助于现代互联网搜索引擎或社会学术界认可度较好的专业数据库对指标关键词进行有约束条件下的搜索，根据命中的篇数或个数而进行排序打分确定权重的方法。

在同一检索条件下搜索到的词条或篇数越多，表示社会公众或专家学者对该指标使用的频数越高，对该指标的认可度越高，该指标的重要性就越高，相应权重就越大。但是，由于网络毕竟存在一定虚拟成分，在进行百度、Google 等搜索时可能受到一时社会热潮或国家经济政治事件等影响。

一般可以将几种方法所确定的权重结合起来，最后取加权平均权重作为最终的权

重值。

五、金融安全监测与预警综合评价指标体系的构建方法

确定了指标及指标权重后，就需要将指标及其权重按照一定的运算法则组合在一起，进而对金融安全现状进行综合评价。目前国内外学者对于指标数值进行综合评价的方法主要有线性综合加权法、主成分分析法与多目标综合评判法等。

（一）线性综合加权法

该方法是应用线性模型 $y = \sum_{j=1}^{n} w_j x_j$ 来进行综合评价。式中，y 表示评价对象的综合评价值；w_j 表示与评价指标 x_j 相应的权重系数 $[0 \leqslant w \leqslant 1\ (j = 1,\ 2,\ 3,\ \cdots,\ m)$，$\sum_{j=1}^{m} w_j = 1]$。可见，对于线性加权综合法来说，最重要的就是评价指标相应权重系数 w_j 的确定。

综合评价的数学模型有线性加权综合法、非线性加权综合法、增益线性加权综合法和理想点法。其中线性加权综合法具有以下特点。

（1）线性加权综合法可使各评价指标间得以线性补偿，即某些指标值的下降可以由另一些指标值的上升来补偿，任意指标值的增加都会导致综合评价值的上升，任意指标值的减少都可用另一些指标值的相应增量来维持综合评价水平的不变。

（2）线性加权综合法中权重系数的作用比在其他"合成"方法中更明显，且突出了指标值或指标权重较大者的作用。

（3）线性加权综合法中，当权重系数预先给定时（由于各指标值之间可以线性补偿），对区分各备选方案之间的差异不敏感。

（4）线性加权综合法容易计算与推广普及应用。

（二）主成分分析法

主成分分析法是把反映样本某项特征的多个指标变量转化为少数几个综合因子变量的多元统计方法。包括以下几个步骤。

（1）指标数据标准化处理。主成分分析法假定原变量是因子变量的线性组合。第一主成分有最大的方差，第二主成分有第二大的方差，后续主成分可解释的方差越来越小。从数学角度来看，这是一种降维处理技术。设估计样本数为 n，选取的指标数为 q，则由估计样本的原始数据可得矩阵 $X = (x_{ij})_{n \times q}$，其中，$x_{ij}$ 表示第 i 年的第 j 个指标数据。将指标按以下公式进行标准化处理：

$$y_{ij} = \frac{(x_{ij} - x_j^*)}{\sqrt{var(x_j)}} \tag{10.21}$$

其中，$i = 1,\ 2,\ \cdots,\ n$；$j = 1,\ 2,\ \cdots,\ q$；x_j^* 为第 j 项指标的均值，$var(x_j)$ 为第 j 项指标的方差。

通过对指标进行标准化处理后，可得到新的数据矩阵 $Y = (y_{ij})_{n \times q}$。

（2）计算相关系数矩阵 R 和特征值。设 $R_{ij}(i,j = 1,2,\cdots,q)$ 为原来变量 y_i、y_j 的相关系数，其计算公式为

$$R_{ij} = \frac{\sum_{k=1}^{n}(y_{ki}-y_i)(y_{kj}-y_j)}{\sqrt{\sum_{k=1}^{n}(y_{ki}-y_i)^2(y_{kj}-y_j)^2}} \tag{10.22}$$

解特征方程 $|\lambda E - R| = 0$，求出特征值 $\lambda_i (i=1, 2, \cdots, q)$。因为 R 为正定矩阵，所以其特征值 λ_i 都为正数，将其按大小顺序排列，即 $\lambda_1 \geqslant \lambda_2 \geqslant \cdots \geqslant \lambda_i \geqslant 0$。特征值是各主成分的方差，它的大小反映了各个主成分在描述被评价对象上所起的作用；然后根据方程 $|\lambda E - R|U = 0$，可确定特征向量的矩阵 U。

（3）计算因子变量方差贡献率及累积方差贡献率，确定主成分个数。对因子变量的解释命名是主成分分析的第一个核心问题。经过分析得到的主成分是对原变量的综合。在实际分析过程中，主要是通过因子载荷矩阵来进行分析，得到因子变量和原变量的关系，从而对新的因子变量进行解释命名。

假设主成分个数为 m，因子变量 Z_j 的方差贡献率为 $\lambda_j / \sum_{j=1}^{q} \lambda_j$，累计方差贡献率为 $\sum_{j=1}^{m} \lambda_j / \sum_{j=1}^{q} \lambda_j$。因子变量的方差贡献率是衡量因子重要程度的指标，方差贡献率越大，说明对原变量描述程度越大。一般取累计方差贡献率达到 85% 以上的特征值 λ_1，λ_2，$\cdots$，λ_m 所对应的主成分 1，2，$\cdots$，$m (m \leqslant q)$ 个主成分。

（4）计算因子得分。主成分确定以后，希望得到对每一样本数据在不同因子上的个体数值，这些数值就是因子得分，它和原变量的得分对应。通过因子分析得到的结果可以用来综合判定。利用因子得分和主成分的方差贡献率构建综合评价函数，计算出评价函数即为各主成分因子的线性函数。

$$f_m = W_1 Z_1 + W_2 Z_2 + \cdots + W_m Z_m \tag{10.23}$$

其中，W_1，W_2，$\cdots$，W_m 为主成分的方差贡献率，Z_1，Z_2，$\cdots$，Z_m 为主成分得分。

（三）多目标综合评判法

多目标综合评判法是利用模糊集理论进行评价的一种方法。该方法是应用模糊关系合成的原理，从多个因素对被评判事物隶属等级状况进行综合性评判的一种方法。模糊评价法不仅可对评价对象按综合分值的大小进行评价和排序，而且还可根据模糊评价集上的值按最大隶属度原则去评定对象所属的等级。它克服了传统数学方法结果单一性的缺陷，较好地解决了判断的模糊性和不确定性问题。对于多因素的评价，其评价结果再进行高一层次的综合评价。每一层次的单因素评价都是低一层次的多因素综合评价，如此从低层向高层逐层进行。

综合评价所采用的数学模型为

$$B = AR = (a_1, a_2, \cdots, a_m) \begin{bmatrix} r_{11} & \cdots & r_{1n} \\ \vdots & \ddots & \vdots \\ r_{m1} & \cdots & r_{mn} \end{bmatrix} = (b_1, b_2, \cdots, b_m) \tag{10.24}$$

其中，A 表示权向量，$A = (a_1, a_2, \cdots, a_m)$；$a_i$ 表示第 i 个指标在总目标中所获得的总权重值（$i = 1, 2, \cdots, m$），$a_i \in [0, 1]$，且 $\sum_{i=1}^{m} a_i = 1$；R 表示由 n 个一应俱全指标

构成的总评价矩阵，$R=(r_{ij})_{m\times n}$；r_{ij}表示第 j 个方案第 i 个指标的隶属度（相对满意度），$r_{ij}\in[0,1]$；b_j 表示第 j 个方案的综合评价指标，b_j 值越大越好，b_j 最大值对应的方案即为相对优方案，$b_j=\sum_{i=1}^{m}a_i r_{ij}(j=1,2,\cdots,n)$。

六、主要国家综合预警指标体系概述

1. 美国风险预测指数。国家风险预测指数由美国商业环境风险情况研究所教授 Haner（1971）提出，用于反映宏观经济、政治、环境风险的评价指数，也称为富兰德指数。其由定量评级体系、定性评级体系和环境评级体系构成。定量评级体系用于评价一个国家的外汇收入、外债数量、外汇储备状况及政府融资能力；定性指标重在考察一个国家的经济管理能力、外债结构等；环境评级体系包括政治风险、商业环境、社会环境 3 个指数系列，在总指数中的比重占到 50%、25% 和 25%。

2. 伦敦综合风险指数。国际金融界权威刊物《欧洲货币》（*EURO MONEY*）于每年 9 月或 10 月定期公布当年欧洲货币国家风险等级表。该表侧重反映一国在国际金融市场上的形象和地位，在进入国际金融市场的能力（权重 20%）、进行贸易融资的能力（权重 10%）、偿付债券和贷款本息的记录（权重 15%）、债务重新安排的顺利程度（权重 5%）、政治风险状态（权重 20%）、二级市场上交易能力及转让条件（权重 30%）等方面进行考察。

3. 日本风险等级表。日本公司债务研究所对国家风险进行了研究并提出国家风险等级表，国家风险评价内容包括内乱、暴动及革命的危险性、政权的稳定性、政策的连续性、产业结构的成熟性、经济活动的干扰、财政政策的有效性、金融政策的有效性、经济发展的潜力、战争的危险性、国际信誉地位、国际收支结构、对外支付能力、对外资的政策、汇率政策等。

第三节 金融安全监测与预警的模型

一、KLR 模型

1996 年，Kaminsky 和 Reinhart 最先把用于预测商业周期转折点的信号法用于预测货币危机。经过 1999 年 Kaminsky 的进一步完善，同时考虑了银行危机和货币危机的影响因素，弥补了其在东南亚金融危机预警方面的缺陷，使其成为目前经济学界最受重视的早期危机预警模型之一，简称为 KLR 模型。

（一）KLR 模型的基本思想

选取一系列与金融危机相关的预警指标，并根据其历史数据确定各指标的临界值，当某个指标的临界值在某个时点或时间段超过相应的阈值时，就意味着该指标发出了一个危机预警信号，而指标危机信号发出得越多，预示着某个国家/地区在未来 24 个月内爆发货币危机的可能性就越大，也就是说金融系统安全性就越差。

（二）KLR 模型的建模过程

第一步，定义危机。危机（Kaminsky，1998）：当一国出现货币的大幅度贬值或国际外汇储备的大幅度减少，或二者兼而有之的状态，称为货币危机发生。

通常的量化方法是设定一个外汇市场压力指数，对金融危机的发生进行定量描述。该危机指数是以汇率月百分比变化和国际储备月百分比变化的加权平均，权数是使国际储备与汇率的方差相等。具体计算公式如下：

$$I_t = X_t \times \frac{e_t - e_{t-1}}{e_{t-1}} - (1 - X_t) \times \frac{R_t - R_{t-1}}{R_{t-1}} \qquad (10.25)$$

式中，I_t 为第 t 月外汇市场压力指数，e_t 为该国货币直接标价法下第 t 月的汇率，R_t 是该国第 t 月的国际储备，X_t 为使等式右边标准差相等的权数。I_t 随着国际储备的减少和货币的贬值而变大，能够反映市场上本国货币卖出压力。当一国第 t 月的外汇市场压力指数和其序列均值差距大于 3 个标准差时，即：$I_t - \bar{I} > 3std[Dev(I_t)]$ 时，就可以认为该国爆发了货币危机。

第二步，选择指标。确定何为危机之后，就是选取指标来预测危机。Kaminsky 等（1997）通过对 25 份关于 20 世纪 50 年代到 90 年代中期发生于发达国家与发展中国家金融危机的研究成果的比较，从中确定出与危机发生有较大关联度的变量，并将其视为危机的先行指标，具体见表 10 - 6。

表 10 - 6　　　　　　　　　　　　　KLR 模型选择的先行指标

序号	项目	指标
1	资本账户	国际储备、资本流动、短期资本流动、外商直接投资、国内国外利率差异
2	债务状况	公共外债、外债总计、短期负债、按照债权人类型（利率结构、偿息方式、外国援助等）划分的负债
3	经常账户	实际汇率、经常项目差额、贸易差额、出口、进口、进出口交换比率、出口价格、储蓄、投资
4	国际变量	外国实际经济增长率、利率和价格水平
5	金融自由化	信贷增长率、货币乘数、实际利率、银行存贷款利率差
6	其他金融变量	中央银行给银行系统的贷款、资金供给差额、货币增长率、债券收益率、通货膨胀率、影子汇率、中央汇率平价、汇率在官方波段内的位置、M_2/国际储备
7	实体部门	实际经济增长率、产出、产出缺口、就业率/失业率、工资率、股票价格变化
8	财政变量	财政赤字、政府消费、公共部门信贷
9	机构部门	开放度、贸易集中度、多重汇率虚拟变量、外汇管制、固定汇率的持续期、金融自由化、银行危机、过去外汇市场危机、过去的外汇市场事件
10	政策变量	选举、在职选举成功或失败、政府更迭、新的财政大臣、政策稳定度

第三步，确定指标临界值与预警区间。阈值是通过指标预警过程中发出正确信号和错误信号之间的比例进行权衡的。当预警指标超出临界值时，就发出未来一段时间将要发出金融危机的信号，这段未来特定的时间就称为信号区间，KLR 模型设定的信

号区间是 24 个月。各个指标的预警效果见表 10 – 7，其中：A、B、C、D 分别表示相应的月数。假如信号在两年内被证实，就说它是个好信号；反之，就被称为噪声。一个完美的指标应符合 A、D > 0，且 B、C = 0。当然，现实中严格满足这个标准的指标并没有，因此，通常考察指标与此标准的接近程度。

在考察各指标在预测货币安全性方面是否有价值时，有以下指标：（1）准确给出信号概率，即 $\dfrac{A}{A+C}$；（2）噪声信号给出概率，即 $\dfrac{B}{B+D}$；（3）给出准确信号的概率，即 $\dfrac{A}{A+B}$；（4）预测准确的概率，即 (A + D) / (A + B + C + D)；（5）噪声—信号比值，即 $\dfrac{B}{B+D}\Big/\dfrac{A}{A+C}$，它决定了指标是否有价值，其值大于 1 的指标要去除掉，而使其取值最小的值即其阈值。

预警指标临界值的确定是利用历史数据，根据各指标发出与没有预警信号的噪声—信号比率，即 $\dfrac{B}{B+D}\Big/\dfrac{A}{A+C}$ 最小化的方法来确定。如果某指标的噪声—信号比大于 1，则应剔除掉。

表 10 – 7   KLR 方法中预警指标的表现

	24 个月内发生危机	24 个月内没有发生危机
发出危机信号	A	B
未发出危机信号	C	D

同时，他们把经过噪声—信号比率检验辨别出来的那些单个指标进行加权，合成一个单一的危机指数，指数的权重是噪声—信号比的倒数。用此指数既可以进行样本内的模拟，又可以进行样本外的预测。进行样本内模拟时，对样本国家 i 在 t 时间发出信号的指标加权，在其后 $\{t,(t+24)$ 个月$\}$ 发生危机的条件概率为

$$P(C^i_{t,t+24}) \mid K_t = j = \frac{K = j \text{ 时,24 个月内发生危机的月数}}{K = j \text{ 的月数}} \qquad (10.26)$$

其中，K 表示发出信号指标的加权和；C 表示发生危机感；j 表示某个具体数字。

Kaminsky 用 23 个国家作为样本，用 1970 年到 1995 年作为样本区间，研究了 15 个月度指标预测货币系统安全性的能力。结果表明，贸易环境、出口额、国际储备额、国内信贷/GDP、M_1 超额供给、M_2/国际储备、实际汇率与时间趋势偏离程度、存款实际利率共 8 项指标给出了预测货币系统安全性的有用信号。

（三）KLR 模型的优缺点

1. KLR 模型的优点。信号分析法不仅给出了一套用于预测危机的指标体系与相应的阈值，而且更为重要的是，它能够揭示危机发生的根源所在，从而为各国政府与国际社会进行监控并采取方法治理危机提供了指南。

2. KLR 模型的缺点

（1）把不同指标作为一个单独的整体分别研究发出信号情况，其不是一个结构化

的模型，不能够分析危机为什么发生以及每个指标如何影响危机发生。而且忽略了不同指标在危机发生前后是如何相互影响和相互作用的。

（2）样本依存的临界值有一个固有的缺陷，即未来的数据能够影响对过去危机的识别，人们甚至能观察到以前危机的消失。因为临界值是按照样本标准差定义的，所以发生了新的、较大的危机将直接导致现在识别不了以前曾被识别的危机。

（3）KLR 方法中一个标准做法是使用"排斥窗口"，若一次新的危机发生在上一次危机所在的"排斥窗口"之内，则这次危机将被忽略。

（4）复合指标的解释变量被转换成了双元信号，这样就抛弃了由它的动态性产生的许多有用的动态信息，使整个预警过程模糊化。

二、FR 概率模型

（一）FR 概率模型的基本思想

1996 年，Frankel 和 Rose 运用 FR 概率回归模型，对 1971—1992 年 105 个发展中国家，以季度数据为样本，运用 Probit/Logit 模型预测金融危机的发生。他们认为如果一个国家的货币贬值25%，或者超过去年贬值幅度的10%就可以认定该国危机爆发。

FR 概率模型假设金融事件是离散且有限的，投机性冲击引发的货币危机是由多个因素综合引起的。他们在估计危机发生概率时选取了 GDP 增长率、国内信贷增长率、外国利率、经济开放度外债总额、政府预算/CDP、国际储备/进口、经常项目/GDP 和实际汇率高估程度等指标。

在实际建模过程中，一是利用历史数据采用最大似然估计法估计引发因素的参数向量，二是将金融危机触发因素当年的取值代入模型，并由此计算出当年发生金融危机的可能性。

（二）FR 概率模型的建模过程

用 Y 表示金融危机变量，危机发生时，Y 取值为 1；危机未发生时，Y 取值为 0。用向量 X 表示金融危机的各种引发因素，β 是 X 对应的参数向量，则可以用引发因素 X 的联合概率来衡量金融危机发生的可能性大小。该模型可以表示为

$$P\{Y = 1\} = F(X,\beta) \tag{10.27}$$

$$P\{Y = 0\} = 1 - F(X,\beta) \tag{10.28}$$

F 表示联合分布函数，该分布函数是连续的、单调递增的。

危机爆发的概率通过具体选择的分布函数的累积概率分布计算得出。选择的分布函数的类型决定了模型的类型。如果假定分布函数是标准正态分布，那么模型就是 Probit 模型；如果假定分布函数是逻辑分布，那么模型就是 Logit 模型。

$$P\{i,t\} = \begin{cases} 1;当\ i\ 国在\ t\ 时发生危机 & (10.29) \\ 0;其他 & (10.30) \end{cases}$$

以 $X\{i,t\}$ 表示 i 国在 t 时对应的 X 值，则 FR 模型的对数估计为：

$$\ln L = \sum_{i=1}^{T} \sum_{i=1}^{n} \{P(i,t)\ln[F(\beta'x(i,t))] + (1 - P(i,t))\ln[1 - F(\beta'x(i,t))]\}$$

$$\tag{10.31}$$

将样本值代入 $\frac{\partial \ln L}{\partial \beta} = 0$ 求解，可得到 β 估计值，进而求出 $P(i,t)$ 的估计值。

其中，模型的估计系数不能解释成对自变量的边际影响，而只能从符号上判断。若系数是正，则表明解释变量越大因变量取 1 的概率越大；若系数为负，则表明危机发生概率越小。

（三）FR 概率模型的优缺点

1. FR 概率模型的优点

（1）模型结构简单，可以同时分析所有变量的影响，直接计算危机发生概率大小，经济意义非常明确，容易理解。

（2）可以很好地检查出指标超过阈值后的影响程度，在危机发生的临界点前后可以得出连续变化情况。这克服了信号模型的不连续性和错误信号的干扰，以及信号模型在系统不稳定时进行外推结果的不可靠。

2. FR 概率模型的缺点

（1）模型随着自变量个数的增加导致模型异方差和多重共线性问题，这严重影响了模型的预测准确性。

（2）概率模型使用统一的模型结构，不能够考虑国家间在危机发生标准上的区别，难以把不同国家的具体情况在模型中给予表现。

（3）概率模型关于累计分布的假设是建立在大数定律上，这需要有足够多的样本数据时才能满足，现实中大量历史数据的获得是很困难的，客观上限制了模型的实用性。

三、STV 截面回归模型

1996 年，Sachs、Tornel 和 Velasco 选择 20 个新兴市场国家的月度数据作为样本数据，利用线性回归的方法建立预警模型。因为使用的是横截面数据和线性回归方法，该模型被称为横截面回归模型，又被称为 STV 截面回归模型。该模型的主要目的是检验为什么有些新兴市场国家发生了金融危机，而另一些新兴市场国家没有发生危机。另外，通过模型的分析过程可以得出有些国家危机的发生可以用该国经济基本面的恶化解释，而有些国家危机的发生是危机传染的结果。

（一）STV 截面回归模型的基本思想

通过对 1994—1995 年间的墨西哥金融危机和其后在其他新兴市场国家发生的危机过程的对比研究，认为影响一国是否发生危机的主要指标是实际汇率的变动（RER）、国内信贷规模扩张和货币供给 M_2 与国际储备的比值。通过借鉴危机指数构建方法，Sachs 等人利用汇率变动比率和外汇储备变动百分比的加权平均值作为危机指数（IND），考虑到一国在预防货币危机方面存在消耗外汇储备或提高利率的措施，但是新兴市场国家间没有可靠的和可比性的利率数据，所以在危机指数构建中没有考虑利率变动。模型中使用银行对私有部门的债权与 GDP 的比值测量一国国内信贷规模的扩张（LB）。一国外汇储备丰度的测量方法是借鉴 Calvo（1994）提出的标准，广义货币（M_2）和外汇储备（R）的比值计算。为了模型研究的需要又设计了两个虚拟变量 D^{WF}

和 D^{LR} 对这些国家进行分类。当一国的汇率变动在最高四分位，而银行信贷变动在最低四分位，表示该国具有较稳定的经济基本面，用 $D^{WF}=0$ 表示；否则，则具有脆弱经济基本面，用 $D^{WF}=1$ 表示。同样，当一国 M_2/R 在样本最高四分位时说明具有较多的外汇储备，用 $D^{LR}=0$ 表示；否则，则以为该国外汇储备不足，用 $D^{LR}=1$ 表示。

（二）STV 截面回归模型的建模过程

确定了对金融危机的形成有重要作用的影响变量后，通过多元线性回归模型进行模拟，计算出 STV 截面回归分析模型的标准形式。模型形式如下：

$$IND = \beta_0 + \beta_1 RER + \beta_2 LB + \beta_3 D^{LR}RER + \beta_4 D^{LR}LB + \beta_5 D^{WF}RER + \beta_6 D^{WF}LB$$

$$(10.32)$$

其中，IND 为外汇储备变动率，作为因变量及危机指数；RER 为实际汇率变动率；LB 为国内信贷规模变动率。

1. 当 $D^{WF}=0$ 和 $D^{LR}=0$ 时，一国具有较高的外汇储备和较稳定的经济基本面，系数 β_1 和 β_2 测定了经济基本面对危机的影响，依据理论分析，此时 $\beta_1=0$，$\beta_2=0$。

2. 当 $D^{WF}=0$ 和 $D^{LR}=1$ 时，一国具有稳定的经济基本面和较低的外汇储备，$\beta_1+\beta_3$ 和 $\beta_2+\beta_4$ 测定经济基本面对危机的影响，依据理论分析，此时 $\beta_1+\beta_3=0$，$\beta_2+\beta_4=0$。

3. 当 $D^{WF}=1$ 和 $D^{LR}=1$ 时，一国具有脆弱的经济基本面和较低的外汇储备，$\beta_1+\beta_3+\beta_5$ 和 $\beta_2+\beta_4+\beta_6$ 测定经济基本面对危机的影响，依据理论分析，此时 $\beta_1+\beta_3+\beta_5<0$，$\beta_2+\beta_4+\beta_6>0$。

（三）STV 截面回归模型的优缺点

1. STV 截面回归模型的优点

（1）指标容易获取，模型构建相对简单，方便使用。

（2）使用横截面数据进行参数估计，注重国别比较，克服了 FR 概率模型没有考虑国别差异的不足。

（3）该模型的主要应用是分析哪些国家最有可能发生货币危机，而不是判断什么时候会发生货币危机。

2. STV 截面回归模型的缺点

（1）STV 模型在实际应用中要求找到一系列相似的样本国，这是很困难的。比如，对于中国而言，很难找到与我国相似的国家，客观上制约了模型的应用广泛性。

（2）STV 截面回归模型考虑变量范围过于狭窄，只考虑了汇率、国内私人贷款、国际储备与广义货币供应量的比率等指标。预警指标范围较少不能覆盖所有可能的风险因素。

（3）模型的估计方法是线性回归，过于简单，而事实上很多危机爆发的原因往往是非线性的。

（4）模型对危机指数的定义不准确。

四、马尔科夫区制转换模型

1990 年，Hamilton 把马尔科夫区制转换模型（Markov Regime Switching Model）应

用于经济学实证分析，区制转换模型开始被广泛地应用于研究世界经济周期、经济冲击，金融波动及国家间经济关联等方面。由于经济时间序列在受到政策变动和外界冲击时会出现明显偏离趋势，导致传统线性模型无法拟合。

（一）马尔科夫区制转换模型的基本思想

在模型中引入不同的状态变量，进而可以形成一系列结构方程和状态转移概率，不但能够刻画不同状态下的经济趋势，而且可以描述不同状态间的转变特征。

（二）马尔科夫区制转换模型的建模过程

一般化的马尔科夫过程可以表示如下：

$$Y_t = \beta_0^{s^k} + \sum_{i=1}^{n_1} \beta_i^{s^k} X_i + \sum_{j=1}^{n_2} \beta_j^{s^k} Y_{t-j} + \varepsilon^{s^k} \tag{10.33}$$

$$\varepsilon^{s^k} \sim NID(0, \sigma^{s^k}) \tag{10.34}$$

其中，s^k 表示不同的区制状态，k 为区制的个数，n_1 和 n_2 分别表示外生变量个数和自回归滞后阶数。该模型和一般线性模型的区别是：截距、均值、变量系数和残差项的方差可以是固定不变的，也可以是随着区制的变动而变化。模型中 s^k 是一个不可观测变量，在任何时刻都不能确定其处于什么状态，状态变量是一个离散时间状态的马尔科夫随机过程，其转换概率遵循：

$$P_{ij} = \Pr(S_{t+1} = i \mid S_t = j) \tag{10.35}$$

$$\sum_{i=1}^{k} P_{ij} = 1 \tag{10.36}$$

P_{ij} 表示从状态 j 到状态 i 的状态转换概率，而每次转换概率仅仅依据前一时间段的状态情况。对于所有状态间的转变是由一个概率转移矩阵所决定，通常情况下认为这些转换概率是确定不变的，可以被描述为

$$P = \begin{matrix} P_{11} & \cdots & P_{1k} \\ \vdots & \ddots & \vdots \\ P_{k1} & \cdots & P_{kk} \end{matrix} \tag{10.37}$$

马尔科夫区制转换模型的估计方法主要是最大似然估计和迭代计算。通常使用最大似然估计法，当每个状态都确定的情况下，可以直接进行计算。但是由于状态未知，这时的似然估计值是每种状态的加权平均值，权数就是每种状态的发生概率。概率是未知的，但是可以通过历史数据的信息获得转换概率。计算步骤如下。

首先通过迭代计算得到联合概率密度函数，已知残差独立同分布，可以得到：

$$f(Y_1, Y_2, \cdots, Y_T; \Psi) = \prod_{t=1}^{T} f(Y_t \mid Y_{t-1}; \Psi) \tag{10.38}$$

其中，Ψ 是一系列待估计参数。为方便求联合概率密度最大化值，可以把上述公式进行对数处理，把乘法转换为加法：

$$\max \sum_{t=1}^{T} \ln f(Y_t \mid Y_{t-1}; \Psi) \tag{10.39}$$

$$f(Y_t \mid Y_{t-1}) = \sum_{j=1}^{k} f(Y_t \mid S_{t-1} = j; Y_{t-1}) = \sum_{i=1}^{k} \sum_{j=1}^{k} f(Y_t, S_t = i \mid S_{t-1} = j, Y_{t-1})$$

$$= \sum_{i=1}^{k} \sum_{j=1}^{k} f(Y_t \mid S_t = i, Y_{t-1}) p(S_t = i \mid S_{t-1} = j, Y_{t-1})$$

$$= \sum_{i=1}^{k} \sum_{j=1}^{k} f(Y_t \mid S_t = i, S_{t-1} = j, Y_{t-1}) p(S_t = i \mid S_{t-1} = j, Y_{t-1}) P_{ij}$$

（10.40）

同时可以得出：

$$P(S_t = j \mid Y_t) = \frac{\sum_{m=1}^{k} f(Y_t, S_t = j \mid S_{t-1} = m, Y_{t-1})}{f(Y_t \mid Y_{t-1})}$$

$$= \frac{\sum_{m=1}^{k} f(Y_t \mid S_t = j, S_{t-1} = m, Y_{t-1}) p(S_t = j \mid S_{t-1} = m, Y_{t-1})}{f(Y_t \mid Y_{t-1})}$$

$$= \frac{\sum_{m=1}^{k} f(Y_t \mid S_t = j, S_{t-1} = m, Y_{t-1}) p(S_{t-1} = m \mid Y_{t-1}) P_{mj}}{f(Y_t \mid Y_{t-1})}$$

（10.41）

设置初始状态，假定经济处于稳定状态，即在 $t = 0$ 时以稳定概率开始，根据上述计算公式不断进行迭代计算，从而得到含有一系列待估计参数的联合密度函数。然后通过极大似然估计法求得使联合概率密度函数最大的一系列待估计参数 Ψ，并同时可以得到各个状态间的转移概率以及不同时间上的状态平滑概率。

（三）马尔科夫区制转换模型的优缺点

1. 马尔科夫区制转换模型的优点。马尔科夫区制转换模型在很多方面放松了传统线性模型的假设，使其能够更准确地描述经济的波动情况。马尔科夫区制转换模型中可以直接使用各种危机压力指标进行预警，不用进行离散变量转换。这避免了连续变量到离散变量转换中的信息损失，从而弥补了信号模型和概率模型的很多缺陷。另外，连续变量模型相比离散变量模型，能有效捕捉到危机前后的动态信息过程，也能够有效排除个别时点的"伪危机"现象。

2. 马尔科夫区制转换模型的缺点。马尔科夫区制转换模型同样有其不足之处，首先就是模型的计算过程非常烦琐，需要借助高端的数学软件处理，软件处理过程又需要编制大量的计算机程序代码。此外就是模型的影响因素选取不能过多，过多会导致待估计系数成级数倍递增，严重影响计算的速度和精度，而太少的因素选取致使模型不能全面反映经济的整体情况。

五、人工神经网络模型

人工神经网络模型是模拟人脑思维模式进行分析的数学模型。人工神经网络的基本处理单元是对神经元的近似仿真，处理单元仿效生物神经细胞的基本特征进行信号的输入、综合处理和输出。一个人工神经网络模型的神经元结构描述了如何将它的输入矢量转化为输出矢量的过程，这个转化过程从数学角度来看就是一个计算的过程。人工神经网络的实质，体现了网络输入和其输出之间的一种函数关系。通过选取不同的模型结构和激活函数，可以形成各种不同的人工神经网络，得到不同的输入输出关系式。所以说神经网络模型的关键组成部分就是网络拓扑结构和神经元激活函数类型。常用的神经元激活函数包括阈值型、线性型和 S 型（Sigmoid）等，通常根据研究的需要进行设定。网络拓扑结构一般指，神经元的层数，每层神经元的个数，前向网络或反馈网络（Recurrent Network）结构等。神经元的层数设置根据研究内容的需要设定，输入层和输出层神经元的个数通常是由研究样本变量个数所决定，隐含层神经元个数由网络计算速度和误差精度来衡量。前向网络是指信号的流入从输入层到输出层方向，反馈网络是指输出层信号从输出层返回输入层形成一个回路。神经网络模型构建完成后就可以进行网络的训练和学习，通过样本数据的学习不断调整网络的联系权值，使得有导师式网络期望误差达到预定要求，或者使无导师式网络能合理地反映训练样本的统计分布，训练完成后达到预期结果的网络便可以进行各种应用分析。

（一）人工神经网络模型的基本思想

在人工神经网络的应用中绝大部分是采用反向传播 BP 算法网络，网络学习方法是建立在梯度距离和链接规则基础上的。在此以含有一个隐含层的 BP 网络为例介绍神经网络的基本工作原理。其主要思想为：对于 m 个输入样本为 p^1，p^2，$\cdots$，p^m，其对应的输出样本为 q^1，q^2，$\cdots$，q^l，学习的目的是使网络的实际输出 R^1，R^2，$\cdots$，R^l 和目标输出 q^1，q^2，$\cdots$，q^l 间的误差来修改权重，使 q^1，q^2，$\cdots$，q^l 和 R^1，R^2，$\cdots$，R^l 尽可能接近，误差平方和达到最小。每次误差的反向传递都连续不断地导致误差函数按照斜率下降的方向计算权重，使误差的变化逐渐接近目标。

具体而言，在金融安全监测与预警模型的应用中，将从第 $t-n$ 年到第 $t-1$ 年的数据作为神经网络输入，将第 $t-n+1$ 年到第 t 年的数据作为神经网络输出，通过设定函数参数，建立神经网络模型进行学习和训练。经过若干次的训练之后达到误差要求停止训练。然后利用最终状态的神经网络预测第 $t+1$ 年的各指标结果。

通过不断再训练和学习，神经网络本身不仅能基于经验对知识进行累积、存储和模式识别，而且能不断地反映和适应新环境，学到隐含在样本中的有关环境本身的内在规律性。

（二）人工神经网络模型的建模过程

若设定，m 代表输入层神经元（输入变量）个数，n 代表隐含层神经元个数，l 代表输出层神经元个数，w_{mn} 代表隐含层权值，w_{nl} 代表输出层权值，q_1^n 代表任一隐含层神经元输出，q_2^l 代表输出层任一神经元输出，f_1 代表隐含层激活函数，f_2 代表输出层激活函数，ε 代表神经元偏差（其他影响因素）。

那么，隐含层任意一个神经元的输入输出关系为

$$q_1^n = f_1\left(\sum_{m=1}^{m} w_{mn}\, p^m + \varepsilon_m\right) \tag{10.42}$$

输出层神经元的输入输出关系为

$$q_2^l = f_2\left(\sum_{n=1}^{n} w_{ml}\, q_1^n + \varepsilon_n\right) \tag{10.43}$$

误差函数就可以表示成：

$$E = \sum_{l=1}^{l}\left(R^L - q_2^l\right)^2 \tag{10.44}$$

为了在参数空间利用梯度法求解需要通过误差率函数：

$$\frac{\partial E}{\partial q_2^l} = -2 \sum \left(R^L - q_2^l \right) \tag{10.45}$$

这时对于网络中的任意参数 α 来说：

$$\frac{\partial E}{\partial \alpha} = \sum \frac{\partial E}{\partial q_2^l} \frac{\partial q_2^l}{\partial \alpha} \tag{10.46}$$

参数 α 的调整通过：

$$\Delta \alpha = -\eta \frac{\partial E}{\partial \alpha} \tag{10.47}$$

其中的 η 表示学习速度，其可以进一步表示为

$$\eta = \frac{k}{\sqrt{\sum \left(\frac{\partial E}{\partial \alpha} \right)^2}} \tag{10.48}$$

这里的 k 代表网络训练的步长，也就是参数空间中每次梯度转换的长度。通常情况下，可以通过调整 k 值来改变网络的验收速度。根据参数 α 的调整方式，一般存在两种网络自适应学习范例，一种是批量学习法（off – time），另一种是模式学习法（on – line）。批量学习法是在所有训练样本全部发生反应后，参数 α 才进行更新。对于模式学习法是指在网络每层输入输出完成后，参数 α 就进行一次更新。通过输入样本和输出样本数据不断训练神经网络，各层权值变化和误差的传播通过梯度下降法求得，当误差达到预定目标时，网络训练结束。由于梯度法计算速度比较慢，很多网络中逐渐开始引入最小二乘算法，通过梯度法和最小二乘算法的混合算法可以一定程度地提高网络的计算速度。训练完成后的网络经过不断学习后修正的权重就可以进行各种预测分析。

（三）人工神经网络模型的优缺点

人工神经网络模型的优点：

1. 它能识别和模拟数据间的非线性关系，具有处理复杂非线性问题的能力；

2. 无须多变量的正态分布或事先概率的假定，人为干预的成分较少；

3. 经济数据变量是处于经常变动的环境中的，而该模型具有泛化能力（或称为推广能力，即对新观测值做出正确反映的能力）。

神经网络模型理论比较抽象，模型具有黑箱性，对模型具体的判别过程无法进行直观的描述。当在给定大量的样本数据和网络结构的情况下，神经网络模型经常存在过度拟合问题。自适应神经网络的基础学习方法建立在梯度距离和链接规则之上，梯度法计算速度比较慢且容易陷入局部最小化问题。但是神经网络模型没有严格的前提假设，人工神经网络通过自身的网络结构能够实现对信息的记忆，而所记忆的信息是存储在神经元之间的权值中。从单个权值中看不出所储存的信息内容，因而是分布式的存储方式，这使得网络具有良好的容错性。模型的学习能力很强，人工神经网络可以通过训练和学习来获得网络的权值与结构，呈现出很强的自学习能力和对环境的自

适应能力，能够不断调整自身权值以适应外界变化的能力。根据已有学者的研究结果证明神经网络模型在预测上具有很好的精准性和稳定性，尤其是在短期预测上这一优势更加明显。

六、各模型的比较

本节对 KLR 模型、FR 概率模型、STV 截面回归模型、马尔科夫区制转换模型、人工神经网络模型这 5 个主流金融安全监测预警模型各自的基本思想、建模过程及优缺点进行了系统梳理，下面对这 5 个模型进行比较。

1. KLR 模型选择指标广泛且覆盖面大，能够考虑到经济体系的各个方面，但不是一个结构化的模型，不能反映预警指标和危机间的关系，也不能估算危机发生的概率大小。这是 KLR 信号分析法相对其他几种结构化模型的不足。

2. FR 概率模型可以直接计算危机发生概率大小，这是 FR 概率模型相对其他模型的优势，但是该模型限制了选择指标的范围，过多的指标容易造成模型估计困难，该模型同样存在不能反映预警指标和危机间关系的缺陷。

3. STV 截面回归模型主要用于分析哪些国家更容易发生金融危机，但是不能预测该国何时发生危机，该模型确切说是检验一国金融体系脆弱性的模型。

4. 马尔科夫区制转换模型突破了线性模型的约束，能够更好地捕捉到变量的非线性特征，根据模型的平滑概率分布也可以估算危机发生的概率大小，这是相对线性概率模型的很大改进，但区制转换模型也存在选择过多指标会造成模型估计的困难。

5. 人工神经网络模型是另外一种非线性分析模型，训练模型的过程可以调整网络的权值和结构，从而拟合变量间的非线性特征，并能够根据训练好的模型预测未来危机发生的压力大小，其在短期预测上有明显优势，然而过多的预警指标容易造成模型的运算困难。

经过对这 5 种主流的金融安全监测预警模型的分析和对比可以发现，不同金融安全监测预警模型具有不同的优势，但都存在自有的缺陷。未来金融安全监测预警模型的发展方向需要保留现有模型的优势并对这些缺陷进行改进。总结起来未来要构建有效的金融安全监测预警模型需要同时具有以下功能：（1）能够覆盖较多的指标体系；（2）能够反映预警指标和危机间的关系；（3）能够更好地捕捉到变量的非线性特征；（4）能够计算危机发生概率的大小。

第四节　金融部门评估规划

一、金融部门评估规划（FSAP）概况

1997 年爆发的亚洲金融危机表明，在经济金融全球化深入发展的背景下，金融部门的稳健性对一国宏观经济的健康发展至关重要。在总结亚洲金融危机教训的基础上，IMF 和世界银行于 1999 年 5 月联合推出了 FSAP 评估，旨在加强对 IMF 成员国（含地

区，下同）金融脆弱性的评估与监测，减少金融危机发生的可能性，同时推动成员国的金融改革和发展。

IMF 和世界银行首先在 12 个国家中进行了 FSAP 评估试点，从 2001 年 3 月起向成员国推广这一项目。经过多年的发展和完善，FSAP 评估已成为国际社会广泛接受的金融稳定评估框架。截至 2009 年末，已有 125 个国家完成了首次 FSAP 评估。

对于发达国家而言，FSAP 评估由 IMF 负责执行；对于发展中国家和新兴市场国家，则由 IMF 和世界银行联合执行。评估人员以 IMF 和世界银行工作人员为主，并视具体情况邀请外部专家参加。IMF 关注的焦点是金融体系的稳定性和脆弱性，世界银行关注的焦点是金融部门发展。FSAP 评估结束后，评估团根据其分析和研究结果及政策建议拟写《FSAP 备忘录》。《FSAP 备忘录》属机密文件，不对外公布。基于《FSAP 备忘录》，IMF 针对金融部门的稳定性拟写《金融体系稳定评估》（*Financial System Stability Assessment*，FSSA），并纳入其对参评国第四条款磋商 1 报告后提交 IMF 执董会讨论；世界银行针对金融部门发展需求拟写《金融部门评估》（*Financial Sector Assessment*，FSA），提交世界银行执董会。参评国完成初次评估后，每隔几年都要进行一次更新评估，迄今已有约 50 个国家进行了更新评估。

二、FSAP 评估的框架、内容和方法

（一）评估框架

FSAP 评估以宏观审慎监测为核心，以金融市场监测、宏观金融联系分析、宏观经济监测为补充。

宏观审慎监测旨在识别影响金融体系整体稳定性的风险，评估金融体系健康状况及其脆弱性。其定量分析方法主要采用金融稳健指标（Financial Soundness Indicators，FSIs）分析和压力测试（Stress Testing），同时也运用一些定性分析，如对监管质量和金融基础设施健全性的评估。

金融市场监测用来评估金融部门受某一特定冲击或一组冲击时的风险，通常采用早期预警系统（Early Warning Systems，EWSs）模型，分析指标包括金融市场指标、宏观指标和其他变量。

宏观金融联系分析力图研究引发冲击的风险如何通过金融体系传递到宏观经济。宏观金融联系源于非金融部门对金融部门中介作用的依赖，包括非金融部门融资、居民存款、银行体系对货币政策的传导等。

宏观经济监测旨在监测金融体系对宏观经济的总体影响，特别是对债务可持续性的影响。金融不稳定将使一国付出巨大的经济成本，降低经济增长率和偿债能力并可能导致国家违约。

（二）评估内容

FSAP 评估的内容包括金融结构和金融发展评估、金融部门评估、金融监管评估以及基础设施评估。

金融结构和金融发展评估旨在评估金融服务提供情况，分析导致金融服务和金融

市场缺失或欠发达的原因，识别那些阻碍高效提供金融服务的因素，侧重分析金融服务的客户以及金融体系满足客户需求的效率。考察金融服务的角度包括经济体系中金融服务的范围、规模、涉及面（Reach）、成本和质量。

金融部门评估的对象主要包括银行业及准银行机构、证券市场、保险业等。银行业评估的内容主要包括市场深度（以总资产等指标衡量）、市场宽度（以客户基础和产品范围来衡量）、市场竞争和效率以及市场分割等。证券市场评估主要考察证券市场是否有深度和流动性，交易和发行的成本是否合理，是否有充足的债权、股权工具。对保险业的评估主要关注保险机构是否提供了投资和降低风险的工具，是否对长期基金提供了专业化管理，产品范围及定价是否存在缺陷等。

金融监管评估主要对银行监管、证券监管和保险监管进行评估。通过将参评国（地区）的监管实践与 BCBS 的《有效银行监管核心原则》、IOSCO 的《证券监管目标与原则》和 IAIS 的《保险监管核心原则和方法》进行对比，逐条评估参评国（地区）对国际监管标准与准则的遵守情况，评价监管效力，识别监管领域存在的风险和脆弱性，提出改革建议。

基础设施评估主要包括法律、信息和交易技术等内容。法律基础设施的核心内容包括债权人保护和破产法及其实施，评估指标包括合同的执行、破产程序的速度和效率、债权人和小股东的权利等。信息基础设施评估涉及会计和审计的规则与实践，以及对于公有或私营信贷登记和产权登记机构的法律和组织要求。对交易技术基础设施的评估主要关注大、小额支付系统，包括评估以时间和成本来衡量的货币转移体系的有效性，以及这些服务的可获得性。

（三）评估方法

金融稳健指标分析、压力测试以及国际标准与准则评估是 FSAP 的主要评估方法。

金融稳健指标是 IMF 为监测金融机构和市场的稳健程度，以及金融机构客户的稳健程度而编制的一系列指标，用来分析和评价金融体系的实力和脆弱性。通过分析金融稳健指标，可以评估金融部门面对冲击时的脆弱程度，分析金融部门在受到冲击后可能对宏观经济层面造成的影响。金融稳健指标包括核心指标和鼓励指标两类。核心指标只涵盖银行业，借鉴了"骆驼评级"（CAMEL）的框架，包括资本充足性、资产质量、盈利能力、流动性和对市场风险的敏感性五个方面共 12 项具体指标；鼓励指标包括存款机构、其他金融机构、非金融公司部门、市场流动性、住户部门和房地产市场等方面共 27 项具体指标。

压力测试旨在分析宏观经济变量的变动对金融体系稳健性可能产生的影响，评估因宏观经济金融联系而产生的风险和脆弱性。压力测试可用于单个机构和整个金融体系，风险因素主要包括利率、汇率、信贷、流动性以及资产价格等，研究方法包括敏感性分析（Sensitivity Analysis）、情景分析（Scenario Analysis）和传染性分析（Contagion Analysis）等。

国际标准与准则评估旨在从宏观经济政策的稳健性和透明度、审慎监管对金融机构稳健运行的影响、金融基础设施（包括公司治理、会计和审计标准等）的有效性等方面评估金融体系的稳定性，其评估结果体现为《标准与准则遵守情况报告》（*Reports on Observance of Standards and Codes*，ROSCs）。FSB 确认了 12 项国际标准与准则，FSAP 评估下的标准与准则评估涵盖其中的 9 项，它们是《货币与金融政策透明度良好行为准则》《有效银行监管核心原则》《重要支付系统核心原则》《反洗钱与打击恐怖主义融资 40＋9 条建议》《证券监管目标与原则》《保险监管核心原则和方法》《公司治理原则》《国际会计标准》《国际审计标准》。

【知识链接】

FSAP 评估在中国

中国在 G20 华盛顿峰会和伦敦峰会两次承诺接受 FSAP 评估，并于 2011 年 11 月圆满完成第一次评估。作为具有系统重要性的经济体，于 2016 年 11 月，我国接受国际货币基金组织货币和资本市场部及世界银行金融和市场全球实践局组成的 FSAP 评估团第二次 FSAP 评估。中国人民银行发布了《中国金融稳定报告（2017）》。报告指出：

2016 年我国金融业运行总体稳健。银行业资产负债规模保持增长，对经济转型升级的支持力度不断加大，对薄弱领域的金融服务水平日趋提升，开发性金融机构、政策性银行、大型商业银行改革持续推进，银行业资产质量下行压力趋缓，信用风险总体可控。证券期货业市场主体稳健发展，监管力度不断加强，基础性制度建设进一步完善。保险业总体呈现较快发展态势，资产规模不断扩大，保费收入快速增长，改革深入推进，服务社会能力增强。金融市场稳健运行，市场规模继续扩大，参与主体进一步丰富，市场制度建设扎实推进，对外开放取得显著进展。总的来看，在全面推进以"三去一降一补"为重点任务的供给侧结构性改革进程中，我国经济基本面保持了中高速增长、较低的通货膨胀和基本平衡的国际收支并行不悖的良好发展态势，金融业在持续推进的改革开放进程中积累了较强的抗风险能力，特别是作为金融业骨干的商业银行资本充足率、拨备覆盖率比较高，金融管理部门可动用的工具和手段多。有信心和底气、有能力和办法牢牢守住不发生系统性金融风险的底线。

2017 年是实施"十三五"规划的重要一年，是供给侧结构性改革的深化之年。要全面贯彻党的十八大和十八届三中、四中、五中、六中全会精神，统筹推进"五位一体"总体布局和协调推进"四个全面"战略布局，坚持稳中求进工作总基调，牢固树立和贯彻落实新发展理念，适应把握引领经济发展新常态，坚持以提高发展质量和效益为中心，坚持宏观政策要稳、产业政策要准、微观政策要活、改革政策要实、社会政策要托底的政策思路，坚持以推进供给侧结构性改革为主线，适度扩大总需求，加强预期引导，深化创新驱动，全面做好稳增长、促改革、调结构、惠民生、防风险各项工作，促进经济平稳健康发展和社会和谐稳定。要实施好稳健中性的货币政策，保持流动性合理适度、基本稳定，为实体经济发展营造良好的货币金融环境。继续深化金融改革，完善金融机构公司治理，强化审慎合规经营理念，推动金融机构切实承担起风险管理责任。建立多层次资本市场体系，完善市场运行规则，健全市场化、法治化违约处置机制。提高和改进监管能力，强化金融监管协调，统筹监管系统重要性金融机构，统筹监管金融控股公司和重要金融基础设施，统筹负责金融业综合统计，推动建立更为规范的资产管理产品标准规制，形成金融发展和监管强大合力，补齐监管短板，避免监管空白。要把防控金融风险放到更加重要的位置，加强系统性风险监测与评估，下决心处置一批风险点，完善存款保险制度功能，探索金融机构风险市场化处置机制，确保不发生系统性金融风险。

📖【本章小结】

进行金融安全监测与预警是一个复杂的、动态的过程，目前尚未形成完整的、准确性较高的监测与预警系统。本章对现有的理论和系统进行了归纳和整理，概括如下：

1. 金融安全监测与预警的定义。金融安全监测是指以金融运行过程为对象，通过对影响金融安全的因素进行监察和测定，确定金融安全程度及其变化趋势，以对金融系统做出全面完整评价的过程。金融安全监测可分为国家金融安全监测、区域金融安全监测与金融机构金融安全监测。金融安全预警是根据预警的基本理论与技术方法，对国家或地区，以及金融机构可能出现的金融不安全状况进行定性判别与定量测度分析，以提前做出预告警示的动态过程。对国家金融安全情况进行预警，一般包括明确金融警情、寻找金融警源、分析金融警兆、预报金融警度四个阶段。金融安全监测与金融安全预警关系密切，是同一金融安全系统中的两个不同阶段，但从任务与要求方面又有区别。

2. 主要国家金融安全监测与预警系统。（1）美国是世界上最早建立金融安全监测预警制度的国家。其主要监管机构统一使用骆驼（CAMELS）监测制度对单个银行部门的稳定性进行分析评价。（2）德国金融监管当局在1976年正式建立预警制度，从资本充足性和资产流动性两个方面对银行进行监管。（3）日本对银行的主要财务指标提出了明确的监管要求。（4）英国金融服务局利用ARROW监管评级体系对所有金融机构（包括银行、证券、保险公司等）实行监督评价。（5）中国银行业监督管理委员会自2006年开始对大型银行实施"三大类七项指标"的监管，2010年在充分考虑巴塞尔协议Ⅲ的最新要求以及中国银行业在应对金融危机中的表现等因素，提出了包含"七大类十三项指标"的"腕骨"（CARPALS）银行监管指标。

3. 金融安全监测与预警的指标体系。按照相关指标对金融系统的影响，将监测与预警指标划分为宏观指标、中观指标和微观指标。宏观指标反映宏观经济运行的景气程度，包括经济增长率、通货膨胀率、净出口变化率、失业率四个指标。中观指标体系包括实际利率水平和实际汇率水平、股票平均市盈率、国家外汇储备等指标。微观指标体系主要监控反映金融机构财务状况的一些指标，包括金融机构资本充足率、不良资产比例和经营效益状况等。国家综合预警指标包括利率波动率、汇率波动率和国家综合负债率。

4. 当今用于金融安全监测与预警的模型包括 KLR 模型、FR 概率模型、STV 截面回归模型、马尔科夫区制转换模型、人工神经网络模型。本章第三节对这五个主流金融安全监测预警模型各自的基本思想、建模过程及优缺点进行了系统梳理。不同金融安全监测预警模型具有不同的优势，但都存在自有的缺陷。未来金融安全监测预警模型的发展方向需要保留现有模型的优势并对这些缺陷进行改进。

【复习思考题】

1. 简述金融安全监测与金融安全预警的区别与联系。
2. 简述进行金融安全监测与预警的必要性。
3. 请分别列举进行金融安全监测与预警的宏观、中观、微观指标。
4. 请比较论述金融安全监测与预警模型的优缺点。

参考文献

［1］赵智. 金融开放下的中国金融安全［D］. 成都：四川大学经济学院，2006.

［2］［英］亚当·斯密，国民财富的性质和原因的研究［M］. 郭大力，王亚南，译. 北京：商务印书馆，1972.

［3］史忠良. 经济全球化与中国经济安全［M］. 北京：经济管理出版社，2003：13.

［4］Mills，J. On Credit Cycles and the Origins of Commercial Panics［J］. Proceedings of the Manchester Statistical Society，1867.

［5］Irving Fisher. The Debt – Deflation Theory of Great Depressions［J］. Econometrica，Vol. 1，No，4，pp. 337 – 357. 1933.

［6］［美］查尔斯·金德尔伯格. 疯狂、惊恐及崩溃——金融危机史（第四版）［M］. 朱隽，叶翔，译. 北京：中国金融出版社，2007.

［7］陆磊，李世宏. 中央—地方—国有银行—公众博弈：国有独资银行改革的基本逻辑［J］. 经济研究，2004（10）.

［8］郭田勇. 金融监管学［M］. 北京：中国金融出版社，2014.

［9］李成. 金融监管学［M］. 北京：高等教育出版社，2016.

［10］冯科. 金融监管学［M］. 北京：北京大学出版社，2015.

［11］乔安妮·凯勒曼. 21 世纪金融监管［M］. 北京：中信出版社，2016.

［12］金融安全协同创新中心，西南财经大学中国金融研究中心. 中国金融安全报告 2016［M］. 北京：中国金融出版社，2017.

［13］张安军. 中国金融安全监测预警研究［M］. 北京：中国社会科学出版社，2015.

［14］张维. 金融安全论［M］. 北京：中国金融出版社，2016：3 – 63.

［15］李艳芳，樊钰. 金融市场［M］. 大连：东北财经大学出版社，2017：19 – 53.

［16］王擎. 资本市场开放与金融安全［M］. 北京：中国金融出版社，2011：41 – 63.

［17］安国俊. 债券市场：风险管理与发展创新并重. 中国债券信息网［EB/OL］. ［2016 – 08 – 03］. http：//www. chinabond. com. cn/Info/24214147.

［18］宋玮. 全球化视角下的金融安全［M］. 北京：国际文化出版公司，2013.

［19］陈颖. 大宗商品贸易融资风险管理［M］. 北京：中国金融出版社，2016.

［20］蔡纯. 大宗商品与金融市场研究［M］. 北京：中国金融出版社，2012.

［21］陈进. 大宗商品交易金融服务［M］. 北京：化学工业出版社，2015.

［22］钟伟等. 国家破产：主权债务重组机制研究［M］. 上海：上海财经大学出版社，2013，3：221 – 222.

［23］沈国兵. 国际金融［M］. 北京：北京大学出版社，2014.

［24］孙海泳. 中美关系中的债务问题研究［M］. 北京：时事出版社，2015，5：181 – 189.

［25］约翰·莫尔丁．终局：看懂全球债务危机［M］．北京：机械工业出版社，2012.5：7－15.

［26］杨宝荣．债务与发展——国际关系中的非洲债务问题［M］．北京：社会科学文献出版社，2011，12：1－31.

［27］刘均胜．金融全球化：短期资本流动风险［M］．北京：社会科学文献出版社，2009.

［28］谢世清．历次主权债务危机的原因及启示［J］．上海金融，2011（4）.

［29］刘蕾．美元霸权对货币主权的冲击［J］．河北法学，2010（2）：85－89.

［30］罗传钰．金融消费者保护［M］．北京：法律出版社，2014.

［31］中国人民银行西安分行课题组．金融消费者保护［M］．北京：经济科学出版社，2011.

［32］陈文君．金融消费者保护监管研究［M］．上海：上海财经大学出版社，2011.

［33］彭博．金融消费者行为［M］．北京：中国财富出版社，2016.

［34］刘建刚．互联网金融消费者权益保护法律实务［M］．北京：中国财富出版社，2016.

［35］赵思雨．金融创新对金融安全的影响研究［J］．西部金融，2013（5）.

［36］何德旭，范力．切实保障金融创新中的金融安全——美国次贷危机的教训［J］．上海金融，2008（10）.

［37］石睿．金融创新、金融风险与金融稳定的理论分析［J］．理论研究，2011（6）.

［38］陈景艳．浅议金融创新与金融监管［J］．现代金融，2010（7）.

［39］陈柳钦．金融创新对货币供求、货币政策影响的理论分析［J］．财经理论与实践（双月刊），2011（3）.

［40］麻东昱．试论金融创新与金融监管［J］．山西财经大学学报，2009（4）.

［41］沈联涛．金融创新、金融监管与此次金融危机的联系及其改革方向［J］．国际金融研究，2010（1）.

［42］姚良．商业银行金融产品创新的风险传染与免疫研究［D］．武汉理工大学博士论文，2010.

［43］马宇，辛波．金融学［M］．北京：中国金融出版社，2015：364－36.

［44］徐丽平．金融学［M］．大连：东北财经大学出版社，2015：532－533.

［45］何旭德，张军洲，张雪兰等．中国金融安全的多向度解析［M］．北京：社会科学文献出版社，2012：103－104.

［46］王广谦．中央银行学［M］．北京：高等教育出版社，1999：258.

［47］魏文静，牛淑珍．金融学［M］．上海：上海财经大学出版社，2011：253.

［48］王百欢，张英楠，张清华．全球化背景下的中国金融安全问题研究［J］．经营管理者，2010（19）：10.

［49］刘沛，卢文刚．金融安全的概念及金融安全网的建立［J］．国际金融研究，2001（11）.

［50］王元龙．关于金融安全的若干理论问题［J］．国际金融研究，2004（5）.

［51］易宪容，王国刚．美国次贷危机的流动性传导机制的金融分析［J］．金融研究，2010（5）.

［52］黄梅波，吕朝凤．金融危机的外部冲击对东南亚国家产出的中期影响：基于日本、美国金融危机冲击的研究［J］．国际贸易问题，2010（4）.

［53］郭田勇．金融监管学［M］．北京：中国金融出版社，2014.

［54］李成．金融监管学［M］．北京：高等教育出版社，2016.

［55］冯科．金融监管学［M］．北京：北京大学出版社，2015.

［56］乔安妮·凯勒曼．21世纪金融监管［M］．北京：中信出版社，2016.

［57］金融安全协同创新中心，西南财经大学中国金融研究中心·中国金融安全报告2016［M］．

北京，中国金融出版社，2017.

[58] 张安军. 中国金融安全监测预警研究 [M]. 北京：中国社会科学出版社，2015.

[59] Graciela KaminskyLizondo，Carment ReinhartSaul. 1998. Leading indicators of currency crisis. IMF Economic Review. 1998，Vol. 45，No. 1.

[60] R. Barry JohnstonPsalida etc. Effie. Addressing Information Gaps [R]. 2009.

[61] 陈松林. 中国金融安全问题研究 [M]. 北京：中国金融出版社，2002.

[62] 叶振勇. 美国金融宏观监测指标体系的构建与运用分析 [M]. 成都：西南财经大学出版社，2003.

[63] 樊纲. 论"国家综合负债"——兼论如何处理银行不良资产 [J]. 经济研究，1999（5）.

[64] 顾海兵. 宏观金融预警系统的架构简析 [J]. 宏观经济研究，1999（12）.

[65] 国际货币基金组织. 金融稳健指标编制指南 [M]. 北京：中国金融出版社，2006.

[66] 李正辉，马守荣. 金融风险指数构建与应用 [M]. 北京：中国金融出版社，2016.

[67] 肖健明. 发达国家金融安全实时监测预警制度及对我国的启示 [J]. 太平洋学报，2009（6）.

[68] 张安军. 中国金融安全监测预警研究 [M]. 北京：中国社会科学出版社，2015.

[69] 张红力. 金融安全与国家利益 [J]. 金融论坛，2015（231）.

[70] 郭莹莹. 国内外金融预警模型述评 [J]. 科学决策，2013（10）：63-80.

[71] 魏永芬. 金融学概论 [M]. 大连：东北财经大学出版社，2015.

[72] 原宇，夏慧. 金融学基础 [M]. 北京：科学出版社，2014.

[73] 刘建波. 金融学概论 [M]. 北京：清华大学出版社，2015.

[74] 王雯. 金融学概论 [M]. 北京：清华大学出版社，2017.

[75] 王维安. 经济发展中的金融安全 [M]. 北京：社会科学出版社，2000.

[76] 余猛. 金融全球化下中国金融安全问题研究 [D]. 四川大学，2007.

[77] 姚洁. 全球化进程中转轨国家金融安全与金融调控政策研究 [D]. 东北财经大学，2015.

[78] 丁鹏娟. 我国金融安全网的建设——基于泰国金融危机与美国次贷危机的经验教训 [D]. 山东财经大学，2010.

[79] 韩琳. 我国金融安全状况研究——基于模糊综合评价的实证分析 [D]. 天津财经大学，2012.

[80] 李秋玉. 浅析我国金融安全网的构建 [J]. 西北工业大学学报（社会科学版），2017.

[81] 张福军，毕嘉. 正确处理我国经济发展中的经济和金融安全 [J]. 北方经济，2012（15）.

[82] 罗斯丹，梁靖. 基于金融安全的政府宏观调控政策研究 [J]. 长春师范大学学报，2012（12）.

[83] 姚萍. 论经济全球化与全国金融安全 [J]. 西南民族大学学报（人文社科版），2003（12）.

[84] 孙雅静. 我国金融制度变迁的风险及其防范 [D]. 武汉理工大学，2003.

[85] 中华人民共和国 2016 年国民经济和社会发展公报 [N]. 2016.